weissbooks.w

Adrian Naef
Die Städter

weissbooks.w

Die Städter

Meinem Vater

Und er bauete eine Stadt,
die nannte er nach seinem Sohne Henoch
1. *Mose. Kap.* 4, *Vers* 16, 17

Der Bauernbub

Stadt, das waren für mich als Kind der große Zirkus am See, die Bahnhofstraße mit dem Spielwarengeschäft und die Badeanstalt mit Blick auf die fernen Schneeberge, wo ich noch nie gewesen war. All dies Wunderbare kam mir entgegen an Vaters Hand, und ich nahm es auf, wie es ihm gefiel: Hier in der Stadt bin ich zu Hause, sagte die Art, wie er sich umschaute, ich übernachte bloß auf dem Land.

Vor Schaufenstern hielt er nie. Nur beim Spielwarengeschäft blieb er stehen, mit Blick aufs Trottoir, und ließ mir Zeit, allein die Eisenbahnen und lustigen Teddybären zu betrachten, die, von Elektromotoren angetrieben, einen Bauernhof betrieben, wie wir in einem Dorf, das Badersdorf hieß und damals noch ländlich zu nennen war. Aber so lustig ging es bei uns nicht zu.

Das Tempo, das Kinderbeine zulassen, schien Vater gerade recht zu sein, um seinen eigenen Gedanken nachzuhängen. Wir sprachen nicht viel. Er gefiel sich als Zwischengänger, einer zwischen zwei Zügen oder Flügen, den sandfarbenen Regenmantel über dem Arm, ein Weltstädter – morgen würde er in Kairo sein oder Paris. Man hätte Vater nicht für einen Bauern gehalten.

*

Er war neunundzwanzig und frisch verheiratet, als der Krieg gerade ausbrach und fünf Jahre folgten, die im

Lande Aktivdienst genannt wurden, eine Zeit, die seine Generation prägte wie keine andere. Bauern kamen mit Städtern zusammen, waren fast durchgehend in Kasernen zugange statt auf dem Acker, die Arbeit war den Frauen und Großvätern überlassen, und halbwüchsige Kinder mussten die schweren Arbeiten verrichten.

Nur folgerichtig, dass mein Vater »im Dienst«, wie man es nannte, neue Freunde gewann, die er »Dienstkollegen« nannte und die nach dem Krieg, als ich bald als Jüngster von drei Buben geboren wurde, ab und zu mit ihren neuesten Automodellen auf dem Hof auftauchten; es geschah aber auch, dass mein Vater in zunehmend kürzeren Abständen abends verschwand und sagte, er sei von einem Dienstkollegen in die Stadt eingeladen worden und komme wohl etwas später.

Sie nannten in »Cary«, meinen Vater, weil er auf Fotos aus dieser Zeit tatsächlich Cary Grant gleicht. Er hörte es wohl gerne. Und mir war dann jeweils, wenn ein Dienstkollege kam, als sei er ein anderer. Er war dann auch anders, etwas gehemmter und gleichzeitig frecher.

Er hätte jede haben können im Dorf, hieß es. Meine Mutter erwähnte das nicht ungern. Sie hatte unter ihren Stand von einem Hof auf dem nahen Stadtberg in die Nebelsenke Badersdorf hinab geheiratet und es sich nie ganz verzeihen können. Der Pferdeschlitten, mit dem mein Vater sie gefreit hatte, wie er sagte – als winters noch Schnee lag auf den Straßen bis in die Stadt hinein –, stand noch Jahrzehnte unter dem Vordach meines Elternhauses und diente selbst Urenkeln noch dazu, Kutscher und Passagier zu spielen. Auf einem Foto ist Vater mit Pelzmütze in diesem Schlitten abgebildet, auf einem andern mit Reitstiefeln und Peitsche. Er gefiel sich in solchen Posen, die sich vor dem Hintergrund eines eher ärmlichen Hofes jedoch seltsam ausnahmen.

»Die Stadt« war somit schon auf unserem Hof angekommen, als ich noch nicht einmal geboren war. Zu behaupten, Stadt bereits in den Genen gehabt zu haben, wäre übertrieben, aber es genügt, dass etwas beständig in der Luft liegt, dass ein Kind Witterung aufnimmt und es später nicht mehr lassen kann, ihr zu folgen.

Mutter hingegen kam sozusagen aus der Stadt, obschon auch sie ein Bauernkind war, als sie mit neunzehn meinen dreißigjährigen Vater heiratete. Sie hatten sich nach einem landwirtschaftlichen Fortbildungskurs kennen gelernt – in einem Stadtbus, wie beide stets betonten.

*

Und man stelle sich vor: Ein Bauer schlendert an einem gewöhnlichen Dienstagmorgen mit seinem Sohn an der Hand durch die Straßen seines Dorfes. Das gab es nicht, solange es Stadt und Land noch gab. Niemand schlenderte je durch unser Dorf, außer an Weihnachten, als Ladenbesitzer ihre Schaufenster in einen fortlaufenden Adventskalender verwandelten, wobei sie mit der Zahl vierundzwanzig ihre liebe Mühe bekamen. Das vierundzwanzigste Fenster musste stets die Kirchentür sein, darauf bestand der Pfarrer. Damals fürchtete man sich noch vor dem Wort von der Kanzel, es konnte im Dorfleben seine Konsequenzen haben. Die wenigen Katholiken des Dorfes – fast durchwegs Italiener – hatten andere Sorgen.

Und ein Kind nahm man nur in der Stadt an die Hand.

Was kümmerten mich aber dörfliche Empfindlichkeiten bei unseren Streifzügen durch die Stadt. Ich ließ mich führen in allem, was meinem Vater lieb war, und da ich ihn liebte, sollte mir Recht sein, was die Tage brachten an seiner Seite. Und mit ihm wusste man nie. Ich hatte noch keine Vorstellungen über unser Dorf und die Bilder der Kataloge hinaus, die die Post ins Haus brachte und zweifellos von dieser Welt stammen mussten, durch die wir schlenderten. Auch die Bilderbücher und der zerblätterte Illustriertenband mussten von der Stadt kommen, die ja gleich hinter dem nächsten Hügelzug lag, wie ich bald begriff, und die sich mit jeder Ladung Asphalt, die im Dorf verstrichen wurde, näher an unseren Hof heran schob. Die Bilderbibel, mein liebstes Buch, kam ganz sicher aus der Stadt. Ich fragte Vater, was »Leipzig« heißt …

*

Ich sog alles ein, was von da draußen herein kam, und verzog mich damit zur näheren Betrachtung unter unseren großen Familientisch, meinen liebsten Platz, geschützt von einer Palisade von Beinen und Stiefeln, die im Laufe eines Abends oft mehr als zwei Dutzend werden konnten. Manchmal vergaß man mich da unten, still wie ich war bei meinen Bildern, manchmal schlief ich darüber ein. Eltern auf dem Dorf kümmerte noch wenig, wo ihre Kinder gerade waren; wenn sie einen brauchten, würden sie schon kommen, und wenn man sie brauchte, würde man rufen.

Meine Wünsche waren noch zufällig, und mein Vater nahm sie gerne als Vorwand, um mit mir in die Stadt zu fahren. Allein schon neben ihm im Auto zu sitzen – erst einem Willys Jeep, den er als Traktor verwendete, dann einer Borgward Isabella – hieß: Stadt, wir kommen! Manchmal sang er am Lenkrad ein Lied aus dem Männerchor oder ein paar Strophen aus einer Operette – dabei dirigierte er mit einer Hand, manchmal mit beiden: »Ja das Schreiben und das Lesen, das ist nie mein Fach gewesen«, »Die alten Straßen noch, die alten Häuser noch« oder »Ich bin vom Gotthard, der letzte Postillon.« Ich saß neben ihm, andächtig aufgerichtet mit Blick nach vorn, denn wir fuhren zu unvorhersehbaren Ereignissen.

Wir fuhren in die Stadt! Manchmal kamen auch meine beiden Brüder mit, dann musste ich hinten sitzen. Aber am liebsten war ich allein mit ihm. Damit hatte ich wohl recht, denn drei Buben waren eine Familie, Vater und Sohn hingegen waren eine Kumpanei, die Geheimnisse zuließ, war irgendwie von Mann zu Mann.

Vor dem Wegfahren pflegte Vater den Jeep erst abzuspritzen. Mit Mist an den Rädern wollte er nicht zum Hauptbahnhof fahren, wo seine bevorzugten drei Parkplätze lagen, die ich als die unseren betrachtete – wenn sie besetzt waren, war ich jedes Mal beleidigt. Auf dem Weg von Badersdorf ins Zentrum der Stadt gab es genau drei Ampeln. Da stauten sich die Autos. Vater hielt das Steuerrad am oberen Rand, schien angestrengt nachzudenken, nachdem er mechanisch den langen Schaltstab des Jeeps in den ersten Gang gelegt hatte. Der Stab verschwand in einer öligen schwarzen Ledertasche am Boden; auf der Kugel am oberen Ende des Stabs waren die Gänge eingezeichnet. Es war ein H – also vier Gänge, drei vorwärts und einer rückwärts. Ich kannte sie längst auswendig, denn manchmal durfte ich sie einlegen, wenn er »jetzt« sagte. Und bald konnte ich es ohne Zuruf, da Jeeps mit Zwischenkuppeln geschaltet wurden und ein kurzes Aufheulen des Motors anzeigte, dass jetzt der richtige Moment gekommen war. Einen Gang einzulegen ohne ohrenbetäubendes Kratzen – erst recht beim Zurückzuschalten –, erforderte größte Aufmerksamkeit und Einfühlungsvermögen. Verpasste ich den einzig richtigen Moment, zogen wir auf unserem Kampfgefährt – noch mit dem weißen Ami-Stern auf der Haube – die Häme der ganzen Stadt auf uns, denn in einem offenen Jeep war man ausgestellt, als führe man auf einem Tisch mit Rädern. Und unser Jeep war außerdem noch das ganz Neue in Stadt und Land.

*

Auch meine Mutter galt im Dorf als Ausnahmeerscheinung. Eine Hübsche aus der Stadt, mit blonden langen Haaren, die sie beim Arbeiten kaum aufzustecken wusste – an der Seite meines Vaters an unvermeidbaren dörflichen Anlässen zusammen ein schönes Bild: zwei Städter, die Bauern spielten, die Fremdsprachen kannten und bald sogar Yoga, als selbst noch die wenigsten Städter wussten, was das überhaupt war. Aber sie war sich nicht zu schade, in den Dorfvereinen mitzumachen, sogar das Präsidium der schrumpfenden Trachtengruppe zu übernehmen. Das Dorf übersah darum mit erstaunlich wenig Argwohn, was auf unserem Hof mehr und mehr städtisch in Erscheinung trat. Waren sie auch anders, meine Eltern, sie waren sich nicht zu schade, dem Dorf ihren Dienst zu erweisen, und das zählte allein.

Mutters Dorf mit Blick über die Stadt war schon vor dem Krieg von der Stadt eingesogen, die Kinder auf städtische Schulhäuser verteilt worden. Stadt war für sie daher etwas Selbstverständliches. Anders als noch in Vaters Badersdorf gingen die Produkte des Hofes ausnahmslos an die Städter, erst recht, da ihr Vater sich als Fuhrhalter ein Zubrot verdiente und mit seinen Rossen hinab und hinaufpendelte.

Mutter hatte nach ihrer Schulzeit in der Kostümabteilung des städtischen Schauspielhauses auszuhelfen begonnen und kannte bald alle Schauspielerinnen mit ihren Macken und Vorzügen. Sie bekam jede Menge Freikarten, die sie rundum ihren Freundinnen schenkte. Nicht nötig, den berühmten Künstlern Autogramme abzuluchsen, sie wurde mit Vornamen gerufen, wenn das Korsett »der Giese« wieder klemmte oder »die Becker« in Rage kam. Von dort hätte es für sie schon weitergehen dürfen in der Stadt, wenn Vater und der Krieg nicht dazwischengekommen wären, wenn Vater den elterlichen Hof nicht notgedrungen hätte übernehmen müssen, weil der ältere Bruder, dem er zugedacht war, krankheitshalber auf ein gesünderes Metier hatte wechseln müssen. Vorstellungen des Schauspielhauses besuchte sie später nie wieder.

*

Jede meiner vielen Fragen, dem Tagträumen entsprungen, war Vater Grund genug, um in der Stadt umgehend eine Antwort auf sie zu finden. Und da fand man sie offenbar auch. Die Stadt hielt sie bereit und immer noch etwas mehr. Und mit dem Kleinen an der Hand war besser, als gar nicht durch die Straßen zu schlendern. Nachts würde er wieder alleine zurückkehren – Väter sind auch nur Männer. Jedenfalls, als die letzte Kuh verkauft war und wir nur noch Rinder hielten, die nicht gemolken werden mussten, fuhr er oft zweimal am Tag. Da war ich aber bereits zwölf und fuhr, mit einem Pendlerbillet ausgestattet, selber hin zur privaten städtischen Schule beim Schauspielhaus, deren Besuch mir Vater durch einen Landverkauf bezahlen konnte.

Es war ihm nicht anzumerken, dass er es sich schlechter gehen ließ, aber wir sollten es besser haben, sagte er bei jeder Gelegenheit, und wir sollten lernen – viel öfter noch sagte er: Sprachen lernen –, so viel als möglich, das sei die erste Voraussetzung dafür, dass einer vom Fleck komme. Dabei ließ er keinen Zweifel daran, dass er mit Fleck unser Badersdorf meinte.

Ich war also eines Vaters Kind, der, wie es schien, einen Bauernhof betrieb, um die Stadt um so mehr zu genießen, oder der vielmehr das Beste daraus machte, dass er den Hof gezwungenermaßen hatte übernehmen müssen. Er molk mit der linken Hand und balancierte mit der rechten ein englisches Buch auf den Knien oder studierte die Verrenkungen des schönen Inders Selvarajan Yesudian, der als Erster Yoga ins Land gebracht hatte. Der Fernseher, der alsbald kam, bot noch wenig Stadt. Radio hörte er nicht, vom Wetterbericht abgesehen. Radio, das war Großvaters Welt, und Vater mochte ihn nicht – keine Frage ohnehin, dass Großvater die Sendungen wählte. Er hatte sich zu lange eingemischt, wie alle Patriarchen sich zu lange einmischen. Er stand Vater im Weg von Anfang an. Im Weg in die Stadt. Aber den ganzen Schritt zu tun, wäre zu viel für Vater gewesen in jener Zeit. Dafür schubste er mich die letzte Strecke, und ich bin ihm dankbar, dass ich zwei verschiedene Welten kennenlernen durfte, die ein paar Jahre nach dem Krieg tatsächlich noch zwei verschiedene Welten waren.

*

Meine Begeisterung für Stadt, der ich später vollständig folgen zu müssen glaubte, kaum dass ich eine Mansarde bezahlen konnte, war die meines Vaters. Aber ohne Illusionen über tatsächliche Verhältnisse und wohl auch ohne eine bäurische Unzimperlichkeit und Robustheit, die ich mitbekam vom Leben auf dem Lande, wäre mein junges ahnungsloses Ego schutzlos im Dschungel des Phänomens Stadt gestanden, erst Recht im Strudel der Ereignisse, die als »68er Unruhen« bezeichnet werden und die sozusagen direkt vor meinem Fenster ausgebrochen waren, kaum dass ich die Kartoffelharasse mit Büchern und einem Bastkoffer voller Wäsche aus Badersdorf da abgestellt hatte.

Wenn Nachahmen der Königsweg des Lernens ist, dann bin ich bei meinem Vater ein guter Schüler gewesen. Die Stadt bot mir die richtige Bühne, auf der man sich ganz offen die Erfüllung seiner Wünsche und die Beruhigung seiner Triebe versprechen konnte. Im Dorf wurden gleich Verträge geschlossen, schriftlich oder nicht, bewusst oder nicht: Verliebt, verlobt, verheiratet und nicht wieder geschieden. Vater entzog sich dem auf seine Weise: er lebte zwei Leben, ein Land- und ein Stadtleben, ein Tag- und ein Nachtleben. Bald aber verschwanden solche Unterschiede, Land wurde vollends von Stadt eingeholt und in weiten Gürteln um Städte wuchs weltweit in atemberaubendem Tempo bereits etwas Drittes.

Gegenüber dem, was man seinerzeit unter «Land«, »Provinz« oder – spöttisch – »Pampa« verstand, war mir Stadt etwa so, als liefe mir eine Femme Fatale über den Weg und brächte mich zum Stottern. Städtisches war mir schon als pubertierender Pendler mit Erotik verbunden, mein Schulweg, ging ich zu Fuß, führte schnurstracks durch die verruchten Gässchen des sogenannten »Niederdorfs«, wie man einen Teil der Altstadt nannte – und umgekehrt wurde mir später eine Stadt ohne erotisches Flair nie zu einer Stadt. Mein Interesse für Stadt wuchs gleichzeitig mit meinem Interesse für Mädchen. Was machte dieses Flair aus? Wie kam eine Stadt zu diesem verführerischen Duft, wie ihn Mädchen hatten? War es nicht folgerichtig, dass Städte den weiblichen Artikel im Namen führten? War es denn möglich, hinter die Ingredienzien dieses Duftes zu kommen, *den alle richtigen Städte gemeinsam haben, den alle Frauen gemeinsam haben, egal wie sie sich bemühen, sich von anderen Frauen durch künstliche Noten zu unterscheiden? Und kann man sich dem Diktat von Düften je wieder entziehen, haben sie sich einmal in der Nase eingeschrieben?*

Ich wollte damals Stadt noch einmal beweisen. Aus reiner Freude am längst geführten Beweis. Wie sich Geometer und Mathematiker an der Eleganz von Formeln berauschen, die seit Jahrtausenden unbestritten gelten. Ich brauchte dafür ein Ventil, um den Druck meiner Begeisterung für das Phänomen Stadt zu mildern und um mir selbst einen Boden zu geben, einen Ruhepol in den Turbulenzen jener Zeit.

Also begann ich, nüchtern wie ein Parfumier, in Hefte zu notieren, was es wohl ausmachte, dass sich eine Anzahl Menschen und Häuser mal zu einer Stadt auswuchsen, mal nicht, notierte, welche Basisstoffe immer gegeben sein mussten und was noch dazu kommen konnte, um den Duft einer Stadt unverwechselbar zu machen. Was machte Paris aus? New York? Was machte *meine* Stadt aus? Was blieb von den vergangenen Stadtlegenden: Delos, Tenochtitlan, Rom? Warum lebten sie weiter, oft lebendiger als die meisten realen Städte? Was machte es aus, wenn eine Stadt im Wasser stand, in der Wüste oder aber eingeklemmt zwischen Felswänden? Und was wollten Frauen, was wollte eine Stadt fürs Vergnügen haben?

Vom Aufschreiben – später vorwiegend in meiner Mansarde hoch über dem Centralplatz – versprach ich mir in den ersten Jahren des Sesshaft-Werdens in der Stadt den gleichen Schutz, den mir die Kapuze meines Parkas gewährte, die ich mir überstülpen konnte, als machte sie mich unsichtbar. Und mit jeder Stadt, die ich mir in den nächsten Jahren zu bereisen leisten konnte, wuchsen die Notizhefte an, bis die Einträge weniger wurden und der Koffer mit den Heften allmählich verstaubte. Es waren – keineswegs regelmäßige – tagebuchartige Notizen, angefangen mit meiner Pendlerzeit als Sekundar- und Handelsschüler bis zur Geburt meiner Tochter, als ich siebenundzwanzig war und mein erstes Buch in einem veritablen Verlag erschien. Einige wenige Texte, meist Entwürfe für Zeitungsartikel und Anläufe zu Manuskripten, folgten noch nach. Im Ganzen aber war es so, als verflüchtigte sich das Notieren mit dem Ernst des Lebens, der allmählich seine Zwänge geltend machte, als verflüchtigte sich die Schreiblust mit dem Andrang der tatsächlichen Erfahrung.

Auf wunderbare Weise überlebten diese Hefte im Bastkoffer meines Großvaters – mit dem er exakt im Jahre 1900 in die Rekrutenschule eingerückt war und den die Emigranten in der Neuen Welt auf Ellis Island als Erstes an Land setzten – alle Umzüge und plötzlichen Wegwerfimpulse meiner ersten Jahre in Stadt und Städten. Schließlich blieb er, als ich, mit einem Minimum an Besitz, in einen Lieferwagen umsiedelte, auf dem Estrich meiner letzten WG liegen und kam über dritte Hände rund dreißig Jahre später wieder in mein Elternhaus zurück. Auf dem angehängten Lederetikett war mit Sütterlinschrift stets Großvaters Adresse unserer Badersdorfer Familie mitgereist. Wer als Erster die beiden Riemen angezogen hatte, um ihn vom Estrich mitzunehmen, war nicht mehr zu erfahren. Ein Herr meines Alters habe den Koffer abgegeben, sagte meine bald neunzigjährige Mutter. Und sie habe ihm einen Zopf mitgegeben.

Als ob das letzte Kapitel noch nicht geschrieben war.

*

Ich stand also hungrig und mit offenem Mund, den Emigrantenkoffer in der Hand, vor einem neuen Leben, das nun in einer Stadt beginnen sollte, vor dem Liebesabenteuer, das sich hier ereignen musste, vor dem Ozean des Wissens, den die Universitäten eröffnen würden. Ich tauchte mit einem gesunden bäurischen Vertrauen in die Segnungen des Säens und Erntens in eine verlockend neue Welt ein; es reiste gleichsam in den Kartoffelharassen mit, die fortan meine Umzüge begleiteten und, aufeinandergestellt, gleich als Schrankersatz dienten. Möbel sollten meinen Bewegungsdrang nicht hindern, die zentnerschweren Truhen meiner fünfhundertjährigen Sippe in Badersdorf sollten hinter mir liegen, ich war der erste unseres Namens, der in eine Stadt zog, und das sollte gründlich geschehen. Im Dorf blieb nichts zurück, was mich gehindert hätte, loszuziehen, im Gegenteil.

Hoffnung war es vor allem andern, die uns umtrieb in diesen Jahren des Aufbruchs. Sie war mit Sicherheit so oder so eine der stärksten Ingredienzien des Parfums jeder Stadt, aber im Gegensatz zu dem, was wir »die Bewegung« nannten und später »68« genannt wurde, konnte die Hoffnung, die »Stadt« generierte, per definitionem nie ausgehen. Auf Stadt würde nie Kater folgen. Hoffnung war immer schon stärker als die Erfahrung, und wir hatten nicht einmal Erfahrung. *Die Hoffnung, die Stadt verspricht, ist nachweisbar nie ausgegangen, seit die Kettenreaktion zum ersten Mal in Gang kam vor wohl* 10 000 *Jahren, von niemandem erwartet, ein Geschenk des Universums sozusagen, ein Prozess, der eigentlich auf Sterne gehört, nicht auf Planeten, ein gestohlenes Feuer somit und darum von von Menschen gemachten Göttern nicht unter Kontrolle zu bringen.*

Drehte sich alles um Hoffnung, und hieß Hoffnung für viele in meinen neuen Kreisen politisches Engagement, so drehte sich bei mir stets alles um dieses andere Phänomen: die Stadt, dieses unbekannte und wohl nie zu ergründende Mysterium, das sich mehr und mehr vor mir auftat und das mir in der ersten Form als jenes »Leipzig« aufdämmerte, das in meiner Kinderbibel genannt war und wohin ich erst geahnte Emotionen und vermutetes Weltverhalten verortete.

Mein linkes Engagement war somit vielmehr ein konservatives, im besten Sinne liberales: Es lege mir keiner seine Hand auf dieses Wunder! Das Städtische schien mir an Menschlichkeit bereits genug, hielte man bloß hoch, was Städte ausmacht. Was politische Umbrüche an Menschlichkeit auch bringen sollten, ich wollte es bereits in den Fließgleichgewichten der Stadt erblicken, die seit Jericho die gleichen waren. Meine Kompromisslosigkeit in diesem Punkt verwechselten meine lieben Genossen gerne mit Treue zu sozialistischen Anliegen, was ich nicht widerlegen mochte. Wie hätte ich mein Anliegen auch erklären können.

Dass es Städte gab, war mir immer der größte Trost.

*

Land ist starker Tobak, war mir die erste Lehre als Bauernbub in Badersdorf. Und Land war mir umgehend zu starker Tobak geworden, nachdem ich einmal meine erste Nacht in der Stadt verbracht hatte. Je wieder aufs Land zurückgebracht zu werden, kraft Verfügung, wie Mao in China zu jener Zeit Intellektuelle aufs Land schickte, oder aufgrund gesundheitlicher Gründe wieder aufs Land zu müssen, wie eine meiner Tanten aus der Stadt, hätte meinen Tod bedeutet. *Jedenfalls scheiden sich die Geister auf dem Land, nicht in der Stadt*, schrieb ich später in mein Heft, *in der Stadt kann man sich mit einem geschiedenen Geist aufgehoben fühlen, oft ein Leben lang. Jeder hat da seinen Spalt im Kopf, balanciert über seinem Abgrund, man kann also unter seinesgleichen ausharren, bis der Boden wieder zuwächst unter den Füßen oder der Tod ein gnädiges Ende setzt. Gespaltene auf dem Land jedoch werden bei lebendigem Leib von Landschaften und Nachbarn erdrückt, erleben die real existierende Einsamkeit, die jeden rennen und früher oder später zum Städter macht, zumindest seine Kinder.*

Stadt war beständiger Aufbruch, und darum hieß Städter sein für mich, zwangsläufig ein Aufbrecher und somit Linker zu sein. Und zwar vom ersten Tag an, als ich zeitgleich mit dem Ausbruch der Revolte in das Abbruchobjekt am Centralplatz einzog und von den andern erfuhr, dass ich nun in einer WG sei. Vom Land kannte ich: Wer seinen Platz nicht verteidigt, dem wird er genommen; auf die

Wiese, die du nicht bewirtschaftest, werfen die andern ihre Ackersteine und trennen jedes Jahr eine Furche mehr ab. Für den »Kämpfer«, der ich geworden war, wie für meine Brüder auch, war es gar keine Frage, dieses neue, ungeahnte Freiheiten versprechende Terrain sofort zu verteidigen. Es galt, den Zugriff der »Provinzhirne«, wie ich sie kannte, in die Wiege der Zivilisation zu unterbinden. Dieses neue Kind, die Stadt, sollte meine Unterstützung haben, ihm würde ich Weihrauch und Myrrhe bringen, was in meiner Kinderbibel auch immer damit gemeint war. »Wir haben einen Stern gesehen und sind gekommen, um ihn anzubeten«. Es galt, die zart blühende Menschlichkeit in städtischen Gebilden nicht abzuwürgen, wie es im sozialistischen Osten geschehen war oder wie sie in kapitalistischen Monopolstädten, die alles nur dem Öl oder Erz verdankten, erst gar nicht aufkommen konnte. Der so genannte Ostblock trat mir jedenfalls als einzige Provinz in Erscheinung, und was man da als »Block« bezeichnete, das wusste ich als Kind, konnte ohnehin nichts Gutes heißen. Auch nicht der »Schwarze Block« der anarchistischen Genossen, die am Ende der Maiumzüge automatisch Steine in Schaufenster warfen, nur weil Kommerz das schlechthin Böse war. Und ich hatte schon früh meine tiefsten Zweifel, dass sich die Geschicke der Welt änderten, wenn wir linken Studenten den schlimmen Kapitalismus nur daran hindern würden, das fragile Experiment Sozialismus – auch wenn es schon den halben Globus für sich einnahm – auf seine zynische Weise zu bedrängen. Aber die Meinung im linken Milieu, mit der ich konfrontiert war, war die: Der real existierende Sozialismus ist bloß grau, weil ihm die bösen Kapitalisten – allen voran die meiner Bankenstadt – die Luft nahmen.

Ich war mir allerdings lange nicht sicher, ob es nicht tatsächlich so war. Denn entschieden war die Sache noch nicht, als ich, mit meinen Harassen und dem Bastkoffer vom Land kommend, zum ersten Mal als Genosse angesprochen wurde.

Harold Lloyd

Die Stadt, die ich nun vorgefunden hatte – auch wenn sie, flüchtig betrachtet, keine Weltstadt war – erschien mir doch groß genug, um – in welchem Zustand ich auch immer war – nicht aufzufallen wie im Dorf, wo jeder aufmerkte und auf sich bezog, wenn man nur schon die Straßenseite wechselte. Die Stadt war groß genug, um hinter jeder Ecke das Unerwartete vermuten zu dürfen, die Wende, die Heilung, die Nische, den Kick – und nicht zuletzt, ja vor allem: auf die Richtige zu stoßen, mit der es zu leben war. *Nach Jahrzehnten noch stößt man in Städten, die man doch zu kennen glaubt, auf Straßen und Plätze, wo man noch nie gewesen ist, tritt in Lokale, die nicht zu vermuten waren, eröffnen sich Netzwerke, die meist von sich selber nicht wissen, aber ausmachen, was eine Stadt ist: eine*

Sinfonie feinster Unterschiede, ein Gleichgewicht des Schreckens und des Glücks, eine Harmonie des Schrägen, das Farbspektrum, wie es in Scherben aufscheint. Schrieb ich als einen der letzten Einträge ins letzte Heft in dem aus meiner Vergangenheit wieder aufgetauchten Koffer.

Die Stadt, in die ich als Pubertierender einzog, war jedenfalls groß genug, dass die Gesichter nie ausgingen, und die Hoffnung nur berechtigt, hinter der nächsten Ecke, in der nächsten Bar die Unvergleichliche zu treffen, die auf Schlag alles Fehlende ersetzen würde. Im Dorf kannte ich jeden Stein. Und ich kannte jedes Mädchen. Erst recht die, die in Frage kamen; sie waren an einer Hand abzuzählen. Alles war an einer Hand abzuzählen. Über Großvaters »Dutzend« hinaus kam kaum je etwas, weniger als ein Zentner wog kaum je etwas, kleiner als ein Klafter war kaum je etwas. *Später mag man sein Dorf besingen, aber man singt dieses Lied dann in der Stadt – in der Ferne jedenfalls*, was mir das Gleiche war.

Und Ferne war mir notgedrungen vorerst das Kino.

Das Leben des Städters ist ein Traum, und Traum ist Kino, schrieb ich noch als Pendler ins Heft. Mein Träumen führte jedenfalls schnurstracks dahin, kaum dass ich Kassiererinnen von Stundenkinos über mein wahres Alter täuschen konnte. Stadt war mir vorher Sodom und Leipzig gewesen, wo die Bilderbibel herkam mit den Holzstichen des Julius Schnorr von Carolsfeld, mein erstes »Kino«

unter dem schweren Tischblatt; mit allem kindlichen Bemühen stellte ich mir hier vor, worin das Sündige wohl gelegen haben mochte, dass Gott ganze Städte vernichtete im Zorn, wo doch von Städten herkam, was alle haben wollten, ja selbst die Bibel offenbar aus diesem Leipzig herkam, Buch Gottes, in dem er, der Höchste, auf den ersten Seiten in aller Herrlichkeit abgebildet war, obwohl in der Bibel ausdrücklich stand, dass es verboten sei, den Herrn abzubilden. Und warum denn sollte der Hauptgrund der Vernichtung Sodoms und Gomorras, dieses »Beiwohnen«, etwas Schlimmes sein, wie mir mein Bruder bedeutungsvoll erklärte, ohne – auch er – zu wissen, worum es eigentlich ging? Wohnten wir nicht alle bei, und Städter sowieso in ihren engen Blöcken? Beiwohnen und Städte mussten etwas miteinander zu tun haben …

Carolsfeld jedenfalls war Sünde, war Gut und Böse, ein einziger Kampfplatz, und Kino war offenbar nichts anderes. Hier kam man zur Sache, auch wenn sie erfunden war. Draußen, in der lärmenden Bahnhofshalle, war nichts erfunden, aber man kam nicht zur Sache, jedenfalls nicht direkt. Niemand gab zu erkennen, dass er am anderen interessiert war. Benommen von Wahrheit aus der Schwingtür des Bahnhofkinos ins Getriebe heraustretend, hatte man ganz schnell wieder »vernünftig« zu werden, man hätte sonst seinen Zug verpasst. Aber nicht anders, als es mit der Stadt war: Einmal angesteckt, konnte man es nicht mehr lassen. Ja, es war angenehm, das Leben, das offenbar nicht lustig war, wie ich als angehender Erwachsener mehr und mehr erkennen musste, in dunklen, plüschbezogenen Räumen zu vergessen.

Stadt ist verflucht, weil nicht der Wille des Herrn geschieht, des Patriarchen vom Land, verflucht und den Töchtern madig gemacht. Der Herr zürnte jedenfalls mächtig, es donnerte und blitzte, und die Schöne ward zur Salzsäule. Ich blieb drei Durchgänge lang gebannt im Sessel sitzen, um mir nur immer diese Szene anzusehen, diese nach hinten verdrehte junge Frau, die verzweifelt ihre Arme zum Himmel reckte vor dem Hintergrund der brennenden Stadt. Vor ihr, sich hütend zurückzublicken, zogen die Männer scheinbar gleichgültig davon, wie die Mord-Kolonnen der ss aus den brennenden Oststädten, die von den Briten aus Fox tönender Wochenschau gerade befreit worden waren.

Denn noch vor dem Fernsehen gab es Kinos rund um die Uhr. Mit einem Franken fünfzig war man dabei, mitten im Leben anderer, in Leidenschaften anderer, deren Kraft ich hier ahnen konnte. Bezeichnenderweise schon im Bahnhof, kaum war man überhaupt angekommen in einer Stadt.

Die Kinokarte war denn auch das erste, was ich dreizehnjähriger Pendler mir vom Mittagsbrot absparte. Das Stundenkino mitten im Hauptbahnhof hätte zeigen können, was es wollte – und das Programm nach den Weltnachrichten war nichts anderes als ein Potpourri des Beliebigen, Hauptsache Kino –, mich überwältigte der Zauber des Saals mit seinem stets roten Plüsch und dem geheimnisvollen Dunkel, durch dessen Zigarettenrauch die Lichtstrahlen flirrend nach vorne schossen. Der Vorführer hätte zeigen können, wie man Geranien züchtet oder neue Schneeketten montiert – Hauptsache war die Magie des Orts und die Lust, sich durch den schmuddeligen, sich überlappenden schweren Vorhang zurück zu würgen in »die richtige Welt« ...

Ich war wie jeder Verliebte blind, als ich an der Hand meines Vaters an seine Geliebte, die Stadt, herangeführt wurde, wie vormals Väter ihre Söhne zu ihrer bevorzugten Dirne führten, mit der Bitte um schonende Einführung in die Liebeskunst, wobei sie im vornherein in Kauf nahmen, der hitzige Junge würde sich in sie verlieben, und sich weise bereits nach dem nächsten »Maison de Tolérance« umsahen, um ihm nicht weiter in die Quere zu kommen. Vater jedenfalls tat, als sähe er mich nicht, da sich unsere Wege in der Bahnhofshalle in einigen Metern Distanz trafen. Du hast jetzt Lunte gerochen, Junge, meinte sein Weiterschlendern, den Regenmantel über dem Arm, Zigarette im Mundwinkel, jetzt geh ihr nach oder lass es.

Zuhause, wie gesagt, rauchte er nie, denn er hätte gesehen werden können, Land war schon starker Tobak. Ich hatte starken Tobak gegen heißes Pflaster eingetauscht, *das Landleute meiden und sie anzieht zu gleichen Teilen. Stadt ist ein heißes Pflaster, und man trägt die Brandflecken mit sich herum, ein Leben lang, Altersflecken sozusagen, wohin man auch geht. Es sind die Brandflecken einer Stadt, so-*

mit jeder Stadt, die dieses Zertifikat verdient. Darum tun Namen nichts zur Sache, so wenig wie Namen im Bordell, die auch austauschbar sind. Bekanntlich wird alles austauschbar, wo es zur Sache kommt.

Schon in Julius Schnorr von Carolsfelds Bilderbibel war der mir noch unverständlichen Liebe wegen offenbar das größte Durcheinander unter den Knechten und Weibern, Patriarchen und Mägden, ersten und siebten Frauen. Sie wurden in die Wüste geschickt oder aus Städten geholt, es wurde aus mir unverständlichen Gründen »geweinet« und verflucht bis ins neunundvierzigste Glied, dass die Mäntel und Tücher von Seite zu Seite nicht aufhören wollten zu wehen, als bliese beständig der Geist des Herrn durch die Lande, so dass die halbnackten Körper dieses offenbar getriebenen Bilderstechers aus Leipzig nicht aufhören wollten, sich zu winden. Auch in jenem Film über Gomorra blies ständig der Wind, wirbelte der Sand, als würde allein schon dadurch Bedeutung herangeweht und die Legende zur Tatsache gemacht.

Es ging stets um Sünde, was etwas höchst Bedeutsames sein musste. Frauen zeigten ihre Zungen in jener geheimnisvollen Stadt, Männer umfassten Männer, ein Ziegenbock wurde bekränzt und im Fackelschein umtanzt in der Nacht vor dem Unglück. Und Asphalt kam ins Spiel – schwarz glänzende Brocken wurden von einem toten Meer angeländet und dann in Städten verstrichen, damit sich die gierige Natur zurückhielte, war es doch ihren zarten Produkten, selbst Pilzen, ein Leichtes, ihn zu durchstoßen, wie ich schon nach einem Jahr sah, als auch unser Vorplatz, dessen bare Erde Großvater noch jeden Samstag gewischt hatte, mit diesem schwarzen Brei aus Sodom überzogen wurde und bald ganz Badersdorf.

Das Bahnhofskino war die Höhle für mich an der Schnittstelle zwischen Dorf und Stadt, in der ich mich von beidem erholen konnte. Es war die Schleuse, um den Staub des Anderen abzuschütteln, bevor ich vom Land in die Stadt und von der Stadt in den Zug hinaus aufs Land übertrat. Ich wäre wohl umgekehrt oder gescheitert im Neuen ohne diesen geheizten Raum aus rotem Plüsch. Und solcherlei Räume sind ja nicht auszuhalten ohne Bilder und Buchstaben. Die Welt war offenbar nichts für Menschen, sagte ich mir, nur Bilder, nur Kino, nur Legenden machten sie ihnen erträglich, machten sie mir erträglich, allenfalls und eben: die Stadt, die Fortsetzung von Kino im Großen.

Ich war süchtig nach Stadt, nach Bahnhof, nach dem Singsang der Lautsprecheransagen, der Litanei der Städtenamen, die die Züge durchfliegen würden, sobald ich die Mittel hätte, Billette zu erstehen, und dafür musste man zwischendurch wohl oder übel in die Schule. Ich war süchtig nach dieser Dunkelkammer des Beliebens mitten in der Bahnhofshalle, wo man sich tastend neben wildfremde Menschen setzte, mit ihnen lachte und weinte und nach einer Stunde aufstand, ohne zu wissen, wie sie ausgesehen hatten – nie je zu wissen, ob sie, die mehr roch als aussah, nicht hätte die Liebe fürs Leben werden können ... und wiederzufinden nur hier im Dunkeln, in diesen städtischen Räumen des unmöglich Möglichen. In der nächsten Vorstellung würde sie wieder hier sitzen!

Ein »Mars« oder »Bounty« für fünfzig Rappen sollten mir als Mittagsbrot genügen – blieb ein Franken fünfzig für den Eintritt, und wenn ich rannte, war das Tram noch zu erreichen, das mich exakt auf drei Minuten vor zwei vors Schulhaus brachte, wo dann die Langeweile wieder auszuhalten war bis abends um sechs. Zum Glück gab es bald zwei Stundenkinos, keine fünf Minuten voneinander entfernt mit unterschiedlichem Programm. Und kannte man schon beide, waren ersatzweise auch Schaufenster und die Warenhäuser mit ihren Scheinwelten gewissermassen als Kino aufzufassen, die Wechsel der Dekorationen jedes Mal Stadtgespräch.

Dass ich als pubertierender Pendler stets rannte, als gäbe es Gehen nicht, hieß: Rennen mit dem abnehmenden Rest der väterlichen Milchproduktion zur Milchhütte im Oberdorf, Rennen zum Bahnhof im Unterdorf, oft Rennen noch mit Freunden durch den Pendlerzug, Rennen vom Perron des Hauptbahnhofs ins Kino und von dort zum Tram – es war ein Film der eigenen Art; nur so waren die mit zunehmendem Alter immer erbärmlicher in Erscheinung tretenden bürgerlichen Kulissen der Erwachsenen vorerst zu ignorieren, bis dann das Rennen vieler Gleichaltriger in eine Bewegung einmündete, die nicht mehr zu bremsen war und erst Rock ’n Roll und später »68« genannt wurde.

Immer wieder aber landete ich im Kino – und Kino machte jedenfalls jede zur Schönen. Und neben diesen unbekannten Schönen saß ich im Sessel und hütete mich, zu ihnen hinüberzusehen, unterstand mich, mehr als ein vages Profil mitzunehmen, weil mir nach den ersten Malen des Umsehens schon klar war, dass ich nicht saure eineinhalb Franken bezahlt haben wollte, um enttäuscht in die sogenannte Wirklichkeit entlassen zu werden. Und nur in der Stadt begegneten einem diese Wesen, von denen ich dann träumte, in genügender Zahl, vor oder im Kino. Hier wollte ich einhalten, hier wollte ich sein. Und von hier nur war der Traum fortzusetzen bis zum Einschlafen in der Bubenkammer in Badersdorf, fortzusetzen vielleicht später für immer, wenn ich genügend Geld verdiente, um dauernd in der Stadt leben und stets ins Kino gehen zu können. Der doofe Stan hatte Recht, als er einfach nicht aufwachen wollte, so sehr Oli ihn auch schüttelte. Immer wieder rollte er zur Seite und wickelte sich erneut ins Laken. Sogar ein Wassereimer konnte nichts ausrichten, er begann offensichtlich einfach einen neuen Traum und vollführte Schwimmbewegungen im nassen Laken. Aber auch der dicke Oli hatte Recht, man durfte nicht schlafen, auch wenn man im Schlaf gratis träumen durfte, die

Traummaschinen des heiterhellen brutalen Tages würden sonst zum Stillstand kommen, niemand hätte mehr Geld für Filme, für Warenhäuser und Städte. Man musste aufwachen und zur Schule. Leider. Das war einfach so auf diesem Planeten.

Aber vorerst blieb mein Bubenzimmer eine Trauminsel, auf die ich mich zurückziehen konnte, indem ich die Faltplakate in Fortsetzung aus dem »Bravo Heft« herausschnitt und an die Wand pinnte: Conny Froboess bis unter den Busen, dann in der zweiten Woche bis unter das Höschen, in der dritten dann die Beine. Träume lebten offenbar davon, unterbrochen zu werden. Freilich war, ehrlich gesagt, die ganze Conny Froboess am Ende eine Enttäuschung zu nennen, die Erregung nahm ab mit jeder Woche der Vervollständigung. Aber dieser Körperteile durfte man sich behändigen nach Belieben, das immerhin, man hatte sie sich schließlich vom Munde abgespart. Auch auf der Leinwand durfte man die schönen Wesen für einen Franken fünfzig für sich allein auftreten lassen, so oft man nur wollte. Mochten sie auch reich und berühmt sein, darüber hatten sie keine Macht. Françoise Hardy gehörte mir allein, die Brigitte an der Wand war mir ausgeliefert, sie war das Letzte, was ich sah, bevor ich das Licht löschte, und das Erste, wenn ich aufwachte. Und es störte mich nicht, dass Wonne offenbar getürkt war und seinen Preis hatte, den man stets im voraus bezahlen musste. Ich bezahlte ihn liebend gerne.

Und schließlich: Ich konnte fliegen im Traum, flog über das Dorf, übers Dorf hinaus ... Und regelmäßig flog ich, der pubertierende Pendler, jede Nacht im Traumkino gratis und über Jahre noch später und, übers Tal herrlich abdrehend, in die Ferne ... Was denn anderes war mein Fliegen als Abdrehen in die Stadt, ins andere Kino und damit Tschüss, Badersdorfer Miststöcke ...

Adam Smith

Das alles war vor 68. Und man muss sich mich vorstellen als sensiblen, in einen damals gängigen Parka mit Kapuze eingemummten Jüngling, der eine plumpe schwarze Klappmappe lustlos mitschleppte, in der stets sinnlos Zeit fressende Hausaufgaben lauerten: Französisch, Englisch, der Pythagoras. Der Turnverein Badersdorf und vormals die oft schonungslos schweren Arbeiten auf dem Hof hatten mir Schultern verpasst, die eine psychische Robustheit vortäuschten, die nicht war. Ich konnte alles mit Kraft. Ich vertrug früh Alkohol wie eine Kuh Wasser und konnte Mädchen über den Kopf stemmen, als wären es Apfelsäcke. Aber in Gefühlsdingen war ich nicht einmal ein Anfänger zu nennen. Wo hätte ich auch lernen sollen, über Gefühle zu reden, ja überhaupt zu reden, was nicht konkrete Projekte anging. Sicher nicht in einer Bauernküche. Gefühle waren für unter den Tisch, denn die unausgesprochene, auf sicherem Instinkt beruhende bäurische Order hieß: Werden Gefühle ausgesprochen, sind sie vorbei.

Mit dem Schweigen war es aber bald vorbei. Ich musste erkennen, dass ich in der WG-Szene damit nicht weiterkam, Gefühle allein durch den Körper auszudrücken. Auch wenn ich mich damit noch lange schwer tun würde – wer da nicht reden wollte, hatte mit Abstrafung zu rechnen.

Immerhin hatte mir Vaters Natürlichkeit einen unverbogenen Instinkt mitgegeben, der mich die ersten Jahre, wenn nicht Jahrzehnte, durch die schlimmsten Irrungen und Wirrungen hindurch lotste – nicht wissend, warum ich etwas tat oder ließ, aber im Vertrauen darauf, dass es schon irgendwie gut herauskommen würde, wenn es nur immer mit Lust daher kam, noch besser: mit Leidenschaft.

Allerdings: Leidenschaft war es eindeutig nicht, vielmehr Pragmatismus, was mich in die Kunstwelten der Hochschulen einbiegen ließ. Ich war ins Feld der Ökonomie hineingerutscht, wie eine Jungfrau zum Kind kommt. Eines hatte, mangels Besserem, das Andere ergeben, und am Schluss kam ich im Jahr der legendär gewordenen Ziffer 68 nach Handelsschule und einem Bankenpraktikum an die ökonomische Hochschule der Ostschweizer Metropole nahe des Bodensees, einer Klosterstadt, die noch ganz und gar vom Geist des Lateinertums und der Burschenschaften geprägt war. Die Studentenparlamentarier trugen in Funktion noch durchwegs »Couleur«, ihre Sitzungen schienen einer Operette entnommen. Ob ihr Präsident in der Aula einen Degen mit Kordel ans Rednerpult lehnen hatte, weiß ich nicht mehr, es wäre nicht weiter aufgefallen.

Aber schon im Sommer des gleichen Jahres war die Hegemonie der Traditionalisten gekippt, nicht anders als in meiner Stadt, die mir jetzt »Heimatort« geworden war.

Das Zimmer und die Mansarde am Centralplatz behielt ich weiterhin bei, den ökonomischen Standartwerken war es schließlich egal, wo sie gelesen, den Seminararbeiten, wo sie geschrieben wurden. Ich war mir sicher, so oft als möglich die hundert Kilometer hinter mich bringen zu wollen, die mich von meiner Stadt trennte. Dass ich zurückkehren würde, war gar keine Frage, nachdem ich zum ersten Mal nachts durch jene Klosterstadt geschlendert war – es war stille Nacht in den Gassen, stiller als im Tannenwald oder bei den Hühnern Badersdorfs schon um acht. Nur in der einzigen linken Studentenkneipe war noch etwas Betrieb bis um elf, Betrieb, den wir zur Freude des Wirts, eines Trotzkisten, selber hineinbrachten: chaotisch und vielversprechend, aber über Wochenenden nicht hinreichend.

An den Unis des Landes und in Deutschland stürzte alles umgehend. Hier jedoch – in Gefilden, wo der Geist nichts anderes als stets sprühen sollte – schlief man tief. Wissen, so die Meinung, war etwas, das man verwalten musste. Und es lohnte sich offenbar, zu den Schlüsselverwahrern zu gehören: Die Professoren lebten still und in satten Verhältnissen am Freudenberg, der Sonnenseite der Stadt. Aber wenn der Zeitgeist es will, genügt manchmal ein Räuspern, um eine überfällige Lawine auszulösen, sogar wohl der Flügelschlag eines Schmetterlings – weder die Professoren noch wir jedenfalls wussten, wie uns geschah.

Ein Passus des nationalen Hochschulreglements wollte es jedenfalls, dass in diesem Jahr sämtliche Maturanden des zweiten Bildungsweges, die an dieser Ökonomischen Hochschule ihre Fremd-Matura abgelegt hatten, wie man sagte, mindestens ein Jahr lang da zu studieren hatten, ob sie wollten oder nicht. Mir wäre es anders nicht in den Sinn gekommen, von meiner geliebten Stadt wegzuziehen, in die ich doch erst schüchterne Sonden herabgelassen hatte. Jene Stadt mit einem Kloster im Fokus ihrer Energien und ohne See und Fluss konnte nicht meine Heimat werden. Fraglich, ob sie überhaupt eine Stadt zu nennen war.

Man hatte jener kränkelnden Textilstadt, die ihrer Stoffe und Spitzen wegen einst Weltruf genoss und deren Weltspitzen sozusagen mit der Titanic untergegangen waren, mittels Bundeshilfe ein paar Jahre vor der Revolte eine neue Hochschule hingestellt, die nun mit Studenten zu füllen war – allenfalls per Dekret. Das rächte sich jetzt, als linke Erstsemester aus den vitaleren Städten des Landes in Massen hergereist kamen und die Pfründe der Lateiner und Burschenschafter auf einen Schlag ins Wanken brachten. Zudem stieß der Prager Frühling ein Fenster auf, man hoffte – selbst die Rechte – mit Dubcek und Svoboda, aber auch mit Tito und Ceaucescu, auf einen menschlichen Sozialismus zwischen den Blöcken. Und so fiel das Diktat der Couleurstudenten an dieser Hochschule, wie zwanzig Jahre später »die Mauer«, staub- und lautlos in sich zusammen. Wer wollte die demokratisch legitimierte Mehrheit des Studentenrates anzweifeln! Der neue linke Rat war nun einmal gewählt. – Und jener »meiner Stadt« schickte dem Vietcong im Namen der gesamten Studentenschaft umgehend sogar ein offizielles Glückwunschtelegramm, was einen enormen Wirbel ausgelöste.

So war die Zeit, und auch wir würden siegen, wenn Reisbauern auf Fahrrädern die größte kapitalistische Weltmacht in die Knie zu zwingen imstande waren. Die richtige Einstellung, die richtige Theorie würde sich durchsetzen, keine Frage!

Der Schock in der verschlafenen Textilstadt mit dem ehrwürdigen Kloster hätte größer nicht sein können. Die Sache war nach langem Dornröschenschlaf naturgemäß »in medias res« geraten, Pfründe würden ins Wanken kommen, Hoffnungen keimten, Würdenträger würden öffentlich an ihre nazifreundliche Vergangenheit erinnert werden, Fluchthelfer, die Juden um den Preis ihrer Karriere über die Grenze hereingebracht hatten, würden, wenn auch skandalös spät, doch noch rehabilitiert werden müssen. Und es würde herauskommen, dass die Eidgenossenschaft der Jüdischen Gemeinde penibel Rechnung gestellt hatte für die Unterbringung ihrer bedrohten Glaubensbrüder aus dem Nazireich. Das alles und mehr musste gesagt sein und vor allem gedruckt werden – im »Roten Gallus«, unserem umgehend gegründeten linken Blatt. Auch dass sich der Bischof der Diözese – da man einmal gerade am Restaurieren der barocken Deckengemälde war, und ging es doch in einem – auch noch zwischen die nackten Engelein in Gottes Himmel malen ließ, musste im Diesseits noch ans Licht des Tages geholt werden. Stoff gab es also genug.

Ja, überreife Früchte fallen einfach ab, es ist nicht wahr, dass besonders viel gerüttelt werden muss, wie es Veteranen aller Zeiten gerne überliefert haben möchten. Wir jedenfalls mussten nicht heroisch kämpfen, um bürgerliche Bastionen zu schleifen. Wir wunderten uns selber, wie sehr wir offenbar Angst und Schrecken verbreiteten.

Marx gelesen hatte noch keiner, geschweige denn Hegel. Links sein ging von heute auf morgen und hieß vorerst nicht mehr, als dass das Herz schließlich links schlägt und nicht rechts; oder hieß schlicht: Man wollte leben und atmen nach den beklemmenden Fünfziger- und ersten Sechzigerjahren. Ich jedenfalls wollte nicht mehr und nicht weniger. Jeder Anlass auf der Straße war mir lieber, als in den angeblich unabdingbaren Werken von Marx und Engels zu lesen. Aber um atmen zu können, wäre mir meine erste Stadt am Wasser, in die ich jedes Wochenende zurückkehrte, vorerst und noch lange gut genug gewesen, hätte man mir nicht diesen Stadtersatz im Ostteil des Landes aufgezwungen. Aber was wir alle von heute auf morgen unter »links« verstanden, brachte zumindest mehr Luft in die Verhältnisse, war sozusagen ein Sauerstoffgerät, das ins Feuer blies und alle gesellschaftlichen Prozesse beschleunigte. Mit den eilig nachgelieferten Theorien hatte ich meine liebe Mühe, ob sie von Frankfurt kamen oder von Adam Smith. Ich musste sie mit den gelben Markern – die im Studierwesen geradezu epidemisch aufkamen – erst anstreichen, um sie nicht zu vergessen. Ob man das aber alles erst wissen musste, um mitzubekommen, wo es lang gehen sollte? Konnte sich der Weg nicht allmählich herausstellen? War es denn nicht eine Zeitlang ohne Marker und Programme auszuhalten?

An der Ökonomie als Fach gefiel mir wenig, sie war mir vielmehr ein Vorwand, eine Einfallspforte in Freiheiten, die damals nur das studentische Leben versprechen konnte. Wie wollte man eine Gesellschaft umformen, wenn man ihre Mechanismen nicht verstand, hieß die Ausrede, *mein* Programm, das ich mir zu eigen gemacht hatte. Allen Mechanismen zugrunde lagen die ökonomischen, daran war nicht zu zweifeln. Der Homo Oeconomicus war etwas primitiv und zu dieser Zeit noch wenig differenziert, aber immerhin ehrlich. Auch der nüchterne Brecht setzte schließlich Fressen vor die Moral, und für mich vom Land bestand schon gar kein Zweifel, dass Fressen allem anderen voranging. Es war mir also ein Leichtes, meine Mühe mit diesem Fach durch Pflichtappelle an mich selber zu überspielen. Es ging wohl schon hier lang, aber ich hatte wenig Freude daran.

Dass das nicht lange gut gehen konnte, war abzusehen. Aber das Studium der Ökonomie machte kein Latein zur Bedingung, was eine enorme Erleichterung war. Denn Studenten aus den aufgeschlosseneren nordischen Ländern wären anders wohl nicht in diese Stadt gekommen, von der sie vorher noch nie gehört haben konnten, und sie machten immerhin einen Drittel der Studierenden aus. Umgehend und zum ersten Mal lebte ich mit Ausländern zusammen, und das war etwas Neues und machte mir diese Stadt halbwegs doch noch erträglich.

In der Uni kam nun jeder daher, wie er wollte. In den kaufmännischen Lehrbetrieben hingegen wurde noch auf Krawatte gepocht, allenfalls ein weißer Rollkragen geduldet. Ein Freund, Lehrling in einer Bank an der teuren Bahnhofstraße meiner Heimatstadt, war umgehend vom Schalterdienst in die hinteren Räume versetzt, ein anderer, Lehrling in einem Spielwarengeschäft, ins Lager im Souterrain gesteckt worden, weil sie sich nicht hatten verbieten lassen, dass ihre Haare zwei Zentimeter über die Ohren wuchsen. Ich war an der Hochschule der Klosterstadt als »Pilzkopf« bekannt mit einem Haarschnitt, der bald im englischen Königshaus noch als kurz durchgehen würde. Die Verbindungsstudenten hingegen trugen die

Haare weiterhin in einer Weise, als kämen sie geradewegs von einer ss–Ordensburg, während ihre Altherren sogar noch einen Schnauzbart trugen, wie jener bekannte Hetzer aus Braunau. Wie gesagt, trug auch Großvater diesen Schnauzer, der Männern zweifellos etwas Energisches gibt und an sich nicht falsch zu sein braucht. Linke Bärte kamen erst etwas später auf.

*

Als Erstes besetzten wir ein Haus im historischen Kern der Stadt unweit des Klosters mit seiner bekannten Stiftsbibliothek, um da unsere linke Zentrale einzurichten. Ich trennte mit Vaters Motorsäge morsche Wände heraus, wir brachen durch Mauern, hatten sie tragende Funktion oder nicht. Im obersten Stock, mit Blick über die Dächer und Erker der Altstadt, entstand an einem einzigen Nachmittag unser Diskussionsforum, »Kritisches Seminar« genannt, mit zerschlissenen Sofas und Stühlen aus der Brockenstube.

Den Satz: » *Alle geschichtliche Erfahrung bestätigt es, dass man das Mögliche nicht erreichte, wenn nicht immer wieder in der Welt nach dem Unmöglichen gegriffen worden wäre*«, zitierten, vielmehr sprayten wir ins Treppenhaus. Wir griffen gerne zu, und unser linkes Forum im obersten Stock der besetzten Liegenschaft platzte bald aus allen Nähten. Allen Ernstes musste man sich Sorgen machen, ob die morschen Fußböden dem Gewicht der jedes Mal zahlreicher werdenden Mitglieder noch gewachsen waren, zumal auch in den unteren Stockwerken mit meiner Motorsäge – war sie schon mal zuhanden – bedenkenlos Trenn- und Stützwände herausgebrochen wurden, als brauchte ein Haus keine Logik.

Stadt

Wie kann aber einer glauben, er komme jemals wieder von ihr los, von dieser Erleichterung Stadt, hat er zum ersten Mal, vom Land kommend, seinen Koffer da abgestellt auf dem Perron eines Hauptbahnhofs, der diesen Namen verdient, in einer Stadt, die nicht bloß eine Behauptung ist. Reden sie in Altersasylen am Ende noch von anderem als von ihrem Welschlandjahr in Genf? Vom Praktikum in Paris? Von der Montage der Sulzerturbine in Singapur, als da noch kein Hochhaus stand? Und reden sie dann über anderes als über Städte mit ihren Freiheiten, ihrem speziellen Flair?, notierte ich nach meinem ersten Ausflug nach Paris, der ersten modernen Großstadt der Welt.

Von Städten Angesteckte verstehen sich auf Anhieb. Die Sprache tut nichts zur Sache. Im Gegenteil. Einmal in Paris gewesen, und der andere versteht. Denn reichen wir andere Bilder herüber vom Bettrand als jene mit dem Koffer darauf, kurz vor der Abfahrt an jenem Morgen im heimischen Hauptbahnhof, wie lang ist's her? Und von jenem Einen, der ihn schließlich aufhob mit einer simplen Floskel am Abend im fernen Paris, das fremde Fräulein vorerst nur artig begleitend zur Metro und aber bald … Gott hab ihn selig und kein Wort Deutsch! – Und unselig erst recht, dieser Schuft! Denn haften Bilder jemals besser, als wenn man sie aus dem Album herausgerissen hat?

Was hätten Vaters fehlende Bilder sonst noch verraten aus dem fernen Marokko? War ich dreimal dahin gereist, um es herauszufinden?

*

Was ich in den Kinos über Städte und Städter sah und was ich darüber in der Schule lernte – mit wenigen Ausnahmen der Langeweile abgetrotzt – stimmte überein. *Denn was ist Mitteilung und Lernen anderes als Kopfkino, könnte ohne Kopfkino gar nicht aufgenommen werden, könnte Langeweile definitiv nicht ertragen werden,* und es schien unbeschränkt Platz zu geben in meinen noch unbesetzten Hirnkammern. Und ich wollte teilhaben, aufsaugen, lesen und hinreisen. In der Stadt war Stoff ohne Ende, gebar Stoff täglich neuen Stoff, versprach Fortsetzung, quoll aus allen Ritzen und Gassen, man kam nicht nach, zwischen Schule und Bahnhof allen Gerüchten nachzugehen, alle Warenhäuser abzuklappern, die nichts anderes als Rollbilder waren mit ihren Chinawochen, der Küche Feuerlands, dem Nordisch-Wohnen. Man kam nicht nach, auf allen

Rolltreppen zu fahren, die einen plötzlich sogar in heimlich und neu gegrabene Unterstädte hinab zogen, bald in einen Bahnhof unter dem Bahnhof, in Passagen und Ladentempel ohne Sonnenlicht ... Und wie anders als immer rennend und fliegend hätte der Junge vom Land wenigstens ein Teil dieses Spektakels einholen können ...

Selbst wenn man von Kino wenig hält, selbst wenn man von Stadt wenig hält, Illusion genügt völlig zum Lachen und Weinen, was alles sagt über Gefühle. Und Männer wissen wohl, dass das Stöhnen der Schönen im Bordell gespielt ist. Dem Voyeur im Kinosessel ist es egal. Und Sex ist Kino im Kopf, das weiß jeder Nachtschwärmer alsbald nach der zweiten, spätestens der dritten Nacht, oder er hat nichts begriffen. Abgeschminkt auf dem Trottoir morgens um fünf im Nieselregen, vorher blond, nun aber schwarz, im übergeworfenen Regenmantel eilig den Ort der Täuschung aus dem Hinterausgang verlassend, erkennt man sie nicht wieder, die angebeteten Königinnen der Ekstase. War das Anastasia gewesen, Lulu? Es war Margrit Sturzenegger gewesen, was soll's. Der Tag gilt nicht in der Stadt, und nur in der Stadt ist er zu ignorieren. Städter sind »Nachtkerzen«, sind die Pflanze, die beim Eindunkeln ihre Blüten öffnet, nachts erst kommen richtige Städte auf Touren, offenbart sich der heimliche Zweck der Beleuchtung: Ausblenden des Nüchternen, der möglichen Entlarvung und Scheinwerfer auf das Wesentliche: die Bühne, die Inszenierung, die Kulisse, die Stadt.

Der Städter will schauen, nicht sehen, die Unschärfe enthüllt mehr, als sie verhüllt. Im knallharten Mittagslicht kommen Städte zum Erliegen. Niemanden interessieren deine heruntergelassenen Stores um zwei Uhr nachmittags, weil du noch deinen Rausch ausschläfst. Niemand denunziert dich beim Bäcker wie auf dem Dorf, damit es alle wissen. Der Städter, der wahre Schöpfer, macht die Nacht zum Tag, und zwar zum Tag nach seinen Bedingungen, nach seinem Willen. Der Städter will am liebsten stets beleuchtete Nacht.

Allenfalls hilft eine Sonnenbrille. Laufen sie auf dem Dorf mit Sonnenbrillen herum, die Touristen aus der Stadt ausgenommen? Hat man je einen Bauern mit einer Sonnenbrille gesehen? Einen richtigen Bauern? Erst wenn sie beim Skilift arbeiten oder den Golfplatz mähen, somit auf Städterinnen treffen, kaufen sie eine, lassen sie sich in Boutiquen beraten.

Nur mein Vater, der Bauerndarsteller, trug eine Sonnenbrille auf dem Heuwender, wenn er sich unbeobachtet fühlte, und trug Sonnencrème auf, in seiner geliebten Badeanstalt am Quai, die er fast immer alleine besuchte. Als ich dann in die Stadt zur Schule und ins Kino ging, ließen sich, wie schon gesagt, unabsichtliche Begegnungen nicht vermeiden. Aber wir begriffen sofort, dass wir sie, unserem gemeinsamen »Projekt Stadt« zuliebe, zu verleugnen hatten. Die Distanz, das Kostbarste, was Stadt zu bieten hat, wollten wir nicht verscherzen. *Man begegnet*

Eltern nicht auf der Straße und schon gar nicht in Badehosen zufällig am See. Das ist gegen die Regel, gegen alle Abmachungen.

*

Stadt braucht nicht bewiesen zu werden, die Fakten liegen offen. Wie könnte ich behaupten, dass ich Stadt gewählt habe? Als Zwölfjähriger. Ich war in einen Sog hineingeboren worden, ohne Chance. Mein Dorf, keine sieben Kilometer außerhalb der größten Stadt des Landes, lag im Einzugsbereich, wie es richtig heißt, sie zog mich ein. *Und warum soll man sich wehren, wenn die Trift die halbe Arbeit tut? Und ob du bewusst wählst oder unbewusst – wo ist der Unterschied?*

Es war vielmehr so, dass ich war, wo mein Vater schon war.

Auch wenn vom freien Willen nicht viel zu halten ist, diesem Daueropfer der Hoffnung: Es genügt, glauben zu dürfen, dass man wählt. Und die Stadt lässt einem, im Gegensatz zum Land, die Illusion, wählen zu können. Ich sah ja vom ersten Tag an, als ich allein in der Stadt zu Gange war: Es wird da kein anderes Spiel gespielt als im Dorf, aber das Spiel hat mehr Karten. Das Kino Rex in Badersdorf war bloß am Wochenende in Betrieb, in der Stadt standen täglich jede Menge Kinos zur Verfügung, sogar eines schon mit mehreren Sälen. Es ging ums Gleiche in der Stadt, war hier aber ein raffinierteres Spiel. Die Ablenkung von sich selber Dank großem Angebot hält länger vor – wenn man Glück hat, bis ans Ende seiner Tage. Mein Fazit: *Es ist offenbar bloß eine Frage der Mittel, man muss sich diese großartige Ablenkung Stadt leisten können. Kann sich einer Stadt leisten oder nicht, hat er genug Mittel für dieses Süße Gift, oder muss er sich in der Agglomeration behelfen, gar auf dem Land?*

Auf dem Land aber war Glamour suspekt, Schönheit stand unter besonderer Beobachtung. Auf Provinzbühnen – und ich spielte schon früh mit in den Turnhallen des Bezirks – ist die Schöne umgehend die Eitle, wenn nicht die Hexe. Eine Schöne tut gut daran, sich zu verstecken. In der City aber wird die Schöne gebraucht, ja es kann von Schönen gar nicht genug geben. Ohne Dauerreizung geht es nicht, kommt die konstante Siedetemperatur in Gefahr. Fällt die Kettenreaktion in sich zusammen, sind weitere Folgen gefährdet. *Darum weiß jeder Städter insgeheim: Du darfst dich nicht umdrehen und sie von vorne anschauen. Du darfst sie nicht erkennen, und wie es in der Bibel richtig heißt, hast du dich schlagartig in ihre Hinterseite verliebt, was in einer Stadt notwendigerweise alle zwanzig Meter passiert. Merke: Man verliebt sich immer nur in einen Aspekt des anderen, es folgte sonst nicht zwangsläufig die Enttäuschung im erstbesten Stress. Und der Natur genügt's zur Ausbreitung. Jeder Städter weiß: Du darfst dich nicht umschauen im Kino, schon gar nicht in die belämmerten Gesichter in der nächst hinteren Reihe, sonst siehst du das zuckenden Loch in der Wand, aus dem die Lüge gepresst wird, dass es flirrt. Nur auf dem Land drehen sie sich um, gehen schamlos um sie herum, reißen ihr sogar das Maul auf und sehen aufs Gebiss.*

Mein Großvater war so einer, er konnte es sich um des täglichen Brots nicht leisten, Fakten zu ignorieren. Seine Frau musste gesund sein, mehr nicht – soweit man von Gesundheit reden konnte, wenn es seine eigene Kusine war …

Und in der Stadt sind umgehend Betreuer zur Stelle, wenn jemand von einer Mücke gestochen wird – meiner jungen Großmutter zog der Dorfcoiffeur mit zwanzig Jahren alle Zähne aufs Mal und ließ sie alleine nach Hause trotten mit blutendem Mund. Großvater – Bräutigam und also Cousin in einem – wollte später keine Zahnarztkosten zu befürchten haben… So war »Land«, wie es unsere Großeltern noch in sich trugen und uns Enkeln zumindest zu verstehen gaben. Von Liebe keine Spur. So begannen Partnerschaften auf dem Land. Verliebtheit, Liebe, Illusionen, das war für Reiche, man musste sich derlei offenbar leisten können, zu allen Zeiten. Immerhin – wenn nicht Gottes, so doch der Welt Gerechtigkeit: Schlimmer konnte es danach nicht mehr kommen, das Schlimmste kam am Anfang, man war gerüstet für das, was es damals bedeutete, auf dem Lande zu leben. Und was es bedeutete, in einer Stadt aufatmen zu dürfen.

Und um dem Entzug von Stadtschönen vorzubeugen, sah ich, wurden ihre Häute blutjung und überlebensgroß auf Reklamegestelle der Warenhäuser gespannt, als wären es Biberfelle, wurden auf Plakatsäulen geklebt und auf der dritten Seite der Volkszeitung abgebildet, bäumten sich dem Pubertierenden in atemberaubenden Bikinis entgegen, die auf dem Lande im Schwimmbad nur von besseren Töchtern gezeigt werden durften. Und jedes Jahr wurden neue Missen gekürt, zehn Blonde, zehn Schwarze. Mit welcher würdest du auf eine einsame Insel wollen?

Die Auswahl ist es in der Stadt, sie ist alles, sie ist die ganze Moral. Darum warten sie auf dem Land auf nichts sehnlicher als auf den Markttag, die »Beizen-Fastnacht«, die Kirchweih, die »Sennen-Chilbi«, die Landsgemeinde, die in der langweiligen Provinz etwas Stadt entstehen lassen. Endlich mehr als dreißig Menschen, endlich mehr als die eigene Sippe! In der Stadt hingegen kann man mehreren »Sippen« gleichzeitig angehören, und niemand fragt nach der anderen. Der Markttag ist einmal im Monat »Stadt auf dem Land«. Auf den Markttag kommen sie von den Dörfern rundum herzu, kommen die galanten fliegenden Händler mit ihren anzüglichen Witzen, hängen schamlos Mieder an die Stangen am Kirchrain, stellen Körbe mit Büstenhalter bereit zum Wühlen, bestellen Ausgefallenes an der einzigen Theke der einzigen Wirtschaft, durch die Scheibe ihren Marktstand im Auge behaltend, rauchen die fremde Marke, erzählen vom

Hauptort, den Tatorten, dem ewigen Zu- und Abnehmen von irgendwas.

Die Auswahl nur ist es, der Fremde ist die Erlösung auf dem Land. Aber wehe, er bleibt! Und wehe, die fremde Autonummer parkiert quer vor der landwirtschaftlichen Genossenschaft in Dottlikon, steht mitten im Feldweg zur Pilzsaison in Agasul, gar im Jagdmonat in Feldis. Wozu hat der Motormäher Spitzen? Ein Schwenker mit dem Rapid und die Luft ist draußen, sehe der Pilze sammelnde Städter zu, wie er nach Hause kommt! Aufs Land hat er nicht zu kommen – das nicht auch noch!

*

Um ein Huhn zu werden, um zu wissen, was es zum Leben braucht, muss es in den ersten Tagen lernen, dann ist Schluss mit Bildung. Hat das Küken in dieser Zeit nicht gelernt, die kreisenden Schatten am Himmel als Gefahr zu erkennen, kann es vergessen, ein Huhn zu werden.

Um Städter zu werden, braucht das Lernen nicht mehr als eine einzige Nacht. *Offenbar ist er bereits vorgesehen in uns, der Städter, muss nur noch erweckt werden, anders ist es mir nicht zu erklären. Es ist, als gehe bloß noch eine Knospe auf, die schon jeder am Stängel hat. Aber es muss eine ganze Nacht sein. Man muss riskieren, da aufzuwachen und den Kaffee an einem fremden Tisch zu bestellen, vorzugsweise einer Theke. Man darf die Milchmocken des Dorfs nicht vermissen und schon gar nicht die Kartoffelrösti, morgens um neun.*

Mein prägendes Herkommen waren zwei Städter, ein Mann und eine Frau, »meine Eltern« genannt, die einen Bauernhof betrieben, aber, wie gesagt und hinlänglich schon beschrieben, in Sichtweite einer Stadt, die gewaltig herüber flackerte, die größte und wichtigste Stadt des kleinen Landes, eine richtige Stadt, wenn auch, verglichen mit bekannten Weltstädten, ein Zwerg und auch in ihrem Wesen der Gnomenart nicht fern, wie sich die ersten englischen Touristen festzustellen erfrechten, bis sie selbst an ihrem kolonialen Größenwahn zugrunde gingen und selber zu Gnomen schrumpften auf einer feuchten Insel, die niemand freiwillig zu besuchen in den Sinn kommen würde. Siegten sie auch beständig weiter im Bahnhofskino und leiteten auch weiterhin im flotten Marschtritt zu Fox tönender Wochenschau die Weltnachrichten ein – in Realität, wie ich wenig später, nachdem Vater mich nach Bournemouth zum Englischlernen geschickt hatte, bestätigen konnte, waren sie die wahren Verlierer des Krieges. Ja, mein Land und meine Stadt waren vergleichsweise Zwerge, aber steht die Sonne tief, werfen auch Zwerge lange Schatten. Und angesichts des Reichtums und der Möglichkeiten meines Landes und meiner Stadt stand nach dem Krieg, als ich geboren wurde, die Sonne tief über der übrigen Welt.

Und obschon ich die Milchmocken Badersdorfs nicht vermisste, fand ich mich fortan auf dem Land immer wieder zurecht, wie sich nur ein auf dem Land Geborener da lebenslang zurechtfinden kann, lebt er auch in der Stadt. Ich sehe jedem Landgeborenen die Herkunft von weitem an: *So rücksichtslos geht nur ein Landgeborener durchs Unterholz, so selbstverständlich greift nur ein Landgeborener nach der Ähre und reibt mit dem Daumen die Körner aus, so schnell macht nur ein Landgeborener Feuer und bricht entschlossen den Stecken für die Cervelatwurst. Ein Landmensch kann umgehend Stadtbewohner werden, aber umgekehrt geht es nicht, kann sich der Städter auch bemühen, wie er will. Auch wenn er sich zum Bauern ausbilden lässt und die größten Kartoffeln des Dorfes auf die Waage bringt – das Misstrauen der landgeborenen Bauern des Dorfes ist ihm ein Leben lang sicher. Und wenn seine Kinder auf dem Land bleiben und Bauern werden wollen, kommen sie gleichsam immer noch aus der Stadt. Die Kinder der Bauern hingegen wollen in die Stadt, wollen zur größeren Auswahl, wollen erfahren, ob sich ihnen da noch mehr Knospen öffnen im Treibhaus City, es zieht sie zur Weiterbildung.*

Die »Auswahl«, wie die Stadt sie bietet, heißt aber schließlich nicht tausendmal das Gleiche, Auswahl heißt von jedem etwas, und die Stadt, die mich packte, hatte definitiv von allem etwas.

Ich hatte keine Wahl. Ich musste zur größeren Wahl. In der Stadt konnte man sogar sein Geschlecht wählen, sah ich gleich um die Ecke. An jener Bar, unserer WG gleich gegenüber, saßen Männer als Frauen und Frauen als Männer gekleidet. Wo gab es das auf dem Dorf! Und wo hatte ich das vorher je gesehen, außer an der Dorffastnacht, an der sich Vater als Frau verkleidet hatte, so dass er von Männern zum Tanzen aufgefordert wurde, wie er nicht genug und immer wieder erzählen konnte …

Mir genügte mein eigenes Geschlecht, ja es trieb mich mächtig, und das andere wollte ich nicht werden, sondern erobern. Und hier in der Stadt war ein Dschungel, ein Jagdgrund mit einer Vielfalt um mich herum, der mir wohl einige Zeit genügen sollte. Auf den ersten Blick erkannte ich erstaunt sogar die tatsächlich viel größere Vielfalt an Tieren und Pflanzen in den städtischen Parks und Gärten als auf unseren Wiesen und Äckern auf dem Land. Hier nisteten Vögel, die selbst Großvater für ausgestorben hielt, nachdem die Badersdorfer Bauern aus der Generation meines Vaters angefangen hatten, Kunstdünger zu verstreuen, als streuten sie Käse über Maccharoni.

An meiner Stadt fehlte mir vorerst nichts. Aber später würden größere Städte zu entdecken sein wie: Rio, New York, Tokio, Surabaya, Mexiko City … noch weitere Landschaften, echte Landschaften, Canyons, Küsten; Wüsten würden zu entdecken sein, Wüsten auch aus Blech und Beton, Häusermeere, Lichtermeere.

Ich kam vom Land, mir war nichts vorzumachen. Ich würde neben Kakteen stehen, wie Vater auf dem einzigen Bild aus einem fremden Land, und auf den Selbstauslöser warten, die Kommentare der anderen schon im Kopf, die das Bild zu Hause auslösen sollte. Ich würde mit Trophäen heimkehren, sie lässig von der Schulter werfen und mich zu meinen Lieben ans heimische Feuer setzen, um bald wieder aufzubrechen, nachdem die Wunden halbwegs abgeheilt waren, von berauschten Jungfrauen betupft, die meinen mitgebrachten Schmuck nie wieder ablegen wollten ihr Leben lang.

Vorerst nur sollte diese eine Stadt genügen, meine erste – ich wusste nur noch nicht, dass *eine* genügt, dass die erstbeste genügt, dass der Rest, die Suche nach der absoluten Stadt, bloß Kino ist, eine Frage der Beleuchtung, leicht selber zu inszenieren. Ich wusste nur noch nicht, dass überall mit Wasser gekocht wird … das heißt, ich ahnte es, meine ersten Hefte wussten es aus Ableitungen bloß von Büchern, vom Kino. Es war ein Wissen noch ohne Deckung der Schecks durch Erfahrung. Und deshalb wollte es wohl der gute Geist, dass die Texte, die ich damals geschrieben habe, verstauben mit Recht, dass sie erst in den Keller gebracht werden mussten, wie junger Wein, der erst später, bei Beachtung des Datums, seinen besonderen Reiz entfaltet, wobei die eine oder andere Flasche die innere Emigration nicht überleben sollte.

Ich ahnte jedenfalls schon früh, dass man nicht reisen muss, um die Welt zu erforschen, nicht einmal in eine Stadt ziehen muss, um ein Städter zu werden. Ich ahnte, Städter sein ist letztlich eine Frage der Einstellung, nicht notwendigerweise des Orts. *Der Quantensprung ist das allein Entscheidende, lehrt die Physik, er hat stattgefunden oder nicht, vielmehr: der Ort oder Moment hat das Potential, dich zu ergreifen oder nicht – kein stichhaltiger Grund also, weiter zu ziehen, auszuwandern –, es sei denn, man wird vertrieben, wie die Juden aus Jerusalem, die in der babylonischen Gefangenschaft erst zu ihrer Identität und Größe fanden. Eine Stadt, nicht nur dem Namen nach, ist groß genug für ein Leben. Ein Dorf kann groß genug sein, ein Haus, wenn nicht ein Zimmer, ein Fernseher, ein Kino, das eigene Kopfkino sogar.*

Alles Äußere war doch ohnehin bloß eine Projektion des Gehirns, die materiellen Städte und Städter bloß weitere Ausfaltungen von Gehirnwindungen auf die grüne Wiese. Und genügend Schriftsteller, die wir in der Schule »behandelten«, bewiesen, dass ein Dorf genügte, ja ein Küchentisch, um die ganze Welt aufzufalten. *Denn ob ein ganzes Meer kocht oder bloß ein Pott, es wird nicht heißer, der Fokus ist punktgenau oder nicht, es ist vollbracht oder nicht, die Kettenreaktion gebiert sich fort oder nicht, das Wasser kann fliegen oder nicht, darauf kommt es an, es fließt dann manifest nach unten oder fliegt nach oben, es fließt aus den Dörfern hinab ins Tal den Städten zu oder es zischt hinauf aus den Cities, aus U-Bahnschächten in Wolken in die Wolken, es treibt Maschinen, erzeugt Strom, macht die Nacht zum Tag, erhellt Städte und Zufahrtstraßen – oder aber liegt träge im stockdunklen Acker der Provinz, eine Brutstätte des Trägen, des Bösen, des Stillstands. Wasser plus Feuer ist alles – es ist nur eine Frage der Anordnung, des Verhältnisses, im Anfang das Wort, das Gesetz, das Naturgesetz, oder man sage Gott, wenn man noch will.*

Damit fing alles an auf dem Planeten Erde, hörten wir von unserem Physiklehrer, der mit seiner ganzen Leidenschaft geeignet war, uns das Staunen beizubringen und meinen Notizheften neue Seiten. Milliarden Jahre war nichts anderes als Gesetz, Sternenstaub, Wasser und Feuer. Hitze bringt Wasser zum Fliegen, Stadt war mir Anordnung zum Fliegen, und die Ansteckung durch Städte kommt von der Hitze, erzeugt Hitze. Und ich suchte die Hitze. Ich wollte fliegen!

Städte würden also bestimmt halten, was ich mir von ihnen erträumte, ob fern oder nah. Kraft Gesetz.

*

In Manhattan, der Mutter aller Cities, gab es Polizeipferde, die aus den Fenstern des 20. Stockwerks auf die Straße herunterschauten. Sie wurden nach dem Dienst mit einem Lift hochgezogen und streckten in ihrer »Freizeit« die Köpfe aus den Fenstern, um Stadtluft zu schnuppern.

Hätte dem Bild noch gefehlt, dass sie rauchten ... Mehr »Stadt« konnte man wohl nicht erwarten.

*

Und schließlich würde ich bleiben in meiner ersten Stadt. Wie es vorkommt, dass Paare aus der Schulzeit zusammenbleiben ihr Leben lang. Trotz ausgedehnter Reisen rund um den Globus, trotz Pferden, die andernorts aus Hochhäusern herunterschauen. Exotisch muss nicht grell heißen, gewisse Gepflogenheiten in meiner vergleichsweise unspektakulären Stadt fand ich nirgendwo in der Welt, sie zu beschreiben, wurde meine Herausforderung an mich. *Tatsächlich sind Städte einfach Städte, weiß schnell jeder Reisende, und vermischt sie in der Erinnerung. Und Landschaften sind einfach Landschaften. Ein Ort hat das Zeug oder nicht – und hat er es nicht auf den ersten Blick, dann auf den zweiten. Ob die heimatliche Hügelkette des »Pfannenstils« oder der Grand Canyon, ob San Gimignano oder Jakarta, mit »grandios« sind wir am Anschlag angekommen, man kann sich Wiederholungen ersparen. Rausch ist Rausch, wozu die Flasche wechseln.*

Das war mir die Lektion des Reisens, und ich konnte vorerst nicht genug davon bekommen.

Meine Stadt jedoch war, wie gesagt, besonders geeignet, um bleiben zu wollen. Denn was die Gipfel und Hochtäler bereithielten, keine zwei Stunden von jedem Ort meines kleinen Landes entfernt, fegte alles weg, was mir an Verhasstem und Kleinkariertem in den Tälern zutiefst selber in den Poren steckte. Ich entdeckte das Reisen in all seinen Höhen und Tiefen, war es im eigenen Land oder auswärts, als ginge es ums Reisen selbst, und das war wohl so. Reisen war mir Ruhe von den Andern. In der Anonymität des Unterwegseins konnte ich mich erholen. Aber Reisen war noch mehr – Wahlverwandtschaften im Ausland waren erst Recht Wahlverwandschaften, hatten doch meine Wahlverwandschaften in der Heimatstadt die Tendenz, sich zu etablieren und, nicht anders als auf dem Land, Ansprüche auszubilden. *Vielleicht sind Städter bloß Reisende, wo und wie immer sie leben. Und wir sind mal Städter, mal nicht, mal Kain, der Städtegründer, mal Abel, der Nomade. Wir sind mal Nomaden und mal Niedergelassene, streifen uns an Widerständen alte Häute ab oder arrangieren uns resigniert. Stadt ist eine Frage der Courage.*

Die Malatesta-Sippe

Ein Ort zum Bleiben, weil er eine Enklave des Reisens war, hieß Ristorante Malatesta, auch wenn das Lokal hauptsächlich für seine separate Bar berühmt und berüchtigt war. *Restaurants mit südländischem Flair sind dem Städter Reisen beim Bleiben*, schrieb ich in mein Heft, als mir dieser Ort zur Station zwischen meinen Reisen wurde.

Der Name sagte es schon: mala testa, Kopfweh. Das war allerdings der milde Ausdruck für das Aufwachen am andern Morgen nach einem ausgiebigen Besuch in diesem Lokal, keine fünf Minuten von unserer WG entfernt. Aber warum sollten sie besseren Wein verkaufen an dieser zentralen Lage mitten in der Altstadt, in einer Bar mit dem Flair der Amalfi-Küste. Monopol braucht sich um Qualität nicht zu scheren. Aber eine Folge von stets übergeschwapptem Coretto Grappa tat es auch, um die gewisse Stimmung zu erzeugen, die einen Ort wie diesen zum Treffpunkt einer Stadtsippe macht. Sie war nach der WG am Centralplatz die zweite Sippe, in die ich hineinwuchs, wenn die beiden Sippen nicht nach Mitternacht ineinander übergingen. Unsere WG wuchs sich allmählich zum Nachtasyl dieser Bar aus, erst recht für jene, die den letzten Zug verpasst hatten oder verpassen wollten.

Es verging kein Tag, an dem wir nicht an der verkratzten Zinktheke dieser Bar hingen, die ewiggleichen verblichenen Postkarten treuer Trinker auf Augenhöhe an der Wand über dem Schnapsgestell: »Gruß aus der Toskana« – »Hasta la revolution siempre!« Aber auch: »Öl am Hut tut Männern gut, saluti di Manarola, Cinque Terre«. Lebenszeichen von Künstlern, Journalisten und Politaktivisten, die sich nach drei Tagen Abwesenheit schon vermisst glaubten. Ein paar Tage einmal nicht in der Malatesta gewesen, sondern tatsächlich in Neapel, hieß: Ihr müsst nicht glauben, das Original sei besser als die Kulisse, wir sind nur da, um es zu bestätigen.

Das andere war Fußball und Rad. Die italienischen Kellner verstanden wirklich etwas davon, sie brauchten gar nicht dauernd zum kleinen Fernseher im oberen Eck hinaufzusehen. Andere glaubten, mitreden zu sollen, nachdem sie die Abseitsregel endlich begriffen hatten oder wussten, wer für welchen Favoriten fuhr. *Etwas Sport gehört zum Intellektuellen wie die Morgenzeitung, sein Interesse für Boxen und Eishockey ist das ewige Schulterklopfen mit dem gemeinen Volk, das es ohne Wetten nicht über die Runden schafft.* Mehr als über Abseits musste man dann auch nicht reden, auch nicht über Löhne oder Arbeitsstunden der chronisch übermüdeten Kellner, obwohl das Lokal ein linkes war, zumindest ein sozialdemokratisches.

Einmal besuchte eine linke Wanderdelegation aus der Malatesta Giovanni in seinem Heimatdorf in den Apulien. Das Gruppenfoto mit seinen Eltern und Brüdern vor der dörflichen Bocciabahn hing auch da über der Kasse – Giovanni, den gelben Pullover locker über der Schulter, einmal ohne Schürze, vorne rechts, ein anderer Mensch, einer von andern.

Zu einem Aufstand kam es meines Wissens nicht, als das alte Inventar herausgerissen wurde – zehn Jahre davor noch ganz unvorstellbar. Aber die Malatesta war unmerklich gestorben, mit einem Stammgast weniger, den König Alkohol oder Nikotin klammheimlich abgeholt hatte. Und sinkt die Masse einmal unmerklich unter eine kritische

Grenze, ist es plötzlich aus über Nacht und Schluss, auch wenn das Spiel noch seine Weile weitergespielt werden kann, als sei nichts gewesen.

Die Malatestabar würde bald »Ristorante Liguria« heißen, mit dem Wein würde es zwangsläufig besser sein. Unsere »roten Liederabende« im Essabteil der »Mali«, wie wir die Malatestabar liebevoll nannten, oder im traditionsreichen Cooperativo, wo noch der junge aufrührerische Benito Mussolini seine Minestrone geschlürft hatte, würden, da die Kommunisten von Berlinguer geführt wurden, zu Makulatur werden. Italianità würde von den Speisekarten aus vollends ins Stadtleben eingehen und seinen überaus wohltuenden Einfluss auf den lokalen Protestantismus ausüben. Italien selbst würde bald pünktlicher werden als la Svizzera, die vormals stets belächelte Alitalia würde munter weiterfliegen, munterer als die Swissair. Schweizer würden wieder »Söldner« werden in fremden Diensten und beim AC Milan spielen, nicht weit entfernt vom für das Land einst schicksalhaften Schlachtfeld von Marigniano. Dabei hatten zu den besten Zeiten der Malatestabar noch 98 Prozent der einheimischen Männer der Stadt angegeben, nie einen italienischen Schwiegersohn zu akzeptieren …

Doch in dieser Bar hatten Beziehungen angefangen, wurden Freundschaften beendet, Intrigen gesponnen. Hier auf diesen zwei Stufen hinunter, die Espressotasse über fünf Köpfe gereicht, den Kaffee aus der Untertasse geschlürft, in nicht mehr vorstellbarem beißenden Zigarettenqualm hatte man sich aneinandergedrückt, die Zigarette über den Kopf gehalten, die Mappe stets zwischen den Füßen Richtung Theke herangeschoben. Es musste sein, hier und so. Dann aber noch in die »Züri Bar«, »ins Kontiki«, nach Mitternacht in die »Fantasia Bar« oder das »Splendid«, wo man sein Bier auf den Flügel des Pianisten stellen durfte. *Jede Stadt, jeder Clan, jede Schicht, wie es heißt, hat sein* ABC, *es geht stets ums Gleiche und läuft aufs Gleiche hinaus.* Schrieb ich, als wäre ich der erste, der dies bemerkte.

Aber von hier gingen wir zu zweit nach Hause, und neun Monate danach kam die Tochter.

Was sollen Namen! Es sind stets drei Lokale, im Alter noch eines, weil zu Fuß erreichbar oder mit dem Gehgestell. Es gibt Zeiten, da muss als Destination die Kantine einer Klinik reichen. Und sie ist das erste, das wir anpeilen, haben wir wieder die Kraft, uns aus dem Bett zu erheben. In ein Lokal gehen, heißt leben wollen, in die Stadt gehen, heißt leben wollen, zu den Andern wollen. Auf dem Land sind es die stets gleichen Andern, in der Stadt kann man sie wählen nach Belieben, es gibt genügend Sippen und Bars. Aber die Andern müssen sein, wünscht man sie auch oft zum Teufel. Voltaire soll, auf dem Totenbett vom Priester dazu angehalten, endlich dem Teufel abzuschwören, geantwortet haben: Es ist jetzt nicht der Moment, sich neue Feinde zu schaffen … Die Hölle, das sind die andern, sagte ein anderer Franzose, der sein halbes Leben in der Malatestabar verbrachte. Auf dem Land ist es die immer gleiche Hölle, in der Stadt kann man sich seine Hölle aussuchen. Immerhin.

Dass man nach Barbesuchen wie ein Aschenbecher rieche, war als Vorwurf noch nicht denkbar. Alle rochen nach Rauch, auch die Nichtraucher. Alle Städter rochen damals nach Aschenbecher wie Bauern nach Stall. Man rauchte überall, selbst in den Spitalkorridoren. Man rauchte im Bundeshaus, Piloten rauchten im Cockpit, die Triebwerke rauchten, die Fabrikschlote rauchten. Was qualmte, hatte Potenz und versprach Zukunft. Rauchen verriet Hoffnung – und das Ausdrücken der Zigarette meinte: So, jetzt an die Arbeit, »il faut cultiver notre jardin«. Dass Abstinenz und Lebensangst zusammenhingen, war auch ohne Freud offensichtlich, der sagte, ohne Rauchen könne er nicht schreiben, Krebs hin oder her, achtzehn Operationen hin oder her. Aschenbecher war sozusagen der Eigengeruch der Bundesbahnen, sogar Nichtraucher zogen diesen eindeutigen Geruch ihrem Nichtraucherabteil vor.

Nach Rauch zu riechen, war so selbstverständlich, wie man in katholischen Kirchen Weihrauchgeruch erwartet. *Und ist nicht anzunehmen, dass Rauch, einzuatmen an den ersten Feuern, älter ist als Kirche und Gott? Wie immer, Rauchen war und ist das profan Heilige, man teilt Rausch und Risiko miteinander, etwas Besonderes, etwas Sinnloses, lässt sich ein auf ein Spiel und schiebt Klassengegensätze für einen Moment beiseite. Man lässt sich zumindest einen Moment aufeinander ein, atmet das Gleiche, sieht, na ja, dem schrecklichen Tod gemeinsam einen Augenblick frech ins Gesicht, was soll's, es gibt noch andere Risiken. Und indem man eines willentlich wählt, was immerhin kein Tier tun würde, hebt man sich etwas über die dumpfe weltliche Fatalität hinaus. Bietet man nicht jedem zum Tode Verurteilten eine Zigarette an? Was anderes soll das heißen als: Wir sind im gleichen schrecklichen Spiel gefangen. Auch ich, dein Henker, werde sterben. Einen letzten Moment aber noch in diesem Leben sei mit einer Zigarette ausgedrückt: Du bist ein Mensch, ich bin ein Mensch, und zu deiner Schandtat wäre ich somit auch fähig, zwischen uns ist nichts weiter als ein widriger Umstand. Eine Zigarettenlänge habe der Erfinder dieses teuflischen Spiels zu schweigen, habe der Schöpfer zu schweigen, die Richter, die Welt.*

Es war vor allem dieser beißende Geruch, die bittere Note auf den Lippen, das Brennen auf der Haut, es waren die geröteten Augen, das überreizte Gehör, das Frösteln beim Verlassen der Malatestabar – später genügte ein einziges Molekül davon, um den Film wieder zu starten, eine bestimmte Aufwerfung von Pflastersteinen vielleicht auf dem Heimweg, ein altes Reklameschild – *die Stadt wird zum Panoptikum mit jedem Jahr mehr, das man in ihr lebt.*

Dabei war ich doch erst eingezogen …

Erfahrungen mache er nur noch beim Schreiben, sagte der alternde Sozialdemokrat Max Frisch, der jeweils nach einem Wahlsonntag im Ristorante Cooperativo anzutreffen war, wo auch eine Stadtsippe beheimatet war, die sich mit der Malatestasippe zum Teil überschnitt. Ich sang dann zur Gitarre meine Lieder. Als er der Gesundheit wegen nichts Süßes mehr essen durfte, ließ er seine geliebten Öpfelchüechli mit Vanille Crème anderen servieren und durch andere essen.

Bald wurden die Abschlussabende schwindender linker Wahlbeteiligung bezeichnenderweise im Trendlokal Kaufleuten abgehalten. Das Cooperativo verschwand, nachdem es längst gestorben war – »der Geist weht«, wo er muss. Und *er weht stets im Sog, im Windschatten der Andern, er folgt der unergründlichen Wendung des Pulks. Lange kreist der Vogelschwarm über der gleichen Ebene, und unversehens zieht er los, jeder der Vögel könnte das Zeichen gegeben haben.*

*

»*Malatesta, ein Reisebericht aus der Innenstadt*«, wie ich ihn nannte, brachte mir ein erstes kleines Honorar ein, das ich stolz sogleich in die Malatesta trug, um das Optimum aus ihm zu ziehen. Der Artikel hing dann eine Zeitlang an der Wand, bis ihn ein Mantel wegstreifte. Es folgten weitere Berichte, bald aus ausländischen Städten, und bald zu weiteren Themen – Artikel und Kolumnen, die mal abgedruckt wurden, mal nicht, aber allesamt bei den Notizen und Fragmenten im Koffer landeten und allmählich vergilbten. Journalismus, merkte ich bald, ist: Du gibst dein Herzblut, dann »Schnur drum und an den Straßenrand«. Dafür – anders als bei den unsterblichen Gedichten – kam Geld per Post. Und Geld hieß Reisen.

Du

Was auffällt, notierte ich: *Es gibt in der Stadt Mappenträger und Rucksackträger, in Bahnhöfen, auf Bahnsteigen, stets kommen sie dir entgegen. Man ist auf der einen oder der andern Seite, ist am Gehen, am Schlendern oder Rennen, man genießt stoisch auf der Rolltreppe eine Minute der Ruhe oder rennt links vorbei, um selbst hier noch zu beschleunigen … Man ist im Bahnhof auf dem Weg in die Ferien oder aber zur Arbeit, es führt keine Brücke hinüber und herüber, man gehört zu den einen oder zu den andern. In der Stadt verlässt man das Auto und mutiert augenblicklich zum militanten Fußgänger, dabei saß man vor einer Minute selber noch am Steuer und hätte sie überfahren können, diese arroganten Trotter, die sogar noch schwatzen auf den Fußgängerstreifen, sich Feuer bieten, mitten auf der Straße, absichtlich schlendern, nur weil sie kein Auto bezahlen können …*

Landleute hingegen bleiben die gleichen, ob sie fahren oder gehen. Sie steigen auf Gefährte hinauf und mit einem Sprung wieder hinab, schwingen sich Hintern voran auf Ladeflächen und wieder hinunter, um nur hundert Meter nicht zu Fuß gehen zu müssen, vermeiden ohnehin Fußmärsche, wo sie nur können, lassen sich mitnehmen, halten an, um aufsteigen zu lassen, weil sie das nächste Mal auch mitgenommen werden wollen, nur nicht unnötig gehen, man rechnet in Energiequanten. Bauern wandern nicht.

Nur Städter gehen zu Fuß auf dem Land.

Bei den Städtern macht offenbar die Rolle den Menschen, machen Kleider Leute, wie einer in meiner Stadt gedichtet hat. Und umsonst ist dieser Spruch nicht um die Welt gegangen. Ein Kleid, nach der angesagten Farbe gewählt, und man gehört schon zu ihnen, ist Mitspieler. Das nächste nach dem Kleid ist die Mappe, die Tasche, wie sie jeder Städter trägt, er fühlte sich nackt ohne ihr Gewicht.

Auch im Kunstbetrieb alter Manier, mit seinen Künstlerbällen, in deren letzten ich noch hineingeriet, gab es kein Dazwischen. Man war noch entweder Künstler oder Sammler, Künstler oder Kritiker, Maler oder Galerist, Lehrer oder Schüler – man war noch entweder Feuer oder Sand. Es gab kein »Du« in der Mitte, kein Arm über die Schulter des anderen, wie es sehr rasch Mode wurde, als ich ankam in der Stadt. *In Zeiten des Booms in allen Sparten, in Zeiten der permanenten Ausdehnung, verwischt sich Wesentliches vorübergehend, gibt vor, dass alles möglich sei, dass man verschiedenen Herren dienen könne, aber das ist eine Illusion – nur, Städter können sie sich leisten, wenn es gut geht, ein Leben lang.*

Dass ein Schriftsteller und Nobelpreisträger der Stadt zwischen sich und seine Ehefrau von Anfang an ein striktes »Sie« setzte, war die andere Übertreibung; dass in unserem Filmklub »Jules et Jim« sich siezten, aber eingestandenermaßen mit der gleichen Frau schliefen, war das Französische, das wohl nur Franzosen verstanden. Schliefen jedenfalls wir durcheinander, was eher Regel als Ausnahme war, so war das »Du« die Voraussetzung, nicht das Folgende.

Den Gott der Kirche darf man im Konfirmationsunterricht bedenkenlos duzen, es kann aber auf sicher niemals ein »Du« geben zwischen Kain und Abel, jedem auf dem Land ist das klar. Man ist Schäfer oder Bauer – wehe, der Erste verwechselt die Wiese! Zwischen Feuer und Stein gibt's schließlich auch nichts Verbindendes. Jeder Maurer weiß: Stein löscht Feuer, und wenn Feuer Stein löscht, wird sogleich Kalk, also Mauer, womit Städte begannen. Und wer wen stets ausgelöscht hat, vor den Mauern, ist Geschichte ohne Ende. Und was Kain dann eilig darüber streut in der Grube, damit sie ausbrenne seine Schuld und nicht zum Himmel stinke, auf dass sie ihn verrate, ist wiederum Kalk, gelöschter Stein.

Städte beginnen mit Mauern, das ist nicht weiter erstaunlich, alle wollten doch nur Schutz, aber was in den Mauern dann unerwartet sonst noch geschah, konnte niemand voraussehen. Es zu ergründen, ist die Herausforderung.

Auch 68 hatte niemand vorausgesehen, *wie alle wichtigen Ereignisse keiner je voraussieht, sie wären sonst keine. Dass immer ein paar Propheten hinterher Recht bekommen, will absolut nichts heißen, es wird stets auf Halde prophezeit.*

Das Kind mit Namen 68 wurde im Zeichen des Überflusses geboren, als die Stadtmauern längst geschleift waren, was jedoch damals nicht hieß, dass »Land« nicht weiterhin ausgeschlossen blieb. In »unserer Zeit« explodierte nur alles, nahm alles zu, weitete sich alles aus, wurden die vormals vor den Mauern Ausgeschlossenen nun auf andere Weise aus dem Blickfeld gedrängt, was die Illusion nährte, es gäbe keine Unterschiede mehr, und das »Du« könnte die Formel der Zukunft sein.

Zunehmend stand »Made in China« auf den Produkten, was man anfänglich noch mit Erstaunen zur Kenntnis nahm, bald aber hinnahm, wie Bauern den Plastikeimer. Die – bestehenden – Mauern zwischen Stadt und Land waren damit definitiv unsichtbar geworden. Und es grassierte, wie gesagt, plötzlich das »Du« in allen Lagen und auf allen Sendern. Es war mehr als das bisher bekannte Kollegen-»Du« unter Gleichgestellten oder das traditionelle mechanische »Du« der Linksgenossen, die noch zwischen Scharfrichter und Delinquent nicht von ihrem »Du« abkommen mochten: *Genosse Stalin sagt, es sei richtig, dass wir dich jetzt erschießen, lieber Freund und Genosse – im Namen der internationalen Eliminierung aller Unterschiede: Legt an! Feuer!*

Es war vielmehr ein neues »Du«. Es haftete ihm das Vertrauen auf Gelingen an, auf definitiv echte Verbrüderung, auf Weltverbrüderung aus der Hüfte heraus. Ein wildfremder Autolenker in Amerika, der mich seinerzeit als Tramper mitnahm, warf mir beim Aussteigen seinen Hausschlüssel zu: Da, wo du hin willst, steht mein Haus, ich wohne gerade bei der Freundin, wirf den Schlüssel hinterher in den Milchkasten ... So war die Zeit. Und ebenso tauchten ununterbrochen Wildfremde auf, die sich an unseren WG-Tisch setzten, als hätten sie immer hier gewohnt, und wurden in Zimmer von gerade Abwesenden gewiesen, als wäre man ein Hotel, Bettwäsche wechseln allerdings nicht nötig. Niemand fand etwas daran, in die oft bedenklich benutzten Bettlaken des oder der Vorderen zu steigen ...

Als die »Manson-Familie« die schöne Sharon Tate ermordet hatte, war es allerdings schnell vorbei mit dem Hippie-Vertrauen. Das schnelle »Du« begann zu bröckeln. Die Anrede »Genosse« hingegen hielt sich noch lange. Ich habe sie allerdings nicht ein einziges Mal über die Lippen gebracht. Sie hatte für mich etwas Zwingendes, Anmaßendes – auch wenn man überall auf »Genossen« traf. Genossenschaften und Genossenschafter waren schließlich geradezu die Erfindung meines Landes gewesen, es gab Genossenschaften, wo man auch hinsah. Möglich, dass mit den Alpgenossenschaften überhaupt der Grundstein des Landes gelegt wurde. Die Einzahl »Genosse« enthielt mir jedoch einen Appell, den ich mir verbeten haben wollte: Nun gehörst du dazu, du trägst unser Brandzeichen, du weißt, was das heißt und was wir erwarten, enttäusche uns nicht! Für die Notwendigkeit einer derartigen Verbrüderung konnte ich aber keine unmittelbare Bedrohung meiner Verhältnisse erkennen, wir lagen schließlich nicht in Schützengräben vor der Reaktion, und aus dem Land der Brandzeichen kam ich ja gerade.

Kaum möglich, dass das lockere »Du« früher in solchen Massen je grassiert haben konnte. Es hatte wohl auch niemals früher einen solchen, alle Schichten der Gesellschaft erfassenden Aufschwung gegeben. Alles explodierte, und diese Explosionen sprengten immer neue Räume auf, wo noch niemand dem anderen in die Quere kommen konnte. Das verheißene Land war noch nicht abgesteckt, jeder war jedes Freund. Junglehrer duzten ihre Schüler – war das schon vorgekommen? – , Schauspielhausdirektoren duzten Verwaltungsratspräsidenten noch vor Gericht, Leiter von Kunstgewerbeschulen küssten ihre Putzfrauen, als gehörten sie zur Partysippe. Fortan würde alles in Freundschaft zu machen sein, so würde es weitergehen, Verständnis kannte keine Grenzen, »Chef« bloß eine Nebensache, die Abstufungen der Gehaltslisten ein Detail, würden doch alle ohnehin bald mehr verdienen. Die sorglose Blumenkinder-Zeit erlaubte so die Fortsetzung des unschuldig-kindlichen »Du« in die Zonen des Erwachsenen hinein, wo es mit »rechten« Dingen ganz anders zuginge. »Mein Sohn und ich sind Freunde«, war ein Satz, der niemandem auffallen wollte.

Dass Kindergarten-Pimpfe und Schüler dieses »Du« ihrer langhaarigen Erzieher gar nicht haben wollten, hätte auffallen dürfen. Will man denn das »Du« eines Lehrers, der einen – kommt es scharf – relegieren, also von der Zukunft abschneiden kann? Als ich auch selber dann Lehrer geworden war und zuweilen schulterlanges Haar trug, konnte ich mir die schnelle Verbrüderung mit Schülern verkneifen. Und meine Tochter musste nicht meine beste Freundin werden, ich hatte genug andere, immerhin. Ich wollte als ehemaliger Bauernjunge vom Dorf nur zu sehr auf die Gewinnerseite des städtischen Ausscheidungsspiels, und dass Ausscheidungen auf diesem Weg mit Freundschaft verknüpft werden konnte, mochte ich auch der neuen Welt nicht zutrauen. Dafür kam ich zu sehr vom Land, dafür hatte ich an Großvaters Seite zu viel gehört und gesehen. Aufsteiger, wie ich einer war, mögen das »Du« ihrer Untergebenen nicht besonders. Auf Bauernhöfen herrschte jedenfalls damals noch das Alte Testament, hielt man auf Distanz zwischen Herrschaft und Gesinde. Und steckte »Bibel« in meinen Knochen, so war es das Alte Testament. Man sehe dem König niemals in die Augen, lautete die Palast-Order. Zwischen Meister und Knecht war kein Belieben bei uns, gerade weil man Kammer an Kammer schlief und jedes Räuspern durch die dünnen Holzwände hören konnte. Und Zeltwände in der Wüste waren noch dünner. Duzte der Meister den Knecht, war mir im Ohr, war alles andere als Freundschaft gemeint, und der Meister duzte alle, die weniger besaßen als er!

Julius Schnorr von Carolsfeld

Dass Kain den Abel erschlug und nicht umgekehrt, hatte allerdings seine Konsequenzen. Gott machte ihn zur Strafe zu einem ewig Unsteten – ein Wort, das kein Konfirmand richtig aussprechen konnte, geschweige verstand – und somit zum ersten Städter. Was waren Städter anfänglich anderes als eine Ansammlung verängstigter Unsteter, die sich zusammenrauften, um dem Schrecklichen gemeinsam zu trotzen, dem schrecklichen Gott. Gott verdammte Kain zum ewigen Nomaden, zum Stadtnomaden, zum Kainiten, zum Städter. Auf der ersten Seite bei Carolsfeld war es ausdrücklich herauszulesen: Kain gründete Leipzig.

Ich wollte also Kain sein, zumal Abel so kümmerlich aussah auf Seite zwölf dieser Kinderbibel mit ihren nie mehr zu vergessenden Holzstichen des Julius Schnorr von Carolsfeld aus Leipzig. Diese Bilder beeindruckten mich wie nichts anderes vorerst und prägten mich nicht minder als jedes einzelne Bild von Struwwelpeter und Pinocchio in der überheizten Bauernstube, wo ich Bilder las, bevor ich lesen konnte.

Im Anfang, meinem Anfang, war das Bild. Dass dieser Holzstecher und romantische Maler Julius Schnorr von Carolsfeld vom Aktmalen erst zur nazarenischen Kunst gekommen war, gab seinen Stichen noch das schwülstig Übrige, das Kinder fasziniert aufnehmen im ersten unbestimmten Aufflammen von sexuellem Interesse, bevor es wieder ein paar Jahre einschlafen muss. Es wimmelte also unverschämt von nackten Busen und aus Gewändern herausgewundenen massiven Schenkeln, mehr als im abgegriffenen Doktorbuch im Kastenfuß des Elternschlafzimmers, wo Nackte doch das Thema waren. Ich konnte somit nicht genug bekommen, die fünfzig Blätter vor und zurück zu blättern, und wäre in der Lage gewesen – hätte es damals schon »Wetten Dass« gegeben –, an jedem kleinsten Detail sofort Bild und Seitenzahl zu benennen, aus dem es stammte.

Es gab aber auch anderes: Ich erlaubte mir, über Gott und sein Werk der Schöpfung nachzudenken, zumal doch von Seite 1 bis 7 nicht genug betont wurde, wie gut er geschöpft hatte: Ein Herr, der am ersten Tag das Licht machte und am vierten erst die Sonne, dachte ich in meinem kindlichen Ernst über diesem Buch, der musste wohl betrunken gewesen sein. Und ein Herr, der zwei Menschen erschuf, die zwei Söhne hatten, macht vier Menschen, minus einem aufgrund Totschlags, macht drei, und dieser eine rennt in die leere Welt hinaus und zeugt ganze Völker – woher kamen denn die vielen Frauen? Keine Sonntagsschullehrerin konnte mir das erklären. Nein, ein solcher Herr konnte wohl nicht alles im Griff gehabt haben! War es nicht vielmehr Großvater, der Viehzüchter und Bauer, der Tiere und Pflanzen nach unseren Mägen schuf, als Gott Menschen nach seinem Bilde, was immer auch das wieder hieß? Dass er etwa aussah wie wir? Dass Gott mit seinen langen Haaren in Carolsfelds Buch aussah wie unser Dorfbildhauer, kam noch dazu. Und war Gott nicht doch nur eine Art Großbauer, wimmelte es doch stets von Ziegen und Schafen, Ochsen und Pferden um ihn herum?

Die Zweifel an der offiziellen Lesart waren also schon in mein junges Herz gesät, als mir im zweiten Pubertätsschub von einem katholischen Lehrer der feinen Privatschule in der Stadt jedes pikante Detail von Dantes Höllenfahrt in mein Hirn gesetzt wurde und vorübergehend einen heftigen Gebetsboom auslöste. Wie hätte ich damals ahnen können, dass sich solche Bilder in Zeitbomben verwandeln können, die über Jahrzehnte ticken und einmal ihr Recht einfordern. Ja, es gab kein Martinshorn – und es war in sicheren Abständen immer wieder eines zu hören in der Stadt – , dem ich nicht ein Gebet hinterher geschickt hätte. Dabei glaubte ich nicht an einen liebenden Gott, sondern fürchtete mich vor einem bösen; ich wollte nicht der sein, der angesichts von Katastrophen nicht betete. Ich wollte nicht in die Hölle kommen. Denn in Ewigkeit verdammt zu sein, sagte dieser Lehrer – und er geizte nicht damit, uns dies konkret auszumalen –, hieße, so lange auf einem glühenden Rost gegrillt zu werden, wie ein Schmetterling brauchte, um eine Kugel, so groß wie das Universum, mit seinen Flügeln abzuwetzen! Also, Knaben und Mädchen: Hände weg vom Geschlecht und auch vom anderen. Dabei wollte ich nichts lieber, als eine früh erblühte vierzehnjährige Städterin anzufassen, die durch ihre ärmellose Bluse schon etwas Einblick bot auf zwei Rundungen, die mich mehr interessierten als der ganze Schulstoff zusammengenommen. Dass dieser katholische Lehrer von einem Innerschweizer Kollegium diskret in die anonyme protestantische Hauptstadt des Landes wegkomplimentiert wurde, weil er seine Hände nicht hatte beherrschen können, erfuhr ich erst später. Das machte dann freilich nichts mehr aus. Meine kurze Phase der Gläubigkeit, auch noch von Carolsfeld aufs heftigste genährt, ging mit »Narziss und Goldmund« umgehend auf Hesse über. Das Beten verflüchtigte sich aus natürlichen Gründen, und das Natürliche hatte ich vom Vater, den ich nie mit Gottesbildern in Beziehung sah. Ich kam allmählich vom Großvater, dem unbelehrbaren alttestamentarischen Patriarchen, beim Vater an. Und Gott sei Dank! Ich hätte mich wohl auf die Weise, wie ich betete *und unvorsichtigerweise die meisten beten,* unbewusst und schnurstracks schon damals in die Hölle programmiert. Die Hölle, ausgeschmückt von Dante und Carolsfeld, kam erst Jahrzehnte später in mein Leben.

Die Überlieferung meines geliebten Vaters, den ich nie in der Kirche sah – es sei denn, sein Männerchor sang von der Empore herab und veranlasste sein Mitwirken –, und der zu all meinen Fragen nur meinte, man solle in jedem Zweifelsfalle die Natur »rauschen« lassen, war dann doch stärker gewesen – wie Wasser auf Dauer eben stärker ist als jeder Damm. Nur ist Prägung in Jugendjahren eben Prägung, und Stempel sind Bilder und können sich vierzig Jahre später mit Aufstauungen vermischen, die mit Dante und dem Katholizismus nichts gemein haben mussten, aber sich in meinem Fall dort Bilder ausliehen, die es in sich hatten und mir klar werden ließen, wie man auf die Idee einer Hölle kommen musste. Dantes unzweifelhafte Depressionserfahrung musste nicht die meine sein, mischte sich aber noch einmal und viel später in meine Gehirnwindungen ein, als wäre nichts dazwischen gewesen. Warum ich in Florenz sogleich Dantes Spuren nachging, kaum dass ich unter einem Bildungsvorwand mit Vaters Geld per Bundesbahn zum ersten Mal Richtung Süden abhauen konnte – auf der Nordseite des Gotthards sich heraufwindend, dreimal um das katholische Kirchlein von Wassen herum, als genüge einmal nicht und müsse dem Namen dieses Massivs mit seinem Teufelsstein erst seine Referenz erwiesen werden – warum ich in meiner ersten Stadt im Ausland sogleich nach Dante gesucht hatte, wurde mir erst später klar …

Waren meine Stadt und erst recht meine Familie unzweifelhaft protestantisch geprägt und trat das Land gegen außen protestantisch in Erscheinung, so waren die Einflüsse der katholischen Bastion – vorwiegend im bergigen Zentrum des Landes – doch gewaltig, was niemanden übrigens zu interessieren schien. Vielen Intellektuellen und Schriftstellern aber war die Klosterschule, das sogenannte »Kollegi«, auf hundert Meter abzulesen. Auffallend viele linke Wortführer hatten ihre prägenden Jahre der Pubertät in kalten Schlafsälen unter der Aufsicht von Mönchen zugebracht. Sex war für sie fortan nicht einfach nur Sex, es mischte sich etwas verklemmt Manisches dazu – und in der Politik war es nicht anders. Sie waren stets mit einen »Zacken« mehr Lust und Wut bei der Sache, verfluchten und lobten ihre Jahre in Einsiedeln und Disentis zu gleichen Teilen, hatten stets neue Anekdoten auf Lager, wie sie den Abt oder Kaplan austricksten und wie sie dieses und jenes unter der Bettdecke getan hatten. Kamen zwei ehemalige Klosterschüler nebeneinander am Tisch zu sitzen, war der Abend für die Protestanten gelaufen. Sie hatten einfach etwas mehr, etwas Stärkeres, Heißeres, ihnen war noch beigebracht worden, was gut und böse war.

Katholizismus war für mich in erster Linie aber ein kalter Geruch nach Weihrauch, Angstschweiß und altem Gestühl. Der selbsternannte Restaurateur in unserer WG, der normalerweise simple Nachtkästchen aus dem Brockenhaus auf alt trimmte und für das Dreifache verkaufte, sagte stets, es würde ihm übel, wenn er aushilfsweise auswärts einen Beichtstuhl zu restaurieren hätte. Es stänke wie in einem Schlachthaus. Der Protestantismus roch für mich hingegen nach Gemeindehaus und Polizeiposten, wenn er überhaupt einen Geruch hatte.

Meine katholischen Genossen dachten – wie ihre Kirche – ohnehin gelassen in Jahrhunderten, was sollte also jedes aktuelle Thema, und meine protestantischen Genossen wollten über Max Weber und Habermas hinaus, der meinte, er sei »religiös unmusikalisch« und wisse nichts von Religion. Mir jedoch wollten beide Einflüsse auf die

Ereignisse in einem Maße auffallen, die meine Genossen befremdeten. Erst recht, als ich Religionslehrer geworden war, was schon gar niemand nachvollziehen konnte. Religion aber sollte mein ureigenstes Thema werden.

Lebenskunst

»Anpassung« war ja durch die Nazis zum Unwort geworden, und, abgesehen davon, wollten wir uns keinesfalls an die bürgerliche Gesellschaft anpassen!

Aber war denn Anpassung so schlimm? Handelte es sich doch immerhin um die erste Forderung der Evolution. Meinte denn das gerne und geradezu inflationär zitierte »Loslassen« nicht dasselbe? Und wo gelangen denn Anpassungen und Übergänge unblutiger als in der Stadt? *Stadt macht Anpassung zu einem Klacks, daher das Menschliche. Du kannst untertauchen wie nirgendwo. Du kannst neu anfangen wie nirgendwo. Du kannst Verdächtiges loswerden wie nirgendwo. Du kannst dir falsche Diplome anheften – und bringst du's tatsächlich, hast du gewonnen! Niemand fragt nach Weiterem, wenn du es nicht selber provozierst. Warum sind die Städter – allein deswegen – nicht rundum glücklich?*

Auf dem Land hingegen machst du einen Fehler nur einmal und hörst es dann hundert Jahre lang, noch deine Nachfahren. In der Stadt merkt es nicht einmal dein Mitmieter hinter der nächsten Tür. Hier kannst du ein Doppelleben führen, du kannst dich in einem Leben vom andern erholen und wieder als Mensch auf deine Liebsten zugehen, als wäre nichts gewesen, du musst sie ja nicht damit beleidigen, dass sie nicht die Einzigen sind – wozu auch, da du sie doch liebst und Liebe das Einzige ist, was man mit andern teilen kann, ohne dass sie kleiner wird. Du kannst in jedem Lokal, in jeder Sippe, deine anderen speziellen Freunde haben, ohne dass sie voneinander zu wissen brauchen, und du liebst sie nachweisbar noch mehr, weil es noch andere gibt, die du auch liebst. Nie bist du so lieb mit deiner Angetrauten, als wenn du noch eine andere hast …

Stand nicht tatsächlich immer wieder in der Zeitung, dass gewisse Lebenskünstler sogar zwei, wenn nicht sogar drei Familien hielten, ohne dass die voneinander erfuhren? Niemand in der Stadt hielt es offenbar in einem einzigen Leben aus, ohne doch zumindest einige Illusionen zu pflegen, hielt es aus ohne Kopfwelten, von denen niemand wissen musste. Vor dieser Kulisse erschien mir mein Vater beileibe nicht als der Einzige, der ein Doppelleben führte, es war einfach so, dass alle Städter ihre Identitäten wechselten wie Kleider vor den Spiegeln der vielen Boutiquen, die überall aus dem Boden schossen. Dies fiel mir schon ins Auge als Pendler auf meinem Schulweg durchs Vergnügungsviertel, in dem ich ab und zu auch einen meiner Onkel aus zwielichtigen Lokalen wanken sah, von denen Badersdorf nichts wissen durfte. Es war mir schon als Pendler offensichtlich: Erst die Stadt versprach, was Erwachsene unter Lebenskunst verstanden, und wollte man seinen Raum, dann musste man dahin.

War »Stadt« nicht offensichtlich die humanste Erfindung aller Zeiten? Denn betrat man die Wirtschaft *zum Rebstock* in Badersdorf, kam zwar der Wirt umgehend mit starkem Händedruck herzhaft grüßend an den Tisch, aber er wusste, was er tat, um seinen Gast aus der Stadt vor den Stammtischen zu schützen, die ihn nach dreihundert Jahren der Ansässigkeit noch ausgeschlossen hätten, hätte er, Naivling, im Sinn gehabt, sich da niederzulassen länger als einen Abend. Er wusste um die Blicke jedes Einzelnen der Jassrunde über die Schulter und die augenblickliche Einordnung in die Hierarchie der ortsüblichen Gepflogenheiten. Da kannte auch ich mich aus.

Man musste mir Städte jedenfalls nicht madig machen, als ich als Schüler, in meinen Parka gehüllt, durch ihre Straßen und Gassen pendelte und später da einzog als hoffnungsvoller Student, begierig nach klärender Theorie, die mein innerstes Froschei aus dem Gallert des Unbewussten befreien sollte. Aber mehr noch hoffte ich, die Absolute Eine würde sich finden und mich auf einen Schlag aus diesem zähen Brei des unbegriffenen Stadt- und Landgegensatzes befreien, mich zum Prinzen erküren, der auch *ihren* gordischen Knoten auf einen Schlag lösen würde, wie das im Kino die Regel war: durch einen einzigen, langen, alles bedeutenden Kuss, Zunge an Zunge und mit verdrehten Augen, wie ich es noch nicht kannte. Erst viel später erweckte die Gärtnertochter des Dorfes – bezeichnenderweise im Treibhaus ihres Vaters – etwas in mir, was ich auf Anhieb erst einmal eklig fand.

*

Alles in allem zog ich später im Zweifelsfalle noch lange die Etablissements des Vergnügungsviertels der Uni vor. Außerordentlich liebte ich ein Kabarett, in dem ein schon altersschwacher Schimpanse mit Zylinder auftrat und grell geschminkte Zauberer Tüchlein um Tüchlein ohne Ende aus Fingerringen zupften. Die Tricks mit den Tauben waren mir sofort klar. Jeder, der schon mal eine gebratene Taube auf seinem Teller vor sich gesehen hat, begreift, dass fünf Tauben locker unter einem Halstuch Platz finden, und darum tragen Zauberer Halstücher, auch wenn schon jeder schwitzt im Foyer. Dass ich letztlich doch bestand im universitären Biotop auf dem Hügel über der Stadt, blieb mir noch lange ein Rätsel und bescherte mir in Träumen Versagensszenarien, die durch nichts auszutricksen waren: der Prüfungstermin rückt näher, und ich weiß, es ist unmöglich, all die verpassten Vorlesungen noch irgendwie nachzulesen …

Immer aber verteidigte ich »Stadt« aufs Blut. Erst recht gegen meine verwöhnten WG-Genossen aus besseren Familien, die am liebsten aufs Land ziehen mochten, um im Reinen ganz von vorne anzufangen. Auch mit der Revolution. Dekadent sei die Stadt, monierten sie müde, dekadent im innersten Kern, bürgerlich, grundsätzlich entfremdet. Natürlich war Stadt dekadent und immer schon gewesen! Stadt begann doch mit Dekadenz. Stadt war von Anbeginn ein Schneeballsystem mit Rechnung an die Landleute, darum von Göttern – naturgemäß ohne ökonomische Kenntnisse – nicht zu vernichten, ließen sie auch Schwefel regnen und Pech. Die dummen Götter wollten nicht erkennen, dass ihr »mehret euch« ständig neue Menschenmassen an die äußeren Ränder dieses Pyramidensystems heranschwemmen musste.

Und was sollten die pauschalen Verunglimpfungen von Reiseveranstaltern, die die Stadt zukleisterten mit dem Slogan: »Nichts wie weg!« Nichts wie weg in den Süden! Süden, den die Städter dann doch nicht länger als eine Woche aushielten. Alle kamen sie doch zurück von solcherweise Ferien und waren die genau gleichen geblieben – am Montag schon wieder am Rennen und Antreiben, noch braungebrannt und von den daheim gebliebenen Opfern der Rattenräder und ihrer Solarien nicht zu unterscheiden. Und wer wollte schon ihre Fotos sehen hinterher! Wer überstand einen Dia-Abend: diese immer gleichen Sonnenuntergänge, die man doch auch vor dem Fenster haben konnte. Ich wollte nie Ferien, ich wollte nie wirklich weg aus der Stadt, ich wollte reisen, und zwar in andere Städte, wo es gleich und doch etwas anders war.

Nein, besser als eine ganz gewöhnliche Stadt konnte auf Dauer nichts kommen, man ging nur immer wieder weg, um dies einzusehen. Und nie war die Stadt angenehmer, merkte ich bald, als wenn zu Ferienzeiten die Hälfte der Einwohner, die weg strebte, endlich und tatsächlich abgefahren war, jene Gestressten mit ihren überfrachteten Autos und baumelnden Wasserflaschen an den Rucksäcken, als begänne die Wüste schon im Hauptbahnhof.

»Unwirtlich«, wie es hieß in einem Bestseller der Aufbruchsjahre, erschienen mir nicht die Städte, unwirtlich war mir das Land, unsere unkultivierten stachligen Streuwiesen in Badersdorf, die Nächte mit Mückengebrumm und den lautlosen Schnaken, die beim Fliegen ihre Beine nachzogen, dass man sich wunderte, wozu sie überhaupt welche hatten, und tags die bluttollen Bremsen, die nie aufgaben, bevor man sie nicht totschlug, ja halb totgeschlagen noch einmal zurückwollten – so war Land. Und wo man doch im Grünen auch stand oder ging, gleich wurde einem der Happen entrissen, wurde er von Blättern befingert, von Sprossen durchstoßen, von Spinnen umwickelt. Passte man nicht auf, flog ein Vogel damit davon, hatte ein Hund ihn schon in der Schnauze, die Kuh dein Hemd schon verdaut, hatte man Wespen im Mund, wuselten Ameisen im Teller, waren selbst Schnecken schon darin … Ich vermisste das Land nicht! Mit Wandern musste mir schon lange niemand mehr kommen. Meine Eltern – beides Bauernkinder – wanderten nicht, die Großeltern schon gar nicht. Meine Generation wanderte auch nicht. Wir wollten keine Fahrräder, wir wollten Mopeds. Mit Fahrrädern kamen bloß die Arbeiter aus den Fabriken unsere Straße herauf, die sich nichts Besseres leisten konnten und von einem Moped träumten. Kurzum: Auf dem Land stachen die Schnaken, am Meer die Sandflöhe, nur in der Stadt hatte man seine Ruhe – sollten die doch abziehen, die es nicht einsehen wollten!

Mappenträger

Offenbar beginnt es stets mit einer Konferenz. Von alleine wird einer aus Abel kein Kain. Er braucht zumindest eine Frau, für die er es tut. Und er muss – zudem – einen Koch dabeihaben, bemerkte ein Dramatiker, den wir in der Schule behandelten und der sein Stück unweit unseres Schulhauses inszeniert hatte.

Es beginnt mit Sitzungen, das lehrte die Geschichte schon ab der ersten Sekundarklasse. Was nach den Sitzungen kam, war selten Gutes. Abtransport von Menschen, wie ich es im Stundenkino sah, will organisiert sein, Bahnwagen sind rar, und Güterwagen sind noch zu gut für Unmenschen, also: Todesmarsch. Und wenn Mappenträger an den Nürnberger oder Frankfurter Prozessen mit Beweisbildern aus der eigenen Mappe konfrontiert wurden, zogen sie Argumentkataloge aus der ihren. Das Schreckliche begann stets mit Mappen – und endete nie mit Mappen. Mappen verderben den Charakter, man sollte sie verbieten, diese Handsärge, dachte ich.

Mit dem Eintritt als Sekundarschüler in die Stadt erhielt ich meine erste schwarze Mappe aus Kunstleder, ein praktisches Weihnachtsgeschenk, eine gut gemeinte elterliche Mahnung: jetzt aber los mit Lernen. *Und fortan ist man nie mehr ohne Mappe zu Gange, man fühlte sich nackt in der Stadt. Bloß Verlierer tragen bezeichnenderweise keine Mappe oder Tasche mehr, allenfalls noch einen Plastiksack, solange sie noch hoffen. Wer etwas in der Hand trägt, hofft, das ist offensichtlich. Nur Verzweifelte recken die leeren Hände zum Himmel und hoffen selbst noch so, dass jemand sie hört. Hiob hoffte immer noch, das macht ihn mir verdächtig. Dass Gebete und Flüche Monologe sind, hätte er mit der Zeit merken können, das merkt schon ein Kind unter dem Tisch, das vergeblich um eine Märklin-Eisenbahn betet, die man Kindern aus den Einfamilienhäusern zu Weihnachten schenkt. Vom Himmel herab ist noch nie etwas direkt in Hände gekommen, man könnte es allmählich einsehen,* dachte ich, als es Zeit wurde, unter dem Familientisch hervor zu kriechen.

*

Und man täusche sich nicht: Dem lockeren Minister mit leeren Händen wird die Mappe bloß nachgetragen. Hinter Mussolini folgten Mappen auf dem Fuß. Mächtige, die schon alles haben, verzichten nicht nur aufs Mappentragen, sie verzichten sogar auf Gurt und Orden, damit man gleich sieht, dass sie sich an nichts Irdischem mehr messen. Als sich

Napoleon die bunten Banderolen abriss, ging's erst richtig los; Hitler, mit Mappe und Gurt undenkbar, das Foto mit der Brille, später gar Lupe, Geheimsache. Kein Foto zeigt einen Mächtigen mit Mappe, geschweige Lupe, wie könnte er Übersicht haben! Aber noch schlimmer als Führer ohne Mappen sind die Mappenträger in der zweiten Reihe, sie lenken die Geschicke, später Geschichte genannt; hier wird Vernichtung ausgeheckt, hier sitzt der Teufel im Detail, hier ist die Mappe zu Hause.

Auf dem Dorf trug niemand eine Tasche oder Mappe. Ich habe weder Großvater noch Vater jemals mit einer Mappe gesehen, die Frauen des Dorfes mit Mappe, geradezu grotesk. Wir Kinder waren die ersten, die über Körbe und den Fellranzen hinauskamen, der immer noch etwas Heidnisches an sich hatte und sich in Strichrichtung auch als Schlitten verwenden ließ. Wer aber schon als Pendler zum Bahnhof lief oder von da kam, warf sich nicht mehr in den Schnee – er trug jetzt eine Mappe. Und wer im Dorf blieb, hatte mit beiden Händen zu arbeiten, konnte somit keine Mappe tragen, *denn Mappenträger arbeiten nur mit einer Hand. Städter arbeiten nur mit einer Hand. Wie anders soll man eine Zigarette rauchen können beim Unterschreiben, eine Hand in eine andere flechten oder gleichzeitig ein Sandwich essen, diese typisch städtische Mahlzeit, erfunden von einem Lord Sandwich, der beim Pokern keine Zeit mit Essen verlieren wollte?* Wer auf dem Land blieb, hatte somit einen Städter mit zu ernähren, der offensichtlich nichts pflanzte, nichts erntete und lieber spielte, als dass er arbeitete. Großvater genügten solche simplen Bilder, um Städtern abgrundtief zu misstrauen. Isst er mehr, als er erntet, oder erntet er mehr, als er isst, war seine Logik. Und er verpasste mir eine Kopfnuss, als er mich mit nur einer Hand Mostäpfel auflesen sah, weil ich mit der anderen eine Zaine festhalten zu müssen meinte. Ich war wohl schon von Geburt an ein halber Städter.

Wie auch immer – ich konnte mir nicht vorstellen, dass Großvater je freiwillig in die Stadt gefahren war, wo die mit den Mappen und »weißen Mäntelchen«, wie er sie nannte, in Büros hockten und Zeug ausheckten, dem grundsätzlich zu misstrauen war. Aus der Stadt kam für Großvater das Bedrohliche. Worauf sein Sohn, mein Vater, am Ende zweimal am Tag zur Stadt fuhr und sein Enkel, also ich, gleich dort einzog.

Bahnhöfe

Das Spielfeld, das ich vorfand als Zwanzigjähriger, der vom Pendeln zum Übernachten übergegangen war, zählte 350 000 Einwohner und ein halbes Dutzend Bahnhöfe. Die Bahnhöfe allein hätten für Stadt schon gereicht. Und das Land stellte das weltweit dichteste Schienennetz zur Verfügung, man konnte also reisen, auch in alle Richtungen, über die Grenzen hinaus. Und Welt kam herein. *Ein Dorf mit Bahnhof ist ein Dorf Richtung Stadt, mit jedem Meter zum Bahnhof hin nimmt das Städtische zu, nehmen die Preise zu und wird es zunehmend erotischer. Kein Städteplaner weltweit hat je gewollt, dass sich das Rotlichtviertel beim Bahnhof ausbreitet, wo man ankommt in der guten Stube. Rotlicht erfrecht sich eben.*

Ein Haus mit Bahngeräuschen ist jedenfalls auf dem Dorf schon ein halbwegs städtisches, man kann sich denken, dass es da auszuhalten wäre. Und unser Bauernhof lag zweihundert Meter Luftlinie von einer internationalen Strecke entfernt, und einmal um eine Kurve gebogen, war man schon am Bahnhof. Nachts hörte man die Züge vorbeibrausen und sich langsam verlieren in der Ferne.

Die Gründerjahre hatten dem Land Bahnen gebracht, atemberaubende Ingenieurskunst, atemberaubende Brücken. Maurice Koechlin, ein Sohn der Stadt, entwarf und berechnete den höchsten Turm des Erdballs, der nach seinem Arbeitgeber und Financier »Eiffelturm« genannt wurde. Neben der Hotellerie, die ja erschlossen werden wollte, brachten die Bahnen Welt heran, Fremdsprachen, fremde Leute mit Bildung, die sich niederließen und allmählich zu Landsleuten wurden – in Städten sogar innerhalb zweier Generationen, sobald sich der letzte Akzent aus der Umgangssprache verflüchtigt hatte.

Und was sogenannte Sackbahnhöfe ausmachen! Es gibt Städte mit einem Sackbahnhof, der notwendigerweise im

Zentrum liegt: Roma Termini – hier hast du hinzuwollen, basta, Fahrt ausgebremst kraft Gravitation von Menschenhand, hier alles in unseren Sack! Paris kennt gleich mehrere Sackbahnhöfe, von jeder Himmelsrichtung kommend einen, damit das Beste nicht durchbraust, was die Provinzen hergeben, und frisch in die Markthallen kommt oder gelagert wird, bis der Gourmet es für hinreichend reif befindet. Der Reisende, will er durchreisen, soll gefälligst hier aussteigen und prüfen, ob er tatsächlich weiter will oder zumindest eine Kutsche nehmen möchte von einem Bahnhof zum andern.

Es gibt auch Städte, die unverdient zu einem Sackbahnhof kamen, dank einer Bergkette: Ende mit Gleisbau. Städte mit einem Sackbahnhof aus natürlichen Gründen seien zu bedauern, notierte ich, man solle prüfen, ob es tatsächlich Städte sind.

Der Sackbahnhof dank städtischer Gravitation brachte das Ende der adeligen Kutsche, das Ende des Adels. Denn Sackbahnhöfe sind Relaisstationen, von Städtern so beschlossen, um jeden ungefragt und ungeachtet des Namens umdrehen zu können, und seien es Kaiser und Könige. Vor meinen Augen lag dafür das beste Beispiel: der Hauptbahnhof, gleich vor meinem Fenster jenseits des Flusses, das Sehnsuchtsziel meines Vaters und Überdachung meines geliebten Stundenkinos …

*

Ausflug in die Geschichte: Unser Hauptbahnhof war der erste Bahnhof des Landes, als man noch, mehr zum Vergnügen, das Dampfross bestieg und sich in die angehängten Kutschen setzte, die hintereinander auf Schienen ins schöne Wetter hinaus holperten; man konnte, wie Stiche belegen, in den offenen Wagen den Hut aufbehalten. Bezeichnenderweise führte die erste Linie schnurgerade ins nächstgelegene noble Bad, schlicht Baden geheißen, wo die besten Brötchen gebacken wurden und die besten Bordelle und Spielhäuser standen weit und breit. Baden war das Las Vegas seiner Zeit. *Hier* wollten die Eidgenossen vormals ihre Tagsatzungen abgehalten haben, die Gesandten der zugewandten Orte sollten staunen, den Ruf der frivolen Badeweiber nach Straßburg und Rottweil tragen, Körbe mit weißen Brötchen nach Hause bringen, den Wein der Kalkberge rühmen: Ein Ortschäftchen an einem schiffbaren Fluss, nicht größer als ein Dorf, jedoch unzweifelhaft eine Stadt, um heiße Quellen gebaut, die schon die Römer benutzten, Stammland der Habsburger Dynastie obendrein, was will man mehr. Und unser WG-Haus lag in schnurgerader Verlängerung der Einfahrt der Züge aus jener Richtung und bald aus aller Welt. Bei offenem Fenster und günstigem Wind konnte ich, im Bett liegend, die Lautsprecheransagen verfolgen.

Früher fuhren die Lokomotiven dampfend noch weiter in die Bahnhofshalle hinein und hielten einen guten Steinwurf vor unserem Haus. Damit die Dampfwolken ungehindert abziehen konnten, war die Halle, entgegen der im

Lande überall geübten Zurückhaltung, ungewöhnlich hoch geraten. Selbst die einzige grandiose Halle des Landes hatte somit ihre praktische Ursache, wie alles Grandiose in diesem Land sich praktischen Gründen verdankte.

*

Vor unserem Haus hielten jedenfalls die Züge. Der Financier des ganzen Bahnwesens und Gründer der Kreditanstalt wohnte schließlich hier. Die Stadt, dachte man wohl, hatte den Halt der Züge verdient, und von hier, nicht von der Bundeshauptstadt, ging es in die Welt hinaus. Was somit ankam in der Stadt, hielt knapp vor meinem Bett, das nicht minder Verkehr kannte, jedoch ohne Taxe, *wenn Verkehr nicht immer seinen Preis hat, was eine andere Frage ist.*

Unser Haus wurde dann auch zwangsläufig »ein Opfer des Verkehrs«, wie man sagte, als »Verkehr« zum Wichtigsten avancierte. Es musste weichen, weil der Bahnhof in der Tiefe nun eine zweite Ebene erhalten sollte, welche die Durchfahrt zumindest von S-Bahn Zügen unter dem nahen Fluss hindurch erlauben sollte. Dass die Gläser in unserer Küche stets vibrierten, noch bevor die Fundamente des Hauses durchstoßen wurden, war bloß der Anfang. Alles vibrierte an diesem Ort und in dieser Zeit, die Entladung im sagenhaften Jahr konnte nur noch eine Frage eines simplen Anlasses sein, einer günstigen Wetterprognose, eines Falters vielleicht, der in Paris oder Berlin geschlüpft war und einmal zu viel die Flügel spannte.

Wasser

Ich war in der WG, keine hundert Meter Luftlinie vom Bahnhof und vom Anlass der ersten Krawalle entfernt, am richtigen Ort angekommen, um eingesogen zu werden in den Strudel des Aufbruchs oder, wenn man will, »gewählt« zu werden, wie man ja bloß vollzieht, was man zu wählen meint. Denn der Zeitgeist wählt jeden, der dem berühmten Schmetterling zufällig unter die Flügel gerät und geeignet sein soll, selbst Tornados auszulösen. *Und im Innersten hat es immer schon gewählt – hinterher schieben wir bloß Begründungen nach.*

Hat eine Stadt schon einen »Einzugsbereich«, wie gesagt, oder sie ist keine, so stellt die City – und jede Stadt hat notwendigerweise eine – erst recht ein Gravitationszentrum dar, das ansaugt und aufwirbelt, sich durch Türme manifestiert und Lichtkaskaden, sie würde sich sonst an sich selber entzünden und verbrennen, wie Heustöcke sich an ihrer Gärwärme entzünden, treibt ein Bauer nicht Kamine hinein, um die Energie abzuführen. Das kam noch dazu: wir waren in der City, sogar mitten in der City. Und die Treibstofftanks der Stadt waren damals aus mehreren Gründen einfach übervoll und dampften, die Rakete musste trotz Bedenken gestartet werden, oder es kam zu Schlimmerem. Und wer in der Nähe war, das richtige Datum aufwies, wurde mitgerissen, ob er wollte oder nicht. Ein Zufall genügte an jenem entscheidenden Nachmittag, um ins Taufwasser zu geraten; es war keine Leistung, schon gar nicht eine Leistung des Geistes. Im Gegenteil, es war gar nicht gescheit, da hin zu gehen, zu jenem »Globus«, das Intelligenzblatt der Stadt riet ständig davon ab, bevor es überhaupt losging, die Boulevardpresse hingegen konnte es nicht erwarten.

Ich jedenfalls schlitterte mitten hinein – man schlittert ja stets zum tiefsten Punkt, wo sich die Kräfte sammeln, sozusagen ins Fadenkreuz des Baptisteriums. Es beginnt stets im Fokus des Sammelbeckens, in der »verbotenen Stadt«, auf den Plätzen des angeblich »himmlischen Friedens« alter Ordnungen. Dahin muss die Kugel rollen, der »rolling stone«, dort muss das Wasser zusammenfließen und sich stauen, muss sich seinen Weg bahnen, stehe im Weg, was wolle.

Tatsächlich floss da vormals ein Bach in den Fluss, der schließlich der Straße den Namen gab, möglich auch, dass unser Haus, in das ich in seinen letzten Jahren und Zügen noch eingezogen war, sogar darüber gesetzt worden war, wie viele Häuser in dieser Wasser- und Täuferstadt über fließendem Wasser stehen. Das besagte »Globus Provisorium«, an dem sich die Lunte des Aufruhrs entzünden sollte oder eben das Fass überlaufen ließ, stand wie der erste Kultfelsen der Stadt, auf dem die Wasserkirche steht, in fließendem Wasser. Es war vielmehr einem Schiff nachgebildet, das an der Quaimauer angetäut lag, nicht weit von der Stelle, wo man vormals die widerspenstigen Täufer ersäuft hatte. Einer der vielen Emigranten nannte die Stadt die »blaue Stadt«. Wenn frühe Prägungen alles Weitere bestimmen, so war es nur logisch, dass mir fortan nur Städte mit Seen oder zumindest Flüssen – somit blaue Städte, die den Himmel reflektieren – als richtige Städte galten.

In früheren Kriegswirren war das Tor am Eingang zur Altstadt stets eine Schlüsselstellung gewesen, die Besetzung der Brücke entscheidend. Keine Frage, dass, 500 Jahre später, ein erheblicher Verkehrstau entstand an jenem Samstagnachmittag. Vor unserem Haus hatten sich schon Innerschweizer mit Zürchern, Russen mit Franzosen, Landschäftler mit Städtern geschlagen. Reste der ersten Stadtmauer aus dem Mittelalter lagen bloß einen Steinwurf entfernt. Um Bewegung also musste nicht gefürchtet werden. Wer da hinkam, geriet ungewollt ins Fadenkreuz, wurde umgehend zum Städter. Ich war jedenfalls sofort zuhause, wenn nicht schon vorher hier zuhause gewesen als Pendler mit abnehmender Frequenz zugunsten der Stadt und zunehmender zugunsten des frivolen Altstadtviertels, in dem ich mir die Rätsel meiner pubertären Träume zu lüften erhoffte. Dass ich schon als Pendler sechs Jahre lang auf mein künftiges WG-Haus zu und an dem Haus vorbei ging auf dem Weg zu den Schulen, kann bei all den Zusammenhängen und Verhältnissen nur noch normal erscheinen.

Ein Rutengänger, von meiner Zimmernachbarin gerufen, verwarf die Hände mitsamt der Rute – so viel sich kreuzendes Wasser habe er noch nie angetroffen. Danach schlief sie noch schlechter, was aber offensichtlich andere Gründe hatte. Ob er fluchtartig das Haus verließ, weiß ich nicht mehr, er wird wohl das viele Wasser auch ohne Rute schon bemerkt haben, als er das Haus betrat. Großvater jedenfalls musste nie zweimal hinsehen, um sagen zu können, wo Wasser lief. Unser Rutengänger musste gewusst haben, was den Stadtbürgern längst nicht mehr im Sinn war: dass früher alle hundert Meter ein Bach vom Sonnenberg herunter die Stadt durchfloss, um in den Hauptfluss zu münden, der gleich hinter unserem Haus Richtung Rotterdam abfloss. Es hätte stutzig machen dürfen, dass mehrere Straßen- und Gassennamen auf -bach endeten, so auch unsere Straße, die Stampfenbachstraße. Die Bäche waren nur unter Boden gelegt und somit unsichtbar geworden, wie vieles in dieser Stadt, Häuser und Plätze entstanden darüber, es wurde zugebaut, wie es wortwörtlich hieß. Über dem Fluss standen vormals sogar ganze Häuserzeilen auf Stelzen und Brücken und natürlich die Mühlen und das Schmiedegewerbe, der Anfang der städtischen Industrie. Das erste Dampfschiff wurde da gebaut. Später zog das Schiffbaugewerbe wegen Platzmangels an den damaligen Rand der Stadt. Und noch viel später zog der wesentliche Teil des Schauspielhauses in die größte Schiffbauhalle und gab öffentlich zu reden. Und die Stadt, von oben betrachtet, offenbart deutlich: die City, das Bankenviertel, ist, genau genommen, eine Insel zu nennen, umflossen vom größeren Stadtfluss und einem Wehrgewässer. *Wasser hat's in sich,* notierte ich, *City auf Insel ist das Absolute, siehe Paris und New York. Ist nicht Venedig eine einzige City? War nicht Tenochtitlan, jetzt Mexiko City, vormals eine Insel?*

Meine erste Stadt war also ohne Übertreibung eine Wasserstadt zu nennen. Und wenn »stoßende« und »ziehende« Wasser tatsächlich ihre messbare »feinstoffliche« Ausstrahlung haben – was allerdings umstritten ist –, beeinflusst dies, dachte ich, das energetische Profil einer Stadt erheblich. *Dass Licht reflektierendes Wasser eine enorme psychologische Wirkung zeigt, ist unbestritten. Ein Ort an einem Wasser, also mit einem Wasserspiegel, hat fast allein schon deshalb das Zeug zu einer Stadt.* Aber das interessierte niemanden, schon gar nicht meine stets aufgeregten Genossen. Großvater allerdings, der jede Landschaft stets ungefragt nach Wasser überprüft hatte, hätte den Kopf geschüttelt, wenn er freiwillig einmal in die Innenstadt gekommen wäre: Man baut keine Häuser, schon gar nicht Ställe, über Wasser, weder das »Veh«, die Kühe, noch die Städter, so wie er sie sah, waren dafür robust genug.

Dass aber nach dem Abriss am Centralplatz ein Betonbunker an die Stelle geprotzt wurde, wo vormals unser WG-Palais stand, als hätte man einen lecken Atomreaktor einzusargen, kann kein Zufall sein. Man hatte einmal mehr mit der Patsche zugeschlagen auf Jahrhunderte, Beton darüber gegossen, als könnte noch immer kontaminieren, was von dort vormals in die Stadt hinaus wuselte in eigener Intelligenz. Wo der Geist sprühte, wie er wollte, ist gründlich planiert worden …

Geist

Meine aufgeregten Genossen allerdings kamen mit den Jahren in höhere Stellungen, wurden Regierungs- und Bundesräte, zeigten sich als Experten am Fernsehen bald für alles und jedes zuständig, aber verleugneten bei alledem doch nicht völlig, was sie einmal vertreten hatten. Man musste sich selbst als frecher Achtundsechziger geradezu wehren, nicht Karriere zu machen. Es war nun einmal so, dass die Dynamik kreativen Denkens keine Rechtsintellektuellen hervorbringen konnte. Linke – das mussten auch bodenständige Unternehmer zugeben – waren einfach die besseren Leute. Die Firma brauchte Innovation, Kritik, nicht devotes Zustimmen. Und die linken Heißsporne würden ihre Hörner schon noch abstoßen im rauen Wind der Bewährung im Hickhack der Konkurrenz. Führen und Regieren, die Komplexität der Materie, die

Kommissionsarbeit – die würden ihnen ihre Flausen schon austreiben. Außerdem durfte man auf die Verführung des neuen Status hoffen, auf gute Löhne und schöne Boni. Und bald würden sie mit ihren alten Genossen in Widerspruch geraten und somit noch auf die rechte Seite rücken. Alles in allem, es würde so herauskommen, wie es schon immer herauskam: Wer in der Jugend rebelliert hatte, würde mit zunehmendem Alter davon profitieren und sich als der Richtige erweisen, die staatstragenden Institutionen durch unvorhersehbare Stürme zu navigieren. Ein Gruppenbild unserer Kommune am Centralplatz, anfangs der 70er Jahre aufgenommen, würde sich im Nachhinein als Who is who-Tableau erweisen: zwei Drittel der darauf abgebildeten langhaarigen Kiffer würden Kantonsräte, Regierungsräte, Nationalräte, Professoren, Produzenten und hoch dotierte Künstler werden. Ein Drittel würde abstürzen und verschwinden, und einer im Knast das Schicksal des unfreiwilligen Helden spielen müssen …

Aber alles in allem: Es war für die meisten tatsächlich eine »goldene Zeit« gewesen.

Dieses 68 war ja nicht nur ein Traum, sondern für Tausende eine Erfahrung gewesen, die in die Gesellschaft ausstrahlte und ihr Recht behielt. Das Tattoo aus Amsterdam – damals in Kifferlaune leichtsinnig in den Hintern gebrannt – sah ja niemand außer der Liebsten, war aber unter der Dusche im Golfclub nicht zu verleugnen. Mussten sie sie tags auch verdrängen in ihren Büros – die Jugendsünden geisterten umso ungehinderter in ihren intimen Räumen und nächtlichen Träumen. Ein Glas zu viel, und die gesetzten Herren kamen ins Schwadronieren, dreißig Jahre danach, holten nicht nur neuen Bordeaux aus dem Keller, sondern auch beflissen Fotos vom Estrich, fädelten die Achtmillimeter Spule ein – wie ging das noch! –, kramten in kindlicher Erregung vergilbte Zeitungsartikel aus Couverts … alle beginnend mit Frühling 68 und endend spätestens mit 81, als noch einmal aufgeflackert und wieder zusammengefallen war, was der Fraktion, der ich am liebsten angehören wollte, stets am Wichtigsten war: die anarchische, unberechenbare, sinnliche Affäre – am Ende einfach, trotz allem: die Liebe zur Stadt mit all ihren Widersprüchen.

Die Dokumente des historischen Seminars belegten nichts anderes: Der Urerreger des Lebendigen war ein Licht, das keine Macht der Welt je ausblasen konnte, sah es auch oft so sehr danach aus. Manchmal war es bloß noch ein verwackeltes Foto in einem Aschehaufen, das die Häscher übersahen, aber Jahre und Jahrzehnte später Kontinente in seinen Bann zu ziehen und Regierungen zu stürzen vermochte. Das Bild vom jämmerlich gescheiterten Idealisten Che Guevara auf dem Leichentisch – ein Beweisbild, vom Erstbesten aufgenommen – mutierte zur neuen Kreuzabnahme Christi und wurde umgehend zum Symbol für Widerstand in Ländern, wo die Saat der Auflehnung guten Boden fand. Lag in diesem Bild nicht eine berechtigte Hoffnung, mehr noch: die einzige frohe Botschaft, das ewige Licht? Wo war sie aber ins Fundament dieser Stadt gelegt worden, in die ich gezogen war, als wahrer, einzig möglicher Haussegen: die Unruhe, das Wagnis, das reinigende Gewitter, das Häuser erst erträglich macht, Städte erträglich macht, Länder. Die Liebe. Erträglich jedenfalls für einen, den man als, wie es einer nannte, »angry young man« bezeichnen musste.

Unruhe, Risiko als Haussegen einer Stadt war wohl zu viel verlangt. Verwaltungen hatten noch nie etwas für Funken übrig gehabt. Doch anblasen wollten wir sie, und wie! *Lasset die Toten ihre Toten begraben und folget mir nach* – notierte ich später im katechetischen Seminar ins Heft, nachdem ich die Ökonomie mangels mathematischen Talents hatte aufgeben müssen. Und enthielt das Notat in der folgenden Nacht auch der Fassade des Gebäudes nicht vor, in dem die Seminare stattfanden. Die echten Katharer, die Widertäufer, die französischen Kommunarden, die echten Jesuiten, Freunde der Indios, die amerikanischen Freigeister, die Herzensanarchisten, die stets an der Wand stehen – sie alle sollten ihr Recht bekommen unter den Tafeln der Offiziellen der Gesellschaft der Stadt. Wir klebten Büchner-Zitate unter die offizielle Büchner-Tafel an der Spiegelgasse, sprayten den jungen Goethe ans »Goethestübli« an der Peterhofstatt, den alten enttäuschten Keller an die »Öpfelchammer« am Rindermarkt – das, was wir für die »ausgleichende Wahrheit« hielten, durfte immerhin ein paar Tage lang gelten, bis die Hauswarte die Buchstaben getreulich überpinselten, die oft so noch besser zu lesen waren als vorher und dann Jahre überlebten.

Der Geist sprüht und sprayt, wo er will. In New York blieb bald kein Quadratmeter mehr ohne Signet, dass es selbst einem Sprayer zu viel werden konnte, und selbst die Fenster der U-Bahnen wurden zugesprayt, als kein freier Quadratzentimeter Blech mehr zu finden war. Die Entfernung der Menetekel wurde zur ersten Stadtsache erhoben und kostete gute 30 Millionen Dollar im Jahr, ohne jeden Effekt. Im Gegenteil. Die Stadt war definitiv in der Hand der Stadtsippen, der Graffity-Kommunen, der Stadtindianer, die nachts ihre Zeichen anbrachten, je mehr sie tagsüber entfernt wurden. Sollte sich über Geschmack streiten, wer wollte, eine Stadt war in den Händen von Malern und Schreibern.

Als der zuständige Polizeichef in Pension ging, wurde ihm von den Sprayern über Nacht liebevoll ein ganzer tags zuvor frisch gereinigter U-Bahnzug gewidmet: Ciao Amore, wir werden dich vermissen, du hast uns treu über Jahre immer wieder frische Flächen zur Verfügung gestellt, wir wünschen dir alles Gute und deinem Nachfolger viele Jahre und eine gute Gesundheit!

Er trug das Beweisbild, wie er später am Fernsehen verriet, noch Jahre in der Manteltasche mit sich: Ich war derjenige gewesen, den sie beehrten, sie meinten mich, mich, diese verdammten Schlingel, die mich all die Jahre auf Trab gehalten hatten! Und gut sind einige geworden über die Jahre, das muss man sagen, einen sollen sie sogar im

Museum zeigen. Ja, mein Name fuhr ein halbes Jahr durch die ganze Stadt! *Ich war dabei gewesen, ich war gemeint gewesen – auf welcher Seite des Spiels ist der Zeit als erstes egal*, schrieb ich ins Heft.

Und wie ich später von einem anderen Tisch herüber zufällig sah, traf sich unser konservativer Erziehungsdirektor, Zielscheibe unzähliger Graffiti-Künstler, mit seinem damals schärfsten linken Kontrahenten und bald danach ersten Kolumnisten des Landes zum freundschaftlichen Kaffee. Wahrscheinlich tauschten sie Fotos aus. Was war dabei, dass sie sich gegenseitig in den Mantel halfen. Dabei hatte der Erste den Zweiten zwanzig Jahre davor vom Schuldienst relegiert! Aber was hatte das schon augemacht – man fand stets eine andere Stelle, meist eine bessere, die Boomjahre hielten meist Besseres in petto, man brauchte noch jeden. Der intensivste Sprayer der Stadt fand sich nach seiner Verhaftung auf den bürgerlichen Teppichen und in den renommiertesten Kunstmuseen der Welt wieder. Man konnte ihn bald tatsächlich zum Sprayen vor die eigene Hausfassade bestellen ... Auch ich konnte mich in keiner Hinsicht je beklagen, vom Zeitgeist nicht gefördert und geschubst worden zu sein. Selbst unsere Verhaftung vor dem katechetischen Seminar hatte keinerlei Auswirkungen auf unsere Lebensläufe gehabt. *Solange der Pot nicht überläuft, wird halb so heiß gegessen, wie gekocht wird – aber wehe, die Pfründe kommen wirklich in Gefahr!*

Genossen aus Chile erzählten anderes ...

Schauplätze

Der Geist weht immer schon anderswo. Allerdings interessierte mich nichts mehr, als die Orte aufzuspüren und über sie zu erfahren, wo er einmal geweht haben musste, wo seine Spuren noch zu lesen waren: *Hier am Lindenhof, ein Steinwurf vom »Globusprovisorium« entfernt, wurden die Dissidenten früherer Jahrhunderte verbrannt, in der Falllinie darunter wurden die Täufer ersäuft, und dort, etwas weiter oben, mitten im Fluss, stand der Wasserturm, der den machttrunkenen Bürgermeister und »Baden-Fahrer« gefangen hielt, bevor er durch das Schwert endlich erlöst wurde. Hier stand der Galgen, hier die römische Sauna, dort der Keltenstein, bald der Tempel. Und hier, vormals eine Insel, siedelten die Pfahlbauer, wenn sie denn welche waren, dort wohnte Lavater, umarmte ihn Goethe, in dieser Gasse wurden die Juden massakriert, genau hier, keine drei Meter breit, wurden sie eingekeilt, dort der Sodbrunnen, den sie vergiftet haben sollen … man geht darüber hin, an den Bronzetafeln vorbei, ein Eis in der Hand, den schnüffelnden Hund an der Leine, der seinen Herrn zu den aktuellen Nachrichten zerrt.*

Oder, viel weiter weg: Die Schlittelbahn vom Trümmerberg, die höchste Erhebung Berlins, verdankt sich, man weiß, dem Krieg. Kinder schlitteln jauchzend vom Berlin der Zwanzigerjahre herunter. Und hier am Brandenburger Tor: die Kunstakademie, wo Hitlers Provinzhirn treppauf treppab

Germania entwarf. Und dort, wo sich heute die Hunde »versäubern«, lag der Führerbunker, brannte seine Leiche, lag der gescheite Propagandaminister. Und dort drüben rauchte in einer Bomberpause Eva Braun – sie machte sich wohl nicht mehr die Mühe, mit Mundwasser nachzuspülen wie in Berchtesgaden. Und dort, in der neuen Reichskanzlei, setzte sich Churchill zum Fototermin triumphierend in des Führers Sessel, allerdings enttäuscht, dass ihm von den eigenen Leuten verwehrt wurde, Giftgas auf deutsche Städte zu werfen. Und da auf diesem Felsen mit Blick auf die Akropolis soll Petrus gestanden haben, oder war es Paulus? Hier, zwischen jenen beiden Felsen, war Hannibal durchgezogen. Über jene schmale Brücke floss durch Jahrtausende der Verkehr von Nord nach Süd und umgekehrt. In diesem Sessel diktierte Napoleon auf dem Hospiz. Hier auf dem Gotthard kehrte Goethe um zur Liebe, zur Pflicht, ins feuchte Weimar, das südliche Licht von Airolo schon im Auge und angesteckt auf immer. In diesem Bett hinter der Kordel schlief Nietzsche. Diese Brücke zeichnete Turner. Und hier wie dort schlafe oder gehe und stehe jetzt ich, ich allein, möglicherweise morgens um eins … Denn Stehenbleiben und Gedenken, wie diese Tafeln es tagsüber wollen, die stets die Überlebenden anbringen, nützt auf die Länge nicht das Geringste, es gäbe sonst nicht fortgesetzt neue – nein, man geht darüber hin, schläft darüber ein, trinkt, liebt und isst, als wäre nichts gewesen. Nie wieder wird schon wieder nach zu viel des Gedenkens, und Baracken bleiben Baracken, wenn man sie nicht gleich niederbrennt …

Ich kann es nur von klein auf nicht hinnehmen, dass Schauplätze schweigen. Der Ort, will das Kind, soll sprechen, wenn die Erwachsenen den Mund nicht aufbringen vor Schreck. Aber da Erwachsene schweigen, wie Steine schweigen, und da Steine nicht sprechen, darum werden sie gezwungen, werden sie bearbeitet, sollen Steine Zeugen sein – das soll der Chronist behaften, soll Touristen anlocken, die zu Besuchszeiten davor stehen und fotografieren, weil das Geschehene nicht zu fassen ist, und die nicht merken, dass sie den Ansässigen und Einwohnern, die mit Einkaufstaschen vorbeigehen, bloß stets bezeugen sollen: hier geschah es tatsächlich, hier wurden die vorigen abgeholt von Ledermänteln und Mappen. Die Legende muss leben, wo Leben dem Schrecklichen so schnell verfällt. Die Legende Stadt muss leben. Und wir mit ihr in alle Ewigkeit.

*

Der Landschaft ist Geschichte nicht anzumerken – dem Acker schon. Sie sinkt in den Boden in einem einzigen Jahr. Die Schlacht zwischen Russen und Franzosen an der gedeckten Brücke, genau auf unseren Badersdorfer Äckern, warf jeden Herbst neue Zeugnisse auf. Hier muss es angefangen haben mit meinem Interesse für Geschichte: Wir Kinder warfen das Eisen auf den einen, die Kartoffeln auf den andern Haufen – ein Haufen Degenknaufe und Hufeisen auf zehn Haufen Kartoffeln. So bildet sich offenbar

Geschichte ab, die von keinem Sieger benannt wird. Das ist das Verhältnis des Bauern zur Geschichte.

Stießen Badersdorfer Arbeiter im Tiefbau auf Archäologie, schaute sich der herbeigerufene Polier um und wischte die Scherben und Knochen mit dem Schuh wohlweislich wieder in den Graben. Unser neuer Schuppen im Ried kam termingerecht mitten auf dem damaligen Schlachtfeld zu stehen. *Nur schnell wieder zu! Nur keine Verzögerung! Die wird wohl niemand wollen, außer ein paar Stubenhockern mit ihren wissenschaftlichen Pinseln aus der Stadt, die wir erst noch bezahlen müssen mit unseren Steuern hinten und vorn. Denn kommen sie erst einmal angefahren mit ihrem Professor, ist Schluss mit Feierabend, bauen sie Zelte darüber, beginnen herumzukommandieren. Aber was soll da unten schon sein! Die da unten in der Grube sind am Krieg verreckt und an der Pest, wir da oben verrecken an Arbeit und Termindruck. Die im weißen Kittel aus der Stadt haben nie eine Ahnung gehabt! Auch dieser Goethe, der hier durchgekommen sein soll, hat nie eine Ahnung gehabt, schon gar nicht dieser Brecht mit seiner Limousine, oder wer das war. Was die überliefern mit ihren Pinseln und Büchern, und kommen wir Krampfer selbst darin vor, ist ihre Geschichte, die Geschichte einer intellektuellen Minderheit, die stets nur mit einer Hand arbeitet, die stets obenauf schwimmt wie Fett auf dem Wasser. Wie es tatsächlich war und wie es tatsächlich ist, weiß doch keiner …*

Geschichte ist stets Stadtgeschichte, notierte ich. *Von Städten geht alles aus, und auf Städte fällt alles zurück.* Im historischen Seminar, keine fünf Minuten von meiner Mansarde entfernt, in der ich meine Schreibklause eingerichtet hatte, ergänzte ich aus der Vergangenheit der Stadt, was mir ihr Alltag nicht bieten wollte. Geschichte waren mir Bilder, war Kino mit anderen Mitteln. Ich machte mir eine Freude daraus, in Mußestunden einen *Reiseführer der tatsächlichen Verhältnisse* zu schreiben, wie ich mein Projekt selbstsicher und zornig nannte. Es blieb allerdings nach ein paar Kapiteln stecken.

Von Dörfern, wenn sie nicht getarnte Städte sind, gehen nie Kriege aus. Dörfer werden vom Krieg wohl zerstampft, niedergebrannt, geplündert, gestreift oder links liegen gelassen, einzig der Logik der kürzesten Marschroute oder einer gescheiten Schlachtordnung geschuldet. Zerstörung auf dem Land, verbrannte Erde, ist eine Frage von Glück oder Pech; das eine Tal wird gänzlich geplündert, das andere gänzlich verschont. Dörfer hassen den Krieg.

Der Krieg, lernten wir schon in der Sekundarschule, sitzt in der Stadt. Die Strategien der Handelskriege werden am Schauplatz City ausgeheckt, die City selbst, die Stadt, ist Krieg im Großen und im Kleinen. *Und da die Lebenden und Überlebenden Geschichte schreiben und nicht die Opfer, denkt der Bürger, dass Kriege zu überleben seien, dass Stadt zu überleben sei. Aber niemand überlebt sie nachweisbar, auch nicht in Friedenszeiten. Stadt ist ein permanenter*

»drôle de guerre« – der Krieg ist ausgebrochen, aber noch merkt niemand etwas davon. Und nur Städter können der wahnwitzigen Idee verfallen, mit technischen Mitteln den Zusammenbruch, die Sterblichkeit, den Tod austricksen zu wollen.

Wer in die Stadt zieht, verspricht sich weniger Leiden auf der Zielgeraden nach der Geburt. Ein schnauzbärtiger Schreier jenseits der Grenze nahm halb Europa mit unter die Erde. Untergang war diesem Provinzhirn das Thema von Anfang an, leider nur in der Stadt zu inszenieren. Oder der Uralte, der Untote sitzt am Ende seiner Tage noch im Zentrum der Hauptstadt im Hauptpalast im Hauptzimmer auf dem Hauptstuhl und unterzeichnet nächtelang Hinrichtungslisten: Im Kreml ist noch Licht, Väterchen Stalin arbeitet noch, er muss noch mein Urteil unterzeichnen. Franco arbeitet noch! Er soll 196 000 *Mal handschriftlich den Tod eines andern angeordnet haben! Das heißt: So wie dem Kind stets der Papi zusehen muss, muss dem kindlich senilen Patriarchen die ganze Hauptstadt zusehen, das ganze Land, die Welt, die Geschichte – ohne Schauplätze würden sie kollabieren.*

In jener heißen Sommernacht, als wir vor dem spanischen Konsulat, einen Steinwurf von unserer WG entfernt, auf der Straße saßen, waren wir beinahe bereit, zu beten, dass Franco die Hinrichtungen an baskischen Studenten aussetze, die auf die Morgenstunden angesagt waren.

Danach konnte ich nie mehr über diesen Platz gehen, ohne daran zu denken! Ein Schauplatz mehr neben bald dann Hunderten in der Stadt, die automatisch Filme in Gang setzten, einen nach dem andern, wie im Bahnhofskino, als ich noch keine Geschichte hatte in der Stadt.

*

Ein Dorf genügt nicht gegen die Furcht. Mir genügte Badersdorf jedenfalls nicht länger, obwohl das Dorf nicht besser und nicht schlechter war als alle andern. Hätte es jenseits des Einzugsbereichs der Stadt gelegen und wäre mein Vater nicht danach gewesen, selber in die Stadt zu wollen, ich wäre wohl auf dem Land geblieben. Müßige Frage, aber anzunehmen, dass ich im Dorf früher auf Einsichten über mich gestoßen worden wäre als in der Stadt, *wo man zu Umwegen und Ausflüchten geradezu eingeladen wird.* Denn die Stadt, in die ich zog, hielt alles bereit, was man in dieser Hinsicht erwarten durfte, war zumindest groß genug, um in der Geschichte des Landes entscheidend mitzumischen, war groß genug gewesen, um ab und zu sogar die europäische Geschichte mit dem einen oder andern Impuls zu bereichern. Und hier war immerhin mit einigem Recht zu erwarten, was Intellektuelle unter Kultur verstehen.

Hier in der Stadt stand nämlich eine der ersten Buchpressen Europas, die Stadt war eines der drei Zentren der Reformation, von hier aus ging die Täufer-Bewegung in die Welt hinaus, Pädagogen und Humanisten mit Weltkorrespondenz wirkten hier, ein Stadtpfarrer verfasste eine bahnbrechende Schrift über Physiognomie, hier explodierte die Dada-Bewegung – Schauplatz genug also und Geschichte genug für einen jungen zornigen Notierer in einer Schreibklause über und mitten im Fokus der City.

Land

Einsam stirbt man auf dem Land, nicht in der Stadt. Einsam stirbt man in der engen Stube, nicht im angeblich anonymen städtischen Krankenheim. Die Lebenden überliefern, was ihre eigene Logik will und nie die Wahrheit sein kann. Und was Erben überliefern, kann man sich denken! Es ist der Demente, der uns die Wahrheit zeigt, die Wahrheit über Beziehungen, nicht wir angeblich Klaren im Geiste: es ist der Abstand, wie er auch in der Stadt gegeben ist, es ist der anonyme Andere, auf den es ankommt, den er an der Hand fasst am letzten seiner Tage und nicht den Sohn, die Tochter, die er nicht wiedererkennt, schon gar nicht den Erben. Der Demente erst hält jeden für seinen Bruder und verbietet seinem genetischen Bruder, sich für etwas Besonderes zu halten. Es ist alles ganz anders im Reich der Wahrheit.

Denn die ums Totenbett sitzen in der heimeligen Bauernstube, haben bereits seine Felder aufgeteilt, er braucht es nicht mehr zu wissen, der Alte, er würde sich nur noch aufregen, sich möglicherweise nochmals aufbäumen im letzten Moment und neue Ideen haben, gar neue Nachkommen mit der jungen Magd, die er allen vorzieht. Nein, er soll jetzt gehen, der Erblasser, wie es so treffend heißt – und die Junge auch.

Würdig auf dem Land stirbt allein der Nomade auf der Kuppe, zurückgelassen auf eigenen Wunsch, heroisch gelehnt an den Felsen mit Blick in die Ferne, das Schwert in der Hand. Würdig stirbt allein der Städter, auch er Nomade, der Stadtnomade, gesunken aufs Trottoir, von Zugesprungenen gehalten, beatmet, behaucht, massiert, von Jungen, die – naiv wie sie sind – wollen, dass man lebe. Auch der Alte! Man wird getragen von strammen Helden mit Helmen, im Scheinwerferlicht von Leitern gehoben, vom Lokalfernsehen gefilmt, mit Blinkblitzen und Hörnern abgefahren …

Auf dem Land jedoch stehen die Gleichen an der Kiste, die immer schon da herumstanden. Möglich, dass sie wenigstens das Hemd gewechselt haben. Es läuft dazu das gleiche Heugebläse, sonst nichts, der Kompressor der Melkmaschine ist pünktlich an den Eutern. Und später oder früher geht man deswegen auch nicht ins Bett an diesem Tag. Die Hühner geben den Takt, und liegt der Meister in der Kiste, tanzen sogar die Mäuse.

Nächster Irrtum: auf dem Land sei es still. Auf dem Land ist es laut, dass man verrückt werden könnte. Man ist umzingelt von gabelnden Maschinen, kratzenden Zinggen, gierenden Hebeschaufeln, Jungbauern kommen um die Kurve in Agrarpanzern, die Räder größer als man selbst, sitzen im

Cockpit mit »Kraftwerk« im Kopfhörer, Spiegelbrillen im Gesicht, Cola im Halter, der Haifischzahn aus Bangkok am Kettchen … Man muss vom Weg springen, in die Wiese fahren, weil sie niemals bremsen, diese Panzerhirne, voll gespickt mit Actionfilmen aus dem Videoautomaten bei der Raiffeisenkasse, sind es doch nur Städter oder gar Asylanten, die unverhofft mit ihren Kinderwagen hinter der Kuppe auftauchen. Stille, wenn sie möglich wäre, ist bekanntlich nicht auszuhalten.

Nein, da irrten sich meine lieben Städter: auf dem Land war die Stille nicht zu Hause! *Sie ist, wenn überhaupt, nur Stille vor dem nächsten Sturm, der nächsten Fütterung von eintausendfünfhundert Schweinen im Nachbarstall, der nächsten quengelnden Motorsäge, der nächsten Kreissäge, die bis um Mitternacht schreit.*

Ich schlief stets prächtig in der Stadt. Und suchte alles andere als Stille und Schlaf. Noch besser ging es mir in Zentren von Großstädten, im Chelsea Hotel zu New York, wo man damals nicht wusste, ist die Schießerei am Fernseher, im Korridor oder vor dem Fenster. Der Lärm in der Stadt war von eigener Art. Das beständige Brummen vor den Fenstern, das ständige Nah oder Fern von Sirenen will sagen: Andere sind wach, sie wachen, sie bewachen, sie halten die Festung, du kannst dich ruhig fallen lassen, sie kommen, um dich zu holen, dich hier rauszuholen.

Der Maler Bacon, ein Städter der Extremklasse, wurde nachts von einem Dieb aufgeweckt, der durch die Oberlichter seines Wohnateliers mehr fiel als eindrang. Statt die Polizei zu rufen, wischte Bacon die Scherben von der Decke und zog ihn ins Bett. Sie wurden Lebenspartner.

Geschichten vom Land tönen anders. Stadtgeschichten beginnen mit der Fiktion, man könne der brutalen Wucht der Wahrheit entkommen. Und Landgeschichten beginnen mit der Fiktion, man könne sie verdrängen.

Nichts hatte mich auf dem Dorf mehr beelenden können als das periodische Aufheulen einer Kreissäge an einem regnerischen Dienstagnachmittag um drei – allein schon der Name Dienstag! –, danach das langsame Auslaufen des Heulens um sechs, dann, noch schlimmer: die folgende Stille. In solchen Momenten stand die Welt still, war jeder auf sich selber zurückgeworfen ohne Ersatz. *In der Stille des Lande rieselt alles durch die Finger, am Ende ist man bloß hier gewesen, sonst nichts, mehr als das zersägte Holz am Boden gibt es nicht zu holen – und es zeugt von dir eine Weile. Die Stapfen im Schnee beweisen: Da bin ich gegangen, und länger als Schnee sind wir nicht.*

*

Mehr ist in der Stadt auch nicht dran an uns, aber man darf es sich ungeniert einbilden. Und man kann sich und andere rund um die Uhr belügen, und die es sich leisten können, tun es auch. Die Stadt selbst ist die Lüge. Die kleineren Lügen müssen geradezu angeschrieben und beleuchtet werden beidseits der Straßen, sie müssen blinken, werden von Plakatwänden dreifach eingehämmert, damit man sie nicht vergisst. In der Stadt ist die Lüge angeschrieben, ein Idiot, der sie nicht erkennt. Im Fernsehen wird sie wiederholt bis zum Auswendigkennen, pervertiert bis zum Kopfschütteln, sonst zeigt der Städter kein Interesse.

Was ich in der Stadt erst begriff: *Nie je hat ein Städter »hungernde Enzyme« oder den »Gilb« in der Gardine für bare Münze genommen, und nur auf dem Land glauben sie an die Schlagertexte, klatschen mit ernster Mine tischweise im Takt. Auf dem Land ist Lüge Notwendigkeit des Überlebens, der Städter hingegen,* notierte ich, *rechnet die Lüge der Unterhaltung zu.*

Auf dem Land ist Lüge gratis zu haben, an jeder Ecke, sie ist Alltag, nicht anders als in Busch und Feld, wo die Täuschung wohnt und ein Bauer, will er nicht verhungern, die Täuschung durch eigene Täuschung übertölpeln muss: Er stellt Vogelscheuchen auf mit seinem eigenen ausgetragenen Konfirmanden- und zu eng gewordenen Hochzeitsanzug, er imitiert Tierstimmen, lockt mit Botenstoffen liebestrunkene Käfer in den Leim, er täuscht und trickst, dass es kracht, nicht minder als die Raupe, das Chamäleon, der Pfau.

Ich merkte bald: Der Städter täuscht sich über vieles auf dem Land. *Meine* WG-*Genossen, allesamt Städter, haben nicht die geringste Ahnung. Sie können nicht einmal ein Feuer richtig anzünden im Kamin. Aber sie glauben, ich sei vom Guten ins Böse gezogen und sie müssten mich nun schützen und belehren. Sie sind aufs äußerste erstaunt, wenn die Boulevardpresse über einen Mord berichtet, ein neues Familiendrama, das sich schon wieder auf dem gesunden Land ereignet hat. Denn wie kann nur dieses Unglück geschehen, fragen sie sich jedes Mal, in diesem prachtvollen Châlet, diesem Heimetli auf dem Hügel, von dem Städte nicht hoffen dürfen, es jemals zu besitzen? Hört man wieder von einem Drama auf dem Land, sieht man schon das Haus in der Zeitung abgebildet mit den weißroten Absperrbändern, die Nachbarin, die hinüber zeigt, den überlebenden Säugling auf dem Arm – man hält zusammen auf dem Land! –, sieht man auf Seite drei schon den Stumpen rauchenden Schwager, der, solidarisch einspringend, das stoische Vieh versorgt, das da auf dem Land als einziges heraufwürgt und wiederkäut, sieht man im Geiste die Nachbarskinder die hungernden Katzen versorgen, die umgehend anderen um die Beine streichen. Und flattert nicht die Nationalfahne noch an der Stange, und ist nicht der Grill geputzt, stehen nicht die Milchkübel an der Wand in Reih und Glied?*

Und hört man nicht schon den Pfarrer reden, Gott das Warum zurufen, als wären die Hinterbliebenen gekommen, um Fragen zu hören? Sieht man nicht schon die Windrädchen am Zaun, für jedes zerhämmerte Kind eines, sieht man nicht schon die roten Plastikbecher flackern vom Gemischtwarenladen, der »Landi«, die sie wohlweislich auf Vorrat hat – neu auch mit Batterie? Und liest man nicht schon im

Geiste die Trauerreportage in der »Schweizer Familie«, der »Schweizer Illustrierten«, blickt dabei auf das biedere Interieur mit den Pokalen der Landesmeisterschaften der Ringer und Schwinger und auf das (gut ausgeleuchtete) exotische Aquarium mit den stummen Fischen?

Land ist stumm. Land ist stärkerer Tobak, als es Stadt je werden kann – und *Städte wären gar nicht entstanden, wenn auf dem Land das Gute wohnte.* Aber warum sollte ich meine rührigen, hilfsbereiten Kommunarden daran hindern, mich, den frisch zugezogenen Landmenschen, in die lokalen städtischen Gebräuche einzuführen, mir die angeblich »heißen Lokale« zu zeigen, wo die Kriminellen verkehren, und die der Dealer, die Striplokale und getarnten Absteigen. Verwunderlich nur, dass nicht auch noch Pfeile auf sie hinwiesen, damit man sich vorsehe. Die Polizei kannte eh das ganze Feld. Und wenn sie nicht eingriff, dann um das Gleichgewicht nicht zu stören, um nicht unnötig »Hasen aufzuscheuchen«, wie es Großvater stets genannt hatte. Nein wirklich, auf dem Land war das Böse von anderem Kaliber.

*

Die Städter, meine lieben Linksgenossen und Intellektuellen, übersahen, dass sich der Wandel der vergangenen Jahre viel mehr auf dem Lande vollzogen hatte als in der Stadt. Das Heu wurde längst im Badeanzug eingebracht, nicht mehr in der Tracht, wie meine Mutter sie noch trug. In die Dorfläden waren Lebensmittelketten eingezogen. *Man versorgt sich jetzt in den neuen Raststätten und Tankstellen, die aus den schönsten Landschaften sprießen wie die Pilze im Herbst, wo die Tageszeitungen vom Druckzentrum an der Autobahn morgens um fünf schon aufliegen, wo das Backzentrum des Großverteilers die noch warmen Croissants anbietet, auf die der Städter noch zwei Stunden warten muss, wo die ersten Spargel erdfrisch direkt vom Lastwagen ankommen und die Meerestiere im Mövenpick »Strada« zuckend noch meinen, sie seien bloß etwas auf Strand geraten.*

Man musste wohl vom Land gekommen sein, um zu sehen, was man dort sehen konnte. Warum der Städter nicht hinsehen wollte, musste seine guten Gründe haben, und diese mussten im innersten Kern des Städters liegen. Und das war herauszufinden. Schreibend herauszufinden, was stets ein gründliches Nachdenken bedeutete und etwas war, bei dem man nicht wusste, wohin es führte. Es war ein Schürfen in Tiefen, ein Forschen, Sich-oft-Verlieren, *dem Fotografieren nicht unähnlich, wo man oft in der Dunkelkammer erst sieht, was da auch noch auf dem Bild ist.*

Aber man musste streng sein mit dem ersten Entwurf, dem ersten Auswurf des Netzes auf den Grund, man durfte sich nicht verführen lassen, alles Aufgefischte einzubehalten. Die Netzfischer des Greifensees, neben Badersdorf gelegen, hatten stets ein Zentimetermaß bei sich, um die Fische zu messen. Die grätenreichen Schwalen warfen sie ohnehin gleich wieder über den Bootsrand hinaus. Und oft kamen sie ohne Beute zurück an die Anlagestelle, wo wir Buben fischen durften. Schreiben war mir nichts anderes.

Die Notate, altkluge Aphorismen, Gedicht- und Liedanfänge sammelten sich bald kofferweise und fielen der einen oder anderen radikalen Säuberungswut wieder zum Opfer. Wenn man die Blätter ein paar Jahre später wieder las, konnte man kaum begreifen, was einen damals bewogen haben konnte, so etwas aufzubewahren. Der innere Zensor wusste wohl, dass der Bub, in dem er steckte, noch gar nicht gewusst haben konnte, was der Preis für Sätze ist, die sich zur Veröffentlichung lohnen. Und bald wurde der Zensor stärker als der Wille weiterzuschreiben. Spätestens als der Bub unversehens zum Vater wurde und nun Geld beschafft werden musste, war es um die Muße geschehen. Einige hinterlassene Spuren tauchten, wie gesagt, dreißig Jahre später unversehens wieder auf und forderten offenbar ihren Abschluss ein.

Von all dem Papier, das damals nicht im Container landete, blieb im besagten Bastkoffer oder im Gestell: ein Militärtagebuch, ein Gedichtbändchen mit dreiundsiebzig Gedichten und einige Hefte mit Notizen, die mein erstes Erstaunen über Städter abbildeten, über das Phänomen Stadt, das Kino und das Wissen über Städte, das sich da über Jahrtausende in Schulen, Seminaren, Bibliotheksgrüften und Estrichen angesammelt hatte. Aber auch das Erstaunen, wie wenig Städter wussten, was auf dem Land, wo ich herkam, tatsächlich passierte und welche energetischen Gesetze im Unterschied Stadt-Land, Stadt-City zu vermuten waren. Und dann war ja auch noch die Politik, die mich in ihrem Wesen am wenigsten erstaunte und inspirierte, lag ihr doch bloß Bauernschläue unter, und die kannte ich zur Genüge.

Der Bauer in der Stadt

Naiv, notierte ich, *kommt man jedenfalls gewiss nicht vom Land, wie die Meinung ist, sondern von der Stadt.* Das konnte ich umgehend bestätigt finden, schon in der ersten Woche. Die Mär vom leicht zu verführenden »Landei« im schnellen gefährlichen Stadtgetriebe mochte im Detail die ersten Tage zutreffen, aber was die simplen Härten des Daseins anging, so musste man uns jungen Zuzüglern vom Land nichts vormachen. Die Börse in der Stadt war ein Nichtschwimmerabteil, gemessen an einer Viehschau in Kloten, die Großvater nie verpasste und zu der er gerne seine Enkel mitnahm, weil sie gleichzeitig eine Art Kirchweih war – und jedes Mal bekamen wir eine Tüte Magenbrot.

In Lektionen der Bauernschläue hatte ich mit meinem Großvater den richtigen vor Augen gehabt. Und ich kam ja auch nicht wie mein liebenswürdiger Kommunarde und Zimmernachbar Isidor von der Elfenbeinküste. Ich kam bloß von einem Schweizer Dorf, das sich rasend schnell von einem Bauern- und Gewerbedorf, wo noch Kühe vor Wagen gespannt wurden, in eine jener Agglomerationen verwandelt hatte, die rund um den Globus – Stadt überspringend – überall zu finden waren, ob es da Elfenbein gab oder nicht. Der »Standortvorteil« entscheidet. Vom winterlichen unter Null im Kinderschlafzimmer bis zur europäischen Zentrale von Microsoft vergingen in Badersdorf keine dreißig Jahre …

Der Wandel auf dem Land ging wohl zu schnell vonstatten – der Städter kam mit Begreifen nicht nach. Er wollte »Land« nach seiner Sehnsucht haben, nach seinem Bedürfnis. Land sollte gefälligst seiner Projektion nach einsamer Insel mit Palme entsprechen, auf die er bloß seine sieben Lieblingsbücher mitnehmen würde. Aber wahrscheinlich wäre dann eines seiner sieben Bücher ein Telefonbuch gewesen und ein zweites der Fahrplan der Fähre, zurück in die nächste Stadt. *So* sah der Städter hinauf nach Graubünden, hinunter in die Toskana, in die Provence, nach Spanien, wo man nach dem gröbsten Gerenne und nach der Schulzeit der Kinder zu sich zu kommen gedachte. *Man will zu sich selber finden, dabei ist man doch immer schon da,* und selbst das stünde erst in den Büchern, die man auf die Insel mitnehmen würde. Sie wollten Weisheitsbücher mitnehmen, sagten die meisten, diesen oder jenen Philosophen, Lao-tse zum Beispiel, weil untergründig doch geahnt wurde, dass das, was man auf der einsamen Insel finden würde, nur noch auszuhalten wäre mit

Büchern vom Ziel, vom Resultat der Übung, das von vornherein eigentlich keiner abwarten wollte. Vom alternativen Gemeinschaftsprojekt auf der schönen Insel Ithaka kehrten von dreihundert Stadtflüchtlingen aus Deutschland bis auf zehn alle wieder zurück.

Eine der zehn war meine heißbegehrte »Möwe«. Später verschwand sie im Sand der Wüste Sahara. Man fand ihren defekten R4 abseits der Piste. Sie lag unter dem Fahrzeug, dem einzigen schattigen Platz. Eine andere verschwand im Pazifik vor der Küste El Salvadors. Und wieder ein anderer tauchte verwirrt in Barcelona ab, er hatte nicht mehr die Kraft, sich aus dem Sog der magischen Stadt zu befreien …

*

Dass einem in der Stadt einiges leichter fiel, dass die Stadt neue Freiheiten und Ablenkungen eröffnete, die Verantwortung, wie sie in Badersdorf noch galt, vergessen ließ, wie ich bald an mir selber sah, hatte seine Schwere offenbar oft am Ende. *In der Stadt kommt das dicke Ende, auf dem Land das dünne. Nach einem Leben des Durchhaltens und Krampfens auf dem Land kann es nur noch besser kommen. Stadt ist bloß Aufschub*, notierte ich ins Heft. *Am Ende kommt alles aufs Mal.*

Auf dem Dorf wurde man oft zu früh mit dem Ernst des Lebens konfrontiert, wurden uns Jungen Aufgaben aufgeladen, die uns überforderten. In der Stadt war der Anfang leicht und behütet, auf dem Land konnte dafür das Ende leichter werden; Paare arrangierten sich allmählich, statt sich vorschnell zu trennen, mit dem Alter kam eher Milde statt Schärfe. Die sich anfänglich schlugen um die Küchentische, wie das ganze Dorf wusste, sah man alsbald eingehängt spazieren. Geschwister, die sich früher bekriegten, sah man einträchtig auf der gleichen Bank vor dem umgebauten Elternhaus. *Auf dem Land wird, dass man sich aufeinander einlässt, aus Not erzwungen, müssen Feinde sich zusammenspannen, ob sie wollen oder nicht, müssen sich Pferde ausleihen, damit der Wille des Herr geschehe. So war schließlich notgedrungen die Eidgenossenschaft entstanden. Nach den rechten Dingen der Bibel, der Tradition, die der Städter flieht wie der Teufel das Weihwasser, war die Einsicht in die Hingabe und Bescheidenheit doch die Königsübung der Reifung.*

»Dein Wille« geschah auf dem Land. Da kam ich her. Aber die Stadt und die Zeit des Aufbruchs lehrten mich anderes. Sich zu bescheiden, hätte auch ungut zu unserem Aufbruchswillen gepasst. Wer Neues einläuten will, und es ist an der Zeit, darf sich nicht bescheiden und zufrieden geben.

Viele Alte und Verwirrte, die ich aber sah in der Stadt und die ich als Opfer städtischer Verantwortungslosigkeit sah, erschreckten mich zutiefst. Schon als zwölfjähriger Bildungspendler traf ich in der Stadt zum ersten Mal auf Bettler, die wie beim Bilderstecher Carolsfeld ihre ausgemergelten Hände nach mir streckten – Aussätzige, wie sie hießen, die der milde Jesus mit Vorliebe umarmte und küsste, dass es mich ekelte, wenn ich daran dachte, es selber tun zu müssen, um dem lieben Gott zu gefallen.

Bettler gab es nicht auf dem Land. Bettler wussten, was die auf dem Land denken: Wenn einer von Haus zu Haus laufen kann, dann kann er auch arbeiten. Auf den Hof jedoch kamen Landstreicher, Alkoholiker – die waren etwas anderes. Sie hatten sich ihren Stolz bewahrt und bekamen ihr Stück Brot und eine Flasche Schnaps fürs Geschichtenerzählen. Sie handelten gleichsam mit Geschichten. Großvater stand dann noch in der Tür, das leere Schnapsglas in der Hand, schaute dem davon trottenden Landstreicher nach und erzählte in seltener Milde seine Niedergangsgeschichte nach, bis die unrasierte Gestalt im abgerissenen Armeemantel hinter der Linde zum Oberdorf hin verschwunden war. Beim »Vorsinger Karl« am Entenweiher würde er ein zweites Glas bekommen, war er doch mit diesem verwandt, und beim Ratgeb ein drittes, da war er am Ende noch Knecht gewesen vor der Gicht. Großvater kannte jeden Einzelnen bis ins dritte Glied.

Was ich aber sah in der Stadt um den Hauptbahnhof herum, gab es so nicht im Dorf. In die Mansarden unseres vereinnahmten WG-Hauses zogen alsbald Greise und Greisinnen ein, die offenbar niemand mehr vermisste und die sich trotz aller himmelschreienden Zerlumptheit etwas Selbstbestimmung bewahren wollten. Einer zog mit seinen Plastiksäcken gar in den feuchten Keller. Sie lebten oft schlechter als vormals unsere Tiere auf dem Hof.

Man kann das Leben verpassen, oder es verpasst einen, selbst wenn man sich redlich rührt und wehrt, war die Lektion für mich. Diese Zerlumpten, die sich mühsam schleppten, waren einmal redliche Arbeiter gewesen, hatten Hausstände geführt und Kinder großgezogen. Ihre vergilbten Fotos, die sie manchmal ungefragt reichten, zeigten strahlende Menschen in einer vergangenen Zeit neben ihren Automobilen und an den landesüblichen Ausflugszielen. Möglich, dass mich Schrecken dieser Art unter anderem vor zu viel Leichtsinn bewahrte in meinem Mäandern durch die WG's und Quartiere der Stadt und bei den Abstechern in Moloche von Weltstädten, wo ich umgehend wieder in WG's landete, bekommt man von Gleichgesinnten doch stets das Gleiche empfohlen. Möglich auch, dass mich die simple Kraft meiner bäurischen Herkunft immer überleben ließ. Sicher ist, dass ich in den richtigen Momenten Glück hatte.

Aber dass ich nicht unterging, heißt nicht, dass das von Anfang an feststand. Es gab Momente und Zeiten, die meine Biografie in völlig andere Bahnen hätten lenken können. Es gab Momente, die mich später erst erschreckten. Ich trug einer hübschen Fremden, für die ich beim Autostoppen entflammt war, den Trampersack über die französische Grenze, um auf der spanischen Seite entdecken zu müssen, dass er voller Drogen war. Das hätte mir im Reiche Francos ein Leben im Gefängnis einbrocken können, wenn nicht die Garotte. In einem karibischen Staat wiederholte sich das noch einmal, allerdings mit einem doppelten Schiffsboden, der mit Säcken voller Marihuana gestopft war, die man mir, als einzigem Ausländer an Bord, zuordnen wollte. Ich saß bereits im Polizeigefängnis mit Ausblick auf den Raum, in dem die einheimischen Bootspassagiere, einer nach dem andern, gerade zusammengeschlagen wurden, um ihnen Geld abzupressen. Von mir erhofften sie wohl das meiste; ich sollte darum am Schluss drankommen und zusehen, was auf mich zukommen würde. Das Geständnis des Einen rettete mir den Kragen ...

Was ich damals offenbar noch nicht wusste: Biographie in einer Stadt und erst recht naives städtisches Verhalten auf dem Land, gar Ausland, ist allemal etwas Fragiles, Gefährliches, sehr geeignet, in einer Sekunde zusammenzubrechen. Wenn man sich in der Stadt Fehler leisten konnte, hieß das nicht, dass das jetzt auch anderswo möglich war. Ich hatte zu schnell vergessen, wollte im Überschwang des Aufbruchs der ganzen Welt Leichtsinn zutrauen. Ich hatte unterschätzt: *Man kann sich im Städtischen alles vorma-*

chen wie wohl nirgendwo sonst im bekannten Universum. Denn die persönliche Lebenslüge wird von andern gefördert, nicht denunziert –, ja, der Städter täuscht sich systematisch selbst! Wohl das absurdeste Verhalten in allen möglichen Universen, wo doch jedem organischen Wesen, ja jedem stellaren Brocken und Stäubchen selbst eingegeben ist, keinen Millimeter durch Selbstschwächung zu verschenken. Das immerhin wusste ich von Feld und Wald. Oder gab es etwa eine entfernter von allem Natürlichen liegende Delikatesse als die des Masochismus, das – sogar – Bezahlen des Städters für eine ihn quälende Domina, wie in unserem Haus eine ihre Dienste anbot? Bezahlung für Strafe und Schwächung?! Das konnte ich nicht verstehen. Also musste das wieder ein Angelpunkt mehr davon sein, was Städte und Städter ausmachte, und Städte waren schon deshalb einmalig in allen bisherigen stellaren Systemen: Maschinen rückwärts! Gravitation sei aufgehoben! *Mein* Wille geschehe! Gegen jede natürliche Vernunft sei Stadt! Wer das Spektakel Stadt in seiner Einmaligkeit begreifen will, dachte ich, wer diese Insel des Sonderbaren, diesen Ausnahmezustand mit seinen exotischen Blüten verstehen will, blicke allein auf diesen einen Umstand: *Es gibt Wesen im Universum, die eines Tages beschlossen haben, sich selber eine bessere Welt vorzumachen, auf dass sie sich ereigne!*

Und der Preis? Es kann dir passieren, dass deine Lebenslüge zusammenfällt, wie das Schlussbouquet eines Feuerwerks am Ende ins Wasser rieselt, zeigen doch diese artifiziellen

Pilze schon seit jeher an, wo das Städtische zu suchen ist. Stadt- wie Landleute gleichermaßen saugt das Feuerwerk in die City, saugt wie nichts anderes – und vormals vor die Gitter eines Schlosses: selbsterzeugter Sternenhimmel zur Musik von Händel, Ravel oder Pink Floyd, wie es jedes zweite Jahr am Seebecken inszeniert wird … Stillstand jeden Denkens und Rennens, Himmel auf Erden – wenn auch nur für zwanzig Minuten …

Dafür kommen immer wieder eine Million Landsleute und sogar Deutsche zusätzlich über die nahe Grenze an den Quai und werden hinterher umgehend mit Extrabussen und Nachtzügen wieder hinaus gekarrt ins Dunkle. Es könnte sonst passieren, dass sie bleiben. *Denn eine Stadt ist ein Feuerwerk. Eine Biographie in der Stadt ist ein Feuerwerk, das mit seinem Rauch und den ausgebrannten Hülsen ins Wasser fällt und verzischt … Das hat der Fremde vom andern Barhocker gesagt, selber nicht gewahr, was er da sagt, versetzt den Stich, kaum verständlich im Balzgebrabbel, sieht dich nicht einmal an, bestellt ein neues Bier oder greift nach seiner Jacke, um zu gehen. Und du weißt, es ist wahr, er hat den wunden Punkt getroffen, dich getroffen in deiner Überschätzung, es ist jetzt gesprochen, es war und ist immer schon dein wunder Punkt gewesen. Du wusstest es immer, jetzt sieht man es dir also schon an, Wildfremden fällt es schon auf, sogar ohne hinzublicken… Und wenn du Glück hast, ist es noch nicht zu spät, sind die Metastasen noch zu bremsen, bist du nicht schon mit Plastiksäcken unterwegs in einen feuchten Keller, liegst nicht schon aufgegeben zum Sterben im Badezimmer einer Klinik …*

Aber nicht dass der Städter danach zurückkehrt, aufersteht aus dem Grab am dritten Tag, aus der Klinik entlassen, um nun ein besseres Leben, ein Leben in Wahrheit zu führen. Heilung heißt in der Stadt allemal nur: Zurückkehren in die Welt der Selbsttäuscher und Masochisten. Man würde eingehen in der Stadt mit seiner Wahrheit und erst recht umgehend gefressen auf dem Land, denn das Heil ist dem Städter die Stadt, nicht die Gesundheit. Gesunden heißt in der Stadt bloß: hinreichend alten Ballast abgeworfen zu haben, um sich nun geschmeidiger durchzubringen im immer gleichen Dschungel. Es hatte sich bloß zu viel Gepäck angesammelt, alte Kleider voller Erinnerungen, die man nicht schaffte fortzuwerfen, Plastiksäcke voller Müll an jedem Finger. Aber noch einmal Glück gehabt – vielleicht ist es noch nicht zu spät, ist doch noch von einem gelungenen Leben zu sprechen, ist es noch nicht zu spät, es wenigstens so darstellen zu können …

Es hätte auch anders kommen können.

Städterin

Jedoch solange es Frauen gab in Städten, solange sie auszuharren gedachten im öffentlichen Gedränge und Gezerre, in den Straßen, dem Staub, den überfüllten Liften und in von feuchten Regenmänteln dampfenden Trams, solange sie blieben, dachte ich, trotz allem, ihre Haare unter Motorradhelmen heraus flattern ließen, sogar im Januar, heranfuhren an die Ampel in der zweiten Spur, den zarten Fuß absetzten auf diesen Heimatboden – solange es junge Mütter gab, die sich im Sommer ihren Minirock nicht ausreden ließen und die im Winter bei Nieselregen ihre in klitschnassem bunten Plastik eingepackte Kinderbrut vor den beschlagenen Fenstern der Busse über die Zebrastreifen schleiften, mehr tragend als führend … solange, dachte ich, haben Männer Städte zu lieben, richtige Städte mit Flughäfen, blinkenden Antennen auf Hochhäusern und Kranen, mit Messegeländen, Rotlichtbezirken, Industrieschnee, Weihnachtsauslagen schon im Oktober, zumindest mit Möwen, dem Vogel gerade dieser Stadt, dem Flugwesen, das sich bestenfalls auf ein Geländer niederlässt für fünf Sekunden und schon wieder unruhig wird, ansonsten sich nicht schert um Sitten und Gebräuche, dieser einzige noch protestierende schreiende »Protestant« der Szene … Solange *Sie,* die zukünftige Eine, um die nächste Ecke herum auftauchen konnte wie eine Möwe, unvermittelt auftauchte aus dem unerschöpflichen Pool des Molochs Stadt, solange sie in den gleichen Lift treten, sich mit Bücherbeigen gegenüber im Lesesaal niederlassen konnte, sich jederzeit herandrängen konnte an einer Theke mit ihrer Lederjacke und der halb offenen weißen Bluse: vorzugsweise ein in eine Behauptung gehülltes Kindergesicht … solange also Frauen beschlossen, hier einzeln oder in Massen aufzutreten und eben hier, hier in einer Stadt! … so lange, dachte ich, wollte ich keinen Tag verpassen, in Städten zuzubringen, kostete es, was es wollte, mochte es enden, wo und wie es wollte.

Und wie anders als Feiglinge konnten Männer genannt werden, die auswanderten, bloß wegen des schlechten Wetters oder der angeblichen Spießigkeit des Ortes, sogar einer Allergie wegen, und es übers Herz brachten, Tausende solch tapferer Schönheiten zurückzulassen, den Launen des Nordwetters und eben dieser hiesigen Spießigkeit und Versicherungsmentalität auszuliefern, ohne mit höhnischer Verachtung abgestraft zu werden, waren diese Memmen Rechte oder Linke … Dann müsse man eben Brachen heraussprengen, dachte ich, ohne Rücksicht auf Verluste, damit die Anarchie der wilden Liebe wuchern könne, ein Voltaire Platz habe, ein Boris Vian. *J' irai cracher sur vos tombes*, lernte sogar das romanistische Seminar, an dem ich ein Drittel des Angebots durchackern musste, um als Französischlehrer mein Zubrot verdienen zu dürfen. Nein, nie mehr sollten Frauen in Städten allein gelassen werden, wie damals in Deutschland nach den »Feuerstürmen«, niemals, dachte ich, durften Frauen mehr so auf sich gestellt werden, dass sie, die jungen tapferen Schönen, mangels Männern auch noch mit ihresgleichen tanzen mussten … Solange junge Frauen also riskierten, hier in dieser Stadt Wohnsitz zu nehmen, sich zu vermischen und Kinder auf den Hüften durch den Verkehr zu schleifen und durch den bittergelben Matsch im

Februar, so lange, dachte ich, sollte es mir Recht und eine Ehre sein, auch hier zu bleiben. Wäre doch gelacht! Und wäre noch schöner, wenn ich nicht der Richtige war, um mich um sie zu kümmern, um diese schönen, bleichen, alleinstehenden Mütter, die doch auch ihre Bedürfnisse hatten! Und wäre doch gelacht, wenn hier nicht mit bäurischer Fachkenntnis zu sprengen und mit meiner Badersdorfer Motorsäge niederzusäbeln war, was der hiesige protestantische Gnomengeist aufgehäuft hatte vor ihren und unseren Füßen, wo jeder fünfte Einwohner in Bankgrüften werkelte, so viele wie nirgendwo auf der Welt … Also weg mit den Gnomen! Weg mit den Lauen! Weg mit den Patriarchen! Aber mehr noch: Schande über die Auswanderer aus angeblich politischen Gründen, Schande über jene ängstlichen Linken, die ihre Feigheit hinter politischen Floskeln versteckten! Wer Courage hat, der bleibe! Man wage den langen Marsch durch die Institutionen! Freie Sicht auf die Lust, die Liebe, das Unvorhersehbare, nirgendwo nötiger denn hier! Es lebe Dada, die unbehauste Kunst, es lebe die Lebenskunst!

Mit solcherlei bestärkenden Monologen richtete ich mich auf, wie sich Gläubige an ihrem Jesus aufrichten und meine strammen Genossen an ihren Doktrinen. Mein »Jesus« allerdings ging in vielfacher Gestalt täglich vor meinen Augen über die Straße und war in physischer Gestalt zu haben. Meinem Evangelium nachzuleben war überaus angenehm.

Oder: Statt auszuwandern, beschloss einer, ein anonymer Bürger meiner Stadt, fortan nie mehr ohne ein paar Samen von Malvenstauden in der Tasche aus dem Haus zu gehen. Tatsächlich begann er, wo er den Trottoirs entlang etwas offenen Boden fand, im Vorübergehen Malven zu säen. Nach zehn Jahren erst fiel es auf: Überall in der Stadt, den ganzen Sommer lang, blühten Malven, pressten sich aus Mauerritzen, verbreiteten sich auf kargen Verkehrsinseln und Mittelstreifen. Ging eine Blüte zu, ging eine andere auf. Sie schienen widrige Umstände geradezu zu lieben.

Initiation

Keine Frage, dass Land Stadt ernährt, aber keine Frage auch, dass Stadt dann das Mehrfache daraus macht, wovon Land profitiert. Land füttert Stadt, und Stadt veredelt Land, das ist keine Frage. Das war durch alle Zeiten so. Und Ferien auf dem Land genügten nie, um zu erfahren, was Land tatsächlich bedeutet, was Land damals noch bedeutete, als es noch nicht am Tropf der Städte hing, sondern sich selbst genügte.

Was Touristen für Land halten, war nie Land gewesen. Was Städter und Touristen an Exotik in die Landschaften und die Landwirtschaft projizieren, war dem Bauern nie exotisch vorgekommen. Es waren stets die Städter gewesen, die den Bauern einredeten, doch ihre Kultur zu erhalten, ihre Gaden und romantischen Ställe nicht abzureißen, ihr Dorfbild zu erhalten. Städter wollten stets, dass ihr Domi-

zil im Grünen so bleibe, wie sie es eingekauft hatten, und die Gemeinderäte begriffen rasch, dass es sich lohnte, darauf zu hören.

Was ich, der vom Land, hingegen an Exotischem in der Stadt finden wollte, sahen die Städter offenbar nicht. Sie nahmen das Panoptikum Stadt – das mich staunen ließ – ganz einfach für gegeben und hielten es keineswegs für schützenswert. Meinen Kommunarden aus der Stadt war offensichtlich das Staunen vergangen. Sie hatten sich von klein auf daran gewöhnt, in einem Strudel exotischer Bilder zu leben, wie man sich als Reisender innert dreier Tage an das ganz Andere in exotischen Städten gewöhnt und es bald sogar lästig findet. *Die allgegenwärtige Musikbeschallung in karibischen und das Dauergehupe in indischen Städten – am ersten Tag noch lächelnd genossen –, wünscht sich der Tourist schon in der ersten schlaflosen Nacht zum Teufel. Die Einheimischen hingegen scheinen taub dafür, der Hotelmanager verständnislos. Aber nach einer Woche dann hört man es selber nicht mehr, vermisst es als Erstes, kehrt man wieder in seine Heimatstadt zurück.*

Hatte unser Biologielehrer den Menschen nicht als größtes Anpassungstalent bezeichnet? Und das Außergewöhnliche nach drei Tagen schon normal zu finden, ob schrecklich oder wunderschön, war wohl der Preis. Die Städter waren ohne Zweifel allesamt Anpassungstalente erster

Klasse, sie standen in einem Feuerwerk der Sinne und sahen es nicht mehr.

Und nie ist der Städter mehr Städter, als wenn er durch Dörfer wandert, zwischen Feldern schlendert, Mohnblumen streift mit der Hand, den Bauern und Knechten auf dem ewigen Acker Aufmunterndes zuruft.

Ich stand lange genug auf diesem Acker mit der Mistgabel in der Hand, während die Buben der Städter von Pfadfinderführern – oft Führerinnen in schmucken Uniformen, die schon Busen ahnen ließen! – in den Wald begleitet wurden, damit sie da kontrollierten Unsinn betrieben, organisiertes Risiko eingingen … Dabei hätten wir Bauernburschen weiß Gott bereits besser gewusst, was da im Unterholz sonst noch zu treiben gewesen wäre, als Haselpfeifen zu schnitzen. Wir verachteten diese Schwächlinge aus der Stadt und den Eigenheimen Badersdorfs aufs Blut, die sich von angehenden besseren Fräuleins ins Feld führen ließen, nachdem sie von der Mutter an die Sammelstelle beim Gemeindehaus gefahren worden waren.

Pfadfinder war der Inbegriff städtischen Beliebens an freien Nachmittagen, während wir Bauernkinder auf dem Feld arbeiten mussten, und ich erinnere mich, dass wir einmal mit gesenkten Gabeln vom Mistverzetteln weg auf sie zu rannten wie Münzers Bauernkrieger auf ihre Feinde und sie auf die ersten Bäume des nahen Waldes trieben, Todesschrecken verbreitend, uns blind vergessend.

Aber bald ging ich, Städter geworden, selber lustwandelnd über Land, die neue Freundin an der Hand, rief Fachwissen hinüber aufs Feld, um ihr zu zeigen, dass ich auch da noch zu gebrauchen wäre im Fall. Dabei war der Wechsel – um nicht zu sagen: der Verrat – schon geschehen, als ich das erste Mal in der Stadt übernachtet und einem unkundigen Landmenschen anderntags am Quai den Weg gewiesen hatte – ohne ihn selber zu kennen …

*

Es muss offenbar im Schlaf geschehen, einmal mehr im Bett – na ja, im Unbewussten –, dass sich der innere Pfadfinder neu orientiert, von nun an »Stadt« als Heimdestination verzeichnet. Irgendwo bleibt sie gespeichert, diese erste Nacht, diese Überschreitung der Geisterstunde. Man hat dem Vampir trotz Warnungen das Fenster geöffnet, man trägt das Mal am Hals, das Kainsmal auf der Stirn, man ist den Seinen für immer verloren, für den Rest seines Lebens infiziert, man ist auf die andere Seite übergetreten zu den Untoten, den Ruhelosen, den Städtern, für nichts als etwas Glamour, für einen billigen Kir Royal, man hat sich von diesem schäbigen Grafen verführen lassen, diesem geilen Flughund, Heiratsschwindler, Seidenhändler, Clubbesitzer, Schlossbesitzer, Städter. Du hast dich verkauft, sagen die vormals Liebsten, du hast uns verkauft, wir kennen dich nicht mehr! Schande über dich! Du hast dem Land entsagt, nun schau zu, wie du in diesem Haufen Verrückter glücklich wirst. Du bist Städter geworden! In alle Ewigkeit!

*

Ging ich später mit meiner Tochter, meinem liebsten Kind der freien Liebe, und ihrer Mutter am Weihnachtsabend von der WG in der City hinaus aufs Dorf zur Familie, um doch auch etwas Eintracht vorzuführen (wenigstens für die Tochter), trug ich das schlechte Gewissen wie Kain mit auf der Stirn. Noch bevor wir anklopften am Elternhaus – und wer am eigenen Elternhaus anklopft, weiß, was er gerade tut und wie fremd er seiner Herkunft schon geworden ist –, zupften und strichen wir uns gegenseitig die Kleider zurecht, um den vermeintlichen Sonntagsansprüchen der auf dem Land Gebliebenen zu genügen. Und dass wir von der Stadt stets zwei Stunden zu Fuß über den Berg nach Badersdorf hinaus wanderten (wie sonst nie) – als wäre es ein Bittgang, die mitgebrachte Torte vorsichtig auf den Unterarmen balancierend, als trüge man eine Schuld nach Compostela –, dass wir an Weihnachten also stets zu Fuß hinaus pilgerten aufs Land (es hat nur der Esel gefehlt), fiel mir erst später auf, nachdem sich das schlechte Gewissen im Laufe der Jahrzehnte allmählich verflüchtigt hatte.

Die unvermeidbare »Klassenzusammenkunft«, die zu organisieren stets einem im Dorf gebliebenen Schulkameraden einfällt, nie einem in die Stadt gezogenen, weil an diesem

Abend von Jugendstreichen und Freiheiten geschwärmt werden soll, die sich die Zurückgebliebenen bald abschminken müssen auf dem Dorf, da früh Verantwortung ruft … eine Klassenzusammenkunft führt es nur anders, aber einmal mehr eindeutig vor: Kommst du auch vom Land und bist in die Stadt gezogen – nie wieder wirst du einer von ihnen sein, du bist dem Dorf definitiv verloren.

Ich gehörte seit meiner ersten Nacht in der Stadt zu den anderen. Zu den Verrätern. Ich gehörte umgehend zu den andern, als ich mich das erste Mal in ein Bett legte in der Stadt und da schlief, bis in der Morgendämmerung der erste Vogel pfiff.

Und offenbar weiß das Innerste, die Seele, nun hast du etwas verraten und kannst es nicht rückgängig machen, so wenig man eine Schwangerschaft rückgängig machen kann, auch wenn man abgetrieben hat. Aber die Seele weiß auch: der Verrat musste sein, da geht's für dich lang, im Alten zu bestehen, auf dem Land, ist für dich zu starker Tobak, der mildere Umweg ist für dich der Gemäße. Dein Weg geht durch die Stadt, aber – es ist ein Umweg.

Jäger

Vielmehr wollte ich mein Jagdgerät verfeinern, den Sehsinn schulen, wollte exotischere Tiere schießen, darum kam ich in den Dschungel Stadt. Städter traten mir als Jäger in Erscheinung, und Jäger waren mir nie richtige Landleute gewesen, mochten sie auch auf dem Land leben und sich kleiden wie Bäume. *Jäger treibt es stets über Grenzen in die Ferne – erst Stunden, bald Tage, dann Wochen, dann Monate. Und einige kommen nie wieder zurück. Sie vergessen alles, wenn sie hinter dem weißen Hirsch her sind, vergessen sich, nicht anders als die Städter in ihren Bastelkellern. Und Geschichten kursieren, dass Männer aus Kellern um Mitternacht Zigaretten kaufen gehen und nie mehr zurückkommen.*

Der nicht überbrückbare Graben seit Anbeginn war immer schon der zwischen Gärtner und Jäger, zwischen Förster und Jäger, zwischen dem Bleibenden und dem Gehenden, Verharrenden und Riskierenden. Einmal mehr: zwischen Kain und Abel, Wilderer und Gendarm. Darum schießen sie aufeinander in den Romanen und Alpenfilmen, wo, anders als in Badersdorf, stets schönes Wetter herrscht. Und die Frauen? Schmachten zeitlebens nach dem Jäger – mit dem Gärtner trösten sie sich nur über den Verlust des Jägers hinweg. Darum wollen sie sich beide halten, auch wenn sie nur den Jäger wollen. Und sie suchen ihn unter den »Städtern« in Stadt und Land. Bei den Erfolgreichen. Vorwiegend in einer City.

Städter jagen ständig etwas hinterher, sind offenbar in der Lage, selbst im Abgasdunst Fährten zu verfolgen, man erkennt es an ihrem Gang, an ihrem abwesenden Blick, alle haben eine Beute vor dem sogenannten geistigen Auge, sind im Wortsinn am Erledigen, am Ende sich selbst. Sie sind vielleicht miese Jäger geworden, fahnenflüchtig, angeschos-

sen, mürbe vom Gerangel, oft schon halb tot, wie sie nämlich, Kette rauchend, die Ellenbogen auf Kissen gestützt, aus den Fenstern in den Verkehr hinunter starren, auf die anderen Jäger, die noch erfolgreichen, wie sie ihre Kippen in die Blumenkistchen drücken, die ihre Frauen ihnen vor die Nase gesetzt haben, eine Art Glück simulierend, und wie sie sehen, was unten auf der Straße los ist … Aber Jäger gewesen, entwaffnet nur von »der Alten«, wie sie sie am Stammtisch nennen, die daheim in der blitzsauberen Küche hantiert, vormals eine fesche Junge, der nun die makellosen Vorhänge wichtiger sind als ihr lachender, frisch angetrauter Schürzenheld im Wechselrahmen auf dem Buffet. Leider ist das vierzig Jahre her.

Aber Jäger gewesen, wenigstens einmal im Leben!

*

Nein, »grüne Städte«, wie es sie immer mehr gab, mit Hühner- und Ziegengehegen in Freizeitanlagen und Bürgermeistern, die demonstrativ verbissen auf dem Liegerad zum Rathaus strampelten, hatten mir das Zertifikat Stadt verwirkt. Städte müssen Jagdgründe bleiben, keine Grünbeete, dachte ich. Dafür war ich nicht hergekommen.

Richtige Städte sind grau, laut, aus Glas und Beton. »Meine »Bräute« haben keine roten Backen, sie rauchen, sind tätowiert, picken wie Möwen Crackers und Snackers, halten sich mit Joints über Wasser, Gesundheit kein Thema. Sie haben in Kontaktanzeigen »Party«, »Tanzen« und »Ausgehen« angekreuzt und suchen einen Boy, der mithalten kann, egal, wofür er sonst noch taugt.

Richtige Städte sind autofreundlich, gönnen dem Menschen das Liebste.

Und bitte, sind denn Landmenschen, die ein Auto kaufen, noch als solche zu betrachten? Kaufen sie mit ihrem Wagen nicht eine kleine Stadt mit allem drum und dran, und heißen die neuen Modelle nach Apfel und Kuh? Kaufen sie ihren Opel Admiral, um noch weiter aufs Land zu fahren? Nein, sie fahren schnurstracks in die Stadt. Nur mit dem Traktor fahren sie noch ins hinterste Tal, wo vormals Stille war, und auf die höchste Alp. In Tat und Wahrheit, wie es heißt, wollen Bauern Stadt, auch wenn sie abends im Jodelchor das stille Tal besingen.

Ich jedenfalls wollte Stadt, nicht Land in der Stadt. Schon unseren Jeep hatte es in die Stadt gezogen. Mit Jeeps waren schließlich Schwarze aus Chicago unter Lebensgefahr in Europa angeländet, die frei geschossenen Strände hochgefahren, waren Soldaten dreier Besatzungsmächte durch die Trümmer Berlins gebrettert, hatten sich rasch beliebt gemacht, und darum hatte mein friedlicher Vater einen der ersten gekauft, frisch durchlöchert von der Invasion in Sizilien. Für ihn war die Einführung des Jeeps in Europa der einzig vernünftige Grund der Amerikaner gewesen, in der alten Welt zu landen. Selbst auf dem Dorf war sofort klar: Jeep war Stadt. Und damit begannen Vaters Eskapaden …

In richtigen Städten muss man Grünes schützen, einzäunen vor selbstvergessenen Städtern, die Natur bestenfalls aus Tierfilmen kennen. In richtigen Städten wird Grün zu Würfeln geschnitten, zu Kegeln, zu Labyrinthen, richtigerweise gar zu Kugeln, wie in jedem zweiten Garten am Sonnenberg, als könnte man es jederzeit wegrollen. Den Franzosen, dem städtischsten Volk Europas, war Natur, anders als beschnitten, nie geheuer gewesen. Der Jäger steckt es dem erlegten Wild ins Maul: das ist dem Städter Grün. Grün steht dem Jäger im Weg, oder es ist ihm Tarnung, mehr nicht. Haben die leichten Linden auch ihren Duft abzusondern zur Schneider Weiße an der Chaussee, die schweren Kastanien das Bier zu beschatten am Viktualienmarkt; haben auch die verrenkten Platanen den Pastis zu kühlen beim Pétanque zum Zikadengeraspel von Arles – Grün ist ist bloß Nahrung, Dung, Dach, Droge, auf dem Land längst unter Kontrolle gebracht. Gäbe es keinen »Geschäftsbereich Wildnis und Tiere«, wie es heißt, und würde man behördlich nicht eingreifen, weiß jeder vom Land, gäbe es innerhalb dreier Jahre nichts anderes mehr als vier Arten: Schilf, Halselsträucher, Brennesseln und Kerbel. Die idyllischen Weiher und Seen in sogenannten Naherholungsgebieten werden längst künstlich beatmet. Und brüteten auf unserem Ackerland noch höchstens drei Vogelarten, so sind es hier in der Innenstadt ein Dutzend. Grün führt gegen sich selber Krieg, das weiß doch jeder vom Land. Natur muss unentwegt vor sich selber geschützt werden. Das ist Grün.

Es muss in Städten nicht auch noch sein.

Möwen

Die Stadt gehöre den Jägern! Und den Möwen, meinem liebsten Tier! Sie waren mir ständig vor Augen. Vor meiner Lukarne, auf den Fluss hinaus, war ein beständiges Schreien und Zanken, und es fiel nur auf, wenn es einmal nicht war.

Scharren und gackern auf dem Land die Hühner im Grün, fliegen und schreien in der Stadt die Möwen im Blau des Himmels – ja, meine Stadt ist eine ausgesprochene Möwenstadt. Wo sich so viel Reichtum sammelt, fallen leicht Brocken ab. Und zum Wasser – und mit dem Wasser – zieht doch alles. Und zieht es die Hühner zum Boden, ins Hirnlose, zieht es die Möwen ins Licht, zur Wahrheit. Möwen sind die Engel der Städte, dichtete ich. *Sie kommen wie auf einen Besuch von drüben, aus dem Zeitlosen, um sich – als Engel – ganz den Sehnsüchten der Erdwesen zu widmen: dem Fliegen, dem Abschätzen aus der Ferne, dem uralten Traum der Menschheit, die es im entscheidenden Moment leider verpasst hat, ins Wasser zurückzukehren wie die Delphine, oder gleich darin zu bleiben wie die Fische, oder es eben verpasst hat, das entscheidende Zeitfenster nutzend, Flügel auszubilden statt Hände, die alles nur heranziehen, bis man unter der Last des Herangezogenen zusammenbricht.*

Möwen, dachte ich, haben sich eben rechtzeitig entschieden: vom »Fliegen« im schweren Wasser zum Ausflug aufs

Land, um bald danach ins Licht über den Wassern zu schweben, im leichtesten denkbaren Element, das sich ins ewige All ausdünnt schon nach wenigen Kilometern. *Sie turteln nicht wie die Tauben, verlieren keine Zeit damit, sich aufgeplustert herumzudrehen, blind vor irdischer Hoffnung, auch wenn das Objekt ihrer Begierde inzwischen schon meterweit davongetrippelt ist. Und Möwen träumen nicht, denn Jäger schlafen nicht, auch wenn sie schlafen, nicht anders als die Städter. Und wovon sollten Flugwesen noch träumen, da sie schon fliegen? Möwen erwarten nichts vom anderen, sie nehmen weg, was langsamer tickt, tun somit den Ur-Job mit Leidenschaft, basta und locker ohne Drum und Dran. Darum sind sie so gesund, sie kennen kein Gewissen. Im Gegensatz zu den siechen Stadttauben, diesen Duckmäusern, die man von den Dächern schießen muss, weil sie alles verscheißen mit ihrem flächendeckenden Anspruch, ihrer Mission, ihrem Vermehren, wie es Patriarchen und Päpste von ihren Gläubigen erwarten, damit ihre Macht wächst. Möwen hingegen lassen sich nicht züchten und nicht erziehen, was alles sagt. Niemand hat je von Briefmöwen gehört. Denn Möwen sind die Botschaft selbst. Sie lassen sich auch nicht für militärische Zwecke einspannen wie diese Opportunisten, die Tauben! Tauben sind Menschenwerk wie die Pudel, man kann diesen Automaten im Zirkus Röckchen überstülpen, sie in verschwitzte Kleider pressen und ihnen das Winken beibringen. Möwen und Schwäne jedoch kommen aus der Urzeit und – was alles sagt – sind ohne Umweg über die Landwirtschaft gleich in die Stadt gezogen, und zwar in die City, mitten hinein, instinktsicher, sie wussten gleich, wo alles Entscheidende passiert – im Zentrum.*

Berge mögen sie nicht. Niemand mag Berge, wenn er ehrlich ist. Kein Wunder, lernten wir im germanischen Seminar, seien Berge bis zum sechzehnten Jahrhundert kein literarisches Thema gewesen. Waren die Schreibenden blind?

Eine Ode auf den »Üetliberg«, den Hausberg meiner Stadt, aus dem Jahre 1551, gilt wohl als eines der ersten Zeugnisse von Bergliteratur, rapportierte die Stadtchronik. *Da Berge dastehen vor dem Kind, noch größer als die Eltern und wie nichts anderes, macht es Heimat daraus, das ist alles.* Und von der Höhe über Badersdorf war an schönen Tagen die ganze Alpenkette zu sehen, das »Vrenelis Gärtli«, der »Tödi«, im Osten sogar der »Säntis«. Darum konnte ich mir fortan nicht mehr vorstellen, in einem Land ohne Berge zu leben, wurde bedrängt und angezogen von diesen »Möcken«, wie man es mit Eltern hat, mag man es Liebe nennen oder Abhängigkeit. Aber Berg widersprach mir Stadt. Städte in den Bergen waren mir ein Graus. Zum Glück war unser Hausberg kein wirklicher Berg. Möwen umkreischten sogar seinen Gipfel, um von Touristen zugeworfene Brocken aufzufangen.

Möwen pfeifen auf Berge. Möwen pfeifen auf Heimat. Sie mögen das Meer, die heimatlose Weite. Sie sind Nomaden, wie die Städter.

In unser Dorf kamen sie, wenn wir den schwarzen Klärschlamm – die Scheiße der Städter, für die wir noch bezahlen mussten – auf unsere Wiesen führten: leuchtend weiße Botschafter des Lichts, Botschafter der Ferne über rabenschwarzen zugeschissenen Feldern. Mit schnellen Schnabelhieben pickten sie im Tiefflug Maden auf und erledigten auf Dorffesten in gnadenloser Spiellaune Kinderbälle und Ballone.

Ach, wie doch anders sind diese Botschafter des Lichts als die schwarzen hämischen Raben, diese supergescheiten, im Grunde ungläubigen Jesuiten, die hilflos versuchen, die eleganten Möwen und Schwalben aus ihren eifersüchtig beäugten Revieren zu vertreiben, dem Menschen noch näher als der Schimpanse.

Stadt hat man im Blut, ist ein Geburtsrecht, aber nicht alle wuchern damit, behauptete ich in meinem Tagebuch. Und wofür Möwen stehen, sollte in meinem Leben die entscheidende Rolle spielen, mehr als alles andere – oder vielmehr: für sie tat ich alles andere, ich, der Erdschwere vom Land, der nur im Rausch fliegen konnte und darum die Tage in Räusche verwandelte, womit auch immer.

Bauen

Dass das stets von Möwen umspielte provisorische Gebäude im Fluss an der Brücke, in dem wir das erste Zentrum der internationalen Befreiung nach Zwinglis Theokratie errichten wollten, »Globus« hieß, mag ein Zufall sein. Nach Jahrhunderten protestantischer Beklemmung konnte das bisschen »mehr Jugendkultur«, wie man den Aufbruch anfänglich etikettierte, jedoch nur ein Vorwand sein, auch wenn wir es selber noch nicht wussten. Dass das Provisorium nach Jahrzehnten heute noch steht, länger schon als manch Definitives in der Stadt, hat seine eigene Logik. Denn Provisorien dürfen gelingen, müssen aber nicht. Provisorien waren das untypischste der Stadt, sie konnten gar nicht anders als gelingen. Was Stadtplaner im strikten Rahmen der Gesetze aber planten, war meist schon gestorben, bevor es errichtet wurde.

Als Sakrileg galt auch das erste Hochhaus an der Peripherie. Einzig die Andeutung eines Satteldachs konnte die Gemüter beruhigen. Und noch lange erhitzte die Stadtgemüter nichts heftiger als Türme und unmöblierte Räume. Die mächtigste Halle des Landes, die Bahnhofshalle, verdankte sich keineswegs irgendeiner Großzügigkeit, sie hatte der Dampflokomotiven wegen die Dimensionen einer Kathedrale. Aber Fortschritt war noch etwas Heiliges in der Gründerzeit, und so stellten die ersten Elektrizitätswerke alle Sakralbauten des Landes in den Schatten. Sollte man die Wunder Gottes nicht tatsächlich eher dort vermuten, wo tatsächlich Kraft herkam, statt sie unter katholischen Schuldenbergen zu suchen oder aus dem kargen Wort herzuleiten? Die Klerikalen hatten einen schweren Stand in jener Zeit, als das Land zum ersten Mal über sich selber hinauswuchs.

Nein, Größe war, was Bauwerke betraf, nicht ohne weiteres zu erwarten in diesem Land. Begrünung wurde ängstlich vorgeschoben, »Freundlichkeit« in jeder Hinsicht betont. Freundlich genügte uns aber nicht, es fehlte an Provisorien, die auswuchern durften in eigener Intelligenz. Es fehlte an Brachen, die nicht gleich von Zirkussen und pädagogischen Robinson-Spielplätzen zugestellt wurden, Brachen, die ausgehalten werden mussten, die hergewehten Samen eine Chance ließen, uns zu überraschen. – Eine hoffnungslose Forderung, gewiss. Noch nie hatte Unordnung oder »weniger« politisch die geringste Chance gehabt.

Die traditionelle Linke jener Jahre konnte denn auch nicht begreifen, warum sich unsere Revolten dem nötigen politischen Ernst entziehen wollten. Demonstrationen ohne vorgängigen Beschluss eines übernächtigten Komitees, ohne Pfeifenrauch und Schwarzmappen war doch verpuffte Energie. Ohne abgestimmte Parolen oder »breit abgestützte Akzeptanz«, wie es hieß, war ja nichts zu erreichen. Aber was war nicht bis zur Unkenntlichkeit breit abgestützt in diesem Land! Das war es doch. Dass sich bei uns Aufständischen unabgestützt und umgehend Tausende einfanden, während sie, die Gewerkschafter und Sozialisten, um jedes Mitglied zu kämpfen hatten, blieb ihnen ein Rätsel. Selbst Neid musste man sich doch erarbeiten! Sie taten uns denn auch ein bisschen Leid, diese unbestechlichen Genossen aus den biederen Arbeitersiedlungen, die wohl verstehen wollten, aber sich im

Namen des Guten über die Jahre unheilbar den Amtsschimmel zugezogen hatten.

Unser Aufbegehren war eben kein Eisenbahnerstreik, und es ging nicht um Solidarität mit dem roten Barcelona und die Front gegen die Fröntler, die Nazis, die im Kongresshaus am See das Land schon im voraus in Gaue aufgeteilt hatten. Was sich hier Luft verschaffen wollte im Wasser an der Bahnhofsbrücke, war vorerst einfach nur das Bedürfnis nach Luft – oder jedenfalls *mein* Bedürfnis nach Luft. Die Kompromisskultur, die das Land aus dem Krieg herausgehalten hatte, war danach unreflektiert fortgesetzt worden und hatte die Sozialisten bis zur Biederkeit an die Kandare gebunden. »Stillhalteabkommen« war das Zauberwort dieser Jahre. Wir, wiewohl dem Herkommen nach Profiteure dieser Balancen, wollten aber nicht stillhalten. *Wolf und Schaf passen nicht ins gleiche Schiff! Große Koalitionen sind der Tod jeden Schneids!* notierte ich.

Also: Strich darunter und eine neue Rechnung!

*

Bauen wurde nur folgerichtig das Hauptanliegen der Stadt, vielmehr eben Zubauen. Der Bauwirtschaft war's recht: Parkplätze gibt es ja nie genug, allenfalls können sie auf Plattformen über Flüsse gebaut werden, wie es schließlich geschah, und auch Tunnels, Erd- und Felskavernen lassen in einem aufgefalteten Land ungeahnte Reserven offen!

Ein sarkastischer Artikel unserer Wandzeitung malte in wenigen Sätzen aus, was passieren würde, stünden die Tausende von Machern, die jeden Morgen mit gelben Bauhelmen in die vielen Tunnel des Landes einfuhren, eines Tages ohne Arbeit im Tageslicht und wüssten nicht, wo noch weiter graben, weil ganz einfach alle Berge des Landes ausgehöhlt waren und über kein Loch mehr öffentlich abgestimmt werden konnte.

Aber noch gab es ja viele Straßen, die innerhalb von zehn Jahren dreimal aufgerissen werden konnten. Verstummte ein Motor oder Dampfhammer, wurde gleich ein anderer angeworfen. Touristen rieben sich die Augen. Leitungen und Rohre, die man herausriss, waren doch tadellos. Welche Unruhe trieb nur dieses Völkchen an, ständig im Boden zu wühlen? Selbst ihre soliden Baubaracken und mobilen Toiletten waren doch besser als manche Unterkünfte zuhause. Freilich ging es um mehr in dieser Stadt und in diesem Land: Es durfte um Himmels Willen nicht Zerfall sein, nicht Sterben – jedenfalls musste gegen die Sterbequote angebaut werden, die natürlicherweise gegeben ist auf den nicht von Architekten aus der Stadt verunstalteten Dörfern … In unserem Dorf zum Beispiel war vormals stets ein Drittel des Bestands in einem Prozess des Verschwindens begriffen …

Und wo er hierzulande absichtlich der Natur überlassen wird, der Grund, der Wald, die Magerwiese, was Planern auch in den Sinn kommen kann, muss der Wildwuchs mit Lehrtafeln eingegrenzt werden … Beton spricht für sich, hingegen sollen nun Bäume sprechen, gar Steine. Findlinge, auf Gletschern hergetragen, werden in und um Städte nicht nur belassen und beschriftet, sie werden mit Tieflastern wie zufällig hingeladen am Wanderweg, damit der Städter »verharre« und »bedenke«: das Land ein Land der Lehrer, was früher schon aufgefallen war.

Meiner protestantischen Herkunft geschuldet, war ich wohl immer schon ein Moralist. Meine Aufzeichnungen belegen es unzweifelhaft, auch wenn das meinem Lebenswandel auf den ersten Blick nicht anzumerken war. Ich erwies mich vielmehr als wild gewordener Protestant, meine Ausschweifungen konnten mitunter etwas Wütendes haben, etwas Protestantisches der ersten Stunde. Hemmungsloser Genuss als Provokation war allerdings der ganzen studentischen Bewegung eigen und fiel nicht weiter auf. Sex war geradezu Pflicht in diesen Tagen, Orgasmus nach Wilhelm Reich das Allheilmittel schlechthin. Im gründlichen Deutschland gab es bald Aufklärungsfilme und Bücher, die über Sex so schrieben, als müsse man Kühlschränke und Bohrmaschinen erklären. Aber wie unbeholfen und unfreiwillig komisch auch immer, die Themen kamen wenigstens aufs Tapet. Sex war nicht länger etwas, das sich bloß schlecht und recht ereignete, um dem Fortpflanzungsdiktat zu genügen. Die blinde Natur wollte bloß Kinder, egal, wie sie zustande kamen; wenn man jedoch guten Sex wollte, musste man sich auch etwas einfallen lassen.

Bei allem, was wir dachten und taten, konnte nur das nicht Vorhersehbare und nicht Absehbare – nicht einmal von uns Absehbare – das Heilmittel sein. Und wir waren Grünschnäbel genug, es zu verabreichen, wussten wir ja selber nicht, was wir anderes taten, als unterdrückte Spielfreude auszuleben, um sie hinterher mit *unseren* Begriffen zu behaften oder schlimmer: mit Begriffen aus der linken Mottenkiste der Ideengeschichte, die ältere Semester schon geöffnet und parat hatten in der Frankfurter Schule.

Oder auch: Die Angst vor Größe in dieser Stadt, die sich in der architektonischen Kleinmütigkeit manifest ausdrückte, war nur durch Größenwahn zu heilen – unseren Größenwahn. Den etwas später die Aktivisten der RAF und Roten Brigaden in anderen Städten und Ländern ins äußerste destruktive und zynische Extrem verlängern sollten. Uns bewahrte einmal mehr die Kleinheit und die Vielschichtigkeit des zerknüllten Landes vor dem Schlimmsten. Es fehlte zwar in allem an Größe, aber die großen Irrtümer hielten sich so immerhin in Grenzen.

Schießen

Die Stadt sei ein einziger Umweg, um Mensch zu werden, fiel mir seinerzeit auf. Der Städter grenze aus, dabei wolle er Sicherheit, er dressiere, dabei wolle er Leidenschaft, er lese, dabei wolle er leben, er schreie nach Stille und Hingabe, jedoch nur nach eigenem Ermessen. Diese Städter, drängte sich mir auf, jagen – da sie Jäger sind – am Ende sich selbst und erliegen ihren eigenen Befürchtungen. Städter sah ich, schlossen am Abend die Tür, schoben auch noch den Riegel vor und warteten darauf, umgehend im aufkommenden Fernseher die Verbrechen zu genießen, die sie an Leib und Leben selber am meisten befürchteten.

So oder so, Serien wie »Das Halstuch« oder Samstagabendshows wie »Teleboy« zogen schon Anfang der Sechzigerjahre das ganze Land in ihren Bann. Einschaltquoten von neunzig Prozent waren üblich. Dasselbe zehn Jahre später mit den Krimisendungen. Die Straßen waren leergefegt. Einbrecher konnten zu Sendezeiten der Krimis in aller Ruhe ganze Fernsehgeschäfte ausräumen, denunzierende Zeugen waren nicht zu befürchten, sie starrten alle in den Kasten, wo gerade Verbrechen stattfand. Alle Aufrufe der Polizei nach erhöhter Aufmerksamkeit in solchen Stunden fruchteten nichts. Der innere Verbrecher eines jeden, der auf seine Rechnung kommen wollte, pochte auf sein Recht. Man sah nicht aus dem Fenster, die Fiktion war stärker.

Zum ersten Mal war die Macht des Fernsehens mit Händen zu greifen. Auch das Verbindende des Fernsehens, was unter uns Linken allerdings ein Tabuthema war. Man schaute ja nur – und in jeder WG liefen Fernseher –, weil man dabei gewesen sein wollte, dem Volk auf den Mund gesehen haben wollte. Nichts schlimmer jedenfalls, als nichts davon zu wissen, als nicht teilgenommen zu haben, nichts schlimmer, als abseits stehen zu müssen (auf dem

Pausenhof), auf welcher Seite auch immer, als Polizist oder Verbrecher, Linker oder Rechter, Brandstifter oder Feuerwehrmann. Als Entführter oder Terrorist?

Auf dem Land jedoch schoss man tatsächlich noch selbst und selbstverständlich sogar mitten im Dorf. Ich konnte Kaninchen schießen, kaum dass mir der Rückschlag eines Revolvers zuzumuten war. Großvater war stolz. Seine Flinte, die ich auch benutzen durfte, hing gleich neben der Tür, die Stare im Kirschbaum hatten keine Chance. Wir schossen selbst aus dem Fenster. Die kupferne Patronenhülse, die ich so gerne roch, ließ sich gut als Pfeife verwenden. Schoss jedoch ein Städter aus dem Fenster, landete er im Knast. Städter *ließen* bloß schlachten, schießen, erschießen, erpressen, erwürgen, dafür nicht zu knapp und offenbar zunehmend aufs Wochenende hin, das wohl schlecht zu ertragen war.

Wir Linke und Dadaisten wollten selber agieren, nicht am Fernsehen agieren lassen, immerhin. Einige gingen entschieden zu weit, ließen sich in Palästina zum Schießen auf Menschen ausbilden und hatten bisher noch nicht einmal eine Maus getötet. Lasst uns zerstören, was uns zerstört, *Macht kaputt, was euch kaputt macht,* hieß eine der Parolen auch an unserem Balkon.

Ich meinte nie Menschen damit. Das hätte mein – nicht auf Ablass spekulierendes – protestantisches Gewissen nie zugelassen. Und so stark war meine innere Moral auch wieder nicht, dass sie, wie bei den Pfarrerstöchtern der RAF, zum »gerechten Töten« für die Unterdrückten dieser Erde gereicht hätte.

Um Getriebe zu zerstören, genüge Sand.

Enge

Die Stadt war unheilbar an Gründlichkeit erkrankt, und wir verordneten ihr Placebo, Sand, Oberflächlichkeit, »Instant Action«, »Direct Doing«, »Non Sense«, Größenwahn, und wie immer man es noch nannte.

Mehr als Spielfreude und den präzisen Instinkt, der eingab, was abzulehnen war, hatten wir auch gar nicht gehabt, und woher sollen es neue Generationen jeweils haben, die gerade erst ihre Fahrausweise erwerben. *Aber mit Sicherheit machen sie am Anfang stets das Richtige, die jeweils neuen Auflehner, mag ihr Agieren noch so unbeholfen oder schockierend daherkommen.*

Schon in den Zwanzigerjahren kamen Junge – Stehkragen hin oder her – instinktsicher auf dieses eine Rezept für diese eine Stadt und gründeten Dada.

Andere Städte brauchten andere Medikamente, erfuhr ich bald auf meinen ersten Reisen. Die eine brauchte mehr Ordnung, die andere mehr Hygiene, die dritte mehr Verantwortung. Unzählige Städte brauchten Freiheit, Zugang zu Wissen, Austausch. Viele brauchten schlicht Geld.

Schwer, dort Freunden und Genossen klar zu machen, dass wir zu viel davon hätten, dass uns der Überfluss zerstören lassen wollte, was sie sich sehnlichst wünschten. Wie konnte anderswo Zerreißen von Banknoten als Kunst verstanden werden! Oder das Sprengen eines fabrikneuen Volkswagens, wo man doch seit Jahren auf einen Trabant wartete, der freilich später – wer hätte das gedacht – Kultstatus erreichen würde …

*

Es sei zum Auswandern! – dies hörte man oft, die depressive Stimmung in der reichsten Stadt der Welt sei nicht länger auszuhalten. Wenn man den Reichtum wenigstens sehen könnte, aber nein, Milliardäre trampten mit dem Velo ins Office und waren noch stolz darauf. Geld war das Tabuthema schlechthin, weil jeder so viel zu verlieren hatte, dass niemand auf sich selber aufmerksam machen wollte.

Die essayistischen Zeugnisse des Landes zum Thema »Enge« waren längst Legende, als wir auf unsere Weise »Enge« neu buchstabierten, vorwiegend mit der Spraydose in der Hand, dem einzig Neuen. Man hatte ja in jener Zeit alles, was ein saftiges Leben ausmachen konnte, auch jede Menge großartiger Stellenangebote bei einer Arbeitslosenquote von beinahe null Prozent, wovon Jugendliche anderer Länder nur träumen konnten. Aber das wahre Leben schien, wie gesagt, hinter verschlossenen Türen im

Fernsehen stattzufinden. Schneidige Kommissare, die nun in Schwarz-Weiß-Serien Fabrikantenvillen durchwühlten und Gattinnen befragten, die sich im Négligée räkelten, waren jedenfalls in Realität weit und breit nicht zu sehen, und nicht einmal eine städtische Mordkommission gab es. Wurde wieder eine Leiche geländet am Wehr hinter dem Bahnhof in Sichtweite meines Mansardenfensters, hinter dem ich dichtete, kam ohne Blinklicht und schlicht die biedere Brandwache angefahren. Statt des Kommissars erschien ein unscheinbarer Justizbeamter im kurzärmeligen Pullover ohne Regenmantel und Assistent. Es waren ohnehin fast immer sogenannte Selbstmörder oder im Schlaf von der breiten Mauer des Platzspitz-Parks – später »Needlepark« genannt – sanft ins Wasser geglittene Fixer, die da anlandeten im Wehr.

Mövenpick und El Dorado

Klär-, Inspizier-, Hebe-, Schneide- und Putzgeräte waren die Spezialität des Landes. Kein Land zählte mehr Patente, insbesondere im Sauberkeitsbereich. Die künstliche »Tunnelratte«, das »Anal-TV«-System im Kanalisationswesen, die WC-Anlagen und der »Klosomat« wurden sogar mit internationalen Diplomen überhäuft und in Japan kopiert, der Lastwagen- und Motorenbau war weltweit immer einen Schritt voraus. Wer wollte den Siegeszug des Schweizer Armeemessers noch überbieten, das selbst amerikanische

Präsidenten ihren Gästen schenkten, das jeder neue Papst nach dem Neujahrsempfang schon in der Hand wog, mit 33 Klingen, inklusive Fischschupper, Lupe, Nagelfeile, Zahnstocher und auch einem Nadelöhr, wie die Presse berichtete, durch das nach wie vor kein Kamel, aber auf sicher ein »Sternlifaden« passte, ein weiteres Schweizerpatent, das ein Kamel hochheben kann, ohne zu reißen. Der erste Waschautomat Europas war eine Schulthess, Wolfhausen; das Unternehmen war später führend in Wärmepumpen. Kein Land zählte mehr Nobelpreise, insbesondere für Mikroskope, Nano-Belange im Atombereich, steuerte stets ein Aggregat für einen Weltraumflug bei, hatte größere Teilchenbeobachter, damit auch im Kleinsten die Welt in Ordnung blieb – das kleinste Land baute stets die größten Maschinen der Welt! Kein anderes Land machte – die extreme Not vergangener Jahrhunderte im Nacken – so viel aus fast nichts. Ja nichts! Und kein Schweizer hätte je daran gezweifelt, dass das Land dereinst mit gewaltigem Abstand zum größten Kaffee exportierenden Land der Erde aufsteigen und drei Viertel des Kaffees dieser Erde handeln würde, ein Land, in dem nie auch nur eine Kaffeebohne wachsen konnte. Dass neun von zehn Uhren weltweit – ja die Weltuhr – nach Landespräzision tickt, weiß weltweit jedes Kind. Und eine Imbisskette ging von hier aus um den Globus, Namen: Mövenpick. Jedermann, ob er heimlich geerbt hatte oder nicht, konnte nun drei Crevetten bestellen oder ein einzelnes Glas Sekt, ohne sich zu verraten, halb auf den Barhocker gelehnt, nicht länger als eine Möwe verweilend.

Der Arbeiter konnte so tun, als wäre er Kapitalist, der Kapitalist, als wäre er Arbeiter, der sich bloß ein Glas gönnen durfte. Seht ihr, wenn es den Reichen gut geht, geht es auch den Armen besser! Wer sollte also hier auf die Arbeiter zählen bei seiner Revolte, solange sie mit dem halben Hintern auf Barhockern saßen! So war diese Stadt. Rumpelstilzchen hätte sich wohl gefühlt.

Die Wirte in unserem Dorf hingegen wussten nicht einmal, wie Sektgläser aussahen, und unter einem halben Liter ging nichts aufs Tablett. In der Stadt, sah ich, waren Hunger und Durst keine Themen, allenfalls in den Bierlokalen mit Schunkelmusik um den Bahnhof herum, wo die Provinzler als erste landeten und zuletzt noch saßen. In der Stadt, lernte ich, geht man bloß aus, isst vielleicht etwas Kleines vor oder nach dem Kino: einen Salat, eine halbe Pizza. Man hielt sich an Häppchen und Tapas-Schälchen, während in den Wirtshäusern der katholischen March und erst recht hinten im Emmental die Koteletts über den Tellerrand hinaus zu ragen hatten, wie die Hausdächer ins grüne Gras.

Aber schnell beherrscht der Zugezogene das Klavier, will er an die großen Brocken heran, die naturgemäß keinem zugeworfen werden, der zu viel Appetit erkennen lässt. Schnell lernt der junge Aufsteiger die Gleichgültigkeit vor dem Zugriff, das Weglaufen und das Vermeiden, um doch zu erreichen, was man will. Es ist immer das gleiche Spiel, auf den Viehmärkten des Landes beileibe nicht anders, aber wer nicht will in der Stadt, merkte ich, hat noch lange nicht gehabt. Vor den entscheidenden Lokalen quollen Trauben von Menschen bis auf die Gasse hinaus, vor Tanzlokalen wurde angestanden, als würde drinnen der entscheidende Segen erteilt, während in vergleichbaren Lokalen nebenan das Gähnen herrschte. In unserem Dorf stand nie jemals jemand an. Es musste in der Stadt alles daran liegen, dabei gewesen zu sein, und zwar am entscheidenden Ort. Es ging offensichtlich nicht um Essen und Tanzen, man musste dabei nur gesehen worden sein. Städter eilten vom einen Lokal ins nächste und übernächste, ja zu der einen Tür herein und zu der andern wieder hinaus – einige Lokale schienen mit zwei Schwingtüren absichtlich zum Zweck des bloßen Auftretens eingerichtet worden zu sein. Und einige Lokalgänger – ich kannte sie bald – konnte man sich an einem Tisch sitzend gar nicht vorstellen, sie kamen bloß, um sich umzusehen, und saßen sie endlich, dann im Mantel mit hochgestelltem Kragen und wippendem Fuß, die gerollte Zeitung in der Hand, als warteten sie bloß darauf, in ein angemesseneres Lokal zu wechseln.

*

Zieht es einen vom Land in die Stadt, so zieht es ihn in die zunehmende Geschwindigkeit, den höheren Druck, in den Taumel der Nacht, zu den In-Places, den Drehtüren, zum Unerhörten, Unerwarteten. Emigranten aus Wien und Berlin, bei weitem Delikateres und Weltläufigeres gewohnt, waren nachweisbar und notgedrungen auf diesen Ledersesseln gesessen, in genau dieser Nische am Fenster. An genau diesem Tisch saß Joseph Roth. An diesem Haken, zeigt das vergilbte Bild, hing Joyce's Hut. Hier schrieb er an seinem entscheidenden Roman, der Kellner war noch der von damals. Und da saß nun ich im Ledersessel und durfte an den Legenden teilhaben. Kannte mich auch niemand, so war ich vorerst doch am richtigen Ort angekommen. Meine Vorfahren kannten nicht einmal all diese Namen, geschweige hatten je Romane gelesen. Vor der Generation meines Vaters hatte nie jemand überhaupt in einem anderen Buch als in der zehn Kilogramm schweren Zwinglibibel gelesen, man hatte kein Geld für sowas. Diese Bibel lag genau im Epizentrum des Hauses, sozusagen auf dem Altar, der Lade über dem Küchentisch, und zwar seit hundert Jahren schon und wohl auch davor in allen Stammhäusern der Familie seit der Schlacht bei Kappel am 11.Oktober 1531, dem Schicksalsdatum unserer Sippe. Damals hatte ein Vorfahre namens Adam neben Zwingli gekämpft und für die gerechte Sache des Protestantismus das Banner der Stadt gerettet. Zwingli war bereits gefallen, der Krieg bereits verloren gewesen, das Stadtbanner in den Händen der Katholiken, als dieser Adam losstürmte und es mitten aus dem triumphierenden Haufen der Innerschweizer heraushaute mit seinem Zweihänder, dass die Köpfe nur so rollten. Die Schlacht war zwar verloren, jedoch nicht der Krieg, die Ehre der Stadt war gerettet.

Adam, der Bauer, war der Held des Jahres, bekam das Ehrenbürgerrecht der Stadt, wurde in die beste Zunft aufgenommen und erhielt obendrein ein großes Lehen, nach unserer Sippe benannt, genau auf dem Schlachtfeld, wo vormals sein kümmerlicher Hof gestanden hatte. Eine Erfolgslegende, ein Märchen: Adam, der Aufsteiger, nun »Adam von der Fohlenweide«, Mann des Jahrzehnts. Das Portrait Adams hing im Hausgang an prominentester Stelle, jeder, der eintrat, hatte ihn gleich vor der Nase. Andere Wandbilder sind mir nicht in Erinnerung.

Und handeln Romane je vom Land? Auch wenn sie auf dem Land spielen? Sind es nicht Stadtgeschichten auf dem Landgut, werden nicht ständig Billette in die Stadt geschickt, eilen nicht ständig Boten von Schloss zu Schloss, von Datscha zu Datscha, reden sie beim Picknick unter den Birken von etwas anderem als vom letzten Ball, vom frischen Zuzug aus Wien oder aus Paris? Und handeln Romane einmal im Bauernmilieu – ist es dann nicht die Verführung, die neue städtische Unsitte der Tochter, der Ausbruch, der Wegzug des Jüngsten in die Stadt oder in den Krieg, der die Welle anstößt?

In der Stadt, notiert der Aufsteiger, *sammeln sich die Zigarettenkippen zwischen den Pflastersteinen, sind die Trottoirs vor den Eingängen der Warenhäuser mit Kaugummi gepunktet, rollen spätnachts Plastikbecher von A nach B, schwappen Bierdosen in den Bussen auf dem Weg ins Depot, suchen Kiffer nach Kippen in Büschen. In der Stadt staut sich das Gift gegen den Tod um den Preis des Lebens. Auf dem Land aber ist auch nicht Natur. Ganze Paletten mit warnenden Totenköpfen und gekreuzten Knochen laden sich die Bauern von der »Landi« Badersdorf auf ihre Schultern, füllen Säuren und Laugen in Zerstäuber, fahren tankweise Vertilger hinaus auf den ewigen Acker. Sennen fliegen schon im Helikopter mit Dünger sogar auf die höchste Alp, fangen winters auf der »Maiensäss« schon an, mit Chemikalien den Kunstschnee aus den Wasserkanonen zu härten, und alles, damit die Städter zum Skifahren herkommen.*

Zwar wird überall gelogen, die Natur will nicht Wahrheit, sie will überleben. Städter nur lügen dezenter, lügen mit größerem Vergnügen, machen die Lüge zum Kult wie der Regenpfeifer, der einen gebrochenen Flügel simuliert, um Feinde abzulenken, und pfeift, wenn es regnet. Städter wissen, dass sie im Theater sitzen, wenn sie lachen und weinen.

El Dorado hieß die Bar, die nebenan beständig rot und grün in mein Zimmer hineinleuchtete. Mein erstes Zimmer hier so vorzufinden, wie ich einsame Großstadtzimmer von Filmen her kannte, gefiel mir ausnehmend. Ich wähnte mich in New York, nur dass statt der ratternden Vorstadtbahn die Tram quietschte in den Schlaufen des Centralplatzes.

Aber konnte ich mich dem städtischen Rattenrennen auch nicht entziehen, so war ich am Ende doch auf Erfüllung aus, Minne allein genügte mir nicht, vom bloß verheißenen El Dorado hatte ich noch lange nicht gegessen. Ich wollte, vom Land kommend, den Durst gestillt haben am Abend – nur in Lokalen herumzuschnuppern, reichte mir nicht. Ich wollte mir von den Stadttauben auf dem Dach dann doch nicht vermiesen lassen, die Spatzen in der Hand zu greifen. Ich kam vom Land, wo man zugreift am Tisch, und war in El Dorado gelandet, wo alles umgehend möglich sein konnte, und dass ich die Dinge so vorfand, wie ich sie mir vorgestellt hatte, ließ mich auf Erfreuliches hoffen.

Lucia

Sie war jedenfalls mehr als eine Taube und zumindest ab und zu in meiner Hand. Lucia hieß sie obendrein, ich nannte sie »Möwe«. Denn sie war unerreichbar wie eine Möwe vor meiner Lukarne, unberechenbar wie Audrey Hepburn bei Tiffany, wild wie eine Seemannsbraut, mit dem ersten Licht schon weg, Lippenstift am Spiegel: bin schon mal am See. Nie war sie zu haben, pirschte sich aber unerwartet an, heiser vom Schreien, hungrig, stets unterwegs, zu finden unmöglich – ich musste selbst so werden, um ihr gleichzukommen, sie zu treffen für einen Moment im gemeinsamen Flug, am gleichen Brocken, aufgeworfen in die Luft, Brust an Brust, geblendet, schnell, schamlos, Liebe unbekannt, teilend nur bei gleicher Stärke. Nur so wollte ich Frauen haben, nur so durften sie vorkommen in meinen Liedern und Gedichten. Nur so konnten sie mir nicht zu nahe kommen. Weil es ein Morgen nicht geben musste.

Aber einmal gehabt, will man es wiederhaben, koste es, was es wolle, dieses fatale Elixier, man sucht es bei jeder, aber nicht jede ist eine Möwe. Und keine bleibt es auf die Länge. Rasch sind sie Tauben, dann graue Spatzen, dem Gelege erlegen, haben erreicht, was sie wollen, schieben Kinderwagen, entsteigen Zweitwagen, wollen von nun an gute Freunde bleiben, das sichere Ende. Das Ungute beginnt bekanntlich stets mit dem »gut«, denn »Gute Freunde bleiben« heißt, wie jeder weiß: Man sieht sich bestenfalls einmal im Jahr zu einem sogenannten »guten Gespräch«, das dann ohnehin zu nichts weiterem führt.

Denn das ist nicht mehr sie, die du triffst nach einem Jahr, zufällig an einer Haltestelle, mit Taschen am Kinderwagen, mit Klapprädern, praktischen Netzen an jedem Haken, Thermosflaschen, Sicherheitsnadeln, Feuchttüchern im Zwischenboden, Sonnenblenden und Überzieher. Die Thermosflasche ist immer das Ende. Nicht einmal die satten Zwillinge im Kinderwagen, deren Namen du gleich vergisst, gleichen ihr. Nichts gleicht mehr ihr, das ist nicht sie, sie damals in den Laken. Man darf sich Möwen nicht am Boden vorstellen, dichtete ich.

Ich aber war wild auf jenes Elixier! Und die Sehnsucht nach der Möwe war im Grunde die Angst vor der Kapitulation vor dem Weib, vor dem Sieg der Mutter, letztlich dem Sieg der Mutter Erde: die Angst vor der Rückführung des gescheiterten Emigranten aufs Land ohne Beute und Ehre.

Sie blieb mir treu über viele Jahre, die Sehnsucht nach der Möwe, der nächsten: Die Tür geht auf, sie flattert herein ... Für Möwen muss man bereit sein, bereit, sofort alles zu lassen. Das war nicht weiter schwer für mich, ich hatte ja noch nichts. Der Stuhl war schon da gewesen, die Matratze – in einem richtigen Bett schlief damals erklärtermaßen niemand – lehnte von Unbekannt bereits im Flur, Vorlesungen an der Uni konnten geschwänzt werden, die Möwen durften somit kommen und gehen – eine tatsächlich einmal durchs Fenster, zerkratzt vom Spalier, zerkratzt von der Hecke, erhitzt noch vom andern, die Haare verklebt, mehr Jüngling als Frau, wild entschlossen, weitere Brocken zu schlingen, und ich gab mich gerne dazu her, hatte für Jahre vom Land genug Futter mitgebracht, um sie zu füttern, und Hunger genug, dafür das Meine zu wollen.

Dabei brauchte man Liebe, wenn man keine Möwe war ...

Umzüge

Auf dem Land war abzusehen gewesen, was folgte, wenn etwas in Bewegung geriet. Und stets wurde etwas mitgeführt. Die Werkzeuge auf der Ladefläche gaben vor, was zu tun sein würde, der Imbiss, die Thermosflasche verrieten, wie lange es dauern würde: Aha, der Haller schwankt mit seinem Kuhgefährt in die Runkelrüben, eine Stunde hin und eine zurück; der Gottlieb fährt mit seinem Traktor zur Brauerei nach Dottlikon, um Maische abzuholen, darum hat er Seitenwände am Wagen; der Ratgeb ist unterwegs in die Kartoffeln, um das Kraut abzubrennen, denn er hat den Tank mit der Säure aufgebunden …

Auf dem Dorf fährt der Bauer aufs Feld mit seiner Frau, die er Mutter ruft. Sie sitzt auf dem Traktor über dem Rad, und sie fahren aufs Feld, der Bauer mit seiner Frau auf dem Rad. Am Abend, mit dem letzten Fuder, fährt er sie wieder heim mit seinem Eintakter, schweigend im Eintakt, den immer gleichen Stumpen im Gesicht, den sie schon gar nicht mehr sieht. Sie schwanken synchron über die gleichen Hindernisse auf dem Weg, die gleichen Steine und Schollen, denen er als Jungbauer noch auszuweichen sich Mühe gab.

Auf dem Land wohnt man auch noch nebenbei, neben dem Beruf, in der Stadt dagegen wohnt man, als wäre das ein Beruf. Es gingen Kinder in diesen Wohnkästen ein und aus, den Schlüssel am Hals, oder sie fischten ihn von einer Brüstung mit einem kecken Sprung. Beim Eindunkeln gingen die Lichter an bei den Blöcken rundum und ließen frei in die Gegenseite blicken: Ein Aquarium des Wohnwillens reihte sich ans andere, mit Menschenfischen darin, die von Zimmer zu Zimmer schwammen, sich setzten, wieder aufstanden, den Fernseher anschalteten, wieder aufstanden, den Fernseher abschalteten … jeder Schaukasten mit gleicher Bestückung, jedoch leicht abweichenden Lampenmodellen, Bücherwänden, Vorhängen.

Und sie wohnten nicht nur professionell in der Stadt, sie zogen auch um, als wäre es ein Beruf. Vor allem die jungen Städter blätterten beständig in den Annoncen. Kein Samstag verging ohne Umzug. Es gab eine Gruppe von Städtern, die man nur anlässlich eines Umzugs traf und alsbald so vertraut begrüßte, samstagmorgens um sieben auf einem Trottoir, als wären es nächste Verwandte. Gut zwanzig Leute. Eine Stadtsippe mehr. Die immer gleiche Truppe: hilfst du mir heute bei den Kisten, dann helfe ich dir nächste Woche bei den Säcken – auf Wiedersehen am Samstag. Und einer dieser Zwanzig zog immer gerade ein oder aus, eines Gezänks oder bloß einer unerlaubten Katze wegen, die bei uns auf dem Hof zu Dutzenden nach Milch gierten. Oder es fehlte an Licht, einem größeren Balkon. Oft genügte schon die Lust auf ein anderes Quartier. Unglaublich, welche Gründe linke Genossen, die die Welt verändern wollten, selbstverständlich ins Feld führten, um der Revolution wieder einen halben Tag des Umziehens zu stehlen. Die Revolution muss warten, meine Katze braucht einen Garten …

Den Hausrat der anderen kannte man schon auswendig: die verbeulte rote Stehlampe, den schweren Ausziehtisch, die gerollten Futons – die mit der Zeit und regelmäßigem

Einkommen die »linke« Matratze ablösten, aber noch nicht als bürgerlich galten –, und natürlich durfte der obligate Papyrus nicht fehlen, als wäre diese Pflanze die Voraussetzung jeden Wohnens. Es gab die »Chaoszügler«, wo erst das Wochengeschirr abgewaschen werden musste, bevor es einzupacken war, und die »Systemzügler«, die ihre immer gleichen Bananenkartons schon im voraus mit Zetteln und Hinweisen versahen auf die Zimmer der neuen Wohnung, wo sie abgestellt werden sollten. Die einzige Nadelöhre jeden Umzugs waren die Treppenhäuser oder vielmehr die Treppenabsätze. Hier entschied sich, ob es einem, mangels Raum zum Wenden, den Kopf in die verfleckte Matratze hineindrückte, oder ob der Absatz breit genug war, die Matratze mit entschlossenen Rucken um das Treppengeländer herumzureißen. Und viele Helfer mussten es sein, Arbeitskollegen, »Beizenfreunde«, Parteigenossen, denn oft konnte nicht zugefahren werden, mussten Hinterhöfe gekreuzt, aus muffigen Kellerdepots der Rest des vorigen Umzugs abgeholt werden, der jetzt, abgestaubt, in der größeren Wohnung wieder Aufstellung finden durfte.

Es war, als begänne unsere neue Gesellschaft damit, erst einmal von einem Quartier ins andere zu ziehen. Von Aushalten und sich Arrangieren war keine Rede. Wie stellten sich unsere Genossen, fragte ich mich, den langen Marsch durch die Institutionen vor, wenn sie schon bei der ersten Unstimmigkeit umzogen oder den Job schmissen, was damals noch weniger eine Kunst war, als eine neue Wohnung zu finden? Wenn es nicht mehr »stimmte«, zog man einfach um oder sah sich nach einem neuen Job um. Obschon darüber – in anderen WG's als der unsrigen, die das Chaos selbst regulierte –, nächtelange Diskussionen vorangegangen waren. Aber mir ist nicht bekannt, dass aufgrund dieser klärenden Gespräche jemals jemand geblieben wäre.

Leben auf dem Lande

Und nie habe ich jemanden aufs Land gebracht, der definitiv entschlossen da geblieben wäre und nicht wieder zurückgeholt werden musste schon nach einem halben Jahr. Es entstand ja eine zunehmende Zahl selbst verwalteter Landgasthöfe, billig zu haben, weil sie nicht mehr rentierten, weil die immer gleichen fünfzehn Bauern und Gewebetreibenden stundenlang vor dem gleichen Bier saßen und es noch fünfzehn andere Gasthöfe gab, die auch nicht rentierten.

Also gab es bald einen alternativen Löwen da, einen alternativen Bären dort, von jungen Städtern betrieben, meist mit unbeheizbarem Saal und sogenanntem Kulturprogramm und WG-Zimmern unter dem Dach, aus denen liebe Genossen nach ein paar Monaten, wenn nicht Wochen, über knarrende Stiegen wieder herabgeholt werden mussten, zurück oft in die alte WG in der Stadt, deren Besetzung inzwischen mit Sicherheit auch wieder gewechselt hatte.

»Rock ist keine Kultur«, entschlüpfte es dem von Straßenkrawallen geplagten Stadtpräsidenten in einem lichten Moment. Von selbst verstanden, war das Kulturprogramm auf dem Land alternativ zu nennen, war aber nichts anderes als das bekannte Programm des städtischen Untergrunds: fünf Rockbands, drei Liedermacher, der linke Kabarettist. Aus dem Dorf kam nichts, kamen nicht einmal Gäste. Fuhr man einmal wieder hin zum Bären an der Kreuzung in Zehntendorf, saßen die immer gleichen vier Genossen aus dem Ort am runden Tisch schon um vier und starrten ins Glas, wie vormals die Bauern, die jetzt den Gasthof mieden; dafür saß da der bleiche Schriftsetzer des Landboten, Sozialdemokrat, der entfesselte Dorfkünstler, dessen unbeholfene Produkte schamlos die schönen Wände verschandelten, zudem waren da der Sozialarbeiter aus der Landstation der städtischen Drogenhilfe, der Betreiber der Tofurei im Keller, dessen Produkte niemand mehr haben wollte, als auch die großen Ladenketten vorübergehend diesen Naturgummi entdeckten, während er bereits aus den Speisekarten der Alternativbeizen wieder verschwunden war.

Das Publikum des Samstagabendprogramms kam mehrheitlich in Autos angefahren, meist aus umliegenden Kleinstädten, aber bestimmt tauchte der immer gleiche Fanclub aus der Heimatstadt der Band auf, der die Texte schon auswendig kannte, und fast immer einer vom Piratensender, der aufnehmen wollte. Einige wurden gleich im

Tourbus der Band mitgenommen, zufällig und ausnahmslos Frauen. Es waren somit Heimspiele allesamt, Stadtspiele, die gar nicht verloren gehen konnten. Es war Stadt auf dem Land, einmal mehr. Man hätte sich den Ausflug beiderseits sparen können.

Aber das Spielen in der Landbeiz war Mission. Waren es auch nur ein halbes Dutzend Sechzehnjährige aus dem Dorf, die mit Mofas her geknattert kamen, wollten sich die aus der Stadt nicht zu schade gewesen sein, Kultur aufs Land gebracht zu haben, *und Missionare leben ja nicht von ihrem Erfolg, sondern vom Widerstand, den sie antreffen.* So tourten wir als Liedermacher oder mit unserem Panik-Rock-Orchester – umgehend im Luftschutzkeller einer Gemeinschaftspraxis linker Ärzte gegründet – von Dorf zu Dorf mit einer Botschaft, die völlig überflüssig war. Sie hieß: Stadt.

Jedenfalls war mir damals kein Städter begegnet, der mit dem Land zurechtgekommen wäre. Aber gab es nicht John Seymoures legendäres alternatives Anleitungswerk: »Leben auf dem Lande«, das fast in jeder WG herumlag? Es behauptete, mit einem Hektar Land – intensiv und gescheit bewirtschaftet und erst noch ohne jede teure Maschine – könne eine Land-WG oder Familie auskommen, die sogar ihr selbst gebrautes Bier am Abend in der torfbeheizten Stube trinken könnte. Aber niemand hielt es aus, auf sich selber zurückgeworfen zu werden, und schon gar nicht mit selbstgebrautem Bier.

*

Mein Notizbuch vermeldet: *Ob er sich dessen bewusst ist oder nicht: »auf dem Land« oder gar »Leben auf dem Land« heißt dem Städter bloß: nicht in der Stadt. Land bedeutet vor allem, die überreizten Augen zu schonen, damit sie noch lange aufzusaugen vermögen, was die Stadt an Reizen bietet. Für das Land hat der Städter Sympathie. Der Körper erholt sich auf dem Land, die Seele in der Stadt von den zu großen Aufgaben. Aber der Städter hat keine Ahnung, was die Einsamkeit und die Stille, die Schwere der Nacht da draußen bereithalten. Hut ab, wer es da aushält auf den Ebenen und im Schatten der Gebirge, erst recht ohne Gift gegen sich, gegen Fauna und Flora.*

Land ist starker Tobak. Auf dem Land wohnen das »Du« und der Handschlag, beide der Angst entsprungen. Je abgelegener die Gegend, desto kräftiger, desto früher der Gruß auf dem einsamen Weg, wenn die Dämmerung einfällt. Auf dem Land geht die Furcht um, in der Stadt bloß die Angst. Auf dem Land hilft nur Gott dagegen, in der Stadt genügt ein Anderer.

Denn gar Häuserfassaden duzen dich da. Stumme Gedenkfelsen in Goldschrift werfen es dir an, ob du willst oder nicht: Wanderer verweile! Wanderer bedenke! Das Leben eilt vorbei! Richtig: Schnell hat man's verpasst, dieses Leben. Vor allem auf dem Land. Man muss dem freien Feld gewachsen sein, die meisten erdrückt die Gewalt.

Städter besuchen Land nur nach Saison. Sie kennen ihr bevorzugtes Gelände nicht im November, nicht im Februar.

Auch Stadt ist kein Schleck in diesen Monaten, aber es gibt das Solarium, die Sauna, das Kino, das Reisebüro.

Land ist beklemmend, weil zuviel Resignation in Dörfern und Höfen sitzt. Die Ausnahmen auf dem Land zählen nicht. Ausnahmen sind einfach Ausnahmen und bestätigen die Regel. Nur an der Regel kann man erkennen. In Städten, sage man gegen sie, was man wolle, liegt die Chance zum Aufbruch täglich direkt vor der Schwelle. Auf dem Land bleibt nur der Aufbruch nach innen, bleibt nur die Direttissima. Wen sollte es nicht schaudern!

Vater war ihr nicht gewachsen, der Herausforderung Land, und er sah wohl früh, dass ich es auch nicht war. Aber es würde seine Zeit brauchen, bis ich ihm danken würde für seine Förderung. Er erlebte es nicht mehr.

Legende

Meine Stadt war vom Dorf in einer halben Stunde zu erreichen gewesen, bevor die Stadt es fraß… *Städte können Dörfer fressen, werden aber nie wieder zu Dörfern, mögen Wind und Sand sie gefressen haben, mögen Hühner Jahrtausende lang zwischen Ruinen scharren, sie bleiben gewesene Städte. Städte können versinken, werden ausradiert, am Boden zerstört. Aber nichts und niemand kann offenbar ihr Lied zerstören, im Gegenteil, das Epos verdankt sich der Zer-*

störung. Und mit mir, dem hungrigen Bildungspendler und Kinogänger, gab's einen Sänger mehr.

Gibt es je andere Lieder? Andere als über Abwesenheit – über Gewesenes? Klagt nicht jedes Lied? Beginnt nicht das Lied der Bibel mit dem Verlust der Unschuld, begann damit nicht die Odyssee? Und einer nahm es wörtlich, ging hin und fand Troja: Hier stand das alte Tor, hier das Bordell, hier das Allerheiligste und hier der Palast. Dann muss hier, sechs Fuß darunter, der Goldschmuck liegen. Hier fand man, hier verbrannte man, hier nächtigte, hier komponierte, schrieb, liebte... Niemand kann Städte je wieder ausradieren, die Krümel und Scherben verraten das Gewesene, vielmehr Bleibende, nicht einmal nötig, es von der Schaufel in Vitrinen zu wischen, nicht nötig, es für Klein Hänschen museal aufzubereiten; es war schon so, es ist schon so, wie er es sich vorstellt...

Ich konnte nicht genug nachträumen, wie Schliemann den Schatz des Priamos fand und wie Archäologen daran waren, Odysseus' Reise zu erforschen. Mindestens fünfmal saß ich in *Troya, die wahre Legende*, darauf erpicht, etwas zu entdecken, was die Pinsler und Filmer übersehen haben mussten; ich wollte der sein, der das Entscheidende noch fand.

*

Danach lockte Griechenland. Dieses Mal bewusst: Delos, die Inselstadt im Ägäischen Meer, einst griechische und römische Handelsmetropole, Finanzplatz, Sklavenumschlagplatz, Liebesnest einer Kleopatra mit ihrem Dioskurides, seit Jahrhunderten ein Ruinenfeld. Nachts, wenn das letzte Touristenboot ablege, versprach der Reiseführer, sei die Insel nur noch von Eidechsen bewohnt. Was musste da abgegangen sein, wo meterhohe Penisse aus Marmor die Hauptallee zum Allerheiligsten flankierten! Wo vor dem Tempel stolz aufgereckte Leoparden statt eines elend Gekreuzigten die Vorbilder abgaben!

Ich stellte mir vor, mich da am Abend hinter einer Säule zu verstecken, um nach der Abfahrt des letzten Touristenbootes die Nacht alleine in dieser Geisterstadt zu verbringen. Ich und Delos! Was für Abenteuer hielt doch die Welt offen!

Besuchten meine späteren WG-Genossinnen erklärtermaßen Lesbos, und reisten die asketischen Alternativen nach Samoa, weil gerade das (getürkte) Tagebuch eines Südseehäuptlings Furore gemacht hatte, so musste ich Delos besuchen. Ein literarischer Reiseführer mit einigen schwarzweiß Bildern, in einem Warenhaus zufällig aufgeschlagen, hatte mir keine Ruhe mehr gelassen.

Denn wer über die in den Fels gehauene Treppe den Stadtberg erklimmt und hinuntersieht auf diese Ruinenstadt mitten im stets aufgewühlten Meer, weiß, dass Städte nie ver-

schwinden können, dass unstete Städterseelen des Nachts umgehen, über Mosaike wandeln zwischen den Säulen ihrer vormaligen Villen, Jahrtausende später lebendiger denn je, weiß, dass die Bewohner auferstehen im Auge des Betrachters. Und wer dann die Schleifrinne des Seils im Marmor des Brunnens, die ausgetretene Stiege im Distelgestrüpp, die Haufen zerbrochener Öllampen im Gras entdeckt, weiß: Hier war Alltag, hier war Montag, hier war Tag und Nacht, hier war Stadt und kein anderes Spiel als heute. Würde sie leibhaftig auferstehen, die Schöne mit dem Haarreif, den man fand am Grund des Brunnens und der nun in der Vitrine liegt, und käme sie daher in einem Kleid von Yves Saint-Laurent, sie würde nicht auffallen, in einem zeitlos schönen Stoff von Rahel Greuter…

Versunkene Städte sprechen, weil sie schweigen. Die Pause macht bekanntlich die Musik. Und war ich in einem früheren Leben nicht hier gewesen? Du warst! Mir ist, als kennte ich diesen Ort. Du kennst ihn! Jeder war und ist Dioskurides und Kleopatra, nicht weniger – jetzt bloß ohne Köpfe, wie sie dastehen auf ihren Sockeln im Unkraut von Delos. Aber wer braucht schon seinen Kopf für Liebesdinge…

Delos, reich geworden durch Menschenhandel und von Menschenhändlern geplündert, die Damen abgeführt zum Gebrauch, die Herren zur Ruderbank – gründen Kulturstätten, Kulturstädte jemals auf anderem? So schrieb ich in mein idealistisches Tagebuch jener Tramperreise. Ich konnte mich nicht losreißen von jenem einzig möglichen

Ort, wo die Schiffe an- und abgelegt haben mussten, wo die Piraten an Land gesprungen waren, um die Stadt zu plündern, denn gefährliche Felsen rundum ließen keine andere Stelle als Landeplatz sinnvoll erscheinen. Hier also war alles geschehen, was in dem edlen Reiseführer stand! Und nun ich, der Einzige, nachts hier die einzige Menschenseele… Delos und ich! Dem Erleben waren keine Grenzen gesetzt.

Windrädchen

Not und Hoffnung, und wie immer diese Not auch aussehe, und heiße sie Krieg, seien der Motor des Fortschritts und die Geburtshelfer von Revolutionen – so war die Lehrmeinung. Hoffnung hatten wir damals, das war nicht das Problem. Was aber die Not betraf, so war sie nicht materieller Natur, wie Marx sie beschrieb, sondern vielmehr eine seelische und intellektuelle Verelendung im Tanz um das goldene Kalb. Die Verdummung durch Werbung war in vielen Augen etwas vom Schlimmsten, was dem Homo Sapiens bisher zugestoßen war.

Jemand sagte damals öffentlich, »er friere innerlich«. Das traf es, im Nachhinein gesehen, wohl auf den Kopf, ohne dass diese Aussage damals besonders aufgefallen wäre. Einem unserer Genossen kamen immer sogar die Tränen vor Manifestationen öffentlicher Stumpfheit. Er konnte einfach nicht verstehen, wie man sich »für etwas mehr Material«, wie er es nannte, derart zum Schweigen verführen lassen konnte. In Deutschland waren es die Verdrängungslügen aus der Nazizeit, die einen frieren machten. Es war doch nicht etwa um Lachs mit Mayonnaise und Mercedes gegangen, nach allem, was bloß ein paar Jahre her im Lande geschehen war! Oder andersherum: Der Grad des materiellen Wohlstands erlaubte es endlich, jetzt nach den Leichen im Keller zu fragen. Keine Ausreden mehr, niemand hungerte mehr, man konnte jetzt Zeit haben, sich um die Verschüttungen zu kümmern, wenn man nur wollte. Da die Elterngeneration verständlicherweise nicht wollte, mussten es jetzt die Töchter und Söhne tun. Es war offenbar an uns, sich um die fremden Leichen in fremden Kellern zu kümmern…

Krasse materielle Verelendung ging stets mit einer geistigen einher, das war aus der Geschichte unschwer herauszulesen. Elend, im Unterschied zu Armut, war jedoch ein unkreativer Zustand, es lag da einfach alles am Boden. Von den Elenden die Energie für eine Revolution zu erwarten, konnte wohl nur dem Bürger Marx im Bratenrock einfallen. Wo sollten sie die Hoffnung hernehmen? *Elend ist Absenz jeglicher Hoffnung. Elend muss aber nicht notwendigerweise ein materielles sein, Elend kann die verschiedensten Gründe haben,* schrieb ich ins Heft, nachdem sich einer meiner Freunde aus bestem Hause am Vorabend aus heiterem Himmel in Vaters Mercedes umgebracht hatte.

Wo aber wurde im Theoriegebäude der neuen Linken über Elend nachgedacht? Wo kam im real existierenden Sozialismus jenseits des Eisernen Vorhangs die Seele vor? Sollte sie ein weiteres Mal vergessen werden, nur weil der Choleriker Marx mit einigem Recht auf die Pfaffen spuckte, die beim Kapitalisten zu Mittag aßen und die Elenden mit dürftigen Märchen abspeisten? Aber konnte man Religion einfach abschaffen, nur weil der Liebe Gott eine Lüge war? Nur weil Religion, mit Kirche verwechselt, als Opium des Volkes bezeichnet wurde? *Keine Theorie eines Planeten kann die Macht des Staunens und Zitterns vor dem Mysterium der Sterne vom Tisch wischen. Die Sterne sind stärker in jedem Fall. Und wir sehen sie nun einmal da oben, nicht wie die Tiere, die nur zu Boden schauen. Ich und das Universum, »Sein oder nicht Sein«, ist zweifellos die erste Frage. Religion ist einfach, ob wir wollen oder nicht. Besser, man will sie bewusst, als seelisch dahinzudümpeln ohne Stil,* schrieb ich nach der erbärmlich stillosen Beerdigung jenes Freundes und Genossen, eine Beerdigung, die vor lauter Nüchternheit und Verlegenheit nichts anderes als eine Beleidigung genannt werden musste unseres Freundes, Opfers seiner erdrückenden Familie am Sonnenberg. Eine Beleidigung, gegen die er sich nicht mehr wehren konnte. Wo waren unsere ureigensten Rituale auszumachen, Rituale, die solche existentiellen Momente fassen konnten, Rituale, die ultimative Abstürze verhindern und Panik vor den real existierenden Abgründen abfedern konnten? *In der »Kultur«?*

Oder war ein Menschenleben tatsächlich nicht mehr als ein zuckendes Stück Fleisch zu nennen, das man vor der Verwesung noch schleunigst unter den Boden bringen muss, Erde drauf und Schluss? Konnten die Brandrede gegen den Kapitalismus, an dem er angeblich zerbrochen sei, und die Windrädchen, die einer verteilte, bevor jeder für sich ratlos im Tram nach Hause fuhr, die ganze Antwort darauf gewesen sein? Windrädchen und Schluss, am Ende im Tram vergessen?

Aber es war wohl zu viel verlangt und noch zu früh, um eine neue Form zu verlangen, die der traditionellen Kirche, die uns allen noch tief in den Knochen steckte, etwas Ebenbürtiges entgegen setzen konnte. Auch die Beerdigung der RAF-Leute nach den Suiziden in Stammheim war eine einzige Verlegenheit und ging offenbar nicht ohne Talare. Das einzig Stimmige war, dass die meisten der Toten schließlich im Schatten von Talaren der einen oder andern Art aufgewachsen waren. Es genügte wohl nicht, wie Hiob den alten Herrn im Himmel zu lästern, man musste ihm etwas Neues entgegensetzen, um ihm nicht mit schwindenden Kräften wieder zu Füßen zu kriechen.

Wenigstens zu einem Glas Wein in einer Eckkneipe hätte man hinterher einladen können …

An linken Festen fehlte der wärmende Rahmen. Bloß deklarierte Solidarität und stures Vorwärts waren ein zu dürftiger Grund für ein Fest. Blumen und Kerzen auf Tischen waren geradezu verpönt, Weihnachten nur zynisch zu überstehen. Als ich einmal den Nikolaus machen und ihn mir anders als mit etwas patriarchalem Gepolter nicht vorstellen konnte, wurde ich von der Kindergärtnerin mit heiligem Ernst und noch im Kostüm beiseite genommen und kritisiert. Im nächsten Jahr war ihr Nikolaus eine Frau …

Wenn auch der billige Alkohol floss, es konnte in linken Kreisen nicht karg genug gefeiert werden. Dieses eklatante Vakuum, um es nicht seelisches Elend zu nennen, sollte jedoch noch Jahrzehnte so bleiben. Zu linken Festen musste man alles mitbringen, was ein Fest ausmacht, vom Salat bis zum Dessert, Wein sowieso und am Ende noch Humor, es stand ausdrücklich und mit Ausrufezeichen auf der Einladung. Die Gastgeber waren die, die am wenigsten beitrugen, sich nicht einmal umgezogen oder aufgeräumt hatten. Und kaum, dass man sich gesetzt hatte, begann schon die politische Debatte.

Wenn die Welt schon einmal eine Hölle ist – oder doch »nicht zumutbar«, wie einer sagt –, und ein helfender Gott weit und breit nicht auszumachen ist, dann müsste er, wenn es ihn tatsächlich geben sollte, angesichts des Elends in der Welt als größter Verbrecher des Planeten bezeichnet werden.

Der konkrete Anlass zu diesem Satz war der Tod eines kleinen Mädchens, das in Italien in ein genau körpergroßes Bohrloch gefallen war und mit allem technischen Aufwand nicht hatte gerettet werden können. Die ganze

Christenheit und voran der Papst hatten rund um die Uhr für seine Rettung gebetet, die Baustelle war zu einer Walfahrtstätte geworden. Das Mädchen aber starb langsam über Tage, der schlimmsten Angst ausgesetzt, von der Mutter und der ganzen Welt verlassen, eingeklemmt in einem Bohrloch hundert Meter oder mehr in der stockdunklen Erde …

Alles in allem, dachte ich, wenn wir schon nachweisbar von Gott verlassen sind, dann galt es wenigstens, Nischen zu schaffen, in der sich das sensible Wesen Mensch einigermaßen über die Runden bringen konnte, möglichst viele Nischen, Zusammenschlüsse von Nischen, ja Gemeinschaftsdächer, unter denen sich sogar Glücksmomente ereignen durften. Und das tragfähigste dieser Dächer schien mir einmal mehr die städtische Kultur zu sein.

Eine weitere Überlebensnische war zweifellos die Sippe, waren mir, wie gesagt, nachvollziehbare Rituale mit anderen, aber auch für einen selbst. Nichts hinderte einen doch daran, sich Netze aufzuspannen vor dem tatsächlichen Abgrund, schon gar nicht in der Stadt.

Auf dem Land gab es diese Netze, mehr als in der Stadt. Aber sie wurden einem ungefragt übergestülpt, wenn nicht dann zugezogen bis zum Ersticken. Es war zum Beispiel von Anfang an klar, dass Bauernburschen in den Turnverein eintreten würden, nicht in den Fußballverein, Bauerntöchter in die Volkstanzgruppe und den Töchterchor, nicht in den Landhockeyclub, den es erstaunlicherweise schon in den Dreißigerjahren in Badersdorf gab. Es war von Anfang an klar, dass der Älteste den Hof und damit die Sippe übernehmen würde. Man war nicht allein auf dem Land, aber man konnte einsam sein – einsamer als in der Stadt. Das größte Netz gegen den freien Fall schien mir das Städtische selbst, hier konnten alle beitreten, von heute auf morgen, der Arbeiter und der Millionär, der Verfolgte wie der Polizist. *Dazugehören dürfen, aber nicht müssen, ist das erste Credo einer Stadt, leben und leben lassen die erste Pflicht. Mein Joch ist leicht, sagte der Erlöser. Richtig: Es braucht nicht viel, um dem Städtischen ein paar Lämpchen mehr aufzusetzen, man muss nur die Scheu ablegen vor Ritualen. Denn dass uns nachvollziehbare und sinnvolle Rituale fehlen, ist evident. Seitdem ich als Lehrer arbeite, weiß ich, dass Kinder mit sinnvollen Ritualen erzogen werden müssen. Ja, sie verlangen nach Ritualen, das kann ich jeden Tag in den Schulzimmern feststellen. Sie wollen eine Form, um Unfassbares zu fassen, und wir Lehrer und Eltern müssen sie bereitstellen.*

Da sprach der Lehrer. »Zur Konfirmation« stand auf meinem ersten der drei Bücher zu diesem Thema.

Meine Genossen rieben sich die Augen.

Hoffnung

Allmählich fing ich an oder fing es an, dass ich mit Freunden Weihnachten ohne Zynismus feierte, Ostern ohne wildes Eierwerfen, Nikolaus ohne Präservative im Sack. Die Kinder des Jugendtreffs, den ich fünf Jahre leitete und in dem ich auch wohnte, wollten es ohnehin nicht, und ich wollte dann auch nicht kindischer in Erscheinung treten als sie. Es kam eine Hauskerze in den Korridor, am Samstag nach dem Putzen ging ich mit Weihrauch durch die Zimmer, am Samstag mussten Blumen her. Auch die Tischsitten änderten sich. An besonderen Anlässen gab es jetzt eine Sitzordnung. Ein Mehr an Ritual musste allerdings nicht sein, es ging ja nicht ums Was, es ging ums Wie.

Und es gab zum Trost noch immer die Stadt. Nach linken Anlässen trat man auf die Straße hinaus, um in der nächsten beliebigen Bar, und zwar bei den politisch Unbedarften, noch einen Schlummertrunk zu nehmen. Und ich trat lieber früher als später wieder auf die Straße hinaus, um dem Zweckrahmen der linken Veranstaltungen zu entfliehen. Feste für oder gegen etwas waren mir nicht geheuer, auch wenn wir mit unserem Rock-Ensemble für die nötige Stimmung gesorgt hatten. Fest war doch einfach Fest und nahm wie die Liebe niemals ab, wenn man andere dazu einlud. Das sollte den linken Geist ausmachen, dachte ich, nicht die Solidarität, die stets an Leistung erinnerte. Würden die Feste stimmen, stimmte auch alles andere, dachte ich.

In einem Heft steht: *Der wahre Revolutionär wäre mir, zu Ende gedacht, der Hoffnungslose, wenn Wille, gar Wille zur Veränderung nicht an Hoffnung gekoppelt wäre. Eine Revolution ohne Willensakte ist jedoch leider nicht denkbar. Der Hoffnungslose bleibt mir trotzdem der Wahre, wenn auch nicht Brauchbare, er allein ist mir der Unbestechliche, der Radikale, unbrauchbar selbst für Revolutionen und ihre Henker, unbrauchbar für liebe oder böse Herren im Himmel und ihre Vertreter auf Erden, zur Rechten wie zur Linken.*

Das mit der Religion nahmen meine Genossen noch hin, aber solche Sätze durfte nur mein Tagebuch wissen, man hätte mich in der Luft zerrissen. Die Skepsis vor dem Fortschrittsglauben durfte sich nur in meinen Gedichten und Liedern ausdrücken, deren Traurigkeit im krassen Gegensatz zu meinem öffentlichen Aktionismus stand. Meinen Genossen wollte diese Widersprüchlichkeit aber nicht auffallen. Wer liest schon Gedichte. Die Lieder, die ich an linken Festen sang, waren wohl in Ordnung.

Hoffnung ist die Rübe am Stecken. Dafür trotten wir durchs Leben und singen noch dazu.

Die Existentialisten in Paris – wenn auch nicht meine Freunde – hatten Recht. Ich aber bastelte mir meinen eigenen Existentialismus: Verzweiflung o.k., aber dann tun statt reden. Wenn man sich doch nicht umzubringen im Stande war, dann sollte man das Leben wenigstens als Fest feiern, egal, was es zu feiern gab. Warum brachten sich diese Existentialisten nicht konsequenterweise allesamt um, sprangen geschlossen in einer Gruppe in die Seine? Die Existentialisten an ihren Bistrottischchen blieben mir ihren Beweis schuldig. Das Stadtleben war offenbar zu verführerisch, um es zu verlassen. Die nicht ausgesprochene wichtigste Frage war offenbar: Wie kann man die Welt verlassen, ohne auf Stadt verzichten zu müssen? Ohne Paris verlassen zu müssen, genährt und beliefert von den Marktfahrern in den Hallen, wo man morgens um fünf nach einer existentiellen Nacht noch eine Kuttelsuppe bekam, bevor man mit einer Neuen aus dem Seminar nach Hause wankte.

Und mal war Rauchen angesagt, so dass Kinosessel mit Aschenbecher das Selbstverständlichste waren und Szenen von »M – Eine Stadt sucht einen Mörder« anders gar nicht denkbar waren als durch Wolken von Zigarrenrauch gefilmt … und bald war Rauchen wieder verpönt. *Aber die Haarspangen am Morgen sind seit Ägypten offenbar die gleichen auf den Laken, die gleichen am Waschbecken wie im Sodbrunnen von Delos … Und den Fluss vor meinem Fenster am Centralplatz kümmerte nie, was ihn säumte: das römische Badehaus, die Weinlände, die Schlachthalle, die Tonhalle. Mal standen Mühlen mittendrin und Reusen, wie Stiche belegen, mal ländete eine Galeere eines Warlords vom oberen See, der die wilden Bauernlümmel ins Ausland verkaufte, bevor sie sich gegenseitig in der Heimat totschlugen. Mal rammte man Pfähle, setzte Quader für Gefängnistürme, ließ Ketten ein, stieß mit dem Stachel, band Nachen an Ringe, setzte Karpfengitter, hielt schwarze Schwäne, Geschenk des smarten Schahs von Persien (oder von Herbert von Karajan?), baute Richtstätten in die munteren Wellen, dann Warenhäuser, die Polizeiwache und setzte schließlich das Provisorium der Provisorien ins Wasser: das Warenhaus »Globus«, eine Übergangslösung, da das Stammhaus komplett erneuert werden muss …*

Dass sich die Revolte in *unserer* Stadt am »Globus« selbst entzündete, hatte seinen Witz, der jedenfalls auf unserer flächendeckend geklebten Wandzeitung mit dem Indianerkopf nicht fehlen durfte: Wir forderten den Globus – nicht weniger! Es hatte seine eigene Komik: »Globus, Globus« skandiert zu hören. Da war es nicht mehr weit zu: Weg mit den Alpen! Weg mit dem Bollwerk Land! Sprengt das Kirchlein von Wassen! Freie Sicht aufs Mittelmeer, in die Ferne, selbst über Rom hinweg auf Afrika, auf Karthago! Weg mit der steifen Fahne, freie Sicht vom Mond auf den Globus! Jetzt kommen wir, jetzt kommt die Hoffnung, die Revanche der Elefanten, der Indianer, der Kinder, der Irren! Weg mit den langweiligen Kindergärten, aufgetan die Pforten der Psychiatrie, befreit die Insassen der Zoos, der Zirkusse! »Di Gfangene vom Zürizoo händ det (am Sonnenberg) d Kontrolle übernoh/ De King Kong riist d Sternwarte uus und leit si de Längi nah is Bundeshus«, brüllte unser Rock-Ensemble. Alles ist machbar, wenn nur die Hoffnung nie versiegt, und sie versiegt nicht, da doch selbst Elefanten hoffen.

Wir waren uns sehr sicher, dass wir die Sache übernehmen, den Mief aus den Talaren schütteln, dass wir immer Jobs und Unterkunft finden, immer im Licht stehen würden. Will man diese Zeit verstehen, kann man nicht genug würdigen, was Hoffnung für alles Folgende bedeutete.

*

Unser WG-Haus jedenfalls war ein einzig Gewordenes. Über die hundert Jahre waren Runzeln ins Gesicht gekommen, die Witterung, die kleinen Ausbauten, die praktischen Verschläge im Hinterhof, die selbstgebastelten Fahrradunterstände, der Privatparkplatz des Hoteldirektors, der Spezialcontainer der Apotheke, die tagsüber angeketteten Korbwagen der Zeitungs- und Prospektausträger, die von Hundekot und Wassermangel längst umgebrachte gelbe Hecke, der vom Regen aufgeweichte Koffer, von einem Bahnhofsdieb ausgeräumt und hingeworfen, brachten alles in ein Optimum an Harmonie schräger Elemente, die willentlich nachzubilden unmöglich gewesen wäre.

Die ganze westliche Abteilung der Fotografie in den Buchhandlungen, wie ich sah, lebte schließlich von der Ästhetik des Schrägen, wenn nicht Kaputten, ebenso die Malerei, die zeitgenössische Musik. Das war zu berücksichtigen in meiner Forschungsmansarde hoch über der Niederung des Bahnhofsquartiers. Früher war es nicht nötig gewesen, sinnierte ich, durch Kunst ein Gegengewicht zum zu Ordentlichen zu schaffen. Neunzig Prozent menschlicher Siedlungen waren stets am Zerfallen gewesen, man wollte das nicht auch noch nachgebildet in die gute Stube hängen. Die Kriege und Seuchen waren schrecklich genug, man mochte nicht auch noch einen Künstler dafür bezahlen, was man vor dem Fenster schon sah und roch und für sich zutiefst befürchtete. Solche Überlegungen mussten zum Beispiel bei Mörikes Gedicht *Auf eine Lampe* berücksichtigt werden, welches das Germanistische Seminar über Jahre in höchste Aufregung versetzt hatte. Weil nicht gesichert war, wie die letzte Zeile prüfungskonform verstanden werden musste. Sogar Heidegger hatte sich eingemischt … Ich, als angehender Sekundarlehrer und bloß Trittbrettfahrer dieses Seminars, sah diesen Debatten gelassen zu, denn den wichtigsten Professor und leidenschaftlichsten Vertreter der einen These trafen Sekundarlehrer an der Abschlussprüfung persönlich zum ersten und letzten Mal.

Dichten

Was die Dichterdebatten anging, waren meine Urteile pauschal und wenig zimperlich. Mir fehlte der feine Sprachsinn in diesen Dingen, wusste ich ja selber nicht genau, wie meine eigenen poetischen Produkte nach außen wirkten. Ich zählte mich ohnehin lieber dem kreativen Untergrund zu, mochten sich die Germanisten über Gedichtzeilen aus dem letzten Jahrhundert zerfetzen, wie sie wollten. Es war mir vielmehr unverständlich, dass man sich angesichts der grauenerregenden Pressebilder aus Vietnam über dergleichen streiten konnte, und das auf Kosten der Steuerzahler, die keine Ahnung hatten, dass sie mit ihrer Lohnarbeit Hundertschaften von Studenten finanzierten, die ihre privaten Leidenschaften pflegten. Die Ausbildung zum simplen Sekundarlehrer, redete ich mir ein, lief immerhin auf Grundschule hinaus, die Arbeiterkinder würden von meinen Studien dereinst nachweisbar profitieren können. Und damit war ich nicht allein: Das Lehrerstudium wurde geradezu zu einem Sammelbecken für Linke, die ein anderes Studium abgebrochen hatten und sich wohlweislich doch nicht ohne Staatsdiplom in die Zukunft verabschieden wollten.

Doch wie auch immer: Wir nachgeborenen Dadaisten vom »Palais Central«, wie man unsere WG auch nannte, wollten durch beides provozieren: Fickmaschinen und gleichzeitig Rosenmotive, Andy Warhol und Kantonaltracht oder Andy Warhol in der Kantonaltracht. Tatsächlich kamen einige Unsinnsgenossen in Landestracht zur Demo und ließen sich demonstrativ vom Wasserwerfer abspritzen. Die armen Polizisten aus dem Polizeijodelchor verstanden die Welt nicht mehr. Andere Wohngenossen stellten von heute auf morgen ein improvisiertes Dorftheater mit Joints rauchenden Sennen auf eine Altstadtbühne, das auf Schlag zum Stadtgespräch wurde. Als Journalisten davon erfuhren, war die dritte und letzte Vorstellung schon vorbei. Es blieb ein einziges Amateurfoto davon.

Wenn eine Rose eine Rose eine Rose ist – wie in jenem berühmten Gedicht –, dann ist eine Stadt eine Stadt eine Stadt.

Die Stadt ein Gedicht? Wenn Dichten verdichten heißt, dann wohl zweifellos, dachte ich.

Stadt und die Schnelligkeit der Bewegungen vor meinem Mansardenfenster konnten, meinte ich, denn auch nur komprimierend gefasst werden. Das Kaleidoskop drehte sich so atemberaubend schnell, dass nur Momente von Bildern und Verwischungen erfasst werden konnten. Einmal mehr stimmte auch das Gegenteil: Einer filmte den Markusplatz von einem Fenster aus stundenlang rund um die Uhr; ließ man nun das Videoband schneller laufen, erstarrten die Bewegungen zu einem Muster, zu einer einzigen Bewegung – Menschen in ihrem vermeintlich individuellen Trachten auch nichts weiter als Magnetspäne, geleitet von der einen unsichtbaren Hand. Ein abendfüllender Film sogar zeigte nichts anderes: Bewegungsmuster in Wolken, Ameisenhaufen, Shoppingcentern, Flughäfen, Nachthimmeln. Dazu nur Musik, kein einziges Wort. Die ultimative Frage stellte sich: Wer oder was hatte die Gravitation entstehen lassen? Was steckt hinter ihr? Dieser Film war mir eine Offenbarung, alle Schüler meiner Religionsstunden mussten ihn sehen. Und dieses »Muster« galt es gleichfalls im Gedicht mit Sprache zu treffen in wenigen Sätzen.

Tatsächlich feierte das Gedicht eine gewisse Renaissance in dieser Zeit der Tumulte. Der kaputte Bukowski in seinem kaputten Los Angeles war der Geheimtipp der Szene. Romane hingegen bedurften der Bedächtigkeit des Landes, bedurften der patriarchalischen Breite eines Tolstoi auf seinem Gutshof, oder sie mussten in der Stadt in Jahren stillen Rückzugs entstehen, dachte ich, geschrieben in Studierzimmern hinter Doppeltüren, abgeschottet vor dem Leben. Der Roman war uns suspekt – abgesehen davon, dass ich damals aus den verschiedensten Gründen nie einen Roman hätte hervorbringen können. Diese Trauben hingen zu hoch. Dass ich zu dichten begann, hatte, wie mein Einzug in die Stadt, nicht minder etwas Zwangsläufiges.

Und was Stadt betraf: *Hatte Tolstoi nicht in den allerletzten seiner Erdentage noch getan, was er offenbar immer gewollt hatte, was allerdings erst, als sein Verstand hinlänglich geschwächt war, zum Durchbruch gelingen durfte, jetzt oder nie: Abhauen aus der Schwere der Landschaft, Kopfsprung in die Erregung, weg vom bedächtigen Holzsägen, tatsächlich zum Bahnhof gehen mit leichtem Gepäck – und tatsächlich abfahren! Verständlich, dass er zumindest nicht auch noch in der Pampa sterben wollte, wo alles abstirbt und schon gestorben ist, wäre nicht Schreiben sein Leben gewesen, der Roman, Hunderte von Seiten gewichtig genug, ihn bei den Mückenwolken im Birkenwald zu halten, seine tausend Kompromisse plausibel erscheinen zu lassen, zu rechtfertigen mit jeder weiteren Seite?*

Und hatte Thomas Mann, der in einem idyllischen Seedorf in Sichtweite der Stadt begraben lag, je gelebt? Mussten nicht seine Kinder später dann ausbaden, was er sich nicht zu leben getraute? Das Thema war bekannt, das Mann-Archiv lag auch gleich neben der Universität in schönster Sonnenlage, der Schreibtisch des Meisters hinter dem Kordelseil konnte mit gebührendem Respekt auf knarrendem Parkett besichtigt werden.

Was *wir* ausbaden mussten, weil unsere Eltern sich nicht getrauten, war noch keine Frage. Es war alles noch ein Vergnügen. Die Frage aber würde sich stellen.

WG

Parkett auch hier – doch war der Zimmerboden von meiner Vorgängerin gestrichen worden. Es war die Zeit, als man in WG's auch Böden nicht davor verschonte, einmal im Jahr verändert zu werden. Böden noch vor Decken. Kunstvollste Parkettböden wurden gnadenlos überstrichen, Parkett hieß ja für die meisten besseren Kinder: Elternhaus, Rauchsalon des »Alten«, Zunfthaus, Amtsgericht, Trauungszimmer, Gummibaum, Zimmerlinde.

Meinen Parkettboden hatte ich blau vorgefunden mit einer fünfzig Zentimeter breiten roten Bahn, zwei Roller breit, die in der linken Ecke beim Fenster begann und sich durch den Korridor fortsetzte, um mitten im Gemeinschaftsraum zu enden. Ich strich mit Schwarz über den ganzen Boden bis zur Zimmertür, um ihn meiner Wäsche anzugleichen und diese dem Zeitgeist: Zornige Jungs mit Gitarre trugen Schwarz. Leonard Cohen trug Schwarz, die französischen Chançoniers, die Anarchisten, der Säufer Bukowski wohl zumindest eine schwarze Hose. Die vollständige Tracht: Schwarz mit schwarzen Holzpantinen.

Bei uns zuhause gab es keine Parkettböden. Ich ging somit unvoreingenommen ans Werk, und die Öffnung zu »den Andern« hin durfte – alles, was recht war – ruhig erst bei der Schwelle zum Korridor beginnen. Sippe musste nicht schon wieder an meinem Bettrand anfangen. Deshalb war ich nicht hergekommen in die Stadt. Ich suchte nicht Sippe in den WG's, wie viele, die aus Kleinfamilien kamen. Ich suchte Freiheit von übernommenen Normen und Abhängigkeiten. Ich hatte hierin aus Erfahrung keine hohen Ansprüche an diese angeblich neue Wohnform, sie fiel mir leicht. Vielleicht war das der Grund, warum ich es in WG's so lange und gelassen aushalten konnte, ging es auch oft drunter und drüber. Dass ich mit Ausnahme weniger Jahre gar nie anders leben würde, hätte ich allerdings nicht gedacht. Es war auch gar keine Frage, dass wir fortan je anders leben würden.

Und Schwarz war nur in der Stadt möglich. Nichts auf dem Hof war schwarz angestrichen gewesen. Existentialismus musste man sich in der Stadt leisten können. Schwarz bedeutete auf dem Land stets das Ende des Existentiellen, schwarz waren der Leichenwagen und die Überwürfe der Pferde, die ihn zogen. Was meine Vorgängerin, eine Architekturstudentin und später bekannteste Kultbauerin der Stadt, mit ihrem Blau sagen wollte, konnte ich beim besten Willen nicht erraten; sie war mir nur kurz begegnet, als sie die letzten Bananenschachteln aus dem Treppenhaus in den Mietcamion verlud. Schlüssel waren nicht zu übergeben, es gab längst keine mehr in diesem Haus.

Die rote Farbe hingegen war wohl als eine Öffnung des Privaten ins Öffentliche gedacht; WG's in jener Zeit waren vielmehr Bahnhöfe als Wohnungen zu nennen. Dass Fahrräder, Zeitungsstapel und Abfallsäcke an beiden Seiten des Korridors lehnten, als wäre er eine Straße, war noch das Wenigste. Mit Schlüsseln hantiert, wie gesagt, wurde aus Prinzip nie. Schlüssel hieß schon Verrat. Die Stadt sollte ja werden, was die WG war: ein Ort des permanent Öffentlichen, eine fortwährende Diskussion, ein Hort des vorbehaltlosen, der Lust verpflichteten Austausches, eine moralfreie, unsichere Zone permanenter Hoffnung, für mich eine Stadt, eine Stadt, eine Stadt …

*

Und diese Stadt schimmerte gespiegelt im Fluss herauf durch die Kastanien in der Verlängerung der Promenadenmeile – kühn »Quai« genannt – unter dem Mansardenfenster meines Ateliers, wie ich das Zimmerchen nannte, wo vormals Dienstboten aus dem Koffer lebten und ich nun, drei Stockwerke höher als die laute WG, an meinen Gedichten und Pamphleten feilte. Violett, rot, grün stand der Widerschein der Reklamen im gewellten Schwarz des Flusses. Ich schaute hinab, sah die Passanten als ständig sich bewegende Schatten. Wo einer herkam, ging sofort einer hin: ein dauerndes Rauschen, Stoßen, Zwängen bis Mitternacht, das Quietschen der Trams von den Geleiseschlaufen am »Centralplatz« herauf noch bis ein Uhr und dann wieder am frühesten Morgen, kaum dass der Letzte abgebrannt, das Hemd aus der Hose, aus dem Trichter des Vergnügungsviertels herausgewankt kam. Der Platz am Erwachen, Erbrochenes noch vom Abend, orange Straßenwischer, winters mit Wolken vor dem Mund, eingepackt wie Michelin-Männchen: die Soliden, die Verlässlichen, die Unbekannten, die Garanten hinter der Bühne, die Garderobenfrauen, Pissoirfrauen, Kioskfrauen, Trümmerfrauen des Alltags, die ewigen Knechte, Mägde, Köche, dazu da, dass wir »Räuber und Gendarm« spielen konnten: die Richtigen gegen die Falschen, die Linken gegen die Rechten, die Gestrigen gegen die Künftigen, die Braunen gegen die Roten, bald die Grünen gegen alle. Dazwischen wurde gewischt von jenen, die nie mitspielen dürfen und in deren Namen wir uns zu sprechen anmaßten.

Den Stummen eine Sprache geben, hieß das Motto, ob diese wollten oder nicht. Unsere Sprache. Und sie wollten sie offensichtlich nicht, wir hatten »die schweigende Mehrheit«

gegen uns, das war bald klar; in deren Namen sprachen die Rechten geschickter. Nie war ein Arbeiter zu sehen mit einer unserer Zeitungen unter dem Arm, nie blieb einer anders als kopfschüttelnd stehen vor einer unserer geklebten Wandzeitungen mit dem Indianerkopf. Es schrieb die eine linke Fraktion für die andere linke Fraktion. Es war alles bloß ein Markieren innerhalb des eigenen Reviers, nicht anders als bei den angeblich anonymen Sprayern an den Ausfallstraßen, die bald nur noch die Abkürzungen ihrer Namen sprayten, damit die Sprayer des anderen Reviers aufmerkten. Auch sie verfielen der Konkurrenz, dem Narzissmus, der Macht, bald dem Kommerz.

Ein Poesie- und Liederabend, mit einem Freund zusammen kurzerhand angesetzt, hieß folgerichtig: *Von den beiden Männern auf dem Bild weiß man wenig.* Auf unserem Plakat waren zwei Kanalarbeiter abgebildet, die, mit Stiefeln im Abwasser einer Kanalisationsröhre stehend, mit Schaufeln hantierten. Wir wussten mit Sicherheit noch weniger über die beiden als die Mehrheit der Bevölkerung, die Tür an Tür mit städtischen Kanalarbeitern wohnte, aber wir hatten nicht den leisesten Zweifel, die Richtigen zu sein, für sie sprechen zu sollen.

Dem stummen, ewig beschissenen kleinen Mann nicht nur eine Stimme zu geben, sondern sogar ein Gesicht, war das Anliegen der jungen Filmemacher. Nur waren die sogenannten kleinen Leute die Letzten, die in ihrer spärlichen Freizeit die schwerfälligen Dokumentarfilme sehen mochten, die die Filmkooperative herstellte und in denen sie zur Darstellung kommen sollten. Wer will schon nach Feierabend sich selbst sehen! Stattdessen boomten die »Denver«- und »Dallas«-Serien, dass es die Straßen leer fegte. Die Armen wollten Reiche sehen, nicht Arme. Zu einem unserer linken Gitarrenkonzerte mit meinen Gedichten und revolutionären Liedern aus Südamerika kam an einem Samstagabend ein Einziger. Möglich, dass es ein hergeschickter Kritiker war, der auch lieber »Denver« geschaut hätte …

Der kleine Mann, dem ich ausdrücklich ein Lied widmete, wollte definitiv nicht, was wir wollten. Wir schrieben es seiner Verführbarkeit zu, auf die Tricks der Werber aller Sparten, insbesondere im Fernsehen hereinzufallen. *Sie*, diese Wort- und Bildgewandten, waren die wirklich Bösen, die wissenden Mephistos. Genossen, die in die Werbung und in die seichte Unterhaltung abwanderten, hatten ihre Seelen dem Kapital verkauft und wurden aus den Agenden gestrichen. Aber der kleine Mann würde schon noch hören wollen, wenn man diesen smarten Verführern das Handwerk legte, es durfte einfach nicht sein, dass Meister Propper mehr Einschaltquote bekam als das linke Lokalradio mit seinen ideologisch richtigen Beiträgen in allen Emigrantensprachen!

Ich war in alledem, dem Herkommen geschuldet, mehr Richter als Partei, beobachtend und notierend in meiner Lukarne hoch über den Niederungen der Altstadt, die Vergnügungsviertel und Studentenquartier in einem war.

Hochmoralisch gegen jede Moral saß ich in meinem Mastkorb, ein wild gewordener Konfirmand, losgelassen auf Bibliotheken, Nachlässe, Bekenntnisse anderer, in Seminaren böse, auf der Straße hilflos jeder Verlockung und Empörung erlegen und doch pragmatisch genug, die wichtigsten Vorlesungen nicht zu verpassen, man wusste ja nie. Und Theorien gab es weiß Gott genug, um für alles und jedes eine Rechtfertigung zu finden.

Es gab noch Häuser und Kneipen, ja ganze Viertel, dem Abriss freigegeben oder, noch schlimmer, der zwinglianischen Renovation – ein ideales Spielfeld für unsere größenwahnsinnigen Planspiele. Immerhin gab es eine Zeitlang noch Brachen, die Kraft ideologischer Besetzung zum Ausgangspunkt von ganz Neuem hätten werden können. »Karthago« hieß ein Hoffnungsprojekt. War nicht Hannibal mit Elefanten über die Alpen gezogen? Ein Wahnsinnsprojekt, aber getan! Stehen die Alpen im Weg und kann man mangels Technik nicht sprengen, steigen wir darüber, und zwar mit unseren Elefanten aus Afrika! Der war einer von uns! Und wir seine Armee: eine Phalanx von hundert Elefanten in der Einfallsachse vor Rom! Schwarze, eingeölte, geschminkte Muskelmänner, aufgeschnallt mit Kesselpauken und Hörnern, bereit zum Angriff … Sieg oder Vernichtung – wer nicht das Unmögliche will, wird nie das Mögliche erreichen, stand über allem und schließlich auch an unserem Balkon. Wer nicht scheitert, hat nicht genug versucht.

Und so traten wir auf mit unserem zufällig zusammengestellten Rock-Ensemble: nicht weniger bunt als Hannibals Kesselpauker, geschminkt wie Weihnachtsbäume, androgyn, indianisch, nackt, unvorbereitet, musikalisch haarsträubend, Hauptsache laut und ein paar Liter Theaterblut verspritzend. Der Bassist kam im Bastrock, der Drummer in einem Balletträckchen auf die Bühne, der Auftritt war ein permanentes Kostümwechseln. Motto: Proben ist feige, Improvisieren alles! Wenn nicht ein Drittel des Publikums kopfschüttelnd den Saal verließ, waren wir nicht in Form – und fuhren dann gedrückt morgens um fünf im Tourenbus nach Hause und trugen bei erstem Vogelgezwitscher, noch immer mit Schminke verschmiert, die schweren Lautsprecherboxen, das sperrige Mischpult und die klebrigen Kabel in den Luftschutzkeller hinunter. Einmal beendeten die Städtischen Wasserwerfer unser Konzert. Ein andermal stürmte einer mit einer Axt auf die Bühne und hieb unsere Kabel durch, weil er fand, es müsse jetzt umgehend diskutiert werden. Leider hatte er auch das Kabel des Mikrophons erwischt und seine eigene dünne Stimme von der Masse abgeschnitten, sodass gar nichts mehr lief und der alternative Abend ein frühes Ende fand …

Und wem immer diese verlotterte Häuserzeile gehört – ab heute gehört sie der Hoffnung, der Zukunft. Keine Sorge, wir übernehmen das schon! Wir können das besser! Wo immer die Stadt das Geld herzunehmen gedenkt: ab heute sind WG's zu subventionieren, Hinterhöfe zu möblieren, Dachzinnen freizugeben, Konkubinate zu fördern, Schwule und Frauen in Präsidien zu wählen, Asylanten zu legalisieren, sind Musikkeller einzurichten, Schwitzhütten, Quartierkliniken, Ludotheken, Krippen, Komposthurden an jeder Ecke, Fahrradwege, sind Spieltürme subito aufzurichten, Labyrinthe, Freibäder an jedem geeigneten Wasser zu bauen, Theater, Märkte, Depots für Hüpf- und Wasserspiele – und wo nicht zugefahren werden kann, kann aufgeblasen werden, können Zeltplanen gespannt, kann begrünt, über Treppen erstiegen, kann untertunnelt werden. Und auch das Umbenennen von Straßen und Plätzen übernehmen wir, wozu haben wir unsere Spraydosen, Schablonen, Stempel …

*

Mir, dem vom Land, der unter Großvaters Regime aufgewachsen war, musste auffallen: *Was nachfolgende Generationen von Städtern jeweils an Annehmlichkeiten und Freiheiten vorfinden, nehmen sie für selbstverständlich. Auf einem Hof sieht der Nachfolger, wie viel Mühe es die Vorgänger gekostet hat, den Besitz auszuweiten. Niemanden interessiert aber in der Stadt hinterher der Preis der Kämpfe um die Privilegien, die allen zugutekommen, niemand dankt den Vorderen, wie es heißt auf dem Land. Niemand dankt denen, die besonnen von den Barrikaden heruntergestiegen waren und sich mit Andersgesinnten in mühsa-*

men Sitzungen zusammengerauft hatten für eine bessere Ordnung, für mehr Menschlichkeit, und zwar auch auf dem Land.

Die Nehmenden kennen die Zahlenden nicht in der Stadt, notierte ich. Verdienst wird nicht gewusst, ist in der Stadt am andern Tag schon vergessen, geschweige in zehn, zwanzig Jahren. Warum wohl trug der Clochard in unserem feuchten Keller den Zeitungsartikel herum, tausendmal schon gezeigt, der ihn als ehemaligen Boxer auswies, 1. Liga, der da rechts bin ich, war ich, kaum noch zu erkennen vor lauter Fettflecken … Wer einen Beitrag leistet in der Stadt, wie und wo auch immer, muss es dauernd verkünden, wer will ihn sonst wahrnehmen.

In Badersdorf wurde jeder geschuldete Rappen an die Tafel geschrieben, in der Wirtschaft zum Rebstock, von allen gut einsehbar über den Jassteppichen an der Wand, als wüssten nicht schon alle, wer in wessen Schuld stand. Niemand musste da seine Biographie in der Innentasche mittragen, alle kannten sie vor und zurück. Dorf war ein einziges Gedächtnis. Dass alte Rechnungen mit Kreide an der Wand aufgelistet wurden, wollte nur heißen: Wenn du zu Geld kommst beim Milchzahltag, dann will ich der Erste sein, dem du es bringst, und ich kenne deine andern Gläubiger, sie sitzen hier am Tisch. Die Schrift an der Wand war für die anderen, und allzu lange durfte die Schuld da nicht stehen. Und ein einziges handgemaltes Plakat an der Gemeindescheune genügte, dass alle zur Veranstaltung kamen. Man wurde wahrgenommen bis zum Ersticken an jedem neuen Tag. Hatte man das Haus verlassen, bewegte man sich sozusagen im Bewusstsein, dauernd beobachtet zu werden. Jede Geste, jede Fahrt mit dem Traktor senkte sich ins kollektive Bewusstsein des Dorfes und konnte im gegebenen Fall zitiert werden. Die Krimis, die auf dem Land spielten, gingen richtigerweise gleich davon aus: Alle kennen den Mörder, nur der Kommissar aus der Stadt nicht.

In der Stadt hingegen kannte der Nachbar nicht einmal deinen richtigen Namen unter den vielen am Klingelbrett, und wir Besetzer hatten nicht einmal ein funktionierendes Klingelbrett vorgefunden, und es zu reparieren, war niemandem in den Sinn gekommen. Wozu gab es Verwaltungen, man bezahlte sie ja. (Wir zahlten allerdings nicht, unsere Mietbeiträge waren knapp symbolisch aufzufassen.) Und wozu ein Klingelbrett, es kann ja jeder hochkommen, er wird schon sehen, ob er willkommen ist.

In WG's galten ohnehin nur Vornahmen, vorwiegend sogar nur Übernamen. Lag Post hingeschmissen auf einem Treppenabsatz, musste erst herumgefragt werden, wer denn hier so hieße. Was tat's, Herkommen interessierte tatsächlich niemanden. Wo doch auf dem Dorf Herkommen vor Person stand. Der junge Hofbauer, war er auch ein Versager, so war er doch immerhin noch der Sohn des respektierten alten Platzhirsches oder Enkel des noch Vorderen. Das war zu respektieren. Man sah gleichsam durch ihn hindurch auf das Verdienst der Väter.

In der Stadt hingegen war Verdienst nicht gerade in Mode. *Möwen danken niemandem, sie nehmen. Möwen kämpfen nicht, sie klauen, sie schlingen im Flug. Und die Ansprüche wachsen. Was einmal gegeben wird, wird umgehend zum Standard. Hier erzwangen Sozialisten in den Zwanzigern ein menschenfreundliches Quartier, hier einen Park, dort eine Quartierklinik, da ein Gemeinschaftshaus; hier war die Gemeinschaftsküche, hier duschte man zusammen, hier war die Waschküche für alle, montierte man Wäscheschwingen – damals das Neueste.* Bald aber hatte da jede Wohnung eine, hatte jeder seine, und jede Wohnung hatte einen separaten Eingang ... Nach ein paar Jahren zunehmenden Wohlstands hatte jeder bald seinen eigenen Schlüssel, und mit Schlüsseln beginnt stets das ganz andere. In den überflüssigen kupfernen Waschtrögen blühten bald Geranien im Hof, im Musikpavillon der linken Eisenbahnerkapelle nächtigten bald die Obdachlosen, auf der Allmend, vormals mühsam den Stadtmächtigen abgetrotzt, wehten bald Schreberfähnchen und fraßen sich Autobahnzufahrten ins Grün ...Was wir Linke aufs Neue eröffneten oder zu öffnen behaupteten, gab es somit bereits vor Generationen: WG's der vorderen Art, Waldschulen für rachitische Arbeiterkinder, Lese- und Vorlesezirkel für Ungebildete, Volksbibliotheken, bloß von Sütterlinschrift umrankt, von Trennwänden verstellt, von Anbauten erstickt.

Und wir dachten, das Unsere sei zum ersten Mal ...

Vordenker

Im Boom des Wirtschaftswunders und der durch den Krieg vorangetriebenen technischen Neuerungen kam so viel Neues zusammen, wie es in der Menschheitsgeschichte wohl noch nie in einem Topf zum Brodeln kam. Was schon in den Zwanzigerjahren zum Ausbruch kommen wollte und durch den Krieg und die ersten Jahre der materiellen Erholung brutal zurückgestaut wurde, wollte jetzt endlich heraus. Im Jahr 68 des durch zwei fürchterliche Kriege erschütterten Jahrhunderts war der Deckel nicht länger drauf zu halten. Es mussten neue Theorien kommen, neue Texte, neue Musik und neue pädagogische Ansätze, egal wem sie gerade anzuhängen waren und egal, wie und wo sie, der blinden Dialektik gehorchend, überborden würden. So zwangsläufig wie Dada auf den Ersten Weltkrieg folgen musste, folgte nun 68 auf den Zweiten mit seinen ihm folgenden verklemmten Fünfzigerjahren. Wir waren bloß einmal mehr die Verkünder und Vollzieher – oder überhaupt erst bloß Auslöser eines automatischen Vollzugs. Wäre es nicht *dieser* Tropfen gewesen ins übervolle Fass, wäre es ein anderer gewesen, wäre nicht ich in jene WG mit Mansarden gezogen, wäre es ein anderer gewesen, dem Ganzen egal. Eine neue Anpassung, ein neuer Vollzug, ein weiteres Drama brauchte einfach sein Personal.

Und einmal mehr waren es umgehend Intellektuelle, die obenauf ritten, ohne den geringsten Preis bezahlt zu haben, ohne den nüchternen Praktikern zu danken, die den

Boden erst bereitet hatten: Aber *sie* wollten die Welle angestoßen haben, auf der sie kraftlos ritten.

Waren Vorarbeiter durchaus nichts Neues, so gab es aber nun plötzlich »Vordenker«.

Ich war keiner, mangels Talent. Ich war eher »Nachdenker«, einer der einfach tut – oft, wie Vater, zu schnell und unbedacht –, um dann hinterher erst seine Schlussfolgerungen zu ziehen. Zum Handwerker fehlte mir die Eignung fürs Détail, zum Techniker das mathematischen Rechnen, zum Theoretiker das abstrakte Denken. Ich musste mich notgedrungen auf die Vermittlung sprachlicher und geschichtlicher Fächer zurückziehen, wollte ich mit irgendetwas meinen Lebensunterhalt bestreiten.

Abstraktes Denken war mir geradezu ein Alptraum. Ich saß als Schüler stundenlang vor simplen Dreisätzen und dann auch vor mathematischen Gleichungen mit drei Unbekannten. Also musste auch Heidegger schon nach dem ersten Kapitel zurückgeben werden. Meiner mangelnden Abstraktionsgabe wegen kapitulierte ich schließlich auch vor der mathematischen Seite der Ökonomie, insbesondere der Nationalökonomie. Auch diese Pflichtübung musste ich abbrechen, bevor mich die letzten Prüfungen noch ein weiteres Jahr gekostet hätten. Ich war definitiv einer von der dritten Fraktion, jener der Vorspieler, viel mehr ein Finder als Sucher. Mir entsprach »learning by doing«, dem Vater nachgeraten, der aus den Scherben des ersten Anlaufs immer etwas Neues zu kreieren wusste …

Es brauchte jeweils einige Wiederholungen, bis ich begriff. Meine ländliche Robustheit – ein Segen in den Überreiztheiten der City – ließ mich Ungereimtheiten ertragen, und an Willen und Hartnäckigkeit, Dinge zu Ende zu bringen, fehlte es nicht. Auch Dinge zu Ende zu bringen, die ins Abseits führten, ans bittere Ende. Frauen attestierten mir ein eklatantes Manko an Gesprächsbereitschaft, die Genossen ein Manko an Schärfe. Das Chaos unserer großen WG zwang mich jedoch nicht dringend, eindeutige Positionen zu beziehen. Bloß da zu wohnen, wo alles buchstäblich im Fluss war, war in den Augen meiner Genossen noch lange Ausweis genug, dass ich unterwegs war. Ich konnte es noch lange allen recht machen, ohne merken zu müssen, welchen Preis ich dafür zu bezahlen hatte.

Es hätte keiner Vordenker bedurft. Wir hätten, wie gesagt, nur auszuräumen brauchen und benutzen müssen, was schon da war. Wir hätten nur die alten »WG's« und Kollektive der Zwanziger Jahre von Ablagerungen befreien müssen. Aber das wollte keiner, es wäre für uns »Neuerer« geradezu ein naturwidriges Verhalten gewesen.

Nägel mit Köpfen

In heruntergekommenen Schlössern in Frankreich entstanden nun alsbald Kommunen, Tantra-Paläste, antiautoritäre Schulen in Serie. In vormals feuchten Herrensitzen entstanden Tramperhotels und Seminarzentren. Besonders beliebt aber war es, es auf einem verlotterten Bauernhof in Italien oder der Provence mit alternativer Landwirtschaft zu versuchen. Nach ein paar Jahren, oft sogar nur Monaten, waren die meisten jedoch wieder zurück. Wie sollten Städter Abgeschiedenheit und Stille aushalten können und erst recht in einer ausländische Pampa, wo es noch freies Feld genug gab, damit tatsächlich Stille einkehrte – oft Grabesstille in verlassenen Ruinen und Weilern. Da war niemand außer Schlangen, Skorpionen und Mücken und ein paar Bauern, die das Ganze belustigt bis misstrauisch von ferne betrachteten. Ein Glück, wenn man von Hof zu Hof gerade noch die Hunde bellen hörte und winters Rauch aus Kaminen aufsteigen sah, das einzige Lebenszeichen menschlicher Population. Vielleicht zogen Flugzeuge auf zehntausend Metern ab und zu ihre Kondensstreifen über den Hof, dessen Bewohner sich ausmalen konnten, was man gerade verpasste, während andere ferne Länder kennenlernten und neue Beziehungen knüpften.

Wer trotzdem hier blieb über Jahrzehnte, das waren die, die am Schluss noch da gelandet waren ohne weiteren Anspruch, vielmehr hängengeblieben waren, ohne es gewollt zu haben, die einfach eingezogen waren, zufällig, und Gefallen gefunden hatten gegen eigenes Vorhaben – und waren dann wie Blumen auf Autofriedhöfen aufgegangen, her geweht, ganz nach dem Muster der angeblich blinden Natur.

Die Gründer, die aufgeregten Schwierigen, die Dogmatiker und Diskutierer, fielen sehr bald durchs Sieb der alltäglichen Anforderungen des ländlichen Alltags und zogen ab. Aber den Realisten und Pragmatikern war es egal, sie wollten den gescheiten Rechtfertigungen nicht länger zuhören, es verlangte jetzt einfach nach Nägel mit Köpfen. Vor allem Frauen verlangten das. Sie wollten nicht länger in zugigen Zimmern schlafen, winters im Rauch, und im Herbst kümmerliche Früchte aus dem Boden buddeln, wo man im Frühling das Doppelte an knackigem Saatgut im Boden verschwinden sah.

So blieben am Ende die, die eine Struktur schon vorfanden, ohne zu ahnen, wie fortschrittlich sie einmal war – wie Generationen sich allmählich an die Mechanismen der Demokratie gewöhnten, als wären sie das Selbstverständlichste der Welt … *und siehe da, der Stab der erloschenen Fackel wurde doch noch und ohne Pathos ins Ziel getragen, wenn das Ziel auch ein wenig zurechtgebogen werden musste und niemand mehr applaudierte.*

Es waren früher schon stets andere gewesen, die den entscheidenden Einsatz brachten für etwas mehr Menschlichkeit, lehrte die Geschichte, jene, die verzeihen konnten nach den Barrikaden, die den »grünen Daumen« hatten, das »Händchen« dazu, die es auslöffelten am Ende, die die verwilderten Kinder der Revolution doch noch einigermaßen erzogen am Ende, und war es der verhasste Vater Staat, der dafür herhalten und es tun musste. An Talenten, auch an Genies mangelte es nie, die blinde Natur verfütterte sie stets dem Stärkeren – gnadenlos wie jedes andere Stück Fleisch. Die »Idee« war zwar stets die erste Voraussetzung, aber für den Vollzug eher hinderlich. Und welches Genie war bescheiden genug, sein Talent in die Pfanne zu hauen, und hartnäckig genug, es zu Ende zu braten? Genie sei ein Prozent Inspiration und neunundneunzig Prozent Transpiration, zitierte ich den Erfinder Edison an meiner Mansardenwand. An Autisten mangle es nie, die Wesentliches nicht von Unwesentlichem unterscheiden können, die Primzahlen auf zehntausend und zurück ausspucken, aber sich ohne Mama nicht die Schuhe binden, geschweige Kinder erziehen können. Es gebe nicht zu wenige Genies, es mangle an erwachsenen Alleskönnern, es mangle an Vollziehern, Verantwortern, es brauche die, die auf dem Boden blieben, es brauche Starke, somit Autoritäten, nicht Mächtige mit Minderwertigkeitsgefühlen, es brauche solche, die die Zunge hüten und nicht herausstrecken, wie das Genie auf dem Poster, das neben Zappa in unserem Korridor hing. Was brächten die Werke dieser Tunnelbegabten, die die Atomtechnologie nahtlos in die Hände legten von ebenfalls kindlich gebliebenen Autisten der Macht, die in die Geschichte als erste eingingen und von Historikern gehätschelt würden, die Cäsaren, Napoléons und Hitlers. Solches stand in einem der letzten meiner Hefte, zehn Jahre nach 68, als ich unversehens Vater einer Tochter geworden war und sich bereits ein neues Gewitter über der Stadt zusammenzog oder doch zumindest ein Wetterleuchten zu werden versprach, die eigenartigste Revolte, die die Menschheit je gesehen hatte und sich exklusiv nur in dieser Stadt hatte ereignen können: eine dadaistische Massenauflehnung, in ihrer Art geeignet, vom akademischen Ernst übersehen zu werden. *Denn schwieriger ist, ein Mord nicht aufzuklären als der Mord aus Spaß, scheinbar ohne Motiv. Der Verstand will ein »Profil« – und findet er keines, will er nie eines gesucht haben. Das war* 81, *die nächste Ziffer, die schon nicht mehr ganz die meine war.*

Diese Skepsis lag nicht öffentlich im Streit mit meiner Gesinnung, die meine Genossen und bürgerliche Opponenten als linke bezeichneten, sie lag vielmehr unter dieser Oberfläche, sie herrschte nur in meiner Mansarde, nicht auf der Straße, und nahm naturgemäß mit jedem Jahr des Älterwerdens zu. An die Wand meiner Schreibklause zitierte ich auch den Satz eines Schriftstellers des Landes: *Der Mensch steht weder links noch rechts – er geht.* Und da ich ihn stets abschloss, meinen Turm – als einzigen Raum des Hauses –, und weder Linke noch Rechte Zutritt hatten, blieb dieser Hochsitz über der Stadt am Centralplatz mein ureigener Beobachtungsposten und Verteidigungsgürtel im Getümmel der Ereignisse und Meinungen.

Mein Linkssein verdankte sich der Empörung über jede Arroganz der Macht, lag diese, wo sie wollte. Dachte ich auch in einigen Dingen wie die »Rechten« oder vielmehr Konservativen – die ich nicht mit den in der Stadt tonangebenden »Freisinnigen« verwechselt haben wollte, der allherrschenden Geld- und Zünfte-Partei, die sich die Stadt gepachtet zu haben glaubte – so waren sie trotzdem noch lange nicht die »Richtigen«. Ich unterschied zwischen Recht haben und »der Richtige sein«. *»Recht haben ist keine Kunst, der Rechte sein allerdings ein Lebenswerk«*, notierte ich. Und der Richtige war mir der sich durch alle Lebensperioden wandelnde Linke. Und ist es noch. »Il faut cultiver notre jardin«, hatte Voltaire schon zweihundert Jahre zuvor notiert.

Von den Reichen solle mehr verlangt werden, verlangte ich. Reiche, wenn sie schon in den reformierten Himmel kämen, hätten auf Erden erst einmal segensreich zu wirken, und zwar anonym. Reiche hätten sozialistisch zu denken, und es schadete auch nichts, würden Arbeiter kapitalistischer denken, statt toll zu finden, dass ihr Chef demonstrativ mit dem vw vors Werktor fuhr, wie der Chef und Besitzer einer der größten Waffenschmieden Europas an der Peripherie der Stadt mit der einzigartigen Gemäldesammlung am Sonnenberg. Mein protestantischer Hintergrund war unverkennbar aus den Notizen herauszulesen – sehe ich, wenn ich sie heute, nach so vielen Jahren, wieder lese.

Die besonnenen »Säulen der Gesellschaft«, die Nägel mit Köpfen machen, sind in Städten seltener zu finden als auf dem Land, in den Bergen häufiger als im flachen Land; sie sind in den heißen Zeiten der Umbrüche am wenigsten gefragt, wachsen am Chaos, das die Hitzköpfe anzetteln, und entkommen oft nur mit Glück dem »Ausblick« von der Laterne, vom Mob verfolgt, der keinen Dank kennt, notierte ich, die Tagebücher von Zeitgenossen der Französischen Revolution vor Augen. *Vor den Verrückten treten sie als Laue in Erscheinung, als Zögerliche vor der Zukunft – Pappkarton um den Hals und durch die Straßen geschleppt, die Verräter an der neuen Vision! Dabei sind Entwerfer bekanntlich die letzten, die irgendetwas jemals aushalten, am wenigsten sich selbst.* Und ich konnte nicht durch die Spiegelgasse gehen, ohne an Büchner zu denken, der hier in meinem Alter »Dantons Tod« verfasst und aus eigenem Erleben beschrieben hatte, was ich aus seinem Werk mit nach Hause trug, um es sogleich zu verwerten.

Aber anders als der früh vollendete Büchner, wurde ich allmählich älter und besonnener. – Würde ich meiner kleinen Tochter tatsächlich diese Gesellschaftsordnung zumuten wollen, wie sie einige unserer linken Hitzköpfe vorzeichneten?

Zeitgeist

In den WG's unserer Art und in unseren weiteren Kreisen gab es jedenfalls durchwegs nur Genies, kurzerhand selbsternannte, aber auch vom Zeitgeist erfasste, den Genius der Stunde nutzende, aufgeweckte, sich meist selber nicht bewusste Schöpfer wunderbarer Songs, frecher Gemälde und Objekte, schamloser Happenings, hingeworfener Gedichte.

Viele dieser Spontanen und vom Zeitgeist Hochgespülten verbrannten an sich selber oder fielen zurück in Mutters Schoß, verbrachten endlos letzte Jahre stumm an Küchentischen in Agonie oder in geschützten Werkstätten, wie Hölderlin in seinem Turm. Niemand vermisste sie mehr. War man sich im Fieber des Aufstands auch in den Armen gelegen – bald fragte niemand mehr nach ihnen, es drängten gleich andere nach an ihren Platz. *Denn an Genies fehlt es nie. Weil sie der Zeitgeist stets neu gebiert. Was macht eigentlich der oder die, war das einzige, was vielleicht ein Kolumnist noch fragte nach zehn Jahren, hatte der nicht diesen Song geschrieben, der immer noch läuft?*

Andere, meist mit starken Frauen im Rücken, kamen allmählich in ruhigere Gewässer, wurden Experten, Städteplaner, Stadtpräsidenten, Kulturagenten, Verleger, Bundesräte. Genies, lehrte die Geschichte, die nicht durch das Weibliche geerdet wurden, verkamen oft, bevor sie ihre fatale Einseitigkeit in gesellschaftlichen Nutzen verwandeln konnten. Die Pop-Geschichte hinterließ ein Feld von Leichen am Weg.

Und dass Revolution nie eine permanente sein konnte, wie fragile Geister in Selbstüberschätzung ihrer Kräfte glaubten, war bald einzusehen. Die These vom ewigen Aufbruch wurde von robusten linken Populisten stets vorangetragen, um ihre Machtgier zu bemänteln, wurde aber von unseren Genossen gerne aufgenommen, die den romantischen Kampfanzug selbst im Bett nicht ablegen wollten, wie mein Zimmernachbar in der WG am Centralplatz, der, Gewissen nicht kennend, bereit gewesen wäre, lieber die Bevölkerung zu opfern, für die er sich angeblich aufopferte, als seine Schwäche zu erkennen – der lieber seine eigenen Kinder noch opferte, als in der Sache nachzugeben. Auch Mao war schließlich der Zukunft zuliebe über die Leichen seiner Familie gestiegen. Sentiment hatte nichts verloren im Klassenkampf!

Auch die Spur dieses unseres strammen Mitbewohners verlor sich bald. Und niemand wusste mehr von ihm.

Es war vorgegeben: Extremisten würden im Land des Kompromisses keine Chance haben. Das schweizerische Modell war geeignet, alles Widerspenstige zu schlucken und schließlich ins Liebliche umzubiegen. Selbst Militärkapellen spielten bald »Give Peace a Chance«, nachdem ich eben noch in Solidarität mit den Pilzköpfen eine Woche scharfen Militärarrest abgesessen hatte. Eine Million Stadtbewohner und vom Land Zugeströmte standen beim Sommerfest der Stadt schweigend und ergriffen eine halbe Stunde um das Seebecken, als zu Pink Floyd's LSD-Klängen – die wir doch für uns gepachtet hielten – zwei Motorsegler der Force de Frappe aus Frankreich ihre Pirouetten in den Himmel schraubten. Waren an diesem Ort vormals so viele Menschen so lange absolut still und ergriffen bloß dagestanden, Schulter an Schulter, Stadt- und Landleute, Deutsche von jenseits der Grenze, Asylanten, egal – für eine halbe Stunde?

*

Genialisch hingeworfene Werke stapelten sich notgedrungen zu Hauf in den WG-Zimmern und Mansarden unserer selbsternannten Künstler: dilettantische, dem Suff abgetrotzte, die aber, manchmal von ihren Schöpfern vorgestellt, plötzlich zu vibrieren und glimmen begannen, ohne Vermittlung jedoch entzaubert in sich zusammenfielen und sich im Korridor dann stapelten. Es war, als berührte der Zeitgeist jeden und jedes mit einem Zauberstab. Wer wollte es auch bezweifeln, die Wunder geschahen tatsächlich immer wieder, nachweisbar, die Anmaßungen hatten stattgefunden, die Happenings waren aktenkundig sogar in Polizeirapporten nachzulesen. Ganze Reihen von Bußzettel aufgrund von Übertretungen, von illegaler Happenings und Konzerten zierten als Trophäen der Unbotmäßigkeit die Wände unserer Toiletten, damit man Zeit hatte, über Widerstand und Anpassung nachzudenken.

Bezahlt wurde am Ende doch, das Schlimmste abwendend, und immer von den Gleichen, die der bizarren Atmosphäre, die sie bei uns vorfanden, etwas zu schulden glaubten. Meistens waren es wesentlich ältere, bereits etablierte Freunde von Wohngenossinnen, die ab und zu bei uns übernachten durften, Künstler schon von Rang, Zahnärzte, die Avantgarde sammelten und einmal zum Essen kamen, Galeristen und Kunstkritiker, Verleger, Freier von illegalen Tänzerinnen aus der Karibik, die in den Mansarden logierten, einmal sogar und tatsächlich der Finanzminister eines asiatischen Landes, der inkognito mit Bodyguard in die Stadtfasnacht geraten war und, angetrunken mitgeschleppt von nicht weniger betrunkenen Kommunarden, in unserer Kommune landete.

Was entstand in den Atelierzimmern unserer WG, hatte wenig Schweiß gekostet, es war auf Kredit, oder es war vielmehr nicht *unser* Schweiß gewesen, der die Eruption von Kreationen ermöglichte, die diese Jahre auszeichnet.

Es war – vor allem – die Gnade des Moments. Wir waren nur zufällig in die Rolle der Pflücker und Ernter geraten, nachdem die Pflanzer gestorben waren. Es waren einfach keine direkten Erben auszumachen, also fiel das Vermögen an uns.

Wir waren mittendrin, wir merkten nichts davon, aber es waren Ausnahmejahre. Und auf ein Fingerschnippen waren sie vorbei, hatte die Vermarktung die Unschuld eingeholt, wurden Geschäfte darüber gebaut, bekam Dada ein ständiges Domizil, wurden Happenings auf die Minute angekündigt, standen schon Fotografen bereit, besiedelten Copyrights die Texte, übernahmen Labels alles Weitere, kam der Kater nach dem Rausch, kamen dem Kreativen die Pfänder ins Haus.

Huren und Freier

Städte sind auch als ewige Lichter zu sehen, notierte der ökonomische Adept, ihr Licht nimmt zu und ab nach der Laune der Kunden, Theorie überflüssig. Aber die Laune des Kunden ist unberechenbar. Sein Interesse von einem Produkt abgezogen, und schon stürzt die Firma, verödet das Gelände, stürzen die Mauern. Wann und warum ist eine Mode plötzlich da und plötzlich vorbei? Der kurze Rock? Der »Bubikopf?« Aber unnötig, Städte Huren zu nennen, es gibt nur Huren und Freier – das findet man in Ordnung mit der Zeit und nennt es mit zunehmendem Alter Angebot und Nachfrage.

Dabei betrug mein »zunehmendes Alter« zu dieser Zeit gerade ein Jahr über Zwanzig!

Dass einer meiner Kommilitonen »Hure« an die Aula der ökonomischen Hochschule der Klosterstadt sprayte, war nur folgerichtig. Wir bekamen sie schließlich gelehrt im ersten Semester, die Marktgesetze, die jeder Zuhälter auch ohne Studium begriff, das »Gesetz des abnehmenden Grenznutzens« zum Beispiel, wonach er der Straße stets frische Ware zuführen musste. Weitere Semester waren nicht nötig, um dahinter zu kommen, dass Ökonomie auf primitivsten und daher zweifellos immer richtigen Grundsätzen basierte, waren doch die erfolgreichen Unternehmer, die als Gastredner in unserer Aula Grundsätze von sich gaben, fast ausschließlich Autodidakten gewesen, hatten, wie unsere Szenenbekannten und Hippies, auf dem Straßenmarkt angefangen, waren erst mit Lederwaren über dem Arm durch die Kneipen getingelt, hatten in Hinterhöfen angefangen, Falafel zu backen, bevor sie Restaurants eröffneten, hatten am See auf dem Rasen angefangen, Hirtentrommeln aus Marokko und Sarongs aus Bali zu verkaufen, hatten am Pfingsttreffen auf der Allmend mit Joints im Mund Blechschmuck aus Mexiko verhökert, bevor sie ihre erste Boutique bezogen, auf Koks umschwenkten, bald Angestellte einstellten, die Ladenkette begründeten, bald in Portugal produzieren ließen, dann Edelwein importierten, das Opernhaus sponserten...

Sofern es nur ums Geldverdienen ging, musste man beileibe nicht Ökonomie studieren, das war offensichtlich. Ja, man verplemperte vielmehr wertvolle Jahre, in denen, wie gesagt, bloß bauernschlaue Autodidakten bereits Filialen eröffneten. Ich wechselte aus anderen Gründen kurz vor dem Schlussexamen von der Ökonomie zur Fakultät des schönen Geistes über. Mir fehlte, wie schon gesagt, die Freude an der Materie und das Talent, den mathematischen Überbau der Nationalökonomie zu begreifen. Den Unterbau, hatte ich, wohl bauernschlau, in wenigen Monaten begriffen gehabt, das war keine Kunst, ein Kind konnte ihn nachvollziehen, war doch der viel zitierte »Homo Oeconomicus« und »Klein Hänschen« im Denken ein und derselbe. Und Klein Hänschen aus der Schweiz konnte jetzt Business-Englisch und wollte nun mitfischen in größeren Teichen. Wirtschaftsminister und Industriekapitäne aus aller Welt reichten sich die Klinke unserer Aula in die Hand, die Kronprinzen einheimischer Unternehmer glühten vor Begeisterung und Servilität. Und es ging nur um eines: Wer den Gewinn dauerhaft maximieren konnte, hatte einfach recht, Punkt. War das eine Wissenschaft zu nennen?

Wie auch immer, ich langweilte mich zusehends. Die Musen machten es mir leichter, und es sollte doch ein Studium geben, bei dem ich auf Vorhandenes gründen konnte: Sprachen als Rhythmus, Geschichte als Geschichten, Pädagogik als gesunder Menschenverstand, Didaktik aus Kontaktfreude. Das Studium hieß Phil. I, tönte so auch noch schön, und am Ende war man berechtigt, als Sekundar- und Fachlehrer einen guten, sich mit den Jahren automatisch steigernden Lohn zu beziehen. Da gab es nichts auf Formeln zu bringen. Man musste im jeweiligen Fach nur eigentlich die nötigen Begriffe auswendig lernen, der Sache das richtige Hütchen aufsetzen lernen, das die Prüfungsexperten am Ende jeweils erkennen wollten, hatten sie es ja selber kreiert. Im Übrigen konnte ich mir aus dem reichen Angebot anderer Fakultäten herauspflücken, was mir wirklich Freude machte; so saß ich die halbe Zeit in prüfungsirrelevanten Vorlesungen, die mich aber inspirierten und erfüllten. Es war ein herrlicher Gemischtwarenlanden, aus dem ich mich da bedienen durfte, die Uni der reichen Stadt und das erstaunliche Angebot in den Kulturhäusern, Kinos und Bibliotheken waren überaus angenehm. Es war mir, als begänne ich erst jetzt zu studieren, als hätte die Zeit in der Textilstadt einen Sinn gehabt, der sich vermutlich erst später eröffnen würde.

Meine Hefte erfuhren Erweiterungen in neue Richtungen. Bald waren es nicht mehr nur Notate aufgrund Inspiration durch Gelesenes und Gehörtes, allmählich wuchsen auch Sätze aus eigener, oft schmerzhafter Erfahrung heraus. Wir wurden ja auch älter. Und die mit der Zeit zusätzlich noch anfallenden Diplome, die in jener Zeit des Booms wieder neue Möglichkeiten eröffneten, sollten mich in den folgenden Jahren in verschiedensten Schul- und Sozialdiensten ernähren und mir im Teilzeitmodus den Raum geben, meiner heranwachsenden Tochter ein, wenn auch nicht ehelicher, so doch zumindest vorhandener Vater zu sein.

Codes

Es war leicht zu erkennen: Es ging stets um die Codes, die Sprache der Insider, sie zu erwerben, war eine Frage der Flexibilität. Und die hatte mir mein Vater und die vorgefundene Nische als Jüngster der Familie mitgegeben. *So oder so, man wechselt von Insidern zu Insidern auf dem Weg hinauf in die Chefetagen der City, Diplome sind gut und recht, aber ohne Beziehungen, wenn man genau hinsieht, läuft gar nichts. Es geht auch ohne Zeugnisse, entscheidend ist die Sprache des Zirkels, viel mehr noch die Körpersprache.*

Was haben Politiker anderes?Was hatte Hitler mehr?Er war selber überrascht, dass Gesten offenbar genügten. Was hatte dieser schöne Aufsteiger Kennedy zu bieten? Immerhin hatte er – oder vielmehr sein bei weitem fähigerer Bruder Robert – vor Kuba nicht weniger als den zwangsläufig drohenden Weltuntergang haarscharf abgewendet. Dass 20 Jahre später ein Schauspieler aus Hollywood Präsident werden könnte und nochmals 20 Jahre darauf einer folgen sollte, der nicht einmal der Geographie mächtig war, hätte sich damals noch niemand träumen lassen.

Es sind die Codes. Das hatten andere auch schon festgestellt. Die möglichen Codes eines Bauerndorfes waren mir bestens bekannt, die Codes der Städte hingegen lagen vor mir wie die Prunksäle eines Palasts, die ein Schlossführer verspricht – ich kam vom Bahnhof und stand als »Gehülfe« mit meinem Bastkoffer nun im Vestibül, bereit, den Dienst in der Villa anzutreten und den vornehmen Dienern in die bescheidene Mansardenkammer zu folgen.

Als derjenige, der ich war, würde ich bald die Herrin des Hauses auf mich aufmerksam zu machen verstehen, den alten Herrn zu kirren wissen, den entscheidenden Bruder des Hauses in meine Dienste zu nehmen verstehen. Stadt, ich komme! stand unsichtbar auf meiner Stirn, ich bin ein guter Tänzer, habe in Kirschbäumen tanzen gelernt, vom Vater von Ast zu Ast um die allerletzte Kirsche geschickt, mich im Spalier hoch gehangelt um die letzte Birne. Ich habe lernen gelernt auf dem Land, während ihr bloß gelesen habt von Abenteuern, ihr Stadtkinder. Aber gebt Acht: Ich werde bald die Reihenfolge eurer Bestecke kennen, den Knigge eurer Lügen, die Sprachregel mit Bediensteten im Vestibül beim Abgeben des Mantels, den Moment eines angebrachten Witzes. Als »Liedermacher«, wie man mich bald nannte, würde ich wohl noch das angesagte Lied des Hausherrn begreifen. Ich würde schon auf der untersten Treppenstufe die schönste Tochter gebührend zu ignorieren, die dümmste zu loben, die Jahre der Mutter zu übersehen wissen. *Es ist ja das gleiche Spiel, nur mit anderen Karten, französischen statt innerschweizerischen.* Und dass »der Bube«, der Bauer, höher punktete als der König, sollte mir recht sein. So meinten wir es ja.

Nicht umsonst neigten die Obrigkeiten immer wieder dazu, die Volksspiele – wie das »Jassen« – zu verbieten. Aber mein Großvater, der Bauer, hatte mich gut vorbereitet: Ich würde die Trümpfe und Asse nicht voreilig verspielen, die fetteste Beute, das »Nell«, an der längsten Leine einholen und ein paar Brocken dazu. Fischen am Eglisee war Großvaters Schule gewesen: ein kleiner Ruck und dann Leine geben. Vor allem Leine geben! Wer auf Beute wartet, hat verloren. Ein guter Fischer wartet nicht, er fischt, »badet den Zapfen«, wie Großvater sagte, der Umschlag des Wetters wird die Beute schon zur Angel treiben. Und schmecken muss der Wurm dem Fisch, nicht dem Fischer. Man darf sich nicht zu schade sein, sich die Hände schmutzig zu machen, so lange man schon im

Gärtnerhaus wohnen darf. Man darf das Spiel des Aufstiegs nicht primitiv finden. Du musst säen, so viel du kannst, aber du darfst nicht auf Ernte warten, sonst bist du verloren. Und investiere nur, was du hast, niemals Geliehenes, es ist des Teufels, denn Schulden machen dich unfrei. Die chinesischen Strategen der List hätten ihre helle Freude gehabt an Großvaters Maximen.

All das brachte ich schon mit. Das weitere würde sich erweisen. Der Motor dahinter, mein Hoffen, war stark und kaum zu erschüttern. Und Hoffnung lag zudem gratis in der Luft. Die Linke wurde stärker, die Rechte verdiente noch mehr Geld, es kamen neue Schulhäuser, Gefängnisse, Kulturzentren, Wiese um Wiese verschwand unter Autobahnen und Gewerbezentren. Mein Vertrauen auf das Gutgehen meines eigenen Weges war ungebrochen, mein Vertrauen auf das Gutgehen des großen Ganzen war mäßig. Die Verschandelung des Landes, der Sicherheitswahn, der Atomwettlauf, die totale Reduktion auf Konsum stimmten mich pessimistisch. Nikoläuse vor Warenhäusern mit Parfummustern in den Händen hätte ich verprügeln mögen, wenn es nicht Studenten gewesen wären aus ärmeren Ländern, womöglich noch anderen Glaubens, die gerade daran waren, ihre nötigen Codes zu erlernen.

*

Es war auch die Zeit, als ungarische Chefärzte von neidischen schweizerischen Konkurrenten überführt wurden, nie ein ärztliches Diplom erworben, in ihrer kommunistischen Heimat, die sie, vor den russischen Panzern fliehend, über Nacht verließen, bestenfalls einen Nothelferkurs absolviert zu haben. Bald purzelten die »falschen« tschechischen Zahnärzte und Gynokologen vom Podest, die vor den gleichen Panzern oder vielmehr vor der Aussichtslosigkeit geflohen waren, sich in ihrem erpressten Land entfalten zu können. Auch selbsternannte Architekten, Psychologen und Psychoanalytiker fielen bald in Serie vom Podest. Am leichtesten hatten es offenbar die Ärzte. Der allgegenwärtige Placeboeffekt half ihnen, wenn sie nur schon mit dem weißen Kittel daherkamen. Aber es nützte den Entlarvten wenig, sie wurden entlassen, um meistens anderswo wieder unerkannt aufzutauchen; viel Mühe machte man sich nicht, in Biographien nachzuforschen, fehlten doch Fachkräfte hinten und vorne. Und die Zuneigung dankbarer Klienten und vor allem Klientinnen war ihnen sicher: Endlich Ärzte, die – wenn auch notgedrungen – aufmerksam zuhörten; endlich Ärzte, die sich nicht überhoben – in Kliniken insbesondere eine Rarität in jener Zeit, als Schwestern noch ein gestärktes Häubchen, wenn nicht ein Kreuz trugen und rund um die Uhr für den satten Gotteslohn ihres Professors arbeiteten bis in alle Nacht hinein…

Jeder Hochstapler weiß: Es ist bloß eine Frage der Codes. Den Rest besorgen der Placebo-Effekt und die Tatsache, dass die Natur zu mindestens einundfünfzig Prozent ohnehin für

Heilung und Funktionieren votiert, wäre doch anders die Menschheit längst ausgestorben. Somit geht Heilung zu zwei Dritteln schon mal von alleine und macht jeden zum Heiler, der beschließt, einer zu sein.

Man lernt sie jedenfalls schnell, die Sprache des Standorts, man lernt sie beim Tun, am schnellsten bekanntlich vor Ort, man lernt sie im »Welschlandjahr«. Besagte Ärzte beschlossen einfach, der Not gehorchend, nun Ärzte zu sein, und siehe da, Patienten beschlossen, Patienten zu sein. Was taten denn die Priester anderes? Sie beschlossen, einen besonderen Draht zu einem erfundenen Gott zu haben, und siehe da, Milliarden beschlossen, Gläubige zu sein, versetzten Berge und ernährten die Priesterkaste. Was war Glaube anderes als Placebo, und was war Placebo anderes als Glaube. Die selbsternannten Psychologen brauchten ebenfalls nicht die vielen Medikamente auswendig zu lernen, die die selbsternannten praktischen Ärzte immerhin spontan und fehlerfrei hersagen mussten.

*

Mein Vater – mehr Sänger als Bauer – hatte oft mit mir gesungen, am Steuer und beim Gülle Führen. Vielleicht fiel es mir deshalb – Immigrant ja auch ich – nicht schwer, das Lied zu singen, »des Brot« ich zu fressen gedachte. Mängel im Detail ließen sich überspielen. Über Nacht konnte ja in Büchern nachgeschlagen werden. Es ging allein darum, allmählich in die besseren Kleider hineinzuwachsen, sie sorgsam zu pflegen oder sie allenfalls künstlich zu vernachlässigen im Kreise jener, die die Codes schon von alters her kannten und es sich leisten konnten, in Jeans und Turnschuhen zur Oper zu pilgern.

Jeder Straßentrickser erkennt den Neuankömmling am Blick, am Gang, daran, wie er sich umschaut. Sein Diplom heißt Wachsamkeit: Dieser kommt direkt vom Bahnhof, erkennt er augenblicklich, jener ist schon drei Tage in der Stadt, der andere ist zwar von auswärts, lebt aber hier, er ginge sonst nicht mit einer Einkaufstasche, da ist nichts Brauchbares zu holen. Es ging darum, in den Salons der besseren Studienkollegen den Blick des Emporkömmlings zu vermeiden, nicht zu sehr zu staunen vor dem echten Picasso im Klo der Villa am Sonnenberg. Es ging darum, ja nicht zu zittern vor der Selbstverständlichkeit der Meissener Tasse, nicht zu sehr zu staunen in der Bibliothek des alten Herrn, vor der »Froschauer Bibel« des Zünfters. Ich wurde von ahnungslosen Söhnen besserer und bester Häuser mit nach Hause geführt, damit sie ihren Eltern die bunten Papageien zeigten und deren Kunststücken. Die Mama des Studienkollegen war ja durchaus modern und nicht einmal unhübsch, rauchte mit verkniffenem Auge beim Anrollen der Drinks, wobei ich auf ihre Frage, was ich trinken wolle, erst einmal um Überlegung bat, um dann den Namen eines Cocktails nachzusprechen, den ein anderer Gast genannt hatte – damit niemand merkte, dass ich die exotischen Namen dieser Mixturen eben zum ersten Mal gehört hatte.

»Mein Alter« nannten die Söhne ihre Väter, wenn diese es nicht hörten; also: Papa hatte ja durchaus den neuen Handke gelesen, wenn nicht Marx, und war um Dimensionen interessanter als seine bleichen zornigen Sprösslinge, die uns mitschleppten, was unsere mitgeführten jungen »Damen« aus der WG instinktsicher sofort belohnten und den Patriarchen in Hochform brachten – schließlich war ja auch er noch nicht gänzlich zum alten Eisen zu rechnen. Nicht selten endeten solche Abende mit oder ohne Badehose im hauseigenen Pool, und man durfte die Kleider über den von Chagall dekorierten Paravent werfen – *auch ein Freund des Hauses, er ist stets unser Gast, der Marc, wenn er unsere Stadt beehrt, liebenswürdiger Greis, macht ja gerade die Fenster im Fraumünster, vermittelt von Arnold, gell, die Zeichnung auf dem Blasebalg ist auch von ihm, kann es nicht lassen, alles zu bekritzeln, was ihm in die Finger gerät, gell, der Marc …*

Noch einen Drink?

Ich konnte nach Belieben mithalten, die Dorfvereine hatten mich gut vorbereitet. Ich vertrug Alkohol wie eine Kuh Wasser. Es halfen allenfalls auch ein paar Tricks: ein halbes Glas Öl im Voraus, stets die Sardellenbrötchen herauspicken, stets gleichviel Wasser wie Wein, von den Schnäpsen den Wodka, weil kein Kopfweh anderntags. Wobei *Bier auf Wein, das lasse sein* mehr Dichtung als Wahrheit war und mit dem Reim *Wein auf Bier, das rat ich dir* spielend ins Reine zu bringen war.

*

Standen die Bentleys und Rolls Royces oft blitzblank und bloß zum Herzeigen in den Garagen der besseren Häuser der protestantischen Stadt, und lag das Gold hier vorwiegend in Katakomben unter unscheinbaren Kastanienalleen, statt angebracht an den Decken von Marienmünstern, so hingen die besten Gemäldesammlungen gleichfalls mehr in Privathäusern der Sonnenseite als im eher durchschnittlich bestückten Kunsthaus, das der gewichtigste Industrielle und weltweit geschätzte Kanonenbauer mitgesponsert hatte. So trumpften, siehe da, vielmehr die Sammlungen der eigenartigen Schwesterstadt ein paar Kilometer ostwärts auf, der Industrie- und Mäzenenstadt, deren Existenz man stets wie eine Tante im oberen Stock vergaß. Dafür schlossen da die Kneipen bereits um elf Uhr abends, damit nicht zu viel Kultur entstehe unter den braven Arbeitern, die ihre Patrons damals noch öffentlich lobten und liebten. Auf Monopol folgte Benefiz, auf Dynamit der noble Preis, die vormals unbestechlichen Rebellen der Kunst glitten alsbald heran im Frack, ob geliehen oder gekauft, unser liebster Gettopoet ging in Overalls aus Seide, ich sah die nachgefertigte Mao-Jacke beim linken

Staranwalt, den Cohiba Humidor beim linken Kolumnisten. *Aber man ist ja einmal auch nicht mehr sechzehn…*

Mir tat sich alsbald – vor allem wegen der Legende vom wilden WG-Leben – eine Welt auf, die ich mir zuvor nicht hätte träumen lassen und die ich bloß vom Fernsehen her kannte, allenfalls zynisch im gelben Reclambüchlein kommentiert vom dicken Dramatiker, den man um Mitternacht die Treppe der exquisiten Kronenhalle herunter wallen sah – womöglich Fellini im Schlepptau, den trinkfesten Ionesco untergehängt, Regenmantel über der Schulter –, einem Lokal, wo die Bilder der Berühmtesten gleichfalls an den Wänden hingen, als müsste man sie, von schrecklich malenden Verwandten bloß geschenkt, zum Gefallen irgendwo aufhängen, obschon doch längst kein Platz mehr ist.

So war diese Stadt: Die Reichen schützten ihre Privilegien nicht weniger als anderswo, nur brauchte es dazu keine mit Glasscherben gespickten Gartenmauern, keine finsteren Türsteher, keine Stacheldrahtverhaue um die Büsche. Das Wesentliche spielte sich in Zirkeln und in Lokalen ab, die ihrer Hermetik so sicher waren, dass man höchste Werte bloß an die Wand zu lehnen brauchte, das Gartentor offen stehen lassen konnte, gab es ja im äußersten Fall noch die zuverlässige Ordonanzpistole in der Nachttischschublade – man war ja nicht umsonst Major gewesen.

*

Ein im Fastnachtstrubel der Kronenhalle verschwundenes Gemälde höchsten Ranges fand man Monate später bei einer gründlichen Reinigung zufällig wieder. Es war keineswegs gestohlen worden, wie die Presse eilig vermeldet hatte, es war ganz einfach vom Nagel gefallen und stand, der Gravitation folgend, am Boden hinter dem darunter stehenden Sofa … ein sechsstelliger Wert – hoppla, da ist er ja wieder, der Miro!

*

»Friede den Hütten, Krieg den Palästen« hing zum Ausgleich an unserem von feinen Rissen durchzogenen Balkon, den zu betreten nicht ratsam war. Aber wem soll man es ankreiden, in die Paläste zu wollen, wie doch unser WG-Haus nicht minder noch immer einer war? Selbst wenn das Leben »nicht zumutbar« war, wie die Pariser Kaffeehausschwätzer monierten – welcher Idiot wählt das Schlechtere? Greift nicht jeder und in jeder Situation stets den besseren Apfel aus der Schale? Ging denn der Balkon, gingen die großen Fenster unseres »Palais Central« auf die schlechtere Seite hinaus? Und wollte ich ein Narr sein, der, um einem verworrenen Weltbild zu genügen, das Schlechtere wählte? War die ganze Stadt nicht ein Palast zu nennen, von dem alle profitierten, verglichen mit anderen Orten im Land, geschweige im Ausland? Wollten nicht offensichtlich alle da hin, schnurstracks in unser Zentrum? Und saßen wir nicht mitten im Zentrum dieses Zen-

trums, gleichsam auf der Nadelspitze, wohin der Brennspiegel der Stadt und der Zeit seine Strahlen fokussierte?

Wir Kinder des Wirtschaftswunders hatten definitiv schon das Bessere gehabt, bevor wir Pflastersteine warfen, kamen wir nun aus dem Arbeiter- und Bauernstand oder aus dem besagten »freisinnigen Patriziat« der Stadt, dem Adel der alten Eidgenossenschaft, der, sich selber sicher, keine hochtrabenden Titel brauchte, so wenig wie das Restaurant Kronenhalle Sicherheitssysteme für seine Bilder.

Es war eine Rebellion auf dem Silbertablett – von Anfang an. So oder so, ich hatte keine Skrupel, aus den Geschichtsseminaren schnell gezogene Schlüsse auf das Unrecht in der Welt auf Leintücher zu sprayen, die im Brockenhaus für ein paar Franken im Stapel zu haben waren, und über unseren Balkon zu hängen. Ich verkehrte mit zynischem Unterton in den Palästen jener Jahre, ja wurde sogar von Söhnen des vermeintlich abgeschafften deutschen Adels auf Schlösser mitgenommen und war doch ein aus dem Volk gekommener Bauernsohn ärmlichen Zuschnitts, der erste der Sippe, der nach dem Lokalheld Adam – nach fünfhundert Jahren – wieder Silberbesteck in Händen hielt. Diese Widersprüche machten mir wenig Sorgen. Damals öffneten sie mir die Pforten nach oben und die Türen nach unten in gleicher Weise, wie die Jasskarten den »Bauern« durch die Mitte nach oben und unten spiegelten. Ich lernte die Sprache der Oberen und beherrschte die Sprache der Unteren, war ein Doppelagent in eigenen Diensten der Erfahrung von Welt in einer einmaligen Zeit, einer einmaligen Stadt.

Wir hatten die herrschenden Sprachen schnell gelernt, auch die Klischees: Theisten versus Atheisten, Kapitalisten versus Kommunisten – die Vorzeichen zu wenden, verlangte in jener Zeit wenig Mut. Was uns umtrieb, war Überdruss, nicht Not. Wir waren angeekelte Tyrannenmörder, übersättigte Tellensöhne, entflammte Werthers mit Knechten und Mägden, deren Sprache wir imitierten, um unsere Väter zu ärgern, während uns die Mahlzeiten gebracht und die Pferde gesattelt wurden, die Mägde das Bett anwärmten, die Knechte die Demonstrationsroute säuberten hinter dem letzten Empörten und unsere Pamphlete austrugen am frühen Morgen, während wir mit verwöhnten Bürgerstöchtern im Bett lagen bis über den Mittag hinaus.

Central

Unser vergammeltes WG-Haus war ein Palast gewesen, verglichen mit den Altstadthäusern jenseits des Platzes, auf die die Bahnhofsbrücke zuführte. Die Balkone gingen zur lauten Straßenschlucht hinaus, nicht zum Fluss, man wollte vormals Verkehr, nicht Ruhe, man wollte Handel, nicht Natur, man wollte gesehen werden, man wollte die Stadt. Niemand bevorzugte den See als Wohnlage am oberen Anfang des Flusses, man mied die feuchten Ufer. Die teuerste Geschäftslage, die obere Bahnhofstraße, die letzten hundert Meter zum See hinauf, hieß vormals »Saumarkt« und war das verpönte Außenquartier gewesen mit Hunderten von Prostituierten aus den ärmeren Kantonen und dem nahen Schwabenland. Sie wurden im Dreimonatstakt von Bordell zu Bordell weitergereicht, damit immer »Frischware« angeboten werden konnte. Dass das 200 Jahre danach nicht anders sein würde, hätte damals keinen Bürger erstaunt.

Der See war Handelsweg und Fischreservoir, der Blick von ferne auf seine Gestade genügte, wohnen musste man da nicht. Und die Altstadt zwischen unserem Centralplatz und dem Auslauf des Stadtflusses aus dem See war vormals eine einzige Rottung gewesen, eine rachitische Hölle, zusammengepresst von Stadtmauern, dass man sich noch Jahrhunderte später in Gassen an die Hausmauer pressen musste, um einen zweiten Passanten durchzulassen; an einem heißen Sommertag in ihr Dunkel einzutauchen, allerdings eine Wonne. Jeder, der zu Geld kam, floh diese Häuserburgen, als die Stadtmauern keinen Schutz mehr versprechen konnten und abgebrochen wurden. Über dem Stadtgraben, wo sich vormals die Fäkalien stauten und einem nachts die Frösche den Schlaf raubten, entstand die teuerste Geschäftsmeile der Welt – später, im Monopoly-Spiel, am höchsten bewertet. Wer auf diesem blauen Feld unmittelbar vor dem Ziel seine »Hotels« stehen hatte, konnte gar nicht mehr verlieren.

Der Centralplatz vor unserem Palast war gleichsam ein Trichter, Gurgel und After in einem, der je nach Tages- oder Nachtzeit in die Hauptgasse der Altstadt einsog oder ausspuckte, dem Druck gehorchend im System der Röhren und Gassen, der Stadtfeste und Freitage, der Stadt- und Landesmeisterschaften. Die Ausgespuckten wallten eingehängt in Gruppen über die Brücke zum letzten Zug im Hauptbahnhof, »Lumpensammler« genannt – wo sie einzeln am grellen Nachmittag um drei angekommen waren, geputzt und gestriegelt vom Land, das Täschchen in der Bahn festhaltend auf den Knien – auf dem Heimweg schwingend und nachschleifend im Leichtsinn. Am Fenster meiner Schreibmansarde entging mir nicht, worum es dem Homo Oeconomicus im innersten ging: um Brot und Spiele. Wie sollte das zu ändern sein!

Von der Altstadt wegführend, schlossen hinter unserem Haus gleich eine Reihe Amtshäuser an: das Passbüro, das Erziehungsdepartement, solide Graubauten mit biederen alkoholfreien Pausenkaffees auf der gegenüberliegenden Straßenseite, die über Mittag auch ein leichtes Menu anboten: Milkenpastetli zu Tee Crème, Riz Casimir zu alkoholfreiem Sauser, Tomatenrisotto zu Rivella, einem nur landesintern bekannten Milchsäureprodukt. In den langen Schaufensterfronten der Amtshäuser hingen die Werke angekaufter Stadtkunst zur Besichtigung der Steuerzahler aus, bevor sie in den oberen Korridoren verschwanden: Cézanne nachempfundene Aquarelle, Picasso nachempfundene Taubenmotive, pointillistische Kirschbäume, Turner nachempfundene Bergmotive. Im angrenzenden Möbelhaus mit seinen muffigen Ehebetten und automatisch verstellbaren Lattenrosten, die pünktlich zu Arbeitsbeginn um acht ihren sinnlosen Auf- und Ab-Betrieb aufnahmen, ging es mit weinenden Clowns und grellen Papageien etwas bunter, aber keineswegs erotischer weiter. Wir kehrten diesem Mief satter Bürgerlichkeit gerne den Rücken und wandten uns dem derberen Altstadtviertel zu, wo der Rausch schon über Mittag kein Thema war und das damals noch tatsächlich unerwartete erotische Abenteuer versprechen konnte. »Das Milieu« – wie man hierzulande sagt – war mit der fortschreitenden Bautechnologie, der Nobelhotellerie und den folgenden Banken sozusagen vom See den Bach hinunter und hinter die vormaligen ersten Adressen der Bürger- und Zunfthäuser verdrängt worden.

Die bürgerliche Welt kannten wir, da kamen wir her, eine neue Welt war noch nicht geboren, kündigte sich durch schwache Wehen erst an. Ein entlassener Polizist, der den Mut hatte, den biederen Filz der Polizeikasernen anzuzeigen, für den der Name Korruption noch nicht gebräuchlich war, löste erste unbeholfene Demonstrationen aus. Eine Puppe mit Aufschrift »Staat« wurde an einer Laterne vor dem Hauptkommissariat aufgeknüpft und verbrannt.

Es hätte genauso gut »Alles« auf dem Pappkarton stehen können. Mehr als Filz und Mief war als Ursache von Widerstand noch nicht auszumachen, das Küken war noch nicht durchgebrochen, es zeigten sich erst einige Risse in der Schale.

Nick

Dem Ankommenden in der Stadt sieht man »den Neuen« auf hundert Meter an, aber schon am dritten Tag hat er den Blick des Eingeborenen. Mich schmeichelte diese geschenkte Ehre. Kam ich auch vom Land, so war ich doch kein Provinzler mehr, der jeden erstbesten Preis bezahlte für ein bisschen Stadt. *Schnell lernt man, wo die dicksten Fische schwimmen, jedes Kind erkennt die Quelle am Rauschen, schnell hat man Städte begriffen, was den Deal betrifft, kennt der Geile den Code, öffnet ein Trinkgeld die Tür.*

Und schnell begriffen sie uns, die Zocker, die Milieukönige und deren Zuträger, die Süchtigen und Fälscher. *Auf das schlechte Gewissen des Intellektuellen und Künstlers ist zeitlos Verlass, er trägt es wie der Heilige die Aura. Er will ja nicht »so sein«, er will sich nicht in Vorurteilen gefangen zeigen wie die »schweigende Mehrheit«, er will sie zuerst einmal anhören, die weniger Gebildeten und Privilegierten aus dem Volk, und weiß doch insgeheim, dass ihn Welten trennen von ihnen. Er sieht ja täglich: wenn er aufsteht, sind Arbeiter und Handwerker schon seit drei Stunden auf den*

Beinen, der Bauer schon seit fünf. Unsere WG kam erst gegen Mittag allmählich auf Touren. Das war das Einzige, was wir mit den Dealern und Anschaffern gemein hatten, wenn wir auch am gleichen Tisch Spaghetti aßen und für Außenstehende den Eindruck erweckten, hier würden Klassengegensätze gerade überwunden.

Unser Haus glich jedenfalls bald vielmehr einem Umschlagplatz, einer Fälscherwerkstatt, einem Depot zweifelhafter Waren. In einer Wohnung lagerten orientalische Teppiche, die nachts aus dubiosen Privatwagen hoch getragen wurden, in einer anderen waren es Pelze zweifelhafter Herkunft. Es wurde umgespritzt, versteckt, zum Schein angemeldet, angebliche Bauernmöbel mit Schrot beschossen, um Wurmlöcher vorzutäuschen, es wurden Altlacke imitiert, Verdächtiges abgekratzt und scheinbar Altes neu aufgetragen. Es wurde Pulver zugemischt, umgefüllt in Flaschen, Daten mit Nagellackentferner frisiert. Am Briefkasten quollen allüberall die Namen, Pfeile wiesen auf Mansarden und Kellerabteile hin, Zettel an Reißnägeln lockten und warnten.

Wir Studenten durften teilhaben am Spiel der wirklich bösen Buben und verruchten Mädchen, die ohne Bücher begriffen, dass alles seinen Preis hat, Sex vor allem andern, was unsere Genossinnen – durchwegs bessere Töchter im Minirock – erst schmerzhaft lernen mussten. Ich durfte erkannt werden vom Tätowierten, vom Schläger gegrüßt auf der Gasse, der meine neue Freundin musterte, sind doch die Weiber, die diese Klugscheißer von Studenten und Künstler umschwirren, von der gepflegteren Art und allemal nicht zu verachten. Und sollte man sich als Eisenleger nicht auch gewisse Chancen ausrechnen dürfen?

Bald blieben die Jacks und Johnnies über Nacht, bald eine Woche, bald lagen Spritzen offen herum, brachte man ja auch Einiges von der Gasse zum freien Gebrauch. Die Umstände verlangten jetzt aber doch nach Schlüsseln, meinten die besorgten Realisten alsbald am Tisch. Wenn man nur lange genug konsequent schließen würde, kehrte er schon nicht wieder mit der Zeit, der Nick, der Schläger mit seiner Harley. Unsere Marianne sei ja schließlich auch in Schutz zu nehmen vor diesem Wilden…

Nick kletterte die Fassade hoch, trotz eingegipstem Arm, nachdem er eine Nacht lang im Hof ununterbrochen ihren Namen gebrüllt hatte, den Namen dieser Zimmernachbarin, die ihn ein paar Mal als letzte Wahl aus der Malatestabar noch mitgeschleppt hatte, um jeweils anderntags dramatisch Schluss zu machen.

Dann sog ihn der Schlund zurück ins Milieu. Und bald wusste niemand mehr von ihm …

Anstrich

Dass nur kaltes Wasser aus den Hähnen floss, verlor auch bald seinen Charme. Ein Durchlauferhitzer vom Brockenmarkt an der Autobahnausfahrt wurde herangekarrt und montiert, ein Gasschlauch über mehrere Meter zur Flasche hinter dem Kochherd geführt, mit Klebeband an eine Bodenleiste geheftet. Die Frauen verlangten, dass man die Türen zu den Toiletten wieder aus dem Keller holte. Fortan saß nur noch Frank Zappa ungeschützt auf der Schüssel im Korridor zwischen Ho Chi Minh und Che, die man sich schlecht auf dem Klo vorstellen mochte. Maos unergründliches Lächeln hing als einziges Poster im Gruppenraum, der wie ein Mausoleum bis zum letzten Zentimeter rabenschwarz gestrichen war.

Lampen, Stühle, auch der Tisch waren dick mit matter schwarzer Dispersionsfarbe überstrichen – tatsächlich war man schneller mit Streichen als mit Putzen. Abgedeckt wurde nicht, die unvermeidbaren Tropfen auf Böden und Simsen würden überstrichen werden; Streichen musste prinzipiell aus einer Laune heraus geschehen, aus der Hüfte sozusagen, ohne Rücksicht auf Verluste.

Mit dicken quadratischen Weißel-Pinseln wurde in den WG's der Aufbruchsjahre alles überstrichen, was im Verdacht stand, bürgerlichen Mief angezogen zu haben. Die beliebten soliden Fahrräder aus Militärbeständen wurden restlos bis zur Klingel weiß überstrichen, dann kam eine Saison Orange in Mode, bald Gelb. Überstrichene Tropfen wuchsen mit jedem Mal an, weil sich naturgemäß an ihnen Farbe staute; man kannte seine Tropfen im Zimmer bald wie liebgewordene Bekannte.

Die Lösungsmittel taten das ihre: Verführte schon die beim Streichen ständig wachsende Zahl von Tropfen dazu, immer weiterzufahren und diese auch noch zu überstreichen, so war in Trance aufgrund von Lösungsdämpfen erst recht kein Halten mehr. Dazu musste bei überlautem Rock und einem Fass Bier jeder Zweifel daran erstickt werden, die ganze Welt brauche umgehend einen neuen Anstrich. Erst wenn die Farbe ausging und der Farbladen schon geschlossen hatte, kamen solche Aktionen an ihr Ende. Ein letzter Schwung, ein paar letzte Pinselstriche verliefen sich einfach ausfransend im vorigen Anstrich. Fortsetzung am gleichen Ort erfolgte nie, die Pinsel vertrockneten umgehend in den Büchsen und standen da noch Monate danach. Aber der abrupte Ausklang unterstrich noch, dass Streichen eine Aktion zu sein hatte, etwas Permanentes, ein ständiger Aufruf zum Aufbruch.

Action

»Warum nicht?!« – die Frage hing generell in der Luft. Und: »Warum nicht augenblicklich?!«.

Es brauchte stets zwei: Es brauchte eine Erlaubnis, zumindest eine Zustimmung, wen nicht von oben, dann von nebenan. Ein bloß gehauchtes »Genau!« eines zufällig daneben stehenden Unbekannten genügte, um ein Armeedepot anzuzünden, einen McDonalds in Scherben zu legen, einen Sex-Shop oder einen weiteren Spielsalon zuzukleistern, die von der Bahnhofsgegend herauf einen Quartierladen nach dem anderen verdrängten. Oder es genügte das »Genau«, um am selben Abend in der Quartierstraße ein Konzert zu veranstalten. Nicht ausgeschlossen, dass ein paar hastig gedruckte Flugblätter zweitausend Festwillige zusammenbrachten. Wir initiierten aus dem Stand ein Open Air, das aufgrund von dreihundert Flugblättern dreitausend Studenten, Schüler, Kiffer und Rocker zusammenbrachte. Budget: keines. Versicherung: keine. Bewilligung: eine, unter Vorspiegelung falschen Zwecks. Verbriefte Beanstandungen: Lärmemission bis zu den Seegemeinden plus zeitweiliger Zusammenbruch des Verkehrs auf einer Kantonstraße. Abfall: nicht abgeführt. Verantwortliche: nicht eruierbar, der Unterzeichnete Herr F. Rau ist nicht gemeldet.

Es war nicht nötig, dass er einen dabei ansah, dieser Andere, der die Bewilligung erteilte, im Gegenteil. Statten wir jenem Stadtrat doch einfach einen Besuch ab … Sehen wir doch einmal nach, was dieser Regierungsrat so tut in seinem Büro den ganzen Tag … Und innerhalb einer halben Stunde war der Korridor der Erziehungsdirektion mit Studenten und Mitläufern voll gewesen, die gar nicht wussten, um was es überhaupt ging. Der Geruch des Amtshauses genügte. Aus diesen Türen kam unzweifelhaft der Mief, der die ganze Stadt lahmlegte, der zwinglianische Scheintod. Was maßten die sich überhaupt an, uns zu verwalten in ihrem Verwaltungsgebäude! Was unterstanden die sich, uns zu erziehen, aus dieser Erziehungsdirektion heraus! Der jagdgrüne ärmellose Pullover des Erziehungsrates, wohl von Mutti gestrickt, sagte doch alles, sein Lodenmantel mit Hirschhornknöpfen, das Lederhütchen. Und war nicht auch in Korridoren der Schulhäuser dieser kalte Hall gewesen? Plätscherte nicht auch im Schulhaus ein Brunnen durchs Treppenhaus herauf und machte die Zeit zu einer Ewigkeit, die man strafhalber vor der Tür verbringen musste? Gab es nicht diese fürchterlichen Mosaike an den Wänden, diese stilisierten Tauben oder züchtigen Buben und Mädchen mit ihren Flöten, diesen furchtbaren Blockflöten? Hier lief das also zusammen, hier wurde das alles ausgeheckt. Da musste einmal gelüftet werden!

Ich erinnere mich, dass wir zu viert aus dem Stand heraus mit einem geliehenen Wagen direkt nach Bern vors Bundeshaus fuhren, um einem bestimmten Bundesrat einige Fragen zu stellen. Dass es ein Samstag war, wussten alle, aber wir waren überzeugt davon, jenen Magistrat trotzdem in seinem Büro anzutreffen. Schließlich waren es erst wenige Jahre her, dass im Bundeshaus auch an einem Samstag noch gearbeitet wurde.

Aber er war nicht im Büro. Was hätte es uns genützt, wenn er montags in seinem Büro anzutreffen gewesen wäre, jener Magistrat, hingegen keine Inspiration unsererseits weit und breit für einen befruchtenden Besuch? An einem Montag war bestimmt niemand empfänglich für den Geist, der angeblich weht, wo und wann er will. An einem Montag wehte unser Geist jedenfalls nie. Und war ein Magistrat gerade nicht da oder wollte keine Zeit haben – selber schuld, wenn das Treppenhaus litt, die Fenster oder die Amtsfassade. Hauswarte sind dazu da, Schlüssel auszuhändigen, oder?

Rufen Indianer erst an?

Unser Poltern an die Tür des Bundeshauses an jenem Samstagnachmittag rief jedoch nicht einmal einen Securitas-Wächter herbei. Überwachungskameras gab es noch keine. Wahrscheinlich war ein gewöhnlicher Schlüssel bloß zweimal umgedreht worden. Offen stand sie wohl nicht, die Tür zum Bundeshaus, aber es hätte uns nicht erstaunt.

*

Was kein Tourist wissen konnte: Bundesräte fuhren im Tram und ohne Bodyguard, ob demonstrativ Bürgernähe demonstrieren wollend oder nicht. Ja, mehr noch, und was keinem Ausländer zu erklären war: Parlamentarier erfuhren hierzulande, wie mehrfach geschehen, zufällig erst im Tram oder auf der Straße, dass sie vor einer Viertelstunde gerade zum Minister gewählt worden waren und eigentlich umgehend zur Vereidigung ins Bundeshaus eilen sollten, man suche sie schon überall …

Diese Unberechenbarkeit war das Beste an diesem Staat, und das wollten wir ja auf keinen Fall abschaffen, im Gegenteil. Macht sollte so tief liegen, dass sie sogar in unsere Hände kam, die wir noch nicht einmal Steuern bezahlten. Dass sich Macht ballte in einem Staat, war wohl nicht zu vermeiden, aber keiner, der wirklich etwas drauf hatte, wollte Bundesrat, geschweige kantonaler Regierungsrat werden. Ein Bundesrat, der sich überreden ließ, aus der Wirtschaft in die Regierung überzutreten, floh sein Ehrenamt schon nach der ersten Amtsperiode ohne schlüssige Erklärung. Diese »flat rate« an Intellekt, wie es einmal heißen würde, war der Garant für etwas viel Wichtigeres: Es konnte mangels Talent keiner seinen Kopf zu hoch hinausstrecken.

Und in welchem Land der Welt geht die gesamte Regierung im Sommer volle sieben Wochen in die Ferien, unter anderem ins Ausland, wird das Regierungszimmer geschlossen, wird bloß der Hauswart beauftragt, die Zimmerlinde zu gießen, was sonst reihum im Turnus einer der Bundesräte besorgt. In welchem Land sieht man Minister Holz sammeln und Servelatwürste braten am Spieß, den Stecken mit dem eigenen Armeemesser selber geschnitzt? Oder hängt in einem andern Land dieses Planeten ein Kaffeeautomat im Büro des Bundespräsidenten, in den er erst eine Münze aus dem eigenen Sack einwerfen muss, bevor er einem Gast einen Kaffee anbieten kann? Oder will sie bloß niemand vermissen und entführen, diese Magistraten, weil die Macht ohnehin woanders sitzt, in andern Händen liegt, in jenen, die rund dreitau-

send Milliarden in-und ausländisches Vermögen verwalten, den größten Vermögenspool des Planeten Erde und erst noch keiner Instanz Rechenschaft abzugeben brauchen, wie sie Parteien und Kampagnen finanzieren? In der Bar des Hotels Bellevue nebenan vielleicht, wo, wie alle wussten, gemischelt wurde, dass die Wände wackelten?

Genau, gehen wir da doch einmal hin, wenn wir schon da sind! Da saß aber niemand, der nach Parlamentarier oder Banker aussah, der spanische Barmann bediente uns so professionell gleichgültig, wie er wohl auch Bundesräte und Staatsgäste bediente. Es war auch nicht anzunehmen, dass er Bundesräte erkannt hätte. Zudem war das Lokal beinahe leer, und die wenigen amerikanischen Touristen an ihren Tischen waren aus ihren Ländern gewohnt, jegliche noch so exotische Aufmachung zu übersehen, wenn einer nicht gerade nackt daherkam.

Das Bundeshaus blieb also zu, warum auch immer. Wir hinterließen an dessen Tür ein hastig auf der Kühlerhaube geschriebenes Thesenblatt absurden Inhalts und brausten wieder ab. Hingegen eröffnen ließ sich die Küche eines Wirtshauses an der Kantonsstraße, des »Löwen« oder »Bären«, auf halbem Weg zurück in der Gegend um Oehnsingen. Wir hatten einfach Hunger, scherten aus von der neu eröffneten Autobahn, es war um etwa drei Uhr nachmittags, die Küche des »Bären« schon geschlossen.

Das wollte unser kompromisslosester Sponti, der sich Ali Baba nannte, nicht gelten lassen, ging schnurstracks zur Wirtin ans Buffet und sagte bestimmt: dann koche er eben selbst. Sie begriff offenbar sofort, ließ es lachend geschehen, ohne auch nur einen Blick in ihre Küche zu werfen. Ali Baba kochte für alle, drapierte die Platten mit Blüten aus dem hinteren Garten und fing auch gleich zu servieren an; die Jasser in der Ecke waren in ihr Spiel vertieft, sahen bloß auf, ohne etwas anderes begreifen zu wollen als ihr Spiel und bekritzelten weiter stoisch ihre Tafel, die Wirtin hatte ihren Spaß, wir kamen zu unserem Essen, bezahlten auch brav, voilà!

Es war also doch zu verstehen! Und was man auf dem Land in Oehnsingen begriff, das sollte man Bundesräten in der Hauptstadt doch wohl auch zutrauen dürfen. Von spätestens jetzt an sollte ständig mit dem Unerwarteten zu rechnen sein.

Mit der tiefen Befriedigung, es getan zu haben, Erfolg hin oder her, kehrten wir nach mehreren Kneipenbesuchen im Kanton Aargau gegen Mitternacht wieder heim. Unnötig, unsere Erlebnisse an der Bar der Szenenkneipe lauthals zu rapportieren. Unser Ausflug sollte alles andere als ein Abenteuer gewesen sein.

*

Unsinn war unser bitterster Ernst. Auch in dieser Beziehung waren wir nicht die Ersten, die Stadt hatte Tradition, Unsinn hervorzubringen. In Abständen musste dem Protestantismus wohl der Schalk in den Nacken springen, er wäre sonst nicht auszuhalten gewesen. Ein auf Schlag weltbekannt gewordenes Cabaret – eine Spontangründung am 5. Februar 1916 – lag sozusagen im Schatten des großen Münsters, der Wirkungsstätte von Zwingli, der wie kein Zweiter ein halbes Jahrtausend die Spielfreude der Stadt in Schranken gehalten hatte. In den Fünfzigern mischten dann die Jazzer auf, später die Fasnächtler der unorganisierten Art, die Palmenmaler, die Sehnsuchtspoeten und Untergründler. »Eisbrecher« hieß ein letztes Pamphlet, mit dem man Anfang der 80er Jahre mit Transparenten ohne Parolen oder mitten im Satz abgebrochenen durch die Straßen zog, einfach dem Vorderen folgend, der auch nicht wusste, wohin. Bis einer das besagte »Genau« sprach: »auf zur Bastille!« und der nächste über die Schulter nach hinten durchgab, wer oder was dieses Mal zu besuchen und welche Amtsfassade mit den stets mitgeführten Farbeiern aufzufrischen war.

Theodizee

Als ich, frisch gebackener Sekundar- und Fachlehrer, auf dem Städtischen Lehramt um Stellen nachfragte, wies man mich auf die vielen vakanten Religionsstunden hin, die niemand wolle. Die Pfarrer in gewissen Schulkreisen weigerten sich, sagte der Beamte am Telefon, entfesselte Halbwüchsige zu dressieren, in einem Schulfach, das keine Noten kenne. Im Schulhaus direkt neben dem berüchtigten Jugendzentrum, wo die Schüler in der Freizeit in Müll und Spritzen herum wateten, werde in Religionsstunden mit Bibeln geworfen. Ich könne beliebige Stunden haben, müsse allerdings wissen, was das bedeute. Ob ich nicht schon am Montag anfangen könne, das katechetische Seminar könne immer noch berufsbegleitend absolviert werden. Also dann bis Montag. Ich war übers Wochenende Religionslehrer geworden.

Allerdings fragte ich mich schon, ob es gut gehen könne, mich als ein aus der Kirche ausgetretener Ungläubiger auf so ein Unternehmen einzulassen. Aber kam das Wort »Religion« nicht von »religere«, was ungefähr mit »verbinden« zu übersetzen war, also durchaus mit Solidarität zu tun hatte? Und genügte nicht Staunen statt Glauben vor der ungeheuren Intelligenz der Natur? Wer wollte denn bestreiten, dass das Universum ein gewaltiges Mysterium war? War nicht die Tatsache, dass wir nicht nicht sind, das erste und ungeheuerlichste Mysterium?

Die drei religionspädagogischen Bücher, die ich mir besorgt hatte, taugten nicht recht als Unterrichtsvorlagen. Es blieb mir nichts anderes übrig, als mir den Unterrichtsstoff selber zu beschaffen. Mit der Bibel in der Hand musste den Schülern tatsächlich keiner mehr kommen. Ich versuchte, mit Physik und Naturkunde Staunen vor Glauben zu setzen. *Ich finde die Welt entzaubert erst zauberhaft. Mir ist unverständlich, warum Gläubige und nicht Naturwissenschaftler Loblieder singen,* notierte ich. Und schrieb an die Tafel: *Ich bin nicht meiner Meinung, ich denke in Experimenten und Entwürfen.* Mit frisch geschossenen Bildern aus der aufgewühlten Stadt und aus dem autonomen Jugendzentrum nebenan versuchte ich darzustellen, dass Religion nicht eine Erfindung aus biblischen Zeiten war, sondern ein zeitloses Bedürfnis, solange das Geheimnis Leben nicht gelüftet war, und das würde nie sein. *Religion ist älter als die Götter, sie beginnt mit dem ersten bewussten Ritual, vielleicht mit der Bestattung eines Toten. Und es gibt noch immer Religionen ohne Gott.* Und was hieß schließlich »Protestant« schon anderes, als was die etwas älteren Jugendlichen nebenan auch taten: eben auf ihre Weise Bilder zu stürmen.

Unzählige Sprüche an Fassaden, unzählige Szenen und Rituale, die politische, auf Rechts-Links getrimmte Althirne aufs Äußerste verstörten, zeugten – neben Dada – eindeutig von religiösen Elementen dieser neuen Bewegung. Oft waren Sprüche an Fassaden und Wänden des Jugendzentrums wörtlich der Bibel entnommen. Ich musste das Material nur sammeln, es auf Folien brennen und den Schülern zur Diskussion präsentieren. Das Religiöse schrie uns geradezu entgegen.

Am Ende der Stunde konnte dann doch direkt auf die Bibel verwiesen werden, diesen zweifellos faszinierenden Fundus willkürlich zusammengestellter Texte, aus dem sich jeder beliebig bedienen konnte. Aha, schon früher kamen Leute auf dasselbe, schon früher gab es Revolten und die Frage nach Anpassung oder Widerstand, Wahrheit und Lüge. Und es gab noch andere Religionen, die das Gleiche nur verschieden interpretierten. Sogar Religionen ohne Gott und Teufel. Was hier Sünde war, war diesen Verdienst, was an einem Ort verboten, war am andern erlaubt. Moral und Gewissen mussten demnach etwas sehr Relatives sein. Gewissheiten erst recht.

Immerhin schmiss keiner mit Bibeln nach mir. Die Jugendlichen durften auch ihre Freunde und Freundinnen mitbringen. Bald saßen, dem verrufenen Quartier entsprechend, mehr Katholiken und Mohammedaner im Klassenzimmer als Protestanten. Es sprach sich herum, dass da auch James-Dean-Filme gezeigt und über Drogen geredet wurde. Sogar über Sex.

Aber sprach man Theologen im katechetischen Seminar auf das wohl gottgewollte Elend an, wenn Gott doch allmächtig war, so kamen sie, wie aus der Pistole geschossen, mit dem Latein der ewigen Theodizee-Frage, die man schon in früheren Epochen gestellt habe, als ob das schon – und vor allem: als ob ein Fremdwort – die Sache ändern würde. Griffen dünn benervte Intellektuelle nicht stets dann aufs Latein zurück, wenn sich die brutale Wahrheit meldete? Jener Schüler der dritten Realklasse sei eben suizidal gewesen, hieß es im Lehrerzimmer... nein, jener Schüler hatte sich aus dem Fenster auf den Pausenplatz gestürzt, wobei der Dümmste im Schulhaus auch ohne Fremdwort wusste, warum ...

Theologische Begriffsakrobatik und Beweisführungen wie: Milliarden Gläubige können sich nicht irren, brachten mich augenblicklich auf die Palme. Die Kirche, namentlich die katholische, war ja bloß ein klassisches Pyramidensystem, das auf einer Lüge gründete, ein Pyramidensystem allerdings, das darum durch die Jahrtausende nie kollabierte, weil durch Exkommunikation, Zeugungsbefehl, Schuld und Sühne immer neue Generationen eingebunden wurden. *Ist aber das Fundament eine Lüge, ist alles darauf Gründende auch eine Lüge, ein überflüssiges Gebilde namens Theologie und darum vom Hundertsten ins Tausendste filigran auswuchernd, weil es immer viel zu schreiben und zu sagen gibt, wenn man eine Lüge umschiffen muss. Was wahr ist, braucht keine Kommentare. Aber wer getraut sich schon, eine vatikanische Bibliothek auf den Müll zu werfen! Jahrhundertealte handkolorierte Lügen werden mit der Zeit an sich wertvoll, Heiligenbilder werden an sich wertvoll mit jedem Jahr, allein da sie Patina ansetzen. Das reibende Sandkorn in der Muschel, die Lüge, generiert eine Perle, und wer fragt angesichts der Perle noch nach dem Grund ihrer Entstehung. Es geht nicht lange bei solchen Prozessen, und alles ist Kirchenbildung, ist lukrative Verwaltung eines Phantoms, ist Repetition, Einprägung, Einbildung aus Angst, die Umschiffung der Lüge könnte erlahmen und alles zusammenbrechen. Es stabilisiert auf Lüge basierende Systeme zudem, dass man, in ihre Räderwerke eingebunden, das ganze nicht von außen betrachten kann.*

Dass die Kirche für die Ärmsten der Armen, die sich nicht einmal Schnaps leisten konnten, wenigstens eine erschwingliche Droge und immerhin auch etwas Stil anbot, konnte ich zwar akzeptieren, aber nicht gelten lassen. Auch die zivilisatorische Leistung des Christentums in den ersten Jahrhunderten nach Christus wollte ich generell nicht sehen. Die Heiden waren zwar roh und ein bisschen kannibalisch, aber in ihrer Unmoral immerhin gesund. »Ich glaube, damit ich erkenne« – was für einen Unsinn hatte da Augustinus abgesondert! Wer erkennen wollte, konnte doch Glauben zu nichts brauchen. Wie konnte man ein Phänomen, auf das man stieß, nicht unbedingt und vorbehaltlos untersuchen wollen – erst recht als Intellektueller – sondern ab einem frühen Punkt die weitere Anstrengung einfach lassen und sagen: Denkübung abgebrochen, von jetzt an glaube ich einfach. Wie konnte man Glaube sogar mit Universität in Verbindung bringen! Hörte Studieren nicht exakt mit Glauben auf? Hatte nicht schon Lichtenberg, der Naturwissenschaftler und Philosoph im achtzehnten Jahrhundert, in seine »Sudelhefte« geschrieben: Was hat Theos mit Logik zu tun? Warum konnte man nicht wenigstens sagen: Ich weiß es nicht, wie die Agnostiker? Wie konnten Intellektuelle tatsächlich sagen: Von jetzt an behaupte ich einfach, dass Maria ohne Einwirkung eines weltlichen simplen »eregierten Fortpflanzungszapfens«, genannt Penis normalis, ein Kind bekam? Und ich behaupte, dass dieser Mensch schließlich Tote auferweckte und leibhaftig zum Himmel fuhr und dort seitdem in leiblicher Gestalt wandelt – in leiblicher Gestalt! Wie konnten Intellektuelle gar an Teufel und Dämonen glauben und sich anmaßen, sie im Extrem um den Preis sogar des Lebens eines angeblich Besessenen aus dessen Leib zu treiben? Und wie konnte man einer Kirche anhängen, die für unschuldige Kinder eine Vorhölle vorsah, nur weil sie nicht rechtzeitig getauft werden konnten! Oder die von ihren Gläubigen Sätze zu glauben verlangten wie: »Gott zeigt uns unsere Liebe dadurch, dass Christus für uns gestorben ist.« War denn nicht allzu offensichtlich, dass all dieses fürchterliche Theatergrollen nur erfunden worden war, um die Schäfchen mit Schuldkategorien im Rudel zu halten, damit sie gehörig geschoren werden konnten? Und wenn zynische Philosophen und Schriftsteller auf dem Totenbett wieder zum Katholizismus zurückkehrten, was hieß das schon anderes, als dass es um Angst und Trost ging und um nichts anderes.

Und wie konnte man an Engel glauben! Wie konnte die Mehrheit der Amerikaner, die gerade einen Vietnamkrieg sanktionierten, an Engel glauben und an die Arche Noah? Wie konnte man diesen verdummenden Unsinn auch noch didaktisch aufbereiten und rund um den Globus immer neuen Generationen von Kindern rhythmisch einhämmern, damit sie mit wehenden Fahnen, »Gott mit uns!« weiterhin aufeinander losstürmten, weil Glaubenssätze nicht übereinstimmen wollten! War es denn nicht offensichtlich, dass sich die Gläubigen deshalb dauernd gegenseitig durch Gebete und Bekenntnisse bestärken mussten, weil ihr besser wissendes Unbewusstes dauernd dagegen rebellierte? Wie konnte man die Aufklärung als abgeschlossene Epoche bezeichnen? Und sahen denn die Strenggläubigen nicht deshalb so bleich und brillenbewehrt aus, weil ihre ganze gottgewollte Natur dagegen aufstand und ihnen alle Energie entzog? Und beteten sie deshalb so innig verkehrt, weil sie Angst hatten, dass die Wahrheit ihnen einen neuen Weg weisen würde? Herr, mach, dass ich *nicht* schwach werde! Herr, hilf mir *gegen* Tod und Teufel! Wo doch schon die dummen Heiden wussten, dass der unbewusste Riese im Bauch kein »nein« versteht und die falsch formulierten Bitten getreulich erfüllt …

Nein, wie auch immer: Auch dieser Karren musste gewendet werden! Ob man noch zur Kirche ging oder nicht, der Protestantismus steckte jedem hier zutiefst in den Knochen. Wenn man diese Stadt verstehen wollte, dann konnte die Konfessionsfrage keine marginale sein. Die Glaubenssätze der Reformation waren sozusagen das genetische Material dieser Stadt, hundertmal schon festgestellt und beschrieben, gewiss, aber immer wieder wahr.

Jesus hin oder her, der Protestantismus und sein kapitalistischer Auswuchs waren Fakt in der Stadt – eine heimliche Hochzeit aber für Einheimische geradezu mit Händen zu greifen. Und wenn es stimmte, dass die Materie dem Geist folgt, so wirkte ich sozusagen in der Schaltzentrale des sich Manifestierenden. Im Anfang war schließlich auch das Wort gewesen, das Gesetz, der universelle Code. Am Anfang des russischen Kommunismus war schließlich auch nichts als die Theorie gewesen. Nur war dieser Kommunismus selber zu einer unterdrückenden Religion geworden, und die Theorien des Kapitalismus waren unzweifelhaft vom Protestantismus durchsetzt und überdies so scheinheilig und dürftig, dass etwas Drittes anstand, etwas, das sich herausbilden musste, etwas Lebendiges zwischen den Blöcken. Und unserem Aufbruch, gerade weil er noch so unbestimmt war, traute ich zu, das herauszubilden. Der Geist musste nur unbedingt wehen gelassen werden, wo und wohin er wollte, er würde den Weg schon weisen; immerhin war das doch ein urprotestantisches Anliegen, das man gelten lassen konnte. Gewissheiten waren das Böse. Du sollst dir kein Bildnis machen, sagte schließlich auch Jesus, den ich als Revolutionär sah, und der ihm zugeschriebene Satz: *Lasset die Toten ihre Toten begraben und folget mir nach*, gefiel mir ausnehmend und war mir Beweis seiner Integrität.

Somit: kindliches Staunen statt sinnentleerter Rituale, der wahre, ungeheure, unfassbare, unpersönliche Gott gegen den von Menschen geschaffenen lächerlichen Nikolaus; Wissen-Wollen und ehrliches Eingestehen des nicht Wissbaren statt Glauben; der aufrührerische Jesus gegen den lieben harmlosen Softie, jenen guten Hirten aus dem Schlafzimmer der Großmutter, der Kinder dem Napalmregen überließ – war er doch laut Bibel selber nur knapp einem Massenmord an Kindern entgangen, weil sie das falsche Zeichen trugen. Und wenn schon Kirche, dann die südamerikanische, die brasilianische, die die Botschaft als frohe in den Mittelpunkt stellte, hieß doch Evangelium schon *frohe* Botschaft, nicht schwere, und sagte doch der Erlöser selbst, sein Joch sei ein leichtes. *Und würden Christen erst Frieden machen, bevor sie beten, würden Christen helfen, bevor sie andere bevormunden, würden Mächtige Machtlosen »die Füße waschen«, die Welt würde eine andere.*

Aber leider zeigte ein Pressebild, dass auch der Fürsprecher der Unterdrückten, Ernesto Cardenal, den selbst meine radikalsten Genossen als einen der ihren betrachteten, vor dem Zeigefinger des Polenpapstes in die Knie sank, als dieser in Südamerika landete. Wie konnten Sozialisten vor Bischöfen und Päpsten weiche Knie bekommen? Gegen den traditionellen, unpersönlichen Vater Staat aufzubegehren, verlangte offenbar weniger Courage, als den eigenen Vater im Inneren zu überwinden. Dann aber gute Nacht, hehre sozialistische Zukunft! Denn hatte man die Prägung als automatischer Repetierer von Kniefällen erst einmal in den Knochen, dann brachte man sie nicht mehr heraus. *Du kannst von einem Tag auf den andern aus der Kirche austreten, aber bis die Kirche aus dir austritt, kannst du lange warten*, notierte ich ins Heft. Darum: *Riskiere ein Leben ohne Trostmittel, nimm, wenn schon, andere Drogen, die geeignet sind, deine Gewissheiten zu relativieren. Drogen machen immerhin weiter, nicht enger, somit friedlicher und menschlicher.* Da konnte ich hinreichend aus Erfahrung reden, musste man ja nur einen Meter um sich greifen in den WG's jener Zeit. Und waren diese Jesusjünger nicht auch ständig von Palmwein «high«, tanzten ekstatisch, ja versuchten sogar Wasser in Wein zu verwandeln?

In dieser Situation schrieb ich mein erstes Fachbuch: »Gott ist krank sein Sohn hört Punk«. Der Titel war einem Graffiti abgekupfert, das an der Predigerkirche prangte.

Dass uns aber die frechen Punks mehr und mehr die Verkünderbühne auf ihre Weise streitig machten, wollte uns nun schon dreißigjährigen Achtundsechzigern vorerst nicht auffallen.

Ich war also wie viele meiner Genossen vom Sprayer zum Beschreiber mutiert. Verbrachte bald mehr Zeit in meinem Elfenbeinturm über dem Centralplatz als auf der Gasse. Andere verzogen sich in andere Elfenbeintürme, kamen im Fernsehen oder in den Printkonzernen unter oder verschwanden in den klösterlich stillen Korridoren der Kulturradios... nur teilzeitmäßig, um Geld zu machen für eigene Projekte, wie es anfangs hieß. Aber bald wurden die öffentlichen Institutionen zum eigenen Projekt, und bald verteidigte man verärgert Positionen, die man vormals selber bekämpft hatte. Wer mit zwanzig kein Revolutionär ist und es mit dreißig immer noch ist, hat nichts begriffen, sagte einer sinngemäß. Die sich den bürgerlichen Strukturen ergaben und allmählich milder wurden, überzeugten allerdings mit den Jahrzehnten mehr als jene, die krampfhaft zornige Berufsjugendliche bleiben wollten. Gab es einen Weg dazwischen? Wie konnte man lebendig bleiben, ohne sich lächerlich zu machen?

Ich war mir in meiner Nische sehr gewiss. Waren es nicht offensichtlich erklärte bibelgläubige Christen, die Napalm auf Kinder warfen? Konnte Nixon, dieser kriminelle Finsterling, dazu nicht genug seine Hände in die Kamera falten? Das also war der mächtigste Mann der Welt?

Die arme Bibel, dieser Steinbruch der beliebigen Sprüche, ließ auch mir beliebig Material zur eigenen Verwendung offen. War nun diese 81er Bewegung viel mehr eine religiöse denn politische, so sollte sie auch in Worte gefasst werden. Mein selbst ediertes »Punkbuch« wurde umgehend zum lokalen Bestseller, umso mehr, als meine Lehrbefugnis öffentlich auf der Kippe stand und aufgebrachte Eltern wissen wollten, was ein nicht an den lieben Gott der Kirche glaubender Religionslehrer ihren Kindern wohl beibringen mochte. Nach einem Artikel in der maßgebenden Stadtzeitung entbrannte ein Leserbriefduell über Wochen, das Beste, was einem Herausgeber passieren kann, und der Herausgeber war ich.

Religion lag unzweifelhaft in der Luft. Ich kam nicht nach mit Ausliefern immer neuer Bücherbeigen, mein Punkbuch wurde sogar von fliegenden Händlern in Restaurants und auf der Straße verkauft. Später wurde es in einen alternativen Verlag aufgenommen und noch zweimal aufgelegt. Zwei weitere Bücher zum Thema folgten. Aber der Zeitgeist, auf dessen Welle ich bloß ritt, war die Sache bald leid geworden und schon abgehauen, als ich noch immer »Religion ohne Gott und Teufel« predigte.

Der Spuk war auf ein Fingerschnippen vorbei. Der Geist war eben auch ein Punk und keineswegs krank. Aber mich hätte ein noch längeres Verweilen beim Thema »Religion« krank gemacht. In allem steckte dann doch ein Zorn, der wohl etwas anderem galt, etwas Privaterem, dem ich auf die Schliche kommen wollte. Oder vielmehr musste. Mein Interesse schwenkte um auf den möglichen Segen von Selbsterfahrung in Gruppen und der humanistischen Psychologie, wie sie in Kalifornien in Hochblüte stand. »Fürwahr«, sprach Jesus, in die Ferne blickend, in einem Sandalenfilm, »wie sollen sich Königreiche ändern, wenn sich die Menschen nicht ändern«.

*

Und es kam »Indien«, das der unverwüstlichen Droge Glauben neue Tore öffnete. Selbsternannte Gurus schossen wie Pilze aus dem Boden. Neue Devotionalien von Kristallen bis zu gefärbten Wässerchen überfluteten nun die Zimmer. Allerorten wurden für gutes Geld neue Beichten abgenommen und neue Hostien auf Zungen gelegt. Der Geist verabschiedete sich immer schneller aus allen

Flaschen oder kam erst gar nicht zu Besuch, wo und wann es um ihn selber gehen sollte. Du sollst dir kein Bildnis machen – die esoterischen Bildnisse aber hingen bald in allen Zimmern meiner in die Jahre gekommenen Freunde und Genossen. Wo vorher die frechen Poster gehangen hatten, hingen nun Weisheitsvertreter aus aller Welt. Jetzt aber hinter Glas und gerahmt.

Und immer sinnierten Steppenwölfe weiterhin einsam auf Treppenabsätzen neben verstaubten bürgerlichen Gummibäumen, besiedelte die Traumpsychologie die Triebwünsche besserer Töchter an der Sonnenflanke der Stadt, geisterten freie Theatergruppen über die Plätze, wurden Zirkusse gegründet mehr noch als Banken. Die Esoterik und Sektenwelle war nur eine Welle mehr, die durch die Straßen der Städte brauste und sich verlief, wie alle Impulse seit Jericho. *»Stadt« aber ist und bleibt. Städte sind Inseln, sie behalten von jeder Welle etwas zurück und lassen das Überflüssige im Wortsinne zurückfließen ins Meer, wo neue Wellen sich wieder aufbauen.*

*

Und immer lag der Tessin nahe zum Glück, mit seinen Palmen, hinter den Alpen, die erklärtermaßen noch zu sprengen waren. War diese südliche Landesecke nicht stets ein Hort der Anarchie gewesen, Zuflucht für Neuerer und Spinner aus aller Welt, ein Segen für das Land, wo selbst die Kirchenglocken fröhlich bimmelten? Hatten sie dort unten auf dem Monte Verità nicht schon um die Jahrhundertwende die neurotische Kleinfamilie auffliegen lassen und nackt im Freien getanzt? Warum also nicht nackt durch unsere Stadt rennen? Genau! Warum nicht? War ein Tabu lustvoller zu brechen?

*

Die erste Frau, die ich in den Sechzigern im Minirock sah, ging stolz, alle Ampeln und Autos missachtend, quer über den mehrspurigen Bahnhofplatz. Dabei hätte es eine Unterführung gegeben. Es hätte weniger Aufsehen erregt, wenn sie nackt dahergekommen wäre. Etwas Ungeheuerliches in jeder Hinsicht! Als ob sie bei dem Autogehupe geahnt hätte, welche Umwälzung sie damit einläutete. Fortan konnte ich dort nicht mehr brav über die Zebrastreifen gehen, ohne dass sich mir diese freche Sequenz automatisch einblendete, wie ein hochgewachsenes Girl im Mini den Verkehr zum Erliegen brachte.

Die protestantische Stadt war vor dem Minirock ein beständiger Stachel im saftigen Fleisch eines jeden, der nach Leben gierte, war klar wie die Fernsicht auf die Berge, sauber, nüchtern, gründlich. Immigranten, drohender Folter entkommen oder leichtsinnigem Konkurs, kamen seit jeher in sicheren Abständen – um dann wieder zu gehen, gerettet, dankend, das Kantonsspital rühmend, jedoch nicht wirklich genährt, unterkühlt… *Es kann aber nur überleben, wer die ortseigenen Abwehrzellen in sich trägt von Kindsbeinen an, nicht Geimpfte müssen hier eingehen. Protestantismus ist Hochprozentiger, ein Klarer, ohne Auf- und Abgang, Säuberungsalkohol, Räuschen keinen Raum lassend, eindeutig, definitiv, eine Ohrenreligion. Hier wird das Leben redlich bestanden, jedoch ohne Pfiff. Und diese Stadt, dieses Land, ist einfach zu klein und zu steil für Höhenflüge, alles prallt an Felsen ab. Man muss tatsächlich auf die einsamen Hochebenen oder außer Landes, um aufatmen zu können.* Der protestantische Gott zumindest war unzweifelhaft krank, sein Sohn konnte gar nicht anders als ein Punk werden.

Heimat

Mag es am Anfang jeweils anders aussehen in der »statt dessen« bevorzugten Stadt, in die man leichtsinnig und fluchend auswandert, mag es am Anfang anders aussehen in der Stadt deiner Träume, in »meinem Paris«, »meinem geliebten Palma«, »meinem Rio«, wo angeblich gelebt, nicht vegetiert wird wie in der langweiligen Heimat, die man bis zum Erbrechen zu kennen meint – mit der Zeit merkt man, dass jeder Ort seine eigenen Prüfungen bereit hält, wenn erst der Samba ausgetanzt ist, wenn du dort Arbeit suchst und den Einheimischen zum Konkurrenten wirst, wenn dich ihre Unpünktlichkeit zur Weißglut treibt, wenn du ein Haus bauen willst und mit der Mafia vor Ort zu tun bekommst, wo du doch vorher als zahlender Tourist und Gast so hochwillkommen warst und in der malerischen Gasse rundum nur Freunde dich gegrüßt haben...

Ich wusste, was ich da schrieb. Ich hatte mich in eine deutsche Italienkolonie eingekauft, die Frankfurter Linke in der Nähe von Orvieto gegründet hatten, als Terrorismushetze und Rasterfahndung ihren Höhepunkt erreicht hatten und sogar Bürgerliche befürchteten, es könnte zu einem neuen Faschismus kommen. Aus den Lautsprechern der Tramhaltestellen wurden in Deutschland Parolen ausgerufen, unschuldige Passanten wurden festgehalten und zu Boden gedrückt, weil sie entfernt einem Fahndungsbild glichen, Rollkommandos wurden – nicht anders als vormals im Nazireich – in Nachbarwohnungen gerufen, weil man verdächtige Geräusche gehört haben wollte ...

Mein Land war naturgemäß nie gefährdet, ins Extrem abzurutschen, zu viele Gegensätze hielten sich hier die Waage. Auch Deutschland würde am Ende besonnen bleiben. Mir ging es bei meinem Italienprojekt auch nicht darum, der Gefahr einer künftigen Staatsdiktatur im Heimatland zu entgehen. Es ging mir um meine Tochter, nicht um den Faschismus. Ich hatte nie den leisesten Verdacht, dass mein Land, so wie es gestaltet war, in ein Extrem kippen könnte, das Etikett Faschismus, dachte ich immer, ging meinen Genossen allzu häufig und leicht von den Lippen. Alles war immer gleich »faschistisch«, dabei hatten selbst unsere Eltern Faschismus nie am eigenen Leib und im Alltag erfahren. Nein, die Idee war: Mein geliebtes Mädchen, meine Tochter, sollte in unseren gemeinsamen Ferien nicht nur Zeltplatz und den Strand, sondern auch das Bauernleben kennenlernen, so wie ich es kannte. Und sie ließ es gerne geschehen. Auf der Hofkommune nahe Orvieto war immer etwas los. Nicht nur der vielen Tiere wegen, die erklärtermaßen frei herumliefen, es kamen auch ständig Freunde und Genossen aus Deutschland und der Schweiz auf ein paar Tage vorbei, um am großen Steintisch unter dem Feigenbaum ihre Grundsatzdiskussionen zu führen, während die Felder zusehends verwilderten.

Als die Razzia kam, war der Heißgesuchte aus Deutschland schon bei der nächsten Landkommune untergeschlüpft. Der »Maresciallo« mit seiner Fasanenfeder und seine bunten Carabinieri – erstklassige Zielscheiben für einen Terroristen – setzten sich entschuldigend an unseren Steintisch unter dem Feigenbaum, zogen ihre Hüte ab und ließen sich Grappa einschenken. Man kannte sich ja.

So war Italien eben. So, wie wir es haben wollten und es immer erwartet hatten. Immerhin, für ein paar Jahre wurde es meiner Tochter und mir zur Gewohnheit, auf diese Landkommune zu fahren. Also wurde sie uns zu Heimat.

Wenn wir auch immer gerne wieder in die Stadt zurückfuhren. Selbst meine Tochter befand, dass man reiste, um das Zuhause danach schöner zu finden…

Spiel

Professionelle Spieler wissen: Gewinnen kann jeder Trottel, mit dem Verlieren umgehen, das können die wenigsten. Professionelle Spieler wissen: Es geht nicht darum zu gewinnen, sondern verlieren zu lernen, ja stoisch vom Verlieren auszugehen. Jener Börsenmakler, der am Morgen mit der Hoffnung ins Büro geht, zu gewinnen, wird früher oder später auf die Schnauze fallen; wer gewinnt, spielt nur noch nicht lange genug. Gewinner sind niemals Spieler, Gewinner leben vom Verlieren der Spieler, »todsichere Gewinne« machen nur Beerdigungsinstitute – hat denn je eines Konkurs gemacht?

Ich hatte meinen Anlass, dies zu notieren. Das breit angelegte Monopoly-Spiel mit fiktiven Firmen und einem rudimentären Staat, das jeder Zweitsemestler an der ökonomischen Hochschule der Klosterstadt zu absolvieren hatte, um sich an den Haifischtank der realen Wirtschaft zu gewöhnen… dieses bloße Übungsspiel ließ keine anderen Schlüsse zu. *Insbesondere die Börse kann bei näherem Betrachten nicht anders als ein reines Glückspiel genannt werden, bestenfalls eine Pokerrunde, ganz sicher ein Wettbüro. Zu viele Unbekannte machen ihren Einfluss geltend, nicht anders als beim Wetter.* Ich konnte meine Spielchips drei Tage kontinuierlich mehren – und dann waren sie weg, schneller als das Licht im Crescendo der letzten Stunde.

Aber diese drei Tage ungehemmten Monopoly-Spielens waren von fieberhafter Lebendigkeit gewesen. Der Homo

Oeconomicus lief zur Hochform auf. Endlich durfte man ohne Umschweife und mit offizieller Bewilligung zur Sache kommen: Möglichst viel besetzen und besitzen und die andern in den Ruin treiben, bis man alle ihre Titel im Portefeuille hatte. Eingestandene Gier war offensichtlich geeignet, Schwung in die Bude zu bringen. Wo hatten alle dieses Böse nur immer versteckt gehalten?

Frauen konnten dem Spiel wenig abgewinnen, es studierten auch deutlich weniger Frauen als Männer an dieser Hochschule. Frauen waren auch nicht in Börsenringen zu finden, die wir gelegentlich besuchten. *Männer erliegen leicht der Gier nach Geld. Aber stürzen sie, diese Realisten, schreiben sie ihren Fall nicht dem System zu, sondern einem Detail, das man – man ist ja auch nur ein Mensch – übersehen habe. Dieser läppische Fehler müsse in Zukunft vermieden werden, dann würde es todsicher wieder aufwärts gehen. Inzwischen müsse sich Frau eben etwas bescheiden, Ehe gehe nun einmal durch Dick und Dünn, wie der Priester – Mann, wen wundert's – damals doch gesagt habe…*

Gierige wollen Macht, und Mächtige wollen eine heimliche Schwäche überdröhnen. Aber der Unverwundbarkeit der Mächtigen ist – siehe Nibelungen – ein Lindenblatt in die Quere gekommen. Der emotionslose professionelle Spieler will nun nur noch herausfinden, wo es sich bei seinem hitzigen Gegenspieler angehaftet haben könnte, um im richtigen Moment zustoßen zu können. Denn er möchte nicht länger als unbedingt nötig in Gesellschaft von Idioten verbringen.

Genau das war dem Land passiert, dachte ich, als es sich notgedrungen auf das Verlieren der andern spezialisierte, nachdem es jahrhundertelang selber auf der Verliererseite gestanden hatte in seiner verschrumpelten Landschaft, die noch kein Tourist als schöne erkennen wollte. Und daher, schloss ich, rührt die Freudlosigkeit einer Bankenstadt, ja eines Bankenlandes, das nun vom Verlieren der andern lebt. Daher rührt die heimliche Häme des »Rumpelstilzchentums«, wie ich es nannte, das Understatement dessen, der beim Spiel nur noch kassieren will, statt zu riskieren, profitieren will von allem, was der Gegner tut und dabei in aller Höflichkeit und Neutralität die Rosinen aus dem angeblich gemeinsamen Kuchen pickt. *Wem es gelingt, eine Win-Win Situation zu erstellen, für den ist das Spiel vorbei, er kann vom Tisch zum Golfplatz wechseln und das Geschäft seinen Sekretären überlassen. Das tun sie auch, die Professionellen aus aller Welt: Sie wohnen neben den Golfressorts in der Schweiz an einem der vielen schönen Seen.*

Jeder Schweizer lernt das schon am Familientisch. Man nennt es »Figgi und Müli«. Wem es gelingt, beim Mühlespiel eine geeignete Konstellation der Steine herzustellen, kann sich zurücklehnen. Großvater war nach einigen Spielzügen schon so weit. Vater mochte diese Art des Spielens nicht, und ich hatte nicht die Gabe, drei Züge voraus zu denken.

Das Land ist eine Figgi und Müli geworden, notierte ich später, es kann im Ausland passieren, was will, es tickt immer zu seinen Gunsten, es scheitern immer die andern, so wie immer die andern sterben. *Aber Scheitern ist keine Schande. Scheiterten die Eidgenossen nicht grandios in Marignano vor den Toren Mailands: Verlierer als Helden? Und wie soll das letzte Scheitern, das Sterben, anders hinlänglich zu bestehen sein, wenn einer nicht zu scheitern lernt? Nur, gerade das will der Stadtgeist zuletzt. Gottes Wohlgefallen soll dem Sieger, dem Reichen gehören, das Kapital auf Erden dem Kapital im Himmel entsprechen.*

Fest stand: Nirgends fiel einer tiefer vor Gott und den Nachbarn als in der Stadt vor meinen Füßen, bis ein paar bunte Regenmacher und Paradiesvögel kamen – von unerwarteter Seite. Ausgerechnet ein Vorsteher der Wirtschaftspolizei musste auftauchen, ein Polizist, der gegen etwas »Kleingeld« unter der Hand seinen beaufsichtigten Wirten rundum die Erlaubnis erteilte, Palmen, Tische, Siphons und Stühle auf die Trottoirs und Plätze hinaus zu stellen, was heute aus dem Stadtbild und vor allem aus der Stadtkasse nicht mehr wegzudenken ist und wir Stadtindianer doch mit größter Mühe vergeblich einzuleiten versucht hatten. Palmen, ausgerechnet Palmen, besiedelten bald die Stadt! »Bakschisch«-Nehmen war übrigens auch ganz unschweizerisch, sozusagen nicht weniger exotisch, als es Palmen waren. So hatte ein Eingriff aus dem »Off« die Wende gebracht. Ausgerechnet ein Polizist! Wir kämpften auf der falschen Ebene.

Den Rest des Miefs beseitigte die äußerst kreative illegale Bar-Szene, meist inszeniert von jungen Städtern, die außer Grammophonen und Lautsprechern nichts weiter interessierte. In unserem »Beat-Keller«, wie wir ihn anfänglich nannten, versammelten sich samstags nach Mitternacht und ohne Lüftung zuweilen über hundert Leute – nicht auszudenken, es wäre da ein Brand ausgebrochen, rauchten doch selbst Feuerwehrmänner, wenn nicht Chirurgen beim Operieren. Aber es gab keine Brände, es dachte niemand daran.

Und es gab jenen bis heute anonym gebliebenen »Künstler«, der die Aufgabe löste, dem Safe des städtischen Polizeikommandos sämtliche Lohnsäckchen eines Monats zu entnehmen und den Safe auch noch säuberlich wieder zu schließen. Ein Wunder! Wohl aber eher wieder ein Polizist. Die Polizei erwies sich mit der Zeit als unsere beste Abteilung. Und jene Levantiner – Secondos genannt, Buben noch –, die mit Wasserpistolen und reinem Momentsvertrauen die Zentralpost ausnahmen und – wen wunderte es in dieser Stadt – so viele Millionen zugeschmissen bekamen, dass der Laderaum ihres Kombi nicht ausreichte, alle Geldsäcke einzuladen. Dass sie am Tatort in der Hast ihre Ortsskizzen, Fotos, sozusagen ihre Visitenkarten mit säuberlichen Fingerabdrücken hinterließen, tut nichts zur Sache. Sie wollten ja nur zeigen, wie es ginge, wenn man wollte, und was geschähe, wenn man es täte. Dass sie einen der ihren im Fond des Kombi erst wecken mussten, als die Geldsäcke verladen werden sollten, weil er in der Wärme, versteckt unter seiner Wolldecke, eingeschlafen war, sagte alles übrige. Es sei eben etwas spät geworden am Vortag, erklärte er später dem hohen Gericht, sie hätten sich nur aus einer Laune heraus dann doch noch für diesen Coup entschieden.

*

Und ein neurotischer Spinner, somit ein Städter, mietete nach ein paar Lernstunden kurzerhand ein Kleinflugzeug und flog schnurstracks knapp über den Baumwipfeln – von jedem Radar unerkannt – zum »Roten Platz«, drehte darüber ein paar Runden und landete dann, um sich die Sache aus der Nähe zu besehen. Was kümmern mich Ost- und Westblöcke, ich will doch nur einmal mit ein paar herumstehenden Russen in aller Freiheit plaudern! Voilà! Geht doch! Das fanden wir auch.

Die Macht ist jederzeit zu unterfliegen, hieß die Botschaft all dieser Realisten unmissverständlich. *Dem Kind ist es gegeben, es darf nur nicht aufwachen!* Notierte ich, wohl eher Eigenes meinend.

Das Volk aber verstand die Botschaften dieser Robin Hoods stets auf Anhieb, und die Boulevardpresse jubelte, wenn es einem wieder gelang, verschlafene Beamte oder böse Kapitalisten auszutricksen. Sogar die Fahnder aller Zeiten schmunzelten insgeheim, zollten der Courage der

Gesetzesbrecher zumindest ihren Respekt. *Im Kino ist auch der Polizist auf der Seite des Bösen*, notierte ich. *Take a walk on the wild side*, hieß der Hit der Tage. Das Unerwartete, und war es die kleinste Abweichung von der Norm, brachte stets etwas Freude ins Leben. Darum war das alles bestimmende Versicherungswesen des Landes kein Lebensborn zu nennen. Schweizer, das war bekannt, waren die höchstversicherten Bürger aller Länder und Zeiten, Stabilität, Dienstbeflissenheit und Verschwiegenheit waren ja die Exportschlager des Landes. Und hier war das Establishment am empfindlichsten zu treffen. Wir unterschieden denn bei unseren Aktionen auch nicht zwischen den Fassaden der Banken und jenen der Versicherungen, gehörten doch Letztere ohnehin den Ersteren und verdrängten alle beide Kleingewerbe und Läden, also Horte der Menschlichkeit, aus der Innenstadt. »Ein feste Burg« war unser protestantischer Gott, Schirmherr der Stadt. Aber ein Spielverderber.

Es war somit, weil man vor allem verwaltete, nicht etwa spielte, gegeben, dass die Stadt nicht besonders lustig sein konnte. Es herrschte die Leidenschaftslosigkeit des Croupiers, der Ernst des Schiedsrichters in den Straßen der City. Es musste umgehend das Spiel zurückgebracht werden. Um den Preis des Verlierens im vornherein, gewiss. Denn trotz aller Hoffnung war nicht wirklich zu erwarten, dass dieser Monoblock durch unsere Narrenkäppchen ins Wanken kommen würde und die Felsen des Gotthards tatsächlich zu sprengen waren, um freie Sicht aufs Mittelmeer zu haben. Auch ich kaufte mich lieber bereits auf der Südseite ein, als die Sprengung einzuleiten. Denn fürchtete sich die Politikerkaste vor dem Unberechenbaren der Bewegung – und stets mehr, als wir erwarteten –, so wusste die Wirtschaftskaste hingegen stets um ihre Macht, sie war bloß etwas besorgt um das Image des Standortes, wenn wieder unschöne Bilder in ausländischen Medien erschienen. Aber das würde sich wieder geben, sich schnell »versenden«, wie es unsere linken Freunde nannten, die beim staatlichen Fernsehen untergekommen waren. Es ist einem Bankenplatz zwar nicht förderlich, wenn Autos in den Straßen brennen oder Glasfassaden Schaden nehmen unter dem Logo, das die ganze Welt als Vertrauensmarke kennt, aber mit ein paar Telefongesprächen war die Sache wieder ins Lot zu bringen, die Aktienkurse hatten stets die Tendenz, sich wieder zu erholen. Selbst wenn eine Flaute anhalten sollte: »Figgis und Mülis« verdienten immer, dann halt an der Flaute.

abstrakt konkret

Aber wer dankt den Ungehörigen, Unsinnigen, den Paradiesvögeln, dachten wir, die etwas Lebensfreude in die Hängeregister und Betonschluchten bringen? Wer setzt auch ihnen einmal Denkmäler, verleiht ihnen zur Abwechslung einmal Preise im Stadthaus, jenen stets authentischen Dadaisten des Alltags? Wurde der falsche Hauptmann in Berlin vom Deutschen Kaiser höchstpersönlich empfangen und hatte wohl vor dem Rathaus zu Köpenick sein Denkmal bekommen, so war unsere Stadt einfach zu klein für Einsichten in weitere Zusammenhänge, zu klein auch, um Weltkriege auszulösen, Revolutionen, Sezessionen. Kein Denkmal eines Eulenspiegels war verbürgt, kein Manneken pisste fröhlich vom Sockel, kein Schwejk schaffte es zum Klassiker. Die Stadt war allenfalls groß genug, um Flüchtlinge anzuziehen oder um Frieden zu stiften. Aber man kennt und nennt den mutigen Ikarus, nicht seinen Vater, den vorsichtigen Dädalus. Man kennt die Namen der Kriege, nicht der Friedensschlüsse. Man kennt Sarajewo, nicht Tilsit – selbst der Käse jener Stadt war ja bekannter als der Friedensvertrag, der ihren Namen trägt.

Geschichte schreiben die Sieger. Das hatten wir ja im historischen Seminar gelernt. Ein großer Sieg meiner Stadt war leider nicht auszumachen, dessen Ruhm ein Augenzwinkern für die kleinen Verlierer und Spinner offen gelassen hätte, wie sie in der Weltstadt Wien verehrt wurden. Man fühlte sich vielmehr provoziert durch Aktionen des Unsinns – ein dankbarer Boden somit für unsere Aktionen. Aber hatten die Dadaisten der ersten Stunde den Zweiten Weltkrieg verhindern können? Was wir taten, taten wir wohl für uns, sozusagen aus psychohygienischer Notwendigkeit.

Unsere Stadt war bezeichnenderweise bekannt für ihre nüchternen »abstrakt-konkreten« Maler. Aber wenn etwas Originäres hinausging um die Welt und weitere Wurzeln setzte, dann war es das Gegenteil des Nüchternen, dann war es der Unsinn, Dada, das Spiel, vielmehr der Widersinn gewesen, nicht zufällig gewachsen über Nacht, dieser exotische Pilz auf neutralem Terrain zwischen Kriegsnationen und Erbfeinden, nicht zufällig aufgegangen zwischen zwei Erhebungen und einem See, gerade groß genug, um ausatmen zu können gegen Süden, gegen Afrika, nur von ein paar Erdfalten verstellt, die man bis anhin zu sprengen vergaß.

Central

Unser Haus war das genaue Doppel eines Hotels gewesen, wie sie Ende des neunzehnten Jahrhunderts gebaut worden waren: mehr Ozeandampfer denn Gebäude, mit Admiralen vor der Schwingtüre in malerischen Uniformen, mit flinken ersten Offizieren im Entrée, beflissenen Schiffsjungen im Service, die Fahnen auf dem Dach stets flatternd im Fahrtwind in die Zukunft. Unser angebautes Gebäude, die Dépendence, wie sie hieß, hätte in ihrer Art in Berlin oder Cannes stehen können; in den Bergen wäre der ganze Komplex als Grand Hotel durchgegangen. Das Hotel wurde später renoviert, die Dépendence, unser WG-Domizil, dann abgebrochen.

In dem Anbau konnte man vormals zur Miete wohnen und sich vom Hotelpersonal bedienen lassen – eine Form des Wohnens, die auf dem Lande keine große Chance hatte, aber zu Manhattan gehört wie Cary Grant zur Komödie. Unser dem Abriss bestimmter Teil mit seinen verlotterten Appartements hatte somit etwas Weltstädtisches, was wir gerne zur Kenntnis nahmen, wollten doch unsere Ideen partout auch in die Welt hinaus. Die Räume waren für schweizerische Verhältnisse ungewöhnlich groß, unser Appartement umfasste zwölf Zimmer – genug für ein Dutzend Kommunarden mit noch einmal einem Dutzend Freunden und Freundinnen über Nacht, dazu diverse Katzen und Hunde. Berliner Genossen, die uns besuchten, fühlten sich gleich zu Hause.

Die Großzügigkeit der Wohnungen und der erstklassige Hotelservice waren vormals geeignet gewesen, reiche Geschäftsleute und Konsulate zu beherbergen. Hier hatte zum Beispiel das israelische Konsulat der Stadt residiert, das allerdings bei wachsender Terrorgefahr aufgrund der Kriege im Nahen Osten in einen Bezirk umzog, der es der nötigen Überwachung leichter machte als im Gewusel des Centralplatzes zwischen Bahnhof und Vergnügungsviertel. Die Tür zum Treppenhaus mit dem Scherengitterlift war immer noch mit Panzerblech eingeschlagen, als wir einzogen – gerade dick genug, einen Pistolenschuss zumindest abzulenken. Nicht zu denken aber, ein gegnerisches Kommando hätte noch die alte Adresse im Kasten gehabt und eine Kofferbombe zwischen unsere Abfallsäcke gelegt. Immerhin läuteten noch immer in Abständen Auswanderungswillige, den Pass schon in der Hand, morgens um neun an unserer Tür und wunderten sich, von verschlafenen Gestalten in Unterhosen empfangen zu werden. Israel versprach damals noch Wunder.

Das baufällige Haus war einige Jahre leer gestanden, bevor wir es wieder zu beatmen begannen. Der Hausbesitzer – vielmehr der Handlungsbevollmächtigte einer Generalunternehmung – kam der Form halber mit einem befristeten Mietvertrag vorbei, auf dem geradesogut hätte »gratis« stehen können, einer meiner Wohngenossen oder, auch möglich, bloß ein »Übernachter«, der zufällig schon wach war, unterschrieb, und damit hatte es sich. Für warmes Wasser sollten wir selber schauen, das Gas bleibe abgestellt, für die Rohre könne niemand mehr garantieren, zumal unsicher sei, ob nicht demnächst nach einer Volksabstimmung ein S-Bahn-Tunnel unter dem Haus gebaut würde. Ein umfassendes U-Bahn Projekt der Stadt war freilich gerade erst überraschend, aber mit großer Mehrheit abgeschmettert worden. Das konnte nur Gutes heißen für unser Domizil.

Der Mensch gehört nicht unter den Boden, so lange er noch lebt, hieß die entscheidende Parole, an Stammtischen gebildet, die ganz in unserem Sinne war, ja eigentlich von uns hätte stammen müssen. Nein, Menschen gehörten nicht unter den Boden, um den Autos die Plätze der Stadt zu überlassen – das fanden auch wir. Für eine U-Bahn hätte die Stadt unzweifelhaft auch nicht das Format gehabt, sie wäre wohl zwischen den Stoßzeiten mit leeren Wagen, wenn auch helvetisch auf die Sekunde pünktlich, zwischen Bahnhof und See hin und her gependelt. Aber eben – das sogenannte Volk war hierzulande gar nicht so blöd, wie wir es gerne gehabt hätten. Wir kämpften gegen Windmühlen, die der Wind auch so in die richtige Richtung drehte. Darum hatte unsere Bewegung politisch keine Konsequenzen, außer dass die Linksparteien mit den Jahren etwas zulegen konnten und später die Grüne Partei entstand, wenn man diese Neugründung überhaupt auf 68 zurückführen will.

Was scherten uns aber Abstimmungen – besetzen konnte man das Haus ja immer noch. Wir hätten nur bleiben müssen. Ich blieb fünf Jahre – nach mir dauerte es nochmals zwei Jahre, bis die Abrissbirne kam. Der Geist allerdings, der sprüht, wo er will, war schon früher abgehauen.

Am Ende hauste nur noch das Gift in den Gängen unserer leeren Adresse; unsere Besiedlung war somit ein letztes überwaches Aufbäumen gewesen, bevor der Patient zurück ins Kissen sank und die Bakterien die Sache endgültig übernahmen.

*

Und für mich stand jetzt der Umzug in eine »bewusstere« WG an, in der man Anstehendes und Ungutes besprach und nicht einfach wie Flaschenpost dem steten Wechsel der Verhältnisse übergab. Ich wollte, wie es in all den anderen WG's auch üblich war, an wöchentlichen Sitzungen teilnehmen, wo nicht besoffene Künstlerhorden immer wieder die Küche überfielen, wo beliebige Übernachter in Unterhosen mein eigenes Zimmer verteidigten, wenn ich verschwitzt und müde von einer Reise zurückkam. Ich glaubte, nun in eine WG ziehen zu müssen, in der man aus ideologischen Gründen im Dreimonatstakt das Zimmer wechselte, um der fatalen »Anhaftung« den Riegel vorzuschieben, die Mao mit seiner permanenten Revolution prinzipiell ausgeschlossen haben wollte.

Ich zog also in eine WG – oder wurde vielmehr nach eingehender Prüfung zugelassen –, in der sogar eines der Zentren befreiten Frauseins entstehen sollte und ich nach kaum drei Monaten, nachdem das letzte männliche Wesen ausgezogen war, allein mit fünf Frauen zurückblieb, die sich vorwiegend die lesbische Liebe zum Programm gemacht hatten. Dass es mir da wider Erwarten meiner männlichen Genossen und Freunden keineswegs schlecht ging, war wohl der ewigen Dialektik zu verdanken, die jedes Extrem mit dem anderen in Beziehung zu bringen weiß.

Da blieb ich jedenfalls zwei Jahre in einer Oase angeblich befreiter Weiblichkeit, um danach sämtlichen mobilen Besitz auf dem Flohmarkt zu verscherbeln und in einen Lieferwagen zu ziehen, den ich mit ein paar Handgriffen in ein getarntes Wohnmobil verwandelte. WG konnte ich jetzt.

Aber konnte ich auch allein leben?

Beim Reisen hatte ich jedes Mal gemerkt, dass ich recht gut mit mir alleine zurecht kam. Immerhin. *Aber was gilt Alleinsein, wenn man jederzeit zu den Andern zurückkehren kann, ins warme Nest mit dem vertrauten Geruch?* Und ich ja keinerlei Mühe hatte, jederzeit Kontakte zu knüpfen – mit einer Gitarre im Arm, zum Beispiel. Oder vielmehr: Ich gründete oder suchte, der Gewohnheit gehorchend, überall gleich eine Sippe, wo ich länger als drei Tage verweilte.

Jäger aber, meinte ich, sollten nicht zu lange am Ofen liegen, zumindest nicht am gleichen. Und hatte mir jetzt ein Cheminée aus Blech, knapp an der Benzinleitung vorbei, in meinen Lieferwagen eingebaut, mit einem unauffälligen, auf dem Dach nach hinten gebogenen Ofenrohr. Es war eine Art Eigenheim auf Rädern, um nicht »Festung« zu sagen. Welchem Dämon wollte ich so davonfahren? Die Umstände würden mich später zwingen, das herausfinden zu müssen. So pendelte ich eine Zeitlang zwischen den noch gebührenfreien Parkplätzen am See zu den nachts einsamen Parkplätzen am Zoo über der Stadt, wo in sommerlichen Mondnächten die Exoten brüllten und man sich in einer Tropenlandschaft wähnen durfte – eine Delikatesse, die ich ausgewählten Freundinnen nicht vorenthalten konnte, so weit sollte »allein Wohnen« nicht gehen.

Aber eigentlich war die Luft schon aus allem heraus. Meine Eskapaden hatten zunehmend etwas Erzwungenes, Verzweifeltes. So wie ich glaubte, Ökonomie studieren zu müssen, um den Sozialismus zu verstehen, wollte ich jetzt nicht aufhören, ungewöhnlich zu leben, um nur ja nicht in die Falle einer bürgerlichen Existenz zu tappen. Dabei saß ich doch schon in einem Schneckenhaus, wie es eine meiner Freundinnen zielsicher nannte. Sogar mit bürgerlichem Kamin. Außerdem hätte ich seit einiger Zeit schon meinem Gesicht im Spiegel anmerken müssen, dass die Jugend sich allmählich verabschiedete, dass sich so langsam schon die Haare lichteten. Was wollte ich, Dreißigjähriger, was wollten schon einige Jahre ältere Genossen um mich herum eigentlich so verbissen noch vormachen?

Gedächtnis

Mit den Jahren hatten sich die Schwerpunkte unmerklich in die Erinnerung verzogen, es wurden Lager verlassen und andere bezogen, es wechselten die Logos, die Namen, die Öffnungszeiten. Aus der Lüge »weißt du noch« wurden alsbald unumstößliche Gewissheiten, die man weiterplapperte und abkupferte, wurden Fotoalben definitiv beschriftet, alte Tonbänder auf neue Träger kopiert, um Biographie beweisbar zu machen; der ganze Aufwand durfte nicht vergebens gewesen sein, das Leben auf diesem Planeten musste einen Sinn gehabt haben.

In die WG's der ersten Stunde zogen nun andere, die Häuser überlebten. WG wurde etwas Normales, eine Wohnform neben anderen. Jeder wusste bald, was eine WG war, bald würde es Alters-WG's geben. Dass zum fünfzigsten oder sechzigsten Geburtstag eines ehemaligen Genossen einmal Dias gezeigt würden, hätte allerdings keiner je gedacht. Schachtel drei: 1. Mai 1968.

Oder ein Journalist gräbt es aus dem Archiv, das inkriminierende Bild des Politikers mit dem Pflasterstein in der Hand. Einer hat immer fotografiert, gefilmt, Zeitungsartikel ausgeschnitten, und umso wertvoller sind heute die wenigen Zeugnisse. Wie viel mehr muss damals los gewesen sein, wenn dieses zufällige Bild schon volle Action zeigt. *Gibt es keine Bilder, wird die Erinnerung erst recht festgeschrieben, aber auch eine schlechte Kopie ist noch ein guter Zeuge.*

So oder so, man entkam ihr nicht, der Erinnerung, dieser permanenten Fälscherwerkstatt, wie in Wirklichkeit über Jahre in unserer WG eine solche lukrativ betrieben wurde und uns beste Kisten Bordeaux bescherte.

Und Frauen brauchten ihn erst recht nicht, diesen Sesseltanz. Wehmut, vor allem wenn es um die Historie ging, war offensichtlich eine Männerkrankheit. In all den Jahrzehnten habe ich nie eine Frau gesehen, die auf den Estrich stieg, um Heldengeschichten herunterzuholen. Aber man ließ ihn, den Gatten, mit müdem Lächeln, auch wenn man seine Elogen auf die goldene Zeit schon besser kannte als er selbst.

Und immer schon hatte man Städter nach Lokalen benannt, wo der Trost direkt aus dem Zapfhahn floss. Prägung fängt mit Trinken an. Darum haften wohl Lokale besonders hartnäckig im Gehirn. Es waren immer die Düfte, das Licht, die Speisen, die Flaschen, das Scheppern der Aschenbecher, der Tritt an die Toilettentür, der scharfe Schlag mit dem Espressokolben, der süße Seifenklumpen am Metallstab in den Toiletten, die Kampferkugeln in der Urinierschale, es waren immer schon die simplen Ingredienzien der Trostareale, die Heimat in Sucht verwandelten. *Und so lange uns das Dazugehören das Wichtigste ist, müssen sich Legenden darum ranken, erst recht, wenn etwas unmerklich verschwindet und anderswo neue sinnliche Profile entstehen und mit dem Legendenstatus wieder erstarren. Max Frisch spricht vom »Gedächtnis der Haut«.*

*

Ja, Legenden. Das Cabaret Voltaire im Wirtshaus »Meierei« gab es schon nicht mehr, als es zum Begriff wurde. Die Logik des Vorhabens, Dada beheimaten zu wollen, ließ nichts anderes zu als Dadas Verschwinden. Sesshafte Zigeuner werden zu Untoten, Indianer in Reservaten saufen sich zu Tode. *Es ist schon gestorben, wenn es geschrieben steht*, notierte ich. *Mit jedem Wort trägt man dazu bei. Das ist Schreiben. Chronisten sind Totengräber, vielmehr die Todesboten selbst. Unbeschrieben hätte der Patient noch ein Jährchen zu leben gehabt, aber der Tod will Lebendige, nicht Tote. Das ist der Verdacht der Frauen, die Städte tatsächlich am Leben erhalten, die Steine allein wieder aufschichten, damit es nicht in Kinderbetten tropft, wenn sich Männer einmal mehr für etwas Nachruhm dem Ungewissen verkaufen, den Pakt eingehen mit dem Teufel. Frauen misstrauen mit Recht der Geschichte. Frauen misstrauen den Schreibern. Und um hinter deren Ränke zu kommen, was man despektierlich »Neugier« nennt, lesen sie wohlweislich mehr als die Männer …*

*

Ich habe tatsächlich keine Frau hinterher je von einer Malatestabar schwärmen gehört; sie vermissen sie auch nicht. *Allein schon darum sind Städter und Städte nie auszuloten bis auf den Grund – zu viel Unmögliches, zuviel Unberechenbares ist auf beiden Seiten der Beziehungsverträge. Kommt dazu die schiere Fülle von Möglichkeiten im nächsten Moment, hinter der nächsten Ecke, in der Straße, die sich einem bisher entzogen hat, auf Dachzinnen, in Kellern.*

»Befreit die sozialistischen Eminenzen von ihren bürgerlichen Schwänzen«, hieß die feministische Parole. Und diese männlichen Eminenzen hatten sie seinerzeit namentlich aufgeführt … Die Frauen hatten Recht, es war vor allem ein Männerspiel.

Es war vor allem andern und einmal mehr ein Männerspiel. Es gab tatsächlich sogar eine feministische Männergruppe in der Stadt.

Sogar das gab es in der Stadt.

Die Fragilen

Städter neigen dazu, sich zu irren – mit Bravour. Das war schon von meinem Fensterchen mit Ausblick auf das »Globus Provisorium« festzustellen. Städter widerlegen Irrtümer mit Irrtümern, locken andere in Fallen, in denen sie selber sitzen, verschieben Kategorien in Hirnräume, für deren Vollzug andere bluten müssen: die Dummen in der »Agglo«, die Arbeiter, die Bauern, die Trümmerfrauen, die Mütter, die Großmütter, die es immer besser wussten. Das ist bekannt und beschrieben, es steht geschrieben, jede Generation erlebt es neu und fällt der Länge nach hin, trotz aller Überlieferung. Mit Recht bewundern Intellektuelle insgeheim den Unterhund, den Arbeiter, der die Leistung erbringt, der mit beiden Händen arbeitet, sogar mit allen Vieren wie die Weber, bewundern den, der es tatsächlich bringt, wohl auch im Bett, der es auslöffelt, der zehn ernährt und bloß für einen isst: den Arbeiter, den Handwerker, Bauern, den Seemann, den Boxer, den Tätowierten alter Schule.

Und nur die Stadt kann sie tragen und ertragen, diese Unfähigen, die um ihr Leben schwatzenden intellektuellen Allergiker. Die Fragilen zieht es in die Stadt und da umgehend in die City, in die verbotene Stadt, zum Brennpunkt, wo die Energie zusammenfließt, damit sie sie abzapfen können. Auf dem Dorf würden sie das Eintreten in die entscheidende Dorfkneipe nicht eine Minute überleben, würden vergiftet von den Blicken der Ansässigen. Und nur im Zentrum einer City ist heiße Aufluft, ist Auftrieb genug, damit sie nicht ab-

sacken, diese Bleichen, diese Hungerkünstler und Säulenheiligen, ausgemergelt von Denksucht, schielend vor Migräne, ausgehöhlt von Absinth und dauerhaftem Realitätsentzug.

Und nur Städtern können Städter ihr dichtendes und philosophierendes Irren durch die nächtlichen Straßen von Paris als an sich schon Großartiges verkaufen; nur die Dichter und Maler des Alpenlandes konnten ihren Freunden nach Hause schreiben: »Die Nacht in Paris ist heller als der Tag«. Und nicht umsonst stellt das reiche Land wie kein anderes seinen Künstlern unzählige Ateliers in den Großstädten der Welt zur Verfügung, damit sie sich dort an jener Größe und Potenz nähren, die das eigene Land nicht hat.

Tatsächlich mussten Touristen nicht weit herum suchen in meiner Stadt: Hier in der Altstadt lebten, starben, schrieben und komponierten die Unsterblichen – alles im Umkreis von hundert Metern. Oft zwei oder drei Bemerkenswerte nacheinander lebten im selben Haus, sodass die ehrwürdigen Tafeln kaum Platz fanden über- und nebeneinander.

Man liebt sie, diese Fragilen, für ihr exemplarisches Scheitern, verzeiht ihnen ihr Scheitern, schließlich scheitert jeder in der Stadt. Stadt ist schließlich ein permanentes Drama. Und ist er erst unter dem Boden, der Ruhelose, ist erst die Tafel enthüllt, dann ist das Scheitern besiegelt, das Fallbeil der Klassik gefallen. Ist aber die Buchkassette schon zu Lebzeiten im Fenster, dann ist der Künstler schon tot, ob er nun abgekratzt ist oder nicht. Amen.

Der Städter verzeiht seinen intellektuellen Propheten aus den Altstadtquartieren die falschen Thesen aus vielerlei Gründen. Es sind jedenfalls die fragilen Genies, die als Stars des Geistes im Gedächtnis haften bleiben, nicht jene Erdverhafteten, die richtig liegen und die großmäuligen Diktatoren durchschauen. Keiner jener schrecklichen Verharmloser und Bewunderer Stalins und Hitlers ist je aus einer Buchreihe gekippt worden, im Gegenteil. Denn Städter wollen sich am Wort berauschen, nicht erkennen, wollen Debatten, keine realistische Einschätzung …

Und nirgendwo mehr als in unserer Stadt versuchte die Wissenschaft des Fragilen, die Psychologie, das Unmögliche: Geist durch Geist zur Ruhe zu bringen. Dass immer noch mehr Schulen und Praxen entstanden und offenbar keine die Lösung bereithielt, hätte eigentlich klar machen können, dass der Verstand wohl selbst das Problem war. Also *stop sense!* Werft ihm Sand ins Getriebe! Lasst Lachsäcke reden in den spekulativen Seminaren! Werft dem Verstand Wörter in die Windungen, die er nicht versteht, inszeniert Aktionen, die er nicht begreift: Nada, Dada, Obladiblada!

Nie werde ich vergessen, mit welch zornigem Ernst nach dem Hausdienst gerufen wurde, um in der überfüllten Aula nach unseren Lachsäcken zu fahnden, die sich in regelmäßigen Abständen ungefragt zu Wort meldeten. Kein Argument hatte in dieser heiligen Halle je so provoziert, kein deutscher Linksprofessor mit Transparenten an beiden Seiten des Rednerpultes hatte die Rechte ähnlich heftig gegen sich aufbringen können als dieses simple mechanische Lachen.

Männersachen

Eine Männersache war unsere Bewegung – ganz und gar und einmal mehr, da hatten unsere Frauen recht – mehr noch sogar, als ihnen bewusst sein konnte in jener Zeit, auch wenn sie hinter eigenen Transparenten herschritten. Es ging vor allem um Sex in unseren Reihen, die neue politische Moral kam erst am andern Tag, und was die meisten Genossen unter befreitem Sex verstanden, war nichts weiter als der alte patriarchalische Übergriff in bloß neuer Formulierung.

Es gab keinen ersten Mai, der nicht im Bett endete schon am Nachmittag um drei mit ihr, der neu Entdeckten im Umzug, mit dem neuen Star der Szene, der Blonden mit dem schicken roten Tuch … Wozu gingen wir erst die Aufstellung des Umzugs von vorne nach hinten ab, fünf Minuten vor Abmarsch, wenn nicht, um die »Frischware« zu besichtigen – wie es Nick aus dem Milieu an unserem WG-Tisch nannte –, die noch unschuldigen Pflänzchen, erst ein Jahr lang herangewachsen auf dem Boden unserer Thesen. Selbst bei den Lesben hätten wir uns eingereiht, wäre da etwas zu holen gewesen. Tatsächlich sah man Männer bei den »Emanzipierten« mitlaufen, angeblich, weil das eine oder andere Anliegen auch Männersache sei. Einer ging sogar im Rock, um solidarisch zu erdulden, was Frauen von Männern zu erdulden hatten …

Mein Anliegen jedenfalls war von Anfang an klar, und da dieses Anliegen in dieser prüden Stadt automatisch ein politisches war, musste es gar nicht erst angeschrieben, geschweige geschrien werden. Ich durfte meine Einreihung in den Umzug somit getrost dem Instinkt überlassen, der, wie er so ist, gerne bloß der Schönheit folgt, vielmehr dem Eros.

Mit Sartre streiten, jedoch mit Camus »ins Bett« – so hieß meine Losung. Ich hatte es nicht mit Sartre.

*

Der Arbeiter ist kein Städter, so wenig wie der Bauer. Der Arbeiter braucht aufgrund reiner Kraft keinen Aufwind, der sich der Reibungswärme einer City verdankt. Lebt er auch im Bannkreis der City, so gehört er nicht dazu. Mag sein, dass er einmal hinfährt am Sonntag zum Hauptplatz, um den Kindern die Denkmäler seiner Ausbeuter zu zeigen und den schönen Weihnachtsbaum. Gegessen wird daheim.

Auch Mütter sind keine Städter. Sie haben Städte schlicht nicht nötig, so wenig wie die Großmütter – wenn denn ihre Männer nicht zu betreuen wären, die jungen und die alten, die ins Zentrum drängen, damit ihre Projekte wahrgenom-

men werden. Die Mütter ziehen gelassen den Männern nach, ihren Söhnen – und diese ihren Träumen. Mutter Courage ist der Wagen genug, sie braucht keine City, Hauptsache, es wird nicht geplündert. Und über hunderttausende von Jahren gab es nur Courage-Mütter.

Und Frauen, das ist erwiesen, fliehen – in Panik – bergauf, Männer bergab, was alles sagt. Männer fliehen ins Tal, wo sie auf Städte treffen, auf Flüsse, um sich aufzurüsten, um reich zurückzukehren, um die Schmach der Niederlage Armut zu tilgen, wie immer das Geld auch erworben wurde, um die Schande ihrer Familie mit einer gestifteten Kirche auf dem Hügel auszulöschen und die Familie an die Spitze zu setzen, in die vorderste Bank, zur Ehrentafel, und zwar alle.

Frauen träumen nicht von der Unsterblichkeit, falls sie überhaupt träumen. Träumen Frauen tatsächlich, oder täuschen sie das auch vor, wie die Lust? Ein bisschen Rouge, ein Lidschatten, ein gespielter Lustseufzer genügt, um Helden träumen und glauben zu machen und an die Brut zu binden. Und Glaube ist bekanntlich durch nichts zu erschüttern, schon gar nicht durch Wissen. Weiß er also auch, dass sie es nur spielt – er lässt es gelten, sie spielt es ja nur für ihn, das genügt.

Stadt ist eine Männersache.

Provinzler

Meine Brüder auf dem Land – mögen sie auch schlau sein, dachte ich, und mit ihren Traktoranhängern dem Städter Häppchen entreißen, und sei es Saufutter in Milchkannen, die Abfälle der Reichen, der große Deal ist von Anfang an schon gelaufen, sie haben keine Chance, in den inneren Zirkel des Business zu dringen und mitzubestimmen darüber, wo und was Heimat ist. Den Brüdern Josephs in Ägypten ging es nicht besser. Der Städter gewordene Bruder ließ sie darben vor den Toren und den randvollen Speichern, bis sie sich selber verkaufen mussten, wollten sie nicht verhungern.

Und selbst wenn Landleute die Städter für einmal Mores lehren wollen und mit Sensen anrücken, sie können den Sieg nicht halten. Meine Brüder auf dem Land, die die Städte beliefern und Saufutter zurückbetteln, haben keine Chance, dachte ich. *Außer sie brechen ihre Zelte definitiv ab in der Pampa und ziehen in die Stadt, und zwar im Jackett, nicht im Pullover. Einwanderer in eine neue Heimat, zeigen die Bildbände, tragen nie Wollenes.*

Und jede Weihnacht in Badersdorf führte es mir vor: Der Städter bleibt dem Landmenschen auf ewig suspekt. Ich war der Abtrünnige geworden.

Aber es ist der Provinzler eigene Arroganz, es ist ihr eigener Größenwahn, den sie Städtern vorwerfen auf dem Land, von ihren Traktoren aus Detroit herab, auf Bergen von Düngersäcken aus Santiago de Chile, vor der Kühltruhe aus München, an der Schneekanone aus Vancouver. Es ist ihr verletzter Stolz, nichts weiter.

Alles, was die Provinzler auf die Städte werfen und jemals warfen aus der Provinz, aus angeblicher Verzweiflung, ist in Wahrheit verletzter Stolz, ist die Wut der Daheimgebliebenen. Aber kaum gelingt es ihnen alle hundert Jahre einmal, die Türme einer Stadt ihrem Erdboden auf dem Land gleichzumachen und die Zeichen städtischer Potenz zu verhöhnen, bauen Städter locker noch höhere Türme! Ich hatte sie gesehen auf meiner ersten Italienreise: die Türme in San Gimignano, reine Symbole der Macht. *Wer wissen will, was »Stadt« ist – offensichtlicher kann Stadt sich nicht zeigen! Und geht nicht das Gerücht, die Pisaner hätten ihren Turm extra schief gebaut – eine Verhöhnung selbst des Universums, der Gesetze der Gravitation?*

Provinzler, schielen sie auch auf das Neueste aus der Stadt, halten sich für berechtigt, die Städter Mores zu lehren. Sie kommen denn auch vom Land, die ewigen Priester der Landesparlamente, um uns Städtern und gewordenen Städtern Klötze vor die Füße zu werfen. Kaum wissen sie, was ein Mikrophon ist, legen sie los gegen alles, was in Verdacht steht, politisch mit »links« in Verbindung gebracht zu werden, geschweige mit Jugendkultur. Um besetzte Häuser abzureißen, lässt man Baufirmen vom Land kommen, deren Arbeiter – meist Ringer und Schwinger aus den Bergkantonen – den nötigen Neid im Bauch haben, selber handgreif-

lich zu werden, sollten sich diese »Langhaarigen« weigern, aus ihren WG's zu kriechen, wo sie bloß Matratzen am Boden haben und darauf treiben, was man umgehend auch täte mit diesen jungen Weibern, stünde nicht der Chef herum …

Aber für mich, dem aus der Provinz, war bei allen Unterscheidungen zwischen Städtern und Provinzlern entscheidend, ob man es mit einem Provinzhirn oder Stadthirn zu tun hatte, und zwar unabhängig davon, wo wer lebte und zu welcher Farbe er sich bekannte. Meine lieben naiven Genossen irrten, wenn sie glaubten, Provinzhirne lebten alle auf dem Land, und die »Landschaft«, wie es im Politjargon wörtlich hieß, würde der Revolution schon folgen, was bliebe ihr anderes übrig. »*Ja, auf dem Land, da leben sie noch!*«, sang der bekannteste deutsche Politsänger. Nein, sie leben auch in der Stadt, das wusste ich gewiss, ich witterte sie auf hundert Meter, erkannte sie am Gang, entlarvte ihre Gesten wie Großvater auf dem Markt ein aufgeputztes Rind.

Unterschätzt nicht die Provinzler!, warnte ich in der einen und anderen Weise. Unterschätzt sie nicht, die hier wohnen, aber in der Stadt nie wirklich angekommen sind, die nur Agenten ihrer Patriarchenväter sind auf dem Land, ob sie es wissen oder nicht, ferngesteuert durch ihre Prägungen, noch die Schläge der Sippenältesten im Nacken, denen sie nun in der Stadt beweisen wollen, dass sie ihnen treu geblieben sind, dass sie es auch hier schaffen. Unterschätzt nicht, was Sippe heißt, schließlich sind wir auch eine …

Meine Genossen schüttelten einmal mehr den Kopf. Der kommt eben wirklich vom Land, dachten sie wohl.

Aber ich erkannte sie auf Anhieb, die Provinzler, in Stadt und Land, wie man jeden erkennt, der viel vom Eigenen hat. Deshalb konnte ich Ländlermusik nicht mehr ausstehen, seit ich in die Stadt gezogen war, und alles an Liedgut, das mir diesen Geschmack hatte, der umgehend zum fiesen Gestank werden konnte, wie ich ihn kannte. Ich wusste: Ein einziger fauler Apfel in der Hurde steckt alle andern an – tausend gesunde Äpfel jedoch machen einen faulen nicht wieder gesund; am bitteren Ende sind alle faul, ist alles faul im Staate, wie es im Nachbarland passiert ist. Sie glaubten den braunen Schnauzer schon in Schranken halten können, sogar Philosophen glaubten es. Am Ende waren alle braun und angefault. Ein einziges Provinzhirn, wie jenes des reichen Populisten mit der Bauernart oder des Fremdenhassers aus dem Oberland, und ihr könnt eure schönen Strategien vergessen, liebe Genossen. Ihr seid denen nicht gewachsen! Bauernschläue ist stärker als eure intellektuelle Arroganz. Provinzhirne sind naturgemäß konservativ, aber indem ihr auf alles pisst, was im Verdacht des Konservativen steht, verscherzt ihr euch mögliche Verbündete. Nicht jeder Konservative ist ein Idiot, und durchaus nicht jeder auf dem Land ist ein Provinzhirn …

Es war keine Geistesleistung, die mich da beseelte. Das mit dem faulen Apfel wusste auf dem Land jeder Trottel. Und da kam ich her. Wo man faule Äpfel auf Anhieb erkannte und einfach aus dem offenen Stubenfenster schmiss, wie Vater es tat, bevor sie andere anstecken konnten. *Und leider braucht man nachweisbar nicht mehr zu sein als ein Trottel, um Städte in Schutt und Asche zu legen, ja am Ende das ganze Menschengeschlecht. Aber es braucht auch nicht mehr, als ein Trottel weiß, um die Welt richtig einzuschätzen.* Dafür gab die Geschichte, dieses mein liebstes konservatives Fach, genügend Beispiele her. Es kam stets so heraus, wie es sich Klein Hänschen vorgestellt hatte. Und ich plädierte in den Seminaren und an den Tischen stets für die primitivste Vermutung, was mich in den Verruf eines Zynikers brachte. Aber ich war für nächtelange Diskussionen bis zum Morgengrauen gut gerüstet, Klein Hänschen war schwer zu widerlegen.

Es dauerte hingegen lange, bis ich herausfand, dass niemand aufgrund eines besseren Arguments bereit war, seine Meinung zu ändern. Im Gegenteil. Der Kontrahent kam das nächste Mal nur besser gerüstet daher. Entscheidungen fielen wohl woanders im menschlichen Schädel, eher am ländlichen Stamm als im sogenannten großen Hirn, dem sozusagen städtischen; das Kleinhirn mit seinen Dschungelreflexen schien bei weitem das größere zu sein. Und so waren mir bald die Nächte zu schade.

*

Aber es sprach natürlich für den Städter, dass er Landmenschen zuhörte, dass sie mir alle zuhörten, mir den Boden bereitet hatten in meinen ersten Tagen in der Stadt, mich ohne Argwohn gleich aufgenommen, mich mit Tipps überschüttet hatten, wogegen man auf dem Land jeden Pilzplatz und jedes Forellenwasser für sich behielt. Und es sprach für sie, dass sie mich einfühlend einführten in ihre schnelle Welt, in der man weiß Gott besseres zu tun haben konnte, als Misstrauen oder Patriarchenart zu pflegen. Wie viele Verfolgte verdankten der liebevollen Naivität der Städter ihr Leben!

Swissness

Nein, mir musste es keiner ausreden. Auf dem Land konnte sogar ein Meer zu Tode kommen, *das stille Tal ist in Wahrheit nicht auszuhalten*, notierte ich, *ihre Legenden sind nicht auszuhalten, ihre Dornenkronen, ihre Heilskapellen, die Heilige vom Schnee und die ganze Heiligengirlande, fünftausend und mehr, die sie durch ihre Alptrichter ins Tal schreien, damit keiner fehle und keiner wanke*. Darum saufen sie sich um den Verstand in den Bergen, hinter zugezogenen Vorhängen, benebeln sich mit Enzian und der grünen Fee. Anders wäre auch schwerlich daran zu glauben, dass Maria hilft.

Die bekannteste Ode, ein Gesang auf die Provinz, heißt: »Luegid vo Berg und Tal«. Schön. Aber Hunger richtet den Blick auf den Boden – auf Berge sah und stieg kein Bergler je ohne Not. Und es muss gesagt sein: Der Gotthard ist eine einzige Installation, von Städtern bezahlt, ein Arbeitgeber der Sonderklasse, eine Bewältigungsmaschine, ein Windkanal, eine Abwehr- und Militärmaschine, Anschlüsse selbst an höchsten Felsen, Türen aus Stahl und Blech, dahinter Ventilatoren, Kanonenrohre, Munitionslifte, »The Oerlikon« 20-*mm, Kantinen, Sulzer, Schindler, Habegger, Radar, Kurzwellensender Schwarzenburg, Tannen, ja ganze Kuppen mitsamt Schnee, Eiszapfen, Nebel und Dohlen auf Maag-Kugellager Zürich, drehbar, Bunker geheizt, belüftet, entstrahlt, versorgt auf Monate, jedem eine Decke, Morphium, Atropin, Darmkohle aus Basel, Biskuits aus Thun, hinauf und hinab mit Drahtzügen aus Lausanne, gewartet, gefettet, belastet, entlastet, ersetzt am, Halt auf Verlangen, maximal drei Personen mit Gepäck, Bunker, »Hörnli« an Au, bitte kommen, verstanden, Ende, und alles von Städtern und wieder für Städter im Dienst, von Urnern, Glarnern, Bündnern, Bernern nur gewartet, belüftet, bedient, gefettet, der Lohn für Wartung und Kontrolle, umverteilt aus der Beamtenstadt, pünktlich, jedoch ohne Dank zurück.*

Ich war gerade im Armeefilz und mit streng verbotenem schulterlangen Haar – das ich drei Wochen lang aufgesteckt unter der Mütze versteckte – im Gotthard gestanden, als ich versuchte, das Erlebte in einen Entwurf zu fassen. Ich durfte immerhin behaupten, den speziellen Geruch des Gotthardmassivs nun sogar von innen zu kennen, die konstante Steinwärme, dreihundert Meter tief im Berg. Ich kannte ja längst den Armeebetrieb, hatte fast die Hälfte des Dienstes schon hinter mir; ich durfte behaupten, den Urschweizer zu kennen, den Zeughausbeamten in Altdorf und jenen in Glarus, die einem am Tag des Einrückens den ewigen grünen Plunder in die Arme warfen: Hose, Kittel, Mütze, den Stoff, den schon »der Grüne Heinrich« getragen hatte aus Vernunftsgründen, weil »nicht umzubringen«, wie es bekannt war im Land …

Die zornigen Notizen liefen darauf hinaus, dass das Schweizerland insgesamt des Städters Feind sei, meiner Stadt Feind sei, dass Bern, die Bundestadt, die Hauptstadt, vielmehr Dorf geheißen werden müsse, weil dort auf dem weltberühmten Brunnen noch Kindlein gefressen würden und die Zeit des nicht minder berühmten Zytglogge-Turms, Wahrzeichen der Stadt, erst kurz vor dem kleinen Zeiger angekommen sei, so dass keiner ablesen könne, was da die Zeit geschlagen habe … Das Land werde von Bauern regiert, vom Milchverband, wobei die Städte das ganze Spektakel zu bezahlen hätten, dafür aber nicht geliebt würden, weil man den Schenker so sehr hasse, ihn hasse, weil die gebende Hand stets *über* der nehmenden sei und weil die Provinzler wüssten, dass ihnen nur Bauernschläue bliebe, die Städter zu bodigen, sie niederzublochern von

Zeit zu Zeit, wie die zornigen Innerschweizer die Ritter des Hauses Habsburg.

Ich verdichtete es in:

GOTT
HARD
MASSIV
WAHR
ZEICHEN
DER SCHWEIZ

Ferienstädte

Die Allesbezahlerstadt, die Bankenstadt, in der ich wohnte, wurde offensichtlich nicht geliebt, je reicher sie wurde, umso weniger. Der Ortsdialekt war verpönt, stand im Land unter Arroganzverdacht – wie überall in der Welt, wo kleinere Brüder motzen, aber beschützt werden müssen.

Die Schweiz war für ihre Städte nie ernst genommen worden. Reisende wollten entweder schnellstmöglich über oder durch den Gotthard, oder in die Potemkinschen Dörfer nach Ascona, Davos, St. Moritz und dort direkt in ihre im Voraus reservierten Resorts, die Hotels: die Russen ins Carleton, die Briten ins Kulm, die Deutschen ins Grand Hotel, der Schah in seine Villa Suvretta. Hier zelebrierten sie den eigenen städtischen Standard – allein der Blick morgens aus dem Fenster bot das einzigartig Neue: die Gipfel der Viertausender im rosa Licht, Verheißung eines Sonnentags im knirschenden Schnee … Aber nett waren sie, diese Schweizer mit ihrem Dialekt: die Concièrge aus Baden-Baden, der Kutscher aus Sardinien, der Skilehrer aus Samedan, des Englischen mächtig, eingebürgerter Tiroler.

Reisende gingen von ihrer Stadt stets umgehend wieder in die Stadt, und stand der Hotelkasten auf dem Gletscher, war sogar aus Eis, wie es ein Hotel gab für Partyverrückte, oder unter Wasser, oder aber stand die Dépendence am Centralplatz, wo ich eingezogen war: Ja, immer war es – Stadt in der Stadt.

Sie reisten immer schon direkt nach Davos-Dorf oder -Platz, in die höchste Stadt Europas, um ihre vergifteten Lungen zu pflegen, sich dem Höhenrausch hinzugeben in Bauhausliegen, die Frankfurter, Berliner, Stuttgarter, um sich beispielsweise der Malerei hinzugeben vor der grandiosen Kulisse, sich der prallen Bauerntochter zu widmen hinter der Staffelei. Und weder Morphium noch Koks fehlten in diesen Geraniendörfern, die Auswahl an Drinks am Eisfeld schon gar nicht, dass das »Raffles« in Singapur hätte neidisch werden können.

Schon jener Haller, »Erfinder« der Alpen, der erste Städter des Landes, genoss die deftigen Sitten der Sennentöchter, die nicht wussten, was ein Städter ist, was ein Franzose ist, ein Fürstensohn, ein Goethe, ein reicher Hanseat – so wenig unsere Thailänderinnen im Dachstock unserer WG auf Anhieb wussten, was ein Schweizer bedeutete aus Enenda …

Umgekehrt ist es wie überall: Der Einheimische grüßt den Touristen des Geldes wegen, zischt ansonsten zynisch, umsteht ihn mit Erwartung, hilft beflissen.

*

Oder blieb denn einer je freiwillig in behaupteten Städten, wie den Felsenstädten Glarus, Brig, aber auch Grenoble und Innsbruck, die eigentlich nichts weiter als Burgen sind, schon gar keine Schlösser, geschweige denn Städte. Oder überstand einer je Chur anders, als dass er von der Hotellobby zur Lounge Bar pilgerte und sich betrank, in diesem von Steinmassen bedrängten Ort? Fuhr der letzte Zug Chur-Basel-Amsterdam rein zufällig schon abends um acht (und danach Schluss mit Wegfahren), obwohl Züge und Busse aus den Hochtälern noch ankamen, damit man noch nächtigte im Ort, das letzte Geld noch ausgab, dass noch »von Hand ausgemolken« werden konnte am letzten Abend, was die exklusive Ferienmaschine Engadin im Euter gelassen hatte? Wie hielt es ein Fremder aus, der eine Art Rotlichtviertel suchen wollte, bei der Grabesstille auf den Straßen schon abends um acht? Und wie konnte er angesichts seiner saftigen Rechnung wissen, der liebe, am Wegfahren gehinderte Gast, dass es sein Mineralwasser auch gratis aus der Leitung gegeben hätte, sogar aus dem »Urslibrunnen« im Hof, das nüchterne Walserwasser für tatsächlich elf Franken die Flasche, Depot leider nicht inbegriffen? Füllten die Flüche solcherweise zurückgehaltener Städter nicht Bände, waren längst in Klassiker eingegangen? Lag nicht ein Fluch über diesem Ort, der als erster des Landes von sich dreist behauptete, eine Stadt zu sein? Kann es gut kommen an einem Ort, der auf einer Lüge baut, einem Plagiat, einer Hybris, einem Teufelspakt? Diese angebliche Stadt war doch bloß als Säumerstation gemeint, einem Zufall der Alpenfaltung verdankt, die hier ein paar Täler zusammenführt. Lag nicht jahrhundertelang der Hasardeur Jenatsch mit gespaltenem Schädel heimlich bloß eine Armlänge vor den Betenden in der Wand des Doms, Mörder und Mordopfer in einem? Bezichtigte nicht Schiller – und war noch nicht einmal da gewesen – die Bündner der Räuberei?

Selbstredend war ich stets der Meinung, dass die richtigen Städte des Landes an den Fingern einer Hand abgezählt werden konnten und dass die Stadt, die mich eingesogen hatte, davon die beste war.

Die blaue Stadt

Es gab ja noch andere Städte als die, in die ich gezogen war oder – besser – die mich eingesogen hatte. Allmählich begann ich mich umzusehen. Worin die Unterschiede bestanden zu andern Städten des Landes, aber vor allem zu »richtigen« Weltstädten, war offenbar festgeschrieben. Ja, sie schrieben es gleich selber in ihren Prospekten: Die Stadt des Charmes, die Stadt des Morbiden, die der Friedhöfe, die der Herzlichkeit, ja des Biers, die Stadt der Musik, die Stadt des schnellen Witzes, des ewigen Karnevals, die Stadt sogar des Senfs, des Nugats, die Stadt des Ewigen.

Unsere Stadt schien es nicht so recht zu wissen. Es kamen zwar durchaus Touristen, es gab den Sight Seeing Bus, der zum Foto Shooting an den angeblich lohnenden Plätzen Gruppen von Japanern entließ, die sogleich zu knipsen begannen, aber *wo Touristen drei Tage bleiben, ist von allem etwas, aber nichts Besonderes*. Aufs Wochenende hin schrumpfte stets die Belegung der Hotels, ein untrügliches Zeichen, dass man nicht extra herkam mit der Erwartung auf ein singuläres Erlebnis. Es mussten vorwiegend Geschäftsleute sein, die die Hotels unter der Woche belegten, Bankkunden, Durchreisende.

Ein Seepanorama und einen Fluss, von Altstadthäusern gesäumt, gab es fast identisch auch in anderen Städten des Landes, mit Schwänen, Bootsvermietungen, verschneiten Bergspitzen in der Ferne, sauber und pünktlich war man auch anderswo, und damit zu punkten war mit wenig Glamour verbunden. Man schämte sich eher etwas, wenn Fremde als Erstes die Sauberkeit der Stadt erwähnten. Wie aus der Pistole geschossen, kam aus unserem kollektiven

Unbewussten: Aber im chaotischen Neapel ist es lebendiger, wir Schweizer sind halt etwas verhalten, Sauberkeit ist nicht alles ... Wir waren halt stets, wir sind halt ... Aber die Gäste der Stadt, und zwar aus aller Welt, konnten durch nichts davon abgebracht werden, die hiesige Sauberkeit und öffentliche Sicherheit für das Wichtigste zu halten. Jedenfalls weit vor Spaß und Beliebigkeit.

Was das ganz Besondere war an der Stadt, war somit nicht festgeschrieben, weder von den eigenen Vermarktern noch von fremden. Dass kein Stadtbürger den eigenen Tourismusdirektor kannte, sagte alles. Gab es einen?

In einer nahen kleineren Stadt – mit See und Brücken den Bergen zu – war der Fremdenverkehrsdirektor hingegen geradezu ein Volksheld zu nennen, der selbst den Brand der historischen gedeckten Holzbrücke mit Erfolg weltweit zu verkaufen wusste. Sodass der Verdacht aufkam, er habe sie am Ende selber angezündet. Tatsächlich stand sie wieder innert Jahresfrist: die verkohlten Holzfresken, der Totentanz, restauriert oder explizit russgeschwärzt belassen, mit einer Tafel, die allenfalls unwissende Touristen an den großen Brand erinnern sollte, sollten sie nicht mitbekommen haben, dass die Stadt weltweit und einträglich in den Schlagzeilen gestanden hatte. Nach nur einem Jahr stimmte das Stadtbild umgehend wieder mit den Deckeln der Kaffeerahmportionen überein, die die nationale Airline in die ganze Welt hinausflog – ein geniales Backlash, wie man später in Werberkreisen sagen würde, auch wenn der Anlass kein absichtlicher war: Man vernichte ein Wahrzeichen, damit es erst recht eines werde. Man vernichte eine Stadt, damit sie ewig lebe. Ob Nero so weit gedacht hatte?

Anders in unserer Stadt. Unsere Stadt, unsere Brücken waren aus solidem Stein gebaut. Ein feste Burg sei unser Gott. Den Bergen zu aber wurde es, weil ärmer, immer holziger. Schon Gessler monierte, Steinhäuser seien nicht genehm am Alpenrand, im Eingang der Pässe, wie wollte man sonst unbotmäßige Dörfer niederbrennen, sollten sie nicht spuren, diese Dickschädel, wie Tell einer war oder Stauffacher, der es sogar zu einem Platz gebracht hatte in unserer Stadt.

Unsere Stadt hatte nichts Geniales. Weder Stein noch Holz, weder Schokolade noch Uhren, weder Musik noch Malerei, weder Herz noch Verstand wollten sich hier definitiv niederlassen, obwohl es von allem etwas hatte und diese Landesklischees auch wacker ausspielte. Weltberühmt wurde hingegen das Fixerelend im Park des Landesmuseums hinter dem Hauptbahnhof, einen Steinwurf über dem Fluss von unserer WG entfernt. Das war etwas später – Heroin war noch schick gewesen in den Sechzigern und für einen genialen Jazzer geradezu eine Pflichtdroge. Und Großmutter konnte sich sogar noch erinnern, wie man sich gegen Kopfweh und Frauenbeschwerden reinsten Stoff für 50 Cts. das Säckchen per Bundespost ins Haus hatte schicken lassen können …

Als man später die Loveparade der quirligen Partnerstadt Berlin kopierte, musste die mit nackten Menschen bedrängte Quaibrücke umgehend auf die offizielle Homepage zu stehen kommen. Originelleres war nicht aufzutreiben. Die protestantische Prüderie war dem Geschäftssinn einmal mehr umgehend erlegen, und hinter der Parade weitete sich ein Müllfeld sondergleichen. Die Hotels verdoppelten ihre Preise.

Vielmehr war es bloß eine neue Prüderie im schrillen Gewand der Schamlosigkeit. Und als sich ein einziger alternder Weltstar des Pop – erklärtermaßen der Sicherheit wegen – am Sonnenberg niederließ, war die Presse über Wochen begeistert. Hier könne die Sängerin ohne Bodyguards einkaufen, durch Gassen bummeln, nicht anders als in Gstaad – nur durfte man annehmen, dass Gstaad weltweit bekannter war als unsere Stadt.

Größenverhältnisse

Von der Weltkarte aus betrachtet, war das Land ein einziges Gstaad, die Distanzen von einem Ort zum andern jenen des Stadtverkehrs ausländischer Städte vergleichbar; auf der Reise durch Europa war das Land in zwei Tagen zu machen, die vier Haupt-Destinationen kannte jedes Schulkind. Und obwohl Schweiz in weiten Teilen der Welt vor allem »Emmental« hieß, reichte einem Einheimischen ein Leben nicht aus, dieses vielfältige Land zu begreifen.

Aber kein Schweizer tat es gerne: das eigene Land suchen auf einem Globus von fünfzig Zentimetern Durchmesser. Ein Land, das unter dem Zeigefinger des Vaters stets vollständig verschwunden war. Auf einen Schlag war dem Kind klar geworden, wie die wahren Dimensionen beschaffen sein, wie uns Ausländer wohl wahrnehmen mussten. Dass sie uns überhaupt wahrnahmen, ein Wunder – offenbar ein Stadtwunder: Das Land als einzige Stadt Bern, dessen letzter Buchstabe, das N, noch ins Tirol hinüber reichte. Neben Bern gleich Salzb. und Wien, weil die lang gezogene Form des auch nicht eben größeren Nachbarlandes noch immerhin Mozart zuließ, die Musik, Geschichte.

Dieses Nachbarland, landschaftlich zur Hälfte praktisch identisch, war von einem Weltreich zu einem Wasserkopf geschrumpft – mein Land war nie wesentlich größer gewesen, als es jetzt in Erscheinung trat. Das lernte ich schon in der fünften Klasse. Das Land wollte angeblich gar nicht wachsen, hatte es gar nicht nötig. Klein, aber fein von Anfang an. Dass die mangelnde innere Dynamik und Potenz Wachstum in früheren Zeiten gar nicht zuließ, verschwieg man uns Schulkindern gerne. Auch die Habsburger – ursprünglich und genau genommen Schweizer zu nennen – wollten bald nichts mehr mit ihrem mausarmen Stammland zu tun haben. Ihre Habsburg lag keine dreißig Kilometer von meiner Stadt entfernt. Hier hatte ein Weltreich immerhin seinen Anfang genommen, aber hier konnte nichts Großes wachsen. Und fein wurde es erst im Land, als die Touristen kamen, allen voran die Engländer.

»Steckt den Zaun nicht zu weit«, riet der Hungerkünstler und Nationalheilige Niklaus von Flüe und hatte recht damit. Er war ein strammer Krieger gewesen vor Mailand und wusste wohl, wie sich seine Landsleute im Ausland benahmen, und dass deren ungezügelte Wildheit nicht ausreichte, ein Großreich zu verwalten, geschweige Großstädte wie Mailand und Straßburg. Zu seiner Zeit gab es noch keine Städte im Land, die so zu nennen waren. Es fehlte definitiv zumindest ein »Burgenland«, in das die Bergtäler in die Weite auslaufen konnten, es fehlten die fruchtbaren Ebenen um Wien, damit zumindest in einigen Rittersälen Weltläufigkeit zu üben war zum weiteren Gebrauch. Ich hätte nicht hören wollen, wie die Eidgenossen anfänglich mit fremden Gesandten radebrechten, die um Söldnerhaufen nachfragten, das einzige Interesse, das Edelmänner herführen konnte in die geheizte Stube der Talvögte der Innerschweiz, und die schließlich den Ort Solothurn zur einer veritablen Stadt erhoben mit französischem Ambassadorendiplom, weil die Bourbonen und Päpste Schweizer Bauernsöhne zum Verheizen benötigten.

Aber mit dem Geldstrom für verkaufte Landessöhne lernten sie schnell, die Söldnerobersten. Bald verkauften sie ganze Regimenter an die meistbietenden Königshäuser, veritable Paläste entstanden in unscheinbaren Tälern, das Gerücht ging, der Sonnenkönig komme persönlich ins enge

Glarnertal, um seinem Zulieferer Freuler die Ehre zu erweisen. Aber er kam nicht. Nicht einmal Herzöge waren vormals gerne gekommen, um ihre Landrechte durchzusetzen. Lieber überließ man diese Eidgenossenschaft den einheimischen Oberen, die sich noch auf Waldlichtungen trafen, um ihre Geschäfte abzusprechen. Man bekam ja schließlich, was man wollte.

Dass in den Schulbüchern später der Freiheitswille des Volkes den Anfang des Landes markiert haben sollte, hätten sie bloß mit einem wissenden Lächeln quittiert.

Casanova jedenfalls fand Solothurns Töchter nicht unter seiner Würde, was alles sagt. Wo Casanova durchzog, war Stadt, und musste er, eines Radbruchs wegen – untröstlich, aber nicht zu ändern – auf dem Lande nächtigen, gründete er eine für einen Abend. Und wer sollte es besser wissen als dieser Spieler, Mathematiker, Erfinder des Zahlenlottos: Für Stadt muss immer irgendwo geblutet werden, müssen hoffnungslos Hoffende angezapft werden, müssen Geschundene für Brot und Spiele das Doppelte bezahlen und für Einfaches bereits danken. Und wo später umgekehrt Geld hinfiel in die Täler, etwa durch die gescheiten Kleinkredite der Raiffeisenkassen und Kantonalbanken, entstand gleich Wohlstand, was alles sagte über das Verhältnis zwischen Stadt und Land und die einzig richtige Art von Entwicklungshilfe …

Alles hatte und hat seinen Preis, und wir Achtundsechziger waren es nicht, die ihn bezahlten. *Wo wird geopfert, was wird geopfert, damit »Stadt« leben kann? Wie viel ist man gewillt zu opfern für Größe? Die Opfer für die eigene Stadt scheint man zu kennen und deklariert sie dem Touristen auf Anfrage erstaunlich klar.* Ein Opfer für das sichere Singapur, das gerne mit meinem Land verglichen wurde, war international bekannt: Täglich hing einer am Strang. Ein anderes Opfer hieß auch dort Lebensfreude. Und wie hieß das Opfer für New York, für Tokio? Das alles würde herauszufinden sein, sobald ich das nötige Geld zusammenhatte. Dafür würde ich es zuallererst ausgeben. Alles andere hatte ich ja schon. Auch für Reisen in Städte musste man Opfer bringen. *Städte muss man sich verdienen.*

Vorderhand, da waren wir uns sicher, wurde die Hälfte des Preises für unsere Stadt im Ausland bezahlt, und die andere Hälfte des Preises hieß Biederkeit und Lebensfreude.

Unsere Therapie somit nicht schwer zu erraten.

Lucius

Städte sind Legenden. Was tut aber eine Stadt ohne Legende? Ohne nennenswerte jedenfalls?

Drei frühchristliche Märtyrer, auf dem Kultfelsen im Fluss enthauptet, wo heute eine Kirche im Wasser steht, hatten kurzerhand ihre abgeschlagenen Köpfe unter den Arm ge-

nommen und waren dreißig Meter bergan gestiegen, um sich dort auf sichererem Grund zur ewigen Ruhe zu betten, wo heute eine andere Kirche steht und Wasser die Legende am Ende nicht wegspülen kann. Das war's. Belege keine, Reliquien keine. Auf einem Grabstein, in eine Mauer eingelassen, beklagen der Vorsteher der römischen Zollstation und seine Frau Ende des 2. Jahrhunderts nach Christus auf allerdings herzergreifende Weise den Tod ihres Söhnchens Lucius Aelius Urbicus, wobei zum ersten Mal der Name der Stadt aufscheint, der auf die Kelten zurückgeht, die sich vormals auf dem nahen, fast neunhundert Meter hohen Aussichtsberg verschanzt hatten, wohl der vielen Überfälle wegen.

Die bemerkenswerteste Legende, weil tatsächlich und immer wieder vorgekommen, ist wohl die: Die Frauen der Stadt schlagen durch weibische List ein feindliches Heer in die Flucht. Sie pfeifen auf ihre zaghaften Männer, verkleiden sich als Krieger mit Helm und Lanze, wofür ihnen Pfannen und Besenstile genügen, und rotten sich gedrängt hinter den Mauern des »Lindenhofs« – einem Moränenhügel mitten in der Altstadt –, sodass von Weitem nur ein Meer von Helmen und Lanzenspitzen zu deuten ist. Von der offensichtlichen Übermacht entmutigt, ziehen die Feinde ab, die in den ersten Jahrhunderten der Zusammenraufung der Eidgenossen stets Österreicher zu sein hatten. Ein Fresko an einer Hausfassade zeigt die Szene.

Zu Lucius' Zeiten war aber der Ort noch Jahrhunderte von der ersten Erwähnung als Stadt entfernt, war vielmehr erst eine der vielen römischen Waren-Umladestationen auf der Süd-Nord-Route gewesen mit obligater Sauna, Tempel und Schiffslände. Ein Glück, dass sie überhaupt zu einem eigenen Namen kam. Denn an andern Orten dieser Route hatten sich die Besatzer nicht einmal die Mühe gemacht, Namen für ihre Etappenhalte zu suchen. Zur Zeit Karls des Großen wird auf dem Lindenhofhügel, wo noch die Fundamente eines Römerturms zu sehen sind, eine Pfalz errichtet. Später fällt ein Bürgermeister bei der Verteidigung der Stadt gegen die Innerschweizer – angeblich allein und heroisch als Letzter rückwärts kämpfend, die Torbrücke zur Stadt verteidigend. Dann folgen: einer der ersten Buchdrucker Europas, die Reformation, die Täufer, später einige Kultur- und Erziehungspäpste mit europäischer Korrespondenz, weiter nichts Nennenswertes mehr … keine herausragenden Legenden also. Einiges aber läppert sich immer zusammen. Im Falle unserer Stadt wie stets: von allem etwas, aber nichts Herausragendes, nichts Geniales. Das ganze Land war ja bis ins neunzehnte Jahrhundert hinein das, was man später ein Entwicklungsland nannte; man hatte keine Überschüsse für Größeres, der rigide Protestantismus im Besonderen war ein Holzboden für große Würfe.

Meine Semesterarbeit über die Geschichte der Stadt – bei einem umstrittenen und in der Historikerzunft bloß säuerlich gelittenen alten Professor, der jedoch ein glänzender

Unterhalter war und sich nicht scheute, im aufkommenden Fernsehen als Populärwissenschaftler aufzutreten – war ein voller Erfolg. Mein Professor scheute sich nicht, sich über die heiligsten Nationalmythen lustig zu machen, sie dorthin zu verweisen, wo sie auch hingehörten: ins Reich der Legenden – damals noch ein heikles Unterfangen, wenn man als Historiker Karriere machen wollte. Er schien sich darum nicht zu kümmern, stand ohnehin vor seiner Emeritierung, schmückte die Begegnung Tells mit Gessler in allen Farben deftig aus, kam sogar in seiner beträchtlichen Leibesfülle hinter dem Katheder hervor, um Spielszenen zu mimen, bis er schwitzte, und sparte nicht mit Spitzen gegen seine Kollegen, die noch meinten, den Mythos einer Schweiz aufrechterhalten zu müssen, der allein der geistigen Landesverteidigung verpflichtet war, eine Legende, die über den Kalten Krieg hinaus fortgesponnen wurde.

Die Legende 68? Die Stadt wurde im europäischen Kanon der Erinnerungsveranstaltungen vierzig Jahre danach nicht besonders erwähnt. Das Virus unserer Stadt war offenbar zu wenig übertragungsfreundlich. Die Täufer hatten es immerhin nach Westfalen und Amerika gebracht, wo heute noch Täufergemeinden leben. Darin *meine* Legende? Absolut keine besondere, *würde sie nicht beschrieben, was jedes Leben zur Legende macht, erst recht, wenn man sie selber schreibt. Und liest man sie selbst, ist man der erste, der ihr die Lüge anmerkt. Die Lüge entsteht im Schneideraum, »in der Technik«, wie Fernsehleute sagen, wobei es nicht die Lücken sind, die von der Wahrheit wegführen, das gar nicht gefilmte Banale wäre der treffendste Stoff, aber den will niemand haben, weil ihn jeder schon hat, den unaushaltbaren banalen Alltag, dem man ja in der Inszenierung Stadt zu entfliehen gedenkt. Haarscharf daneben geben bekanntlich die besten Lügen ab. Nur die Fiktion, die bewusst von Anfang an lügt, kann der Wahrheit nahe kommen.*

… und lüge auf die Wahrheit zu, in meinen besten Momenten, endete mein erstes Gedicht in meinem ersten Buch – nicht besonders originell, unverkennbar protestantisch, aber immerhin nicht falsch.

Meine Stadt war also weitgehend frei von hilfreichen öffentlichen Legenden, wie hätten sie sich auch bilden sollen in einem vertikalen Land, die Welthistorie brauchte größere Aufmarschgelände. Unsere Stadt stand unserer eigenen Legendenbildung somit nicht im Wege – und wir standen so gut im eigenen Saft, dass wir die Tröstungen der Medien noch nicht benötigten, um einen guten Abend über die Runden zu bringen. In der Tagesschau wollten wir höchstens uns selber sehen. Denn ein Aufnahmeteam der Tagesschau zu einer Demo zu locken, war keine Kunst, wir kannten die beliebtesten Standorte ihrer Kameras mit der Zeit so gut wie die Fenster, aus denen uns die Staatsspitzel filmten (wir winkten jeweils hinauf oder stellten uns provokativ zum Gruppenbild mit Dame), und wir kannten im Voraus die Hinterstraßen, wo sich die Polizeirekruten, nicht älter als wir selbst, in Reserve hielten.

Spielfeld

Meine Stadt war bloß ein materielles Bedienungs- und Spielfeld, das größte in einem der kleinsten Länder der Welt – die reichste Stadt der Welt im reichsten Land der Welt, mit höchster Kaufkraft, hohen Löhnen und Preisen, ein Land, in dem die Werber mit Slogans wie »Geiz ist geil« oder »billiger geht's nicht« gar nicht kommen mussten, weil etwas nicht billig, sondern teuer zu sein hatte, damit es gekauft wurde, eine Stadt, in der gleichwohl jede vierte Wohnung eine gemeinnützige war, eine Stadt mit dem höchstgelobten Flughafen der Welt – eine Stadt als Erfolgsgeschichte sondergleichen, auch zum Herzeigen zweifellos schön gelegen und gepflegt, faktisch Hauptstadt des Landes, die ein Dutzend anderer Kantone großzügig mitfinanzierte – obwohl diese naturgemäß keinen herzlichen Dank dafür abstatteten mochten, vielmehr urbane Anliegen in den nationalen Parlamenten noch ausbremsten, mit missgünstigem Blick auf die faktische Weltstadt, deren Bewohner den schnellen unbeliebten Dialekt sprachen.

Ja, es war eine Stadt mit zwanzig internationalen Schulen, einer weltweit hochgeschätzten Zeitung (die einzige Zeitung des Landes mit internationaler Ausstrahlung), zwei Fußballvereinen mit Stadtderby, einem Leichtathletik Meeting von erstem internationalem Rang, sommers, vom Stadtberg hinuntergesehen, ein grünes Wipfelmeer mit Hausdächern und glitzerndem Wasser dazwischen, Badetreppen und gestaltete Ufer, und wo Wasser naturgemäß nicht zur Verfügung stand, wurde in jeder Weise nachgeholfen: Keine Stadt der Welt hatte mehr Freibäder und Hallenbäder aufzuweisen. Ja, es war eine Stadt, in der Rehe unbefangen in Rudeln in den Stadtwäldern herumsprangen, eine Stadt mit Straßen und Geleisen, die ständig neuen Anforderungen angepasst wurden, Abfallkübel mehr als in ganz Afrika, höchste Recycling- Disziplin der Welt, eine Stadt, die stets von ausländischen Kommissionen besucht und kopiert wurde, deren Bahnen, kaum in Betrieb, schon ausgemustert und an Drittländer verhökert wurden und dort noch, da höchste Qualität, Jahrzehnte ihren Dienst taten. Berühmt auch die Kriegsgeräte wie die international geschätzte 35-mm-Oerlikon-Zwillingskanone, Brotgeber eines ganzen Stadtteils, dann auch die Schindler-Lifte – ungewartet seit 1950 und immer noch in Betrieb in Mogadischu, Pjöngjang und Kampala –, die Bergbahn aus dem Wadtland, störungsfrei in Costa Rica, das alte Basler Tram, schon seit Jahrzehnten geliebt in Vientiane, das Zürcher Tram mitsamt Stadtwappen in Madagaskar, die einzigartige Krokodillokomotive vom Gotthard der Hit in den Karpaten …

Ja, die Stadt hatte von allem das Allerbeste, zeigte sich freilich unspektakulär, unprätentiös und war von Touristen als Ganzes in drei Tagen in ihrem besonderen Wesen nicht zu erkennen, überraschte jedoch nach Jahrzehnten noch, war somit unzweifelhaft eine Stadt, eine schöne Stadt, eine Stadtschöne, nicht übermässig, gar grell geschminkt, etwas zu gut erzogen, eine Bürgerstochter, ihrer Reize noch nicht sicher, noch zu lehren, noch auf den Geschmack zu bringen …

Noch von uns auf den Geschmack zu bringen …

Dass sich die Arbeiterschaft an einem solchen Ort und unter solchen Umständen uns anschließen würde, war geradezu grotesk. Waren die Arbeiter ohnehin fast ausschließlich Fremdarbeiter aus südlichen Ländern und hatten alles andere im Sinn, als ihr ohnehin wackeliges Saisonierstatut noch mit Aufruhr zu gefährden. Blieb, was immer nur bleibt vor Aussichtslosigkeit und was gleichzeitig den Wiener Aktionskünstlern vor ihrem gleichfalls hoffnungslosen Hintergrund übrig blieb: Theaterblut verspritzen. Wenigstens zur eigenen Freude.

Schweizer

Aber was war der Sinn des Ganzen? Schweizer gingen stets zum Bahnhof, aber reisten nie ab, meinte ein französischer Schriftsteller und Jazztrompeter damals zu Paris, der mit einer Schweizerin verheiratet war und es also wissen musste. Was machten die Bürger daraus? *Wohin fährt das Mobilehome, der umgebaute Saurer Militärlaster, mit Schweizerkreuzchen übersät, mit Alarmanlage und Extratanks auf dem Dach? Wer möchte da einsteigen und mitfahren, auf eine Reise, die schon ausgemacht ist, bevor sie begonnen hat, die Risiken im Vornherein dreifach versichert, Schutzbriefe im Handschuhfach, Schweizer Franken im Money Belt? Wer will sekundieren bei einer Reise zu Menschen anderer Art, die nur bestätigen soll, dass man sich vor ihnen zu schützen hat – noch vor Übertritt der Grenze? Wer will bei Schweizern vorbeischauen in ihren Feriendomizilen in der Toskana, in Südfrankreich, Spanien, wo sie Ruinen zu Trutzburgen ausbauen mit Alarmanlagen gegen die Einheimischen, sogar mit Selbstschussanlagen …*

Ihr habt Recht, hört man schließlich auch von den Touristen am Tisch und an der Theke: wäre es doch überall so! So sauber, so sicher, so reich. Die ganze Welt eine Schweiz. Gibt es nicht ein halbes hundert »Schweizen« in der Welt, von der schwäbischen Schweiz durch alle Länder bis nach Südamerika, und sind es nicht stets die schönsten und reichsten Flecken der Erde, denen dieses Prädikat anheftet? Neuseeland: die Schweiz exakt am anderen Ende der Erdkugel, Singapur: die Schweiz Asiens. Und würden sie zusammenwachsen, diese Enklaven des Glücks, wären dann nicht alle Probleme gelöst?! Man stehe zu seinem Egoismus, aber lade auf seine Insel – voran natürlich die Reichen, aber immerhin auch Arme, wenn sie denn arbeiten wollen und den schönen Titel

»Gastarbeiter« nicht verschmähen? Integriert denn ein anderes Land mehr Ausländer als die Schweiz und ohne Gettos wie in andern Ländern, wo sich die Polizei nicht mehr in die Vororte traut? Ist das Schweizer Modell nicht tatsächlich das vorbildlichste, und zwar seit hundert Jahren? Wenn sich der enorme Erfolg der menschlichen Evolution mehr dem Kooperieren – somit dem Kompromiss – verdankt als dem rüden Konkurrenzdenken, so muss das Schweizer Konzept doch einzig richtig liegen.

War es darum nicht erst recht angebracht, ein Fünftel der Bevölkerung im Geiste der übrigen zu bespitzeln, aus Fenstern heimlich zu filmen, damit es so bleibe? Sogar nackt in der Sauna abzuhorchen? Sollten die Linken protestieren, nach Moskau wollte doch keiner. Und sollten sie sich doch zu Wirtschaftsräumen zusammenschließen, die großen Problemländer – wie sonst sollten sie sich eine Chance ausrechnen als durch das simple Gewicht ihrer Masse – der Schweiz würden sie nicht beikommen! Qualität bleibt Qualität. Juwelen haben nicht die Tendenz, sich gemein zu machen, man sehe in unsere Schaufenster! Nein, bilateral bleibe das Äußerste, neutral das Höchste, schon immer den durch Aufschlucken Gefährdeten als Erstes in den Sinn gekommen: Ich, Zwerg, tue dir Riese nichts, wenn auch du mir nichts tust …

Leider hat das Riesen nie je beeindruckt. Was sie durch alle Jahrhunderte hinderte, diesen Zwerg mitsamt seinem föderalistischen Modell zu verschlucken, waren dessen unerschöpfliches Söldnerreservoir und später seine heimlichen Dienste, über die man so wenig sprach, wie im Nachbarland Österreich über die Nazibegeisterung, die noch homogener war als in Deutschland. Von der Nazikomplizenschaft der übrigen Länder Europas war – zwanzig Jahre danach – nicht einmal die Rede. Rumpelstilzchen Schweiz war somit gut geschützt auf diesem Kontinent. Aber kein Land, waren wir überzeugt, lebte so lange und so gut von Rumpelstilzchens Talent wie das unsere. Dass man eines Tages doch noch hinter seine Geheimnisse kommen würde, lag noch in weiter Ferne. Vorläufig war noch rundum gut Geschäfte zu machen mit dem Schweigen über des anderen Schweigen.

Wird die Schweiz im Ausland – oft unfreiwillig – nicht mit dem reichen, ebenfalls neutralen Schweden verwechselt, was Schweizer auf die Palme bringt? Ist doch selbst Schweden ein kleiner Fisch im Haifischteich, vielmehr eine Möbelfirma. Nichts schlimmer für die Kleinsten, auch noch verwechselt zu werden, was Schweizern, zumal dreisprachig, ohnehin blüht. Wir sind zwar die Kleinsten, aber nicht die Schwächsten, so waren wir aufgewachsen, und so war unsere Airline groß geworden vor den Toren der Stadt. Absolut unvorstellbar, dass sie einmal abstürzen würde, dass die Touristen durch die Lautsprecher des ultramodernen Flughafens zu hören bekämen, die Airline des reichsten Landes der Welt könne leider ihr Benzin nicht mehr bezahlen …

Dieses Land, Zusammenschluss dreier verschiedensprachiger Brüder, das sich zwecks Verteidigung in ein Gebirgsfort zurückgezogen hatte, zu besuchen, wäre vor der Erfindung des Reisewahns niemandem auch nur im Traum in den Sinn gekommen. Verrohte Knechte am Langspieß lebten da, trotzig, rachsüchtig, fürchterlich mit ihren Kröpfen. »Stich und Hiiiiieb und ein Liiiiieb muss ein, ja muss ein Landsknecht haben«, sangen wir noch im Turnverein zu Badersdorf. *Und war es vormals je einem gewichtigen König oder Kaiser der Geschichte eingefallen, diesen wilden Flecken nicht nur schnellstmöglich zu durchreisen, sondern auch zu besuchen, bis dann das Großmaul Wilhelm* II.*, der mit dem Schweizer General Wille verwandt war, den Anfang machte? Hatte der Söldneroberst Freuler zu Näfels nicht vergebens auf Ludwig* XIV. *in seinem mit dem Blut der Landessöhne finanzierten Palast am Eingang zum Tal gewartet? War man vor Haller und Byron je anders als mit verbundenen Augen auf Ochsenschlitten durch die Alpenschründe und über den fürchterlichen Gotthard gezogen, durch die grässliche Via Mala, und hatte den Malkasten erst in der Po-Ebene geöffnet, den man vor Schreck umklammert gehalten?*

Aber Blätter haben die Tendenz, sich zu wenden. Im Kampf der Titanen kullern goldene Knöpfe, die aufzulesen die Kleinsten nicht verpassen. Siehe da, der Zusammenschluss der vergessenen armen Brüder im Eck bietet nützliche Dienste an. Ist dieses Dreieck mit seinen drei Sprachen nicht groß genug, dachten die Riesen, dass sich unsere Unterhänd-

ler da treffen ohne Gesichtsverlust? Einen Grünen Tisch werden sie ja wohl haben, und von allen Seiten wäre es gleich weit. Und haben sie, die Schweizer, uns Großen nicht auch schon das gute Kochen abgeguckt, das Betten ordentlich Beziehen, sodass sogar mit Komfort zu rechnen wäre? Könnte nicht Kriegsbeute gelagert werden in ihren uneinnehmbaren Kavernen? Muss man nicht an später denken in einer Zeit hektischer Umstürze allüberall? Etwas Gold da bei denen unter dem Boden könnte nichts schaden, und niemand braucht es zu wissen. Auf Erholungsreise in ihre schönen Berge könnte man unauffällig vorbeischauen, ob es noch da ist, das Gold, und vielleicht könnte man sogar an ihren Gestaden ein Haus kaufen für alle Fälle? Und haben diese Schründe und verkrüppelten Fichten nicht doch einen schauerlichen Reiz, mal was anderes als dieses immer gleiche Meer mit seinen uniformen Strandkörben? Schwärmen nicht unsere Dichter und gar Philosophen von dieser unverfälschten Natur, die man früher offenbar nicht einmal erwähnenswert fand? Steigen diese verrückten Engländer vom British Alpine Club nicht bereits auf ihre Schneeberge, haben schon zehn Viertausender erstiegen und erzählen von sengendem Sonnenschein mitten im Winter in diesem Zermatt und diesem Engadin und kommen tatsächlich versengt wie Neger zurück an die neblige Themse? Wäre das nicht auch mal etwas für die gnädige Frau, wie sie hüstelt in Manchester, im Nieselregen an der Loire, dem bedeckten Niederrhein? Sonnenschein, und erst noch im Winter … Wie hieß der Ort schon wieder, wo jetzt Hotels entstünden, unseren aufs Haar abgeguckt, aber knapp unter den gleißenden Gletschern? St. Moritz? Oder Brunnen, Interlaken, Montreux? In zwei, drei Etappen sei man da, bei Übernachtung in vorgelagerten Kleinstädten, meist an schönen Seen gelegen ... Und spielte nicht schon eine dieser verwerflichen Kriminalgeschichten an einem ihrer schauerlichen Wasserstürze? Prahlen sie nicht schon alle in den Salons von ihren Abenteuern in Felskaminen? Sogar der Kronprinz will Hirsche geschossen haben in diesem Davos. Von Amerika kämen sie schon. Mark Twain schwärme von nichts anderem mehr: Grandiosere Sonnenuntergänge habe er selbst am Mississippi nicht gesehen als auf dieser Rigi ...

Geschickt rundum und nicht auf den Kopf gefallen sei dieses brave Völkchen und dankbare Diener – keineswegs wie dieses freche Berliner Großstadtgesindel! Nein, Bauern seien es vielmehr, etwas unbeholfen, ihre Sprache unverständlich, aber zuverlässig, die einem sogar dieses Schneelaufen beibrächten, was der Kronprinz auch schon betriebe.

Und wie hieß der Ort noch, wo man die Riesenberge bereits bei klarem Wetter hinter dem See sehe, vom Earl »sein Basislager« genannt, wo er bloß hatte übernachten wollen auf dem Weg zu den Gletschern, aber drei Tage geblieben war? Gar nicht übel die Weinstuben, diese Wirtschaft »zur Öpfelchammer«, wo ihr Nationaldichter stets hocke und wo man sich aufs Bergsteigen vorbereite, indem man sich über

Deckenbalken hangle. Dann die Nachen auf dem See, die gesunden unbefangenen Mädels …

Tabubruch

Ja, die Zeit war gekommen, diese erstickende Idylle aufzumischen, die übernommenen Projektionen der Fremden zu entlarven, die aufgezwungene kitschige Folklore zu persiflieren, Heidi den Pornohengsten auszuliefern, Verteidigungsmythen aufzudecken! War es doch bloß das Desinteresse der Kriegsmächte gewesen, ihre Alterspolster durch Angriffe zu gefährden, ihre eigenen Vermittler zu stören, ihre treuen Zulieferer zu bombardieren, die Hirsche des dicken Reichsmarschalls im Prättigau zu erschrecken, die er zu erlegen gedachte in der zukünftig braunen Schweiz, hatte es dieser Idiot von Student schon nicht unterlassen können, in Davos den NSDAP-Landesgruppenleiter Gustloff zu erschießen! Waren wir nicht eher zu klein gewesen, in den gigantischen Dimensionen von Hitlers Wahndenken hängen zu bleiben? Hatte er denn nicht andere neutrale Zwerge weggewischt wie Fliegen vom Kartentisch? *Lüge, alles Lüge, solide, pünktliche, gründliche Lüge, wo man hinsah! Tabubruch, somit die Heilung.*

Nein, mit der rot-weißen Schweizerfahne musste uns keiner kommen und auch nicht mit dem Blau-Weiß der Stadt, obwohl es weniger provozierte. Nein, und wie auch immer: das Weiße Kreuz musste rot überstrichen werden, alles musste rot überstrichen werden auf dieser selbstgerechten Insel, basta, überstrichen mit der Farbe der Liebe, des Feuers und des Blutes.

Genossen führten es vor: Sie bildeten eine Fahnenparade am 1. Mai. Im Gänsemarsch ging einer hinter dem andern her, jeder mit einer Schweizerfahne, deren weißes Kreuz von Mal zu Mal stärker rot eingefärbt war, bis am Ende des Umzugs nur noch eine rote Fahne übrigblieb. Ein Künstler und Stipendienempfänger der Stadtkasse legte die Schweizerfahne als Fußmatte vor seine Ausstellung, was ihm den Protest einbrachte, den er wohl erhofft hatte. Egozentrismen aber waren kein Thema im linken Raum, niemand wollte näher hinschauen, warum einer etwas tat – eine rote Schlaufe drum und alles für die Revolution.

Hauptsache aber, dem Ortscredo folgend, war: Es ging berechenbar und zuverlässig zu, und zwar bei den linken wie bei den rechten Ritualen. Offizielle linke Demonstrationen begannen auf die Sekunde pünktlich, am 1. Mai um halb elf, in der menschenleeren Innenstadt, voran die linken Funktionäre, Grimm im Gesicht. Im mittleren Teil sangen und skandierten die Ethnien, am Schluss flogen die Flaschen der zornigen Wohlstandskinder an die stählernen Bankfassaden, hinter denen ihre Väter und älteren Geschwister arbeiteten. Und die Presse sagte Ausschreitungen im Detail voraus, die dann auch eintrafen. In so einem Land, in so einer Stadt war der Verlass zu Hause, da würden die Geheimnisse noch lange geschützt, das stille Depot unangetastet bleiben.

Hoffnung macht zwar blind, aber nicht unbedingt dumm. Und umso mehr mussten Tabus gebrochen, Geheimniskultur entlarvt, Verfilzungen denunziert werden, wo immer sie sich zeigten. Rituale sollten zum Schein mitgespielt und im geeigneten Moment überraschend gekippt werden. Zwei Aktionisten meldeten sich in Weißhemd und Krawatte zur Talkshow im Fernsehen, um mehr Härte gegen »Krawallbrüder« zu fordern und die Vorzüge des mitgebrachten Gummischrots vor der Kamera zu loben. Wasserpistolen wurden aus Fracktaschen gezogen und Seifenblasen aus Aktenmappen entlassen. Wir zogen mit leicht abgeänderten Trachten an offiziellen Umzügen mit. Zwei als Polizisten verkleidete Unsinns-Genossen patrouillierten, am kleinen Finger eingehängt, durch die Straßen der Stadt, was zu einer Flut von Protesten und Leserbriefen führte …

Noch mehr wohl musste die Nonsens-Strategie in Deutschland verfangen mit seiner unter den Tisch gewischten Nazivergangenheit. Der Spaß dort war dann auch einen Zacken derber, man sprach von »Spaßguerilla«, ein Wort, das mir nicht gefiel. Natürlich waren auch unsere Späße zielgerichtet, aber Spaß durfte sich auch selber ruhig auch genügen, durfte anarchisch sein.

In Österreich blieb man gleich beim Servus. Aus Wien war nicht viel zu erwarten. Auch die Jungen dachten dort wohl nicht wirklich ans Ausmisten. Theaterblut blieb Theaterblut.

Prag war umgehend erstickt worden, man hörte nichts mehr.

Ungarn lag zehn Jahre zurück. Unsere Fraktion blickte nicht nach Osten.

Und Italien war schon immer virulent gewesen, ohne dass sich je etwas geändert hätte. Die Roten Brigaden gingen nur einen Schritt weiter, zogen mit der Mafia gleich, die immer schon entführt und in Städten geschossen hatte. Das war ein Land, in dem linke Verleger unbehelligt mit Dynamitstangen im Kofferraum herumfuhren und sie noch jedem zeigten. Und Italien wollte sich selbst die Linke nördlich des Gotthards nicht im Ernst als Ferienland verderben. Dort »unten« schien ja schon immer die Sonne, dort durfte und sollte es bleiben, wie es war.

Ausbruch

Als am 29. Juni 1968, sozusagen vor unserer Haustür, an einem schwülen Sommerabend unversehens die von niemandem geplante chaotische Revolte ausbrach – und paradoxerweise erst noch von der Polizei angefangen –, hätte dieser Ausbruch von Lust und Wut Rechte wie Linke gründlicher nicht provozieren können. Da handelte es sich nicht um die einschläfernde permanente Behauptung vom Umbruchswillen der Eisenbahner und Postbeamten im vorderen Teil der 1. Mai-Umzüge mit der ewig gleichen Marschmusik, die – man wusste es ja – stets in Bein- und Amtshäuser führt. Nein, das hier war die reine Lebensfreude! Es war die Freude an Wasserfontänen aus aufgestochenen Feuerwehrschläuchen, mit denen man uns wegpusten wollte, als sich das Happening bereits verzogen hatte, es war – egal, welchem Anlass verdankt – das Aufatmen in Ermangelung von Räumen und wirklichen Plätzen; es war ungeheuerlich, mitten auf Straßen zu sitzen, auf Tramgeleisen, auf Verkehrskanzeln zu tanzen. Und unser Palais Central – wäre es kein Haus gewesen – hätte als Tribüne gelten können: Alle Fenster gingen auf Platz und Brücke hinaus, auf die Arena sozusagen, wo eine neue Art von Schauspiel Première feierte. Hätte man dem leitenden Polizeikommandanten zwecks Übersicht nicht voreilig den auf bloß zehn Metern Höhe gelegenen Balkon des Restaurants »Du Nord« angeboten – von meiner Mansarde aus hätte er noch alle zuführenden Straßen einsehen können. Ein entscheidender Strategievorteil in den kommenden Ereignissen, wie es sich erweisen sollte.

Es war die reine (unterdrückt gewesene) Freude, die sich aufs Mal Luft verschaffte und der Stadt zurückbrachte, was Städte ausmacht: Würde. Ja Würde. Man hätte es auch Präzision des kollektiven Unbewussten nennen können. Zunächst sah es eher als das Gegenteil von Würde aus, dieses unbeholfene Gerangel zwischen unbewaffneten Räubern und Polizisten, aber es war doch nicht zufällig am Centralplatz beim Bahnhof ausgebrochen und hatte sich vor der hehren Alpenkulisse am Bellevueplatz fortgesetzt, bei der Ritualwiese der Stadt, der Arena des alljährlichen bürgerlichen »Sechseläutens«, des heidnischen Verbrennens der Winterpuppe und Gastplatz des Nationalzirkus, der Ersatzaristokratenfamilie Knie; nicht zufällig diese umgekippten Mülltonnen auf dem Bankenplatz vor der Kreditanstalt, wo während des Generalstreiks 1918 Bauern auf Arbeiter zu schießen gezwungen wurden; nicht zufällig das brennende Polizeiauto vor dem Landesmuseum, Hort der betulichen Geschichtsklitterung. Was auf den ersten Blick nach zufälligem Gerangel aussah, war auf den zweiten Blick genau am richtigen Ort losgebrochen und sprach für sich selbst. Zufall und Notwendigkeit zeigten sich mir auf eindrückliche Weise: Auf der Horizontalen, der Straße, herrschte der Zufall, aus der Vertikalen, von der Mansarde herab, war alles Notwendigkeit. Die Menschenmassen und Polizeikräfte rannten, vielmehr flossen so durch die Straßen und um die Häuser herum, wie sich seit erdenklichen Zeiten das Wasser des Stadtflusses um die Pfeiler der Bahnhofsbrücke dem Meer zu drängte.

Und man konnte stolz sein: Endlich fluchte die Stadt einmal, endlich war einmal genug Heu unten, endlich zeigte die Stadt ihren Mann, ihre Frau. Da war ja noch Leben unter der Verschüttung, Papa war doch nicht bloß ein Kuscher – Respekt, er konnte auch anders, man durfte stolz sein! Die Revolte brachte der Stadt zurück, was Erwachsene zeichnet und auszeichnet: Widersprüchlichkeit, Standhaftigkeit, Leidenschaft, Courage, Schatten, Brüche, Abgründe, vorgeführt in der City, dem Brennpunkt aller Interessen, Schwerpunkt aller Gravitationskräfte.

Der Welt liebster Musterschüler ging per Fax umgehend und erstmals via Television um die Welt, war also auch nur ein Mensch, was man ja immer vermutet hatte, er durfte sich jetzt zu den anderen an den Tisch setzen und anstossen; er war nicht nur gescheit und aus gutem Haus, er konnte auch ordentlich saufen. Man rieb sich die Augen im Ausland. Also nun auch in der Schweiz ...

Landesfarben

Dass es an der Zeit war, »die Geranien umzutopfen«, wie es Großvater stets nannte, fanden nicht nur wir, wir jungen »Aufmüpfer« im »Palais Central«, von der offiziellen Presse als »Krawallbrüder« betitelt – »Enge« war geradezu das literarische Nachkriegsthema gewesen. Wer die Enge der Nachkriegsjahre nicht spürte, konnte längst über sie lesen. Aber die, die sie beschrieben, zeichneten und auf Bühnen brachten, waren nicht minder der Anstand selbst, trugen Frack und Knirps auf dem Weg ins Schauspielhaus, waren sozusagen unseren Vätern zuzurechnen, waren bloß verständnisvollere Väter und wollten oft wilder sein als wir, ihre Söhne.

Aber es fehlte ihnen das Recht der Jugend. Sie hatten bereits Preise angenommen aus den Händen von Magistraten, die wir mit Farbeiern bewarfen und gelegentlich spontan in ihren Amtshäusern besuchten. Sie waren wie die »Sommergäste« bei Maxim Gorki, sie platzten fast vor Überdruss und schilderten ihn eloquent bis zum Erbrechen, aber taten nichts. Sie wollten zwar auch nicht weniger als die Revolution, brachten es aber nicht fertig, den Rasen zu betreten, wie es einer geschrieben hatte. (Wir sprengten tatsächlich und nicht von ungefähr einen Rasen am See mitsamt eines rotweißen Begonienbeets in Form eines Schweizerkreuzes. Wir hatten die nötige Technik als Knirpse am Schulsilvester schon geübt, der später der Ruhe und der Ordnung geopfert und verboten wurde.)

Nein, es stand alles schon Schwarz auf Weiß. Aber eben bloß Schwarz auf Weiß. Außerhalb der Kunstszene hatte weiterhin bloß Grau geherrscht. Allenfalls mochten Braun und Grün angehen, keinesfalls Gelb, geschweige denn Rot. Das Wappenblau neben Weiß war der Stadt gerade Farbe genug: Blau wie der See, kalt, klar, ohne Tier und Schnörkel, und das Weiß geschenkt.

Den erigierten roten Bärenpenis, wie ihn das Wappen eines Landkantons zeigt, wollte man, spätestens nach Zwingli, überwunden haben. Aber schon die erste katholische Schwesterstadt, ein paar Kilometer entfernt, Richtung Berge, eher nur ein Städtchen, zeigte noch ihre ebenfalls blau-weißen Stadtfarben auf der Geschlechtskapsel eines Kriegers auf dem Stadtbrunnen, der seine Potenz dem gassaufwärts kommenden Besucher stolz entgegen reckte, damit der gleich wissen konnte, was man hier, der Innerschweiz zu, erwarten durfte …

Nüchterne protestantische Objektivität war das internationale Erfolgsrezept der gehobenen Stadtzeitung, der Fahnenträgerin des einst so liberalen Geistes der Stadt, die mit dem Gerangel und Pulverdampf der 1848er Jahre aber nichts mehr gemein hatte, geschweige in Farbe auftreten durfte. Sie wurde nicht umsonst »Tante« geheißen, diese eigenwillige Zeitung, wo der eine Redaktor nicht wissen wollte, was der andere tat, in vielem Spiegel des Erscheinungsbildes der Stadt, aber auch ihres inneren produktiven originellen Kerns. Sie war die einzige Zeitung des Landes in deutscher Sprache, die international ge- und verkauft wurde, weil sie vielmehr eine Finanzzeitung war und außerdem über einen zuverlässlichen und hervorragenden Auslandteil verfügte, den man überall lobte, ihre Korrespondenten waren oft Schriftsteller und beste Journalisten. Sie war auch die erste Richterin über Gut und Böse in der Kunst, keineswegs nur immer engstirnig, aber unerbittlich klar auf der rechten Seite des Anstands; sie hatte die Schärfe und Wichtigkeit, Existenzen zu vernichten oder zu befördern, war auf Stadtgebiet das Sprachrohr der tonangebenden Schicht, des Freisinns, wie man sagte, die Zeitung der Zunftherren und Lateiner, der Firmenpatriarchen und unserer Professoren, die Zeitung der »besseren« Väter oder vermissten Väter. Uns war sie das rote Tuch, auch wenn diese Tante damals, wie gesagt, noch nicht einmal in Farbe träumte. Es würden noch vier Jahrzehnte vergehen, bis sich ein Farbbild unangekündigt auf die Titelseite vorgearbeitet haben würde ... Eine Zeitung wie die Stadt selbst – man unternahm halbe Weltreisen, um sie an einem Bahnhof zu kaufen, und man unternahm Weltreisen, um die Stadt zu besuchen, auch wenn es nur der Vermögensverwalter war, den man besuchte.

(Welcher Linke hätte sich vorstellen können, diesen Fels in der Brandung einmal allen andern Blättern vorzuziehen – den hysterischen Tagesfliegen sowieso, die bloß alles und jedes aufmixten, um von Tiefe abzulenken? In einer kommenden Zeit, wo man knöcheltief im Tram durch Gratisblätter watete.) Aber wir hassten diese Tante und schielten doch insgeheim nach einer wohlwollenden Rezension. Denn außer in dieser Zeitung hatte keine kulturelle Nachricht eine Chance, über die Grenze der deutschsprachigen Schweiz hinaus zu gelangen, deren weltberühmte Söhne als verlorene galten und erst gar nicht daran dachten zurückzukehren, Versöhnungsangebote hin oder her. Diese Zeitung war das Fenster zur Welt, man traf sie an allen Bahnhöfen und Flugplätzen, Intellektuelle des In- und Auslandes fuhren, wie gesagt, Kilometer, ja sogar in andere Städte, um die aktuelle Ausgabe zu kaufen. Ein erstaunliches Erfolgsprodukt mehr dieses verstockten, eigenwilligen Landes, das Berge als »Stöcke« bezeichnete, als sollte sich das daran Angebundene und durch ihr Gewicht Beschwerte nie ändern dürfen.

»De Bode isch härt i dem Land«, dichtete ich zur Gitarre. Es war ein Holzboden für mutige Würfe. Eine Gönnerin musste dem weltberühmten Sohn des Landes Le Corbusier ein Musterhaus am See bezahlen, die Stadt hatte kein Interesse. Es sollte das einzige Zeugnis seines Wirkens im eigenen Lande bleiben. Arthur Honegger durfte Zeit seines Lebens ein einziges Konzert in seiner Heimat geben, von seinem Freund, dem bildenden Künstler Gottfried Honegger organisiert und aus dem eigenen Sack bezahlt, der ebenfalls in der Welt in höchsten Ehren stand, in seinem Heimatland aber kaum zur Kenntnis genommen wurde. Propheten galten noch nie etwas im eigenen Land, aber in unserem fingen sie schon gar nicht an zu sprechen oder sprachen erst, als sie im Ausland frischen Wind erfahren hatten. Kam noch dazu, dass die Nachfahren Zwinglis die Kunst geradezu verboten hatten.

Wo sich Kapital akkumuliert, akkumulieren sich auch Kunstwerte, das ist eine Binse. Und in unserer Stadt akkumulierte sich Kapital, also auch Kunst, Zwingli hin oder her, dann eben privat. Die bildende Kunst blieb ja im Hause, war jedermanns Privatsache, um Bilder würde sich nicht ein zweites Mal ein Sturm entfachen, wie er fünfhundert Jahre zuvor die Stadt erschüttert hatte. Es hatte wohl seine dialektische Richtigkeit, dass die protestantische Akkumulation von Kapital die Bilder durch die Hintertür wieder einführte. Objektiv besehen, hatten die wild gewordenen Reformatoren der ersten Stunde in ihrer

Rage ausgerechnet das Beste zerstört, was Glaube hervorbringt: Kunstwerke. Was die Bilderstürmer überstrichen hatten, wurde also wieder hervorgeholt, was sie zerkratzt, restauriert oder absichtlich belassen hatten. *Aber bitte Werte, nicht Abfalltonnen mit nachgebildetem Rost und Schrott*, stöhnte die Zeitung! Im Theater am linken Rand vielleicht noch Brecht, na gut, er berührt ja Ewigmenschliches und ist schon tot, nicht aber dieser schrille Peter Weiß mit seiner zottigen Entourage, dieser Bruno Ganz, dieser Peter Stein, der einen Rossschwanz trägt wie eine Frau. *Schon gar nicht dieser Grass, dessen Blechtrommel von der Zeitung aus Protest nicht rezensiert wird, und die wissen ja in ihren Redaktionen, was recht zu finden ist. Und nackt ist nackt, gewiss, aber man muss sich schon fragen, in welchen Kreisen diese Künstler verkehren, dass sie es nicht lassen können, in jedem zweiten Bühnenstück die Hosen fallen zu lassen.* Wir konnten diesen Tenor schon gar nicht mehr hören. Und Grass' Blechtrommel würde unbesprochen bleiben, bis der Nobelpreis Jahrzehnte danach selbst die Zeitung zwingen würde, posthum und auf verlorenem Posten ein paar Worte zu diesem Buch zu verlieren.

Der Sonnenberg war geradezu dauerempört.

Gegen Grau und Enge des Geistes hielten auch zwei literarische Weltgrößen des kleinen Landes, die man stets in einem Atemzug nannte, auch sie in Frack und Knirps – der eine mit Lust und Zynismus, der andere mit unverhohlener Bitterkeit. Es kam zu etwas, was bald aus dem öffentlichen Repertoire fallen sollte, uns Nachdrängenden aber noch das Selbstverständlichste war: Debatten, Literaturstreite, Malerkriege. Debatten konnten sich über Monate und Jahre hinziehen, trennten Kaffeehäuser und Jazzkeller, Kunstgewerbeschulen und Institute und bald sogar Beziehungen. Mit Sartre irren oder mit Camus Recht haben, war eine existentielle Frage, ja für einige ein regelrechter Beruf. Der maßgebende Germanistikprofessor mit Schlips und Knirps provozierte im Schauspielhaus, der dicke Dramatiker konterte mündlich im prall gefüllten Kongresshaussaal, der Bittere schriftlich in der Zeitung … bis sie alle – ihre germanistischen Sekundanten im Schlepptau – über die Quai-Brücke wallten und in die Kronenhalle, wo der eine im oberen, der andere im unteren Teil längst hatte reservieren lassen und wo sie am Ende wohl in der Bar gemeinsam ihr kontroverses Du erneuerten.

Nein, niemand sollte und soll den Kopf zu weit herausstrecken in einem Land, das den gebückten Gang emsiger Zwerge kultiviert. Und wird Zwergen auch heimliche Geilheit nachgesagt – erotisch durfte schon gar nichts gelingen. Die Sittenmandate Bullingers hatten die Stadt nachhaltig traumatisiert, über viele Jahrzehnte hin die Lust schlechthin verboten, in den Sechzigern sogar noch Kondomautomaten …

Wir fanden somit einen reaktionsfreudigen Boden vor für unsere schamlosen Werke, die den neuesten Entwicklungen auf dem Sexmarkt in Amsterdam nachempfunden waren. Wir konstruierten Fickmaschinen für die öffentliche Weihnachtsausstellung, schrieben Obszönes fein säuberlich mit Schablone vors Stadthaus, wo Brautpaare, frisch den verhängnisvollen Schwur getan, üblicherweise zum Gruppenbild zusammenstehen, und vergaßen auch nicht, an Kirchenmauern den nötigen, der systematischen theologischen Verdrängung entrissenen Ausgleich anzubringen. Dafür musste ich im Alten Testament – nunmehr bezeichnenderweise Religionslehrer geworden – nicht lange nachschlagen.

Das Blatt
wendet sich
fällt
nicht weit
vom Stamm

dichtete ich zeitgleich in meinen Gedichtband, der bald, vom Zeitgeist hingetragen, wie die Jungfrau durch den Engel zum Kind gekommen, in den ersten der deutschen Verlage aufgenommen wurde. Das Bild auf dem Umschlag – ein Automatenfoto, im letzten Moment vor der Abreise nach Paris geblitzt und kommentarlos in einen frankierten Umschlag gesteckt –, zeigt einen sensiblen Jüngling mit schulterlangem Haar, vom Typ, den Frauen gern jahrzehntelang von seiner Traurigkeit zu erlösen versuchen …

Poesie

Der damals schon legendäre Verleger aus Frankfurt war angetan – besonders wohl von der respektlosen und erotischen Atmosphäre unserer WG morgens um drei. Dieser Herr um die fünfzig war noch von der Generation, die es gewohnt war, die Schuhe auszuziehen und fein säuberlich die Bändel hineinzulegen, wenn sie in fremde Reviere trat. Hausschuhe waren bei uns leider nicht vorzufinden, also ging er als Einziger in Socken. Denn hier auf dem Bettrand unserer exotischen Menage, wo Frauen grußlos und nackt in die Küche traten, egal welche Runde die Aschenbecher gerade füllte, um am Gasherd Feuer zu nehmen und, über den Tisch lehnend, mit dem kleinen Finger einen weiteren Aschenbecher ins Zimmer zu schnappen … an solchen Orten musste das Neue aufquellen nach den biederen Nachkriegsjahren, dafür hatte der Verleger eine sichere Nase, dafür ließ er sich angreifen von unseren bleichen Theoretikern, denen alles zu wenig weit ging und die in allem nur wieder das Alte in neuem Gewand witterten; er aber suchte weitere Stühle für Widerredner und Dissidenten und stellte sie an den Tisch – was kein Ansässiger jemals tat – wollte genau wissen, was wir selber schrieben, wagte, nachdem er sich genug vergewissert hatte an solchen Orten brühwarmen Geschehens, Ungeheuerliches in seiner Branche, hatte recht bekommen mit seiner bunten Taschenbuchreihe, der erst niemand eine Chance gab, würde weiteres wagen, taktieren, dicke Fische an Land ziehen, Talente erkennen, das Kapital, seinen Geldgeber aus der Industriestadt Winterthur, bei Laune halten, würde von Freunden verlassen werden, von Gegnern geliebt, in allem vielmehr ein Boxer als ein Intellektueller, wie ihn einmal einer beschrieb, ein Schrank von einem Mann, gescheit, ohne es zeigen zu müssen, leidenschaftlich, trinkfest und doch bei aller Wucht leise geschickt.

Mein schmaler Gedichtband hieß dann auch »Lagebericht«. Und als Verleger von seinem Format wollte er die Lage des Umbruchs selber erkundet haben mit allen seinen Sinnen. Die neue Lage beschrieben – das hatten meine sechzig Gedichte noch kaum, aber das konnte ja noch werden, und so will ich diesen Langhaarigen fördern, dachte er wohl. Und ich wusste nicht, wie mir geschah.

Wir fuhren zusammen in jenem besagten, vormals von meinem Vater aus Italien nach dem Krieg importierten Army-Jeep mit heruntergeklappten Windschutzscheibe durch die nächtliche Stadt: Stadtführungen zur Unzeit, an Unorte durch Unstraßen, durch die *andere* Stadt hinter den Bahngeleisen, wo man in richtigen Großstädten Brechts Mackie Messer und die Seeräuber-Jenny angetroffen hätte. Vater und Sohn im Armeejeep – und da er nicht mein eigener Vater und ich nicht der Sohn war, mussten wir beide uns nicht unbedingt zu blinden Automatismen verpflichten …

So kam es, dass ich in schwarzer Lederhose und mit schulterlangem Haar Gitarre spielte zu seinem gigantischen fünfzigsten Geburtstag vor der Kulturnomenklatura im ersten Nobelhotel oberhalb Frankfurts, mehr ein Schloss, dass ich beim Apéro in Ernst Blochs Nähe geriet und zu Max Frisch und Uwe Johnson zum Speisen gesetzt wurde – alle selbstverständlich in seinem Verlag zuhause –, und »Haus« nannte er ihn ausdrücklich, seinen Verlag ... Ich war mit Frischs Sohn in die Schule gegangen, hatte von Johnson noch keine Zeile gelesen, was dieser auch gar nicht erwartete, so dass es nichts Literarisches zu beackern gab über das Porzellan hinweg, das hier schon Kaiser Wilhelm II. aufgetischt worden war, ja man war entspannt von Anfang an, konnte Alltägliches berichten, wie es kam.

Ich erinnere mich, dass sich Uwe Johnson, ebenfalls in einer Ledertracht, die ihm Zeitverlust mit Kleiderthemen ersparen sollte, wie er sagte, und ihn – erst recht neben all den Fräcken – als Rocker der ersten Stunde auffallen ließ ... erinnere mich, wie er sich ausgiebig über seinen neuen Kühlschrank ärgerte, den er eben gerade erstanden hätte und der ihm summend die nötige Stille zum Schreiben verdürbe ... ein Alt- und ein Jungrocker im Gespräch. Ich erinnere mich nicht, aber es muss so gewesen sein, dass Frisch die Marke »Sibir« rühmte, ein Erfolgspatent, das einem findigen Trotzkisten unserer Stadt eingefallen war, der mit seinem Geld ein paar abgesackte Gesinnungsgenossen und Idealisten über Wasser hielt, die ich – mich kurzerhand Verleger nennend – etwas später, allerdings vergeblich und zu spät zu Niederschriften ihrer geleisteten Akte der Courage gegen den Schweizerfilz anzuregen versuchte. Aber diese alten Spanienkämpfer und Ungehorsamleister waren allesamt schon zu alt und in ihrer Bitterkeit zu einseitig geworden, und die Marke »Sibir« war bald das einzige, was von Trotzki noch übrig blieb …

Sechzig Gedichte waren es bloß, die Hälfte in Mundart. Sie sollten meines Frankfurter Verlegers grenzüberschreitendes neues Verlagsprojekt in der Schweizer Stadt passend einläuten – ein Schiff allerdings, das voll lief, kaum dass es zu Wasser gelassen wurde. Ein Buch von Studenten und Professoren, die die Geschichte der schweizerischen Arbeiterbewegung nachzeichneten und damit an den Verlag gelangt waren, war offenbar zu links geraten und rührte Debatten auf. Der Verlag wollte sich nicht in die inneren Angelegenheiten des Landes einmischen und zog das Buchprojekt zurück. Die frisch ernannten Verleger der Schweizer Filiale traten aus Protest zurück. Max Frisch hielt vor, das »Das Schweizer Kapital« habe sich geräuspert, von dem der Verlag abhänge, es gehe darum, ein nicht genehmes Buch zu verhindern – wie auch immer, ein Feuilleton-Skandal mehr war geboren.

Und schon schlug ein weiteres Buch des Verlags Wellen im Lande, ein Büchlein vielmehr, wohl nebenbei in zwei Wochen der vergnügten literarischen Pause geschrieben. Es hieß: »Wilhelm Tell für die Schule«. Max Frisch hatte sich vermutlich bei seinen Fahrten durch das Urnerland zu seinem Haus im Tessin zu diesem Werklein inspirieren lassen, die alte Kantonstraße führte schließlich in Altdorf jedes Mal geradewegs – als wäre sie eine Tempeltreppe – auf das pompöse Telldenkmal zu und führte unterhalb Göschenens am »Teufelsstein« vorbei – Wegmarken des helvetischen Heimatkults ersten Ranges. Wer den reaktionären Geist jener Zeit heute begreifen will, lese nur dieses witzige harmlose Büchlein und bedenke, ob er damals nicht auch, wie wir, zu jenen gehört haben wollte, die sich danach sehnten, etwas freier atmen zu können …

Mein eigenes Werklein schrammte bei alledem knapp durch die Fronten. Lyrik war schließlich unverfänglicher als Prosa. Kein Geldgeber würde, einiger tendenziell kapitalkritischer Gedichte wegen, mit dem Rückzug seiner Einlage drohen. Das war vielleicht im Spanien Francos denkbar, nicht in unserem Land. Las ich denn selber Gedichte? Waren es nicht viel mehr Lieder, die mächtig Einfluss nahmen in der Gesellschaft, die mobilisierten wie kaum etwas anderes? Kannte nicht jeder »Blowing in the Wind« bis zur letzten Strophe? Musik will jeder – Gedichte wollen nur ein immer gleich großes Grüppchen von vorwiegend älterer Damen, die gerade mal kapp ein Kellertheater füllen und allesamt selber schreiben, vorwiegend Gedichte. Und für ab und zu ein Gedicht als praktischen Platzfüller im Kulturteil bekam man zwanzig Franken mit einem Formular für die Steuererklärung. War aber Musik im Spiel, strömten gleich Hunderte, wenn nicht Tausende zusammen, und es strömte dazu gleich

Geld, das man in einem Umschlag steuerfrei nach Hause brachte. Es fiel auch auf, dass die Straßensänger vor den Kammertheatern ohne Plakate und Inserate ein ungleich größeres Publikum bedienten als die Theaterleute und, wie ich auf meinen Tramperreisen selber feststellte, keineswegs weniger verdienten. Und man konnte auf der Straße und auf Großbühnen immerhin noch kritische Kommentare zur Lage abgeben, was sich in Kammertheatern jedes Mal pathetisch anhörte. Die neue Richtung meines Schreibens war somit vorgegeben: Ich wollte Lieder schreiben und singen, da sprühte der Geist.

Immerhin war ich mit meinen Gedichten vom Zeitgeist in eine heilige Halle der Literatur geschupst worden, sozusagen durch den Hintereingang ins legendäre »Haus« des renommiertesten deutschen Verlages geraten – und wusste nicht, wie mir geschehen war. Ich fand mich in Jeans und Lederhosen und meinem einzigen guten Stück, einem Ski-Pullover, von Mutter gestrickt, vor kalten Buffets in Frankfurt und Berlin wieder und sollte nun Auskunft geben – ein Legastheniker war zum Anschreiber erhoben worden …

Väter und Söhne

Mein Professor an der Uni ließ mir zeitgleich ausrichten, unter anderem schreibe man Bertolt mit t, nicht d. Ich empfahl ihm, zum Thema Orthographie Goethes Originalmanuskripte übers Wochenende zu studieren. Das war zuviel: Wutentbrannt beendete er ein von Assistenten vermitteltes Schlichtungsgespräch im griechischen Lichthof der Uni. Immerhin war er doch auf mich zugekommen. Sein Stuhl fiel nach hinten, um vor der kopflosen Nike von Samothrake (2. Jahrhundert vor Christus) scheppernd nachzufedern. Er griff zur Mappe, eilte am Marmorgerangel des Pergamonfrieses vorbei, ging zwischen den hellenischen Gipskopien hinab, an der verwundeten Niobe vorbei – Geschenk des Verlagsbuchhändlers und Ehrendoktors der Universität, Herrn Ulrich Hoepli – durchs Hinterportal hinaus und in die Lichter der Stadt hinein … Ich folgte alsbald, um, wie fast jede Nacht, nach einer ausgiebigen Runde durch die Szenenbars der Altstadt gegen zwei Uhr morgens mit meinen Wohngenossen geschlossen den Heimweg ins Palais Central anzutreten.

In jenem Lichthof – einer Mischung aus Museum und Opernhaus im Zentrum des Unigebäudes – grüßten wenig später, anlässlich der »antikapitalistischen und antifaschistischen Informationswoche«, das finster dreinblickende Quartett Marx, Engels, Lenin und Mao auf rotem Fahnenstoff aus der Höhe. Man kann sich denken, wie es im Innersten unserer redlich konservativen Professoren rumoren musste, die sich zum Teil auch noch in einem bald folgenden Buch als »unheimliche Patrioten« bezeichnet sahen. Hatten sie nicht noch den Propagandaton im Ohr, den die völkischen Studenten vor dem Krieg verbreitet hatten, oder waren sogar selber dabei gewesen, und hatte man nicht hinterher gesehen, wohin so selbstüberzeugte Reden führten …

In der Sache hatte er natürlich völlig Recht gehabt, jener alte Professor, der auch nie lachte, so wenig man sich das linke unfehlbare Quartett auf den Transparenten und schon gar nicht die idealen griechischen Marmorköpfe lachend vorstellen konnte. *Hieß doch aber Übersicht zumindest Lächeln, wie Mona Lisa es weise vorführt. Oder sind sie gar nicht weise, nur gescheit, diese ernsten vermeintlichen Kulturträger, wie sie im Dutzend auf ihren Sockeln herumstehen, vielmehr im Wege stehen in den Treppenhäusern des hohen Geistes?*

Es war natürlich beiderseits mit heiligem Ernst einmal mehr um ganz anderes gegangen. Die Zeit war derart aufgeladen, dass man sich nur missverstehen konnte. Nur Recht haben und der Richtige zu sein, waren noch immer zweierlei. Es gibt noch »Ort und Zeit«. Das lernten wir schließlich bei ihm.

Solche Professoren, Lateiner allesamt, waren denn andererseits auch die Richtigen, uns linke Angeber trotz aller Eskapaden und Angriffe durch die Abschlussprüfung schlüpfen zu lassen. Auf Dialektik war immerhin Verlass – schon bei den Griechen. Und wir waren die Richtigen, damit zu spielen. Wir waren auch die Einzigen, die die Werke dieser gebeutelten Professoren tatsächlich und gründlich gelesen hatten, um sie mit ihren eigenen Argumenten schlagen zu können. Mehr als an Freunden hängt man bekanntlich an Feinden. Es sind die verlorenen Söhne, die man liebt, und es sind die gehassten strengen Väter, denen man später dankt.

Denn es gab damals noch verlorene Söhne und strenge Väter.

68

Aber vorerst sollte ihm wieder aufgeholfen werden, jenem roten Penis, den wir von den Bannern der lustfreundlicheren katholischen Orte gerne ausliehen! Der Übermut der Freischärlerzüge – vom Stadt- und Staatsdichter Keller so blumig geschildert – sollte wieder gelten. Uns war kein Schock zu billig, keine Orgie zu wild, Hauptsache laut und spektakulär … und die Verklemmtesten hatten stets zuerst die Hose runter. Es konnte nicht genug nackt posiert werden, die Schönste in der Mitte. Wir wollten selber nicht wissen, wie uns geschah, Hauptsache, es geschah etwas in dieser atemberaubenden Bravheit, wo man in der Stadt das Kaugummipapier eher herunterschluckte, als es, zu einem Kügelchen gerieben, auf die Straße zu werfen. Wie es einem Touristen ergangen sein soll, der es loszuwerden versuchte und es stets freundlich nachgetragen bekam, bis er es aufaß …

In welchem Land wird einem sogar ein Papierchen nachgetragen – und wie ist etwas loszuwerden in einem solchen Land und insbesondere in einer solchen Stadt? Anders, als es zu verdauen, wohl kaum. Es muss gegessen werden, ganz richtig, nicht anders als in der freien Wildbahn: Was nicht gefressen wird, ist noch da, was gefressen wird, ist weg, Punkt. Vergangenheitsbewältigung geschah noch nie anders als durch Bauch und Becken. Aber die meisten Genossen, voran die Intellektuellen, waren sich zu schade, »es« zu fressen. Denn was ist, wenn »es« weg ist, wenn »er« weg ist, der Stein des Anstoßes, der böse Vati? Was wäre eine Position ohne Antipode, ein Protagonist ohne Antagonist? Man hätte tatsächlich innovativ werden müssen, statt bloß stets nein zu sagen. Und waren, wie sie aussahen, diese fragilen linken Wortführer zu lebbaren Entwürfen jenseits automatischer Denkzwänge überhaupt in der Lage? Sie konnten ja sichtlich nicht einmal ihr eigenes Zimmer in Ordnung halten. Bei ihren Einladungen musste man aus der Pfanne essen, auf den restlichen drei Platten des Kochherdes stapelten sich Rechnungen und Schriften. Es kam in Mode, Hausfeste anzusagen, bei denen man schlicht alles mitbringen musste. Sogar Humor. Einer der Wortgewaltigsten hatte tatsächlich nicht einmal Tee anzubieten. Und was war mit der Liebe, wenn sie nicht mehr mit Hass einhergehen konnte? Waren ein guter Teil der Männer in unserem Kreis zu Liebe überhaupt fähig, so wie sie mit sich selber umgingen? Wimmerte der Cheftheoretiker nicht wie ein Kind in meinen Armen, als ihm die Freundin mit einem Forstarbeiter durchbrannte – mit einem Forstarbeiter tatsächlich und wie im Groschenroman?

Von meinem Herkommen her hatte ich keine besondere Mühe damit, die Welt zu nehmen, wie Klein Hänschen sie sich vorstellt. Mit Forstarbeiten kannte ich mich bestens aus. Und protestantisch, wie ich war, hasste ich die Lüge. Der Papst – was hatte mir der Papst angetan oder auch nur der Katholizismus? – musste in meinen Liedern hinhalten für alles, was verlogen war. Aber wie passte die eigene These auf mich selbst: dass es ein Leichtes sei, aus der Kirche auszutreten, aber man lange warten könne, bis die Kirche aus einem selber austrete? Ich war gleichwohl ein Pfaffe mit Erlaubnis zur Sünde, ein Luther, der tags Thesen an offizielle Pforten schlug und abends am Tisch hübsche Nonnen auf seine Knie hob …

Auch das war schon da gewesen.

Es ging ja bei allem vor allem um Sex. Selbst Pfarrer Zwingli waren Bordellgänge nachzuweisen, bevor er sich zur Ehe entschied, die Sittenmandate kamen später mehr aus der Feder von Jüngern, die heiliger sein wollten als ihr Papst. Aus einem verklemmten Arsch fährt kein fröhlicher Furz, soll Luther, der saftigste der Reformatoren, in seine Tischrunden gerufen haben. Auch soll er die Anzahl empfohlener Geschlechtsakte pro Woche genau benannt haben, nämlich mindestens deren zwei, um gesund und objektiv zu bleiben. Das mache aufs Jahr »einhundertundvier«, zählte er richtig zusammen. Also! Warum nicht offen eingestehen, dass man zu jenen gehörte, die in Ordnung fanden, was sich doch unübersehbar offenbarte im Beziehungsgerangel zwischen Weibern und Männern? Die natürlichsten, um nicht zu sagen: primitivsten Vermutungen trafen doch am Ende immer zu. Und zwar auf beiden Seiten. Gleichheit war also schon auf dieser Ebene gar kein Thema, sondern Voraussetzung – dass die Frauen für gleiche Löhne kämpften ohnehin folgerichtig. Aber es sollte noch lange dauern, bis dieses Ziel auch nur annähernd erreicht werden würde. *Was authentische, im Alltag geübte Macht angeht, so sind die Frauen aber schon immer zweifellos stets stärker unterwegs gewesen als wir Männer, die wir uns insgeheim doch für die Bestimmer halten. Man sehe sich nur um …*

Denn war das Männergrüppchen am Donnerstag nicht ein erbärmliches Häufchen theoretischer Nieten vor dem Weib zu nennen? Tröstete sich Frau zur Abwechslung nicht lieber deshalb im Bett einer Freundin oder eines Forstarbeiters, um sich das ewige Verständnis-Gestammel dieser »Sitzpinkler« nicht dauernd anhören zu müssen? Gestand nicht der ehrlichste unter den deutschen Chefideologen der WG-Szene alsbald öffentlich ein, dass ihm seine Schwierigkeit, einen Orgasmus zu bekommen, das naheliegendste Thema sei? Begriffen die Intellektuellen denn nicht, dass ihre Freundinnen gar nicht wollten, was sie forderten, sondern bloß forderten, um herauszufordern? Ich hatte in meiner zweiten, von »unbefreiten«

Männern als »Lesben-Nest« bezeichneten WG immerhin ein Jahr Gelegenheit, Frauen bei ihren Küchengesprächen zuzuhorchen und ihnen beim Befriedigen ihrer Bedürfnisse zuzusehen. Vergleichsweise konnten einem die Männer im Umfeld der Befreiungsszene nur leidtun.

Nein, was ich, vom Dorf herkommend, sah und was ich hungriger Zwinglianer vom Land vorfand an Beziehungskultur, schien mir nicht gerade schützenswert, kein Grund, mich da zurückzuhalten, die Freundinnen und Frauen, die ich heimführte, mit dem angeblich ganz Anderen zu beglücken. Auch als Mann mal weinen und Gefühle zeigen zu können bei jeder Gelegenheit, war doch Quatsch, eine subtile Falle der Weiber, damit sie die Weicheier von den Harteiern unterscheiden konnten, ein Gentest sozusagen. Und eigenartigerweise fiel kein Kommando der Frauenbefreiungsbewegung über mich her, so wie ich mich gab, was meine männlichen Verständnisgenossen am meisten erstaunte. Auch die despektierlich als »Kampflesben« bezeichneten Frauen blieben verdächtig ruhig, ruhiger jedenfalls, als die Theorie erlaubte. Mein Unvermögen in den feinen Dingen des Beziehungswesens sollte erst viel später seinen Tribut fordern.

Die Missverständnisse auf beiden Seiten der Beziehungsverträge waren also gegeben. Der Angriff kam dann auch von der Männerseite: mein Frauenbild lasse schon zu wünschen übrig, was sicher nicht falsch war, aber von den Falschen ausgesprochen wurde; Mann wusste wieder einmal mehr, wie Frau zu sein hatte. Sie musste einmal mehr zum eigenen Nutzen vor den anderen bösen Männern geschützt werden – es gibt freilich nichts Lächerlicheres als ein Mann, der Frauen vor Männern in Schutz zu nehmen gedenkt.

Sogar die radikalsten Feministinnen ließen mich offensichtlich gelten, waren doch Männer einfach so wie der da aus Badersdorf, man sagte es ja, es stand ja geschrieben in der Frauenzeitung … Und um Plattenspieler zu flicken und Syphons aufzustemmen, konnte man sie doch leidlich gebrauchen, dafür hatte die sie Natur geschaffen, diese haarigen, schwitzenden Männer, obwohl man es natürlich auch selber könnte, wenn Männer gegenüber Frauen nicht grundsätzlich in einer Bringschuld stünden …

Und wozu sich die Mühe machen, Männer verändern zu wollen, wenn sie doch einfach so waren. Und wo wäre man dann, wenn sie sich tatsächlich änderten? Was war mit dem neuen Hohelied der lesbischen Liebe, wenn Männer nicht sind, wie sie sind? Und da war einer vom Land, der ihnen den Gefallen tat – ein Fels in der Brandung des Verständnisses, an dem man sein eigenes Schiff anbinden konnte, statt zu neuen Ufern aufzubrechen. Ich ließ es gerne geschehen, es gab Schlimmeres, als die Made im Speck zu spielen.

War es so einfach, oder machte ich es mir so einfach? Die Antwort darauf hatte von mir aus noch viel Zeit, ich dachte nicht ernsthaft daran, sie zu finden. Ich suchte

Antworten auf andere Fragen, die mir als Fragen nicht einmal bewusst waren. Jenseits vom Geschlechter- und Politgetümmel, jenseits von Stadt und Land musste es vorzufinden sein, mussten sich ungekannte Räume öffnen, musste das Gemeinte liegen, woher sonst diese Unruhe, dieses Immer-weiter?

*

Was ich vorfand, beruhigte das Tier ab und an, machte jedoch nicht wirklich satt, so bunt es auch daherkam. Und es kam bunt daher in meiner Szene. »Ich hätte Lust, heute Nacht mit dir zu schlafen«, konnte man unverhohlen fragen. »Nein«, konnte man hören, »heute geht es nicht, da schlafe ich mit sowieso, aber morgen geht es …«

»I can get no satisfaction«, sang mir einer aus dem Herzen, einer, der nicht weniger im fetten Speck saß als ich, aber nicht wirklich satt wurde. Er sang es drei Meter vor meiner Nase, an jenem Wochenende, als zum ersten Mal Stühle flogen, bevor es Steine waren. Auf derselben Bühne verwandelte Jimmy Hendrix die amerikanische Nationalhymne in den Lärm angreifender Napalm-Bomber. Wer ihn sah, diesen verquälten kaputten Mischling mit seiner Gitarre, wusste, wo man zu stehen hatte, wollte man weiterhin Liebe und Menschlichkeit meinen, Musik statt Kommerz.

Einen Monat später kam es zu den Globuskrawallen.

Denn wie passte das stereotype Grinsen dieser amerikanischen Präsidenten zu den schrecklichen Bildern aus Vietnam? Und welche Frage musste mit Taten statt Worten beantwortet werden, damit ein Leben, zumindest am Ende, kein verratenes und verpasstes war? Wie hieß das Rätsel, das Koan, wie die Antwort darauf? Wo ich mich auch umsah, nahm ich nur verpasste Existenzen wahr, je älter, je mehr: lauter »Sommergäste« im eigenen Land, die nicht vom Fleck kamen und wenn, dann verursacht von Katastrophen, nie von Einsicht. *Lieber Aufbruch mit Flucht verwechseln als Verharren mit Hingabe. Flucht kommt einmal von alleine zum Stillstand, Verharren aber kann offensichtlich ins Vegetieren übergehen, ohne dass man es merkt und noch einmal die Kraft findet, sich daraus zu befreien. Nichts Traurigeres als das. Es sind die Toten, die nach Jesus ihre Toten begraben und am besten auch gleich ins Grab springen sollten. Nein, lieber vorwärts in die Katastrophe als in ihr zu stecken.*

Ich wusste nicht, was ich da, mich selber betreffend, vorwegnahm.

Einzig auf dem Land war in Greisengesichtern Überzeugendes zu finden, etwas von jener Ruhe, die mir Landflüchtling absolut abging. Es war wohl auch kein Zufall gewesen, dass mich ein Indianerkalender durch alle WG's begleitete, der im Großformat für jeden Monat ein Häuptlingsgesicht vorführte, als wären es die Landschaften selbst, in denen sie lebten. Ich war in gewisser Hinsicht selber ein privilegierter »Sommergast« geworden, dem der Picknickkorb durch den Birkenwald nachgetragen wurde von Bauern, die sich keine schönen Umwege leisten konnten und nur schwatzten. Ich wusste, die Bauern hatten recht, sie waren täglich mit dem Eigentlichen konfrontiert, aber ich würde untergehen unter ihnen. Ich war noch zu schwach für »Land«, darum war ich in die Stadt gezogen, und die kindliche Unschuld auf dem Lande war ein für allemal verloren. Ob sie am Ende aller Irrungen und Wirrungen auf neue Weise wiederzufinden war?

Um alles, was ich von andern beneidet wurde – wann würde es beginnen, das »richtige Leben«? Das Leben in der ganzen Wahrheit, wie es später eine junge Schauspielerin in einem japanischen Film forderte, in dem ich sogar selber mitspielen durfte. War der Buddhismus geeignet, es herbeizuführen? War es im Osten zu finden, viel mehr als im Westen, ob auf der Linken oder auf der Rechten? Würde ich ein Leben lang nach Satisfaktion suchen, vorwiegend bei Frauen?

Vorübergehende Erlösung von dem Bösen, vom erschöpfenden Mitmachen und fruchtlosen Grübeln brachten nur die Tage der Erholung nach der wochenlangen Fasnacht und die Tage im Windschatten der offiziellen Ferienzeiten, wenn sich die Stadt entleerte wie ein überfressener Magen, die Uni und die Bibliotheken schlossen, sich die Massen Richtung Berge oder Süden wälzten und die Parkplätze frei wurden, die Kellner sich niedersetzen konnten in Lokalen, die nicht von Reiseführern aufzuspüren waren, die Tageszeitung auf ein Drittel schrumpfte, die WG von zwanzig auf fünf, die Kadenz der Sanitätswagen von hundert auf dreißig. Erlösung war erst, wenn die schweren Julitage kamen, der Bierdurst die Glieder lähmte, die Diskussionen vertagt werden mussten, das Männergrüppchen ins Männerbad versetzt wurde, die Revolution sich gedulden musste – und wegen ungünstiger Witterung in der Musik stattfand, wie mein Liebling Tucholsky es seinem debattenverliebten Deutschland attestierte.

Bordeaux

Meine Revolution fand auch eher in der Musik statt. Politischen Veränderungen traute ich wenig zu, von anderen ein Linker genannt zu werden, war mit eigenem Misstrauen verbunden. Ich war wohl vielmehr ein zorniger, jedem Lustgewinn schnell erlegener Moralist und Zwinglianer, ein Aufspürer von Lebenslügen anderer, darin erschreckend radikal, pflückte aber gerne die Sumpf-Röschen und ließ mich dabei ungern in den Sümpfen der gemeinen Niederungen der Stadt beschmutzen. Es musste stets etwas Edles bleiben im Getümmel.

»Jetzt bist du einmal wie wir«, sagte ein dem Schnaps verfallener Kunstmaler wörtlich, der in seinem Zimmer unserer WG den Nachlass seines berühmten Vorbildes und am Alkohol verreckten Malervaters durch Fälschungen erweiterte, als er mich mit einer Flasche Kirsch in voller Fasnachtsmontur auf dem ungemachten Bett liegen sah. Das traf es auf den Kopf. Es war der Satz, das Stichwort. Und der Stich saß: War ich auch mittendrin im gemeinen Getümmel, durfte ich insgeheim doch nicht sein wie sie, die ihren Süchten erst hilflos erlagen, um sie möglicherweise zu überleben oder eben auch nicht, Kopf oder Zahl.

Ich hatte keine Berührungsängste mit Rauschzuständen, aber mein Rausch, vielmehr die Kadenz meiner Räusche kannte Grenzen. Einige meiner Genossen überstanden ihre Räusche nicht und verschwanden eines Tages, um bestenfalls einen Mythos zu hinterlassen oder nichts weiter als ein letztes Motiv auf einem der vielen Gruppenfotos, die der mit meiner Zimmernachbarin zur Linken liierte Starfotograf der Stadt nicht genug arrangieren konnte. Heroin wütete ungebremst, Popstars verendeten in lausigen Hotels, Entzugstationen waren eben erst im Entstehen, Methadon noch unbekannt, und Alkohol sollte noch lange das unabdingbare Elixier des Kreativen bleiben, von Gönnern und Bewunderern geradezu verschwenderisch angeboten.

Man kann gegen diese Zeit sagen, was man will – man ging zumindest zeitweise ans Ende des Regenbogens, ans Ende des Rausches, kostete es, was es wollte, bezahlte es, wer es wollte. Man fragte sich nicht, wie man damit möglichst alt werden konnte, sondern was jetzt herauszuholen war. So kamen die Anwälte, Verleger und Zahnärzte in Scharen mit Kisten besten Bordeaux' und Trockenbeerauslesen aus Eltville unter dem Arm, um einmal einen Abend in einer der ersten WG's der Stadt erleben zu dürfen, wo es, wie man hörte, jede mit jedem trieb und vielleicht auch mal mit einem Gast, wenn der sich nicht allzu bürgerlich anstellte … Keiner dieser älteren Intellektuellen konnte es aber lassen zu reklamieren, *sprühen, wie es draußen an der Fassade stehe,* schreibe man durchaus mit H: *Der Geist sprüht, wo er will,* müsse es heißen, nicht *sprüt.* Als ob wir das nicht auch längst festgestellt hätten.

Wir mussten uns also nicht anstrengen, den Projektionen mittlerer und älterer Herren vorangegangener Generationen gerecht zu werden. Zumindest, dachten sie, fand in unserer WG statt, was sie einer Karriere zuliebe geopfert zu haben glaubten. Aber stellten sie auch in Rechnung, dass *sie* es waren, die unsere Zeche bezahlten, die Steuern bezahlten, unser Räuber-und-Polizisten-Spiel berappten, dessen Räuberhöhlen mit ihrem wilden Flair sie wenigstens einmal besucht haben wollten? Dass ihr angepasstes Leben nicht alles war, was man erwarten durfte: die durchaus nette Gattin aus besserem Haus mit ihrer berechenbaren Reclam-Bildung und der verstaubten Querflöte auf dem Schrank, die Kinderchen in ihren mit pädagogischen, garantiert giftfreien Spielen überfüllten Kinderzimmern, der sichere Saab mit »Arzt im Dienst«-Schildchen an der Windschutzscheibe … dass das zwar angenehm, aber nicht alles sein konnte, war wohl klar. Und wenn man schon der ältere Bruder war, der sich die Last der Tradition naturgemäß aufschultern musste, so doch wenigstens mit Abstechern ins Schauspielhaus, wo die Zerreißproben der bürgerlichen Gesellschaft exemplarisch vorgeführt wurden mit ihren erotischen Funken, die man erwarten durfte, wo die Zimmerschlachten stellvertretend abgehalten wurden – oder mit einem Abstecher in diese WG am Centralplatz für eine Kiste Bordeaux aus dem Kofferraum, ohne Gattin. Ein Arzt im Dienst könnte den Wagen wohl eine Nacht im Halteverbot vor dem dubiosen Haus stehen lassen – Vermutungen gab es wohl genug, dass man da ständig Ärzte rief. Und zu Hause würde er dann gegen Morgen noch seinen milden Blick ins Kinderzimmer werfen, würde sich duschen und gründlich Mundwasser durch die Zähne ziehen, behutsam neben die immer gleiche Gattin legen und noch zwei Stunden schlafen, bis »der Dienst« wieder rief, ein Wort, das unsere Gegenwelt mit Recht getroffen hätte wie eine Atombombe, wäre es einem solchen Besucher unbedacht aus dem Mund gefahren.

Aber sie kamen gar nicht darauf, unser Dschungelressort nach Kategorien des Verdienstes abzufragen oder zumindest der Finanzierung, nach Erbschaften zu fragen, die beim einen oder andern zwangsläufig zu erwarten waren, nach periodischen Zuschüssen aus eines bürgerlichen Onkels Portefeuille oder direkt und schlicht nach unserem schon geleisteten Beitrag an die Gesellschaft.

Andere WG-Genossen lebten tatsächlich von nichts als aus der Hand in den Mund. Ein späterer Zimmernachbar, ein Schwarzer aus dem Senegal, holte sich sein Taggeld vom Bahnhofstrich, nachdem ihn eine um Jahrzehnte ältere Galeristin fallen gelassen hatte. Andere stahlen, ob arm dran oder nicht, denn das Theaterstück des respektlosen Harlekins und späteren Nobelpreisträgers aus Italien hieß: »Bezahlt wird nicht!« Und stehlen können war noch die billigste Eintrittskarte in unsere Kreise. Wer nicht stehlen konnte, der konnte auch keine Schaufensterscheibe einwerfen – und ihm war auch bei Weiterem nicht zu trauen.

Isidor

Eine reifere Frau hingegen, einem prügelnden Bildhauer entlaufen, Mutter von drei schon erwachsenen Kindern, arbeitete hart und regelmäßig am Bahnhofkiosk und brachte nach Mitternacht die übriggebliebenen Zeitungen in den Gruppenraum, statt sie ordnungsgemäß mit abgetrenntem Kopfteil an die Verlage zurückzuschicken. Vor allem musste die umstrittene Boulevardzeitung stets auf unserem Küchentisch liegen, damit jeder Besucher sehen konnte, dass hier die Revolution an der Basis stattfand. Diese gestandene Mutter war es auch – eine immerhin einigermaßen bürgerliche Ehe gewohnt –, die jedes Mal die Küche aufräumte nach den Exzessen und afrikanischen Couscous-Gelagen, die die Senegalesen vom Bahnhof am

Boden des Korridors veranstalteten. Abwaschen kannten sie offenbar nicht – aus kulturellen Gründen, wie uns unser Chefdogmatiker verständnisvoll erklärte …

Als in dem »afrikanischen Zimmer« über Nacht dann immer mehr »Copains« einzogen und das Geschirr an seine Grenzen kam, musste sich unser Vordenker dann doch einen Satz anhören, den er am wenigsten erwartet hätte: »Tu es rassiste!«, sagte ihm einer ins Gesicht. Dabei hatte er doch nur anzumerken versucht, dass auch andere Bewohner der WG Bedürfnisse hätten.

Es muss auch gesagt sein, dass ausgerechnet unser lieber Isidor aus Dakar der einzige war, der auf den marokkanischen Trommeln, die zu jener Zeit in den WG's herumlagen wie die Kastanien im Herbstlaub, nicht imstande war, bei unseren Jam-Sessions einen erkennbaren Rhythmus durchzuhalten. Isidor war einfach nur schön von Beruf und hatte eine rote Lederjacke. Er war eine Seele von Mensch, eine Lilie auf dem Felde des Herrn, sein Lachen jeden entwaffnend, ein Kind in der Mördergrube. Ihn allein hätten wir gerne gelitten, aber es ging nicht mehr weiter mit den Gelagen und endlosen Palavern bis in den frühen Morgen, die unvermittelt in laute Streitereien, wenn nicht Handgreiflichkeiten ausarten konnten. Und unser lieber Isidor war zu schwach, um seinen illegalen Landsleuten Grenzen setzen zu können.

Als uns die afrikanischen Exzesse immer mehr an die Substanz gingen und ein Ultimatum, Rassismus hin oder her, nicht mehr zu vermeiden war, stand eines Tages, auf sein silberbeschlagenes Stöckchen gestützt, der bereits arrivierte Jazzpianist »Dollar Brand«, heute Abdullah Ibrahim, vor unserer Blechtür, beglich schweigend die Zeche seiner Landsleute mit einer Handvoll Dollars, die er unabgezählt aus der Tasche zog, drehte sich um, stieg wortlos die Treppe hinab, und das afrikanische Gastspiel ging woanders weiter.

Isidor blieb noch eine Weile. Dann verschwand auch er, mitten aus einem Nachmittag heraus und ließ alles zurück – außer seiner Lederjacke.

Genies

Auf dem Land und in südlichen, romanisch geprägten Städten, waren sie vorwiegend anzutreffen, die Künstler, die ich »Genie-Künstler« nannte – scheinbar Kreative, die alle Insignien eines Künstlers gut sichtbar an und vor sich hertrugen, damit kein Zweifel bestand, dass sie im Geiste von Montparnasse groß geworden, wenn auch noch nicht reich geworden waren, dafür umso genialer, weil noch nicht erkannt, doch am Schlapphut und einer gepflegten Vernachlässigung zu erkennen. Selbst im Vollsuff trugen diese Baudelaire-Kopien stets drei verschiedenfarbige Kugelschreiber in der Brusttasche ihrer Gilets, damit man nicht zweifeln konnte, dass sie Schriftsteller waren. Filmer trugen stets ein auffälliges Halstuch selbst in der stickigsten Bar, Maler unverzichtbar ein Barett, vorzugsweise ein rotes. Sie rochen den Braten auf Kilometer, den die besagte Frau des Bildhauers – die sie von ihrem früheren Leben kannten, als sie noch »Hoffnungen« waren – mit ihrem schmalen Kiosk-Gehalt in unserer Küche bereitete. Kaum war die gute Frau eingezogen, waren sie alle wieder da: Schwätzer, bis frühmorgens die Vögel zwitscherten, fürchterliche Kleckser, die glaubten, dass Alkohol einen Dilettanten automatisch zum Künstler machte.

Die Frau ertrug ihre Kostgänger stoisch, wie vormals die Schläge ihres Eisenplastikers, räumte mehrere Male die zu Kleinholz geschlagene Küche frühmorgens in Kehrichtsäcke – denn vor allem Bildhauer, die nicht in Abständen randalierten, durften in jener Zeit nicht als solche gelten. Insofern hatte sie ihre alte Menage wieder am Hals, einzig, dass sie nicht auch noch geschlagen wurde dafür, dass sie aufräumte und Geld besorgte. Eine Fahrt ins städtische Brockenhaus glich ja die Schäden jedes Mal für ein Butterbrot wieder aus, eine Lappalie also und zwangsläufig auch der nächste Ausbruch der Künstlerbande schließlich nach der fünften Flasche Grappa, mitgebracht aus der Künstlerkolonie im sonnigen Tessin.

Kunst musste wild und deftig sein, musste in Ermangelung des national verbotenen Absinths mit Strömen von Roten – gegen Morgen Grappa! – einhergehen. War in meinem Turnverein zu Badersdorf Suff einfach Suff gewesen – am andern Morgen auf dem Feld schon um zehn wieder ausgeschwitzt –, so war hier Suff offenbar mit Diskurs verbunden, einander an den Kopf geschrien, mit der Faust auf den Tisch bekräftigt, gar auf den Tisch springend verewigt. Allein der Bodensatz der letzten Flasche besiegelte jeweils die Duelle, und zwar mitten im Satz, egal, wo die besseren Argumente gerade lagen. König Alkohol hatte immer das letzte Wort, mahnte zum unmittelbaren Aufbruch in ein nahes Atelier, wo noch weitere Flaschen zu vermuten waren, und weg war die Bande, die Treppe hinunter – was geht uns die Welt an, die unsere Kunst nicht erkennt und ohnehin übermorgen untergeht, wie einige tatsächlich glaubten.

Was zu erwarten, aber doch nicht absolut sicher war in der Zeit des Kalten Krieges: nicht die Welt ging unter, *ihre* Welt ging unter. Einer um den andern verschwand im Laufe der Jahre aus dem Bild der Altstadt. Man sah sie noch einmal einsam durch die Gassen schwanken, Geifer im Bart, Schorf an der Stirn – Skelette in Jeans, die mangels Hintern, da sie nichts mehr aßen, gleich in die Kniekehlen fielen …

Das war jeweils das sichere Ende. *Aber dem letzten Kapitel will kein Biograph zu viel Beachtung schenken, er stieße ja auf die Frage, ob ein Leben nicht richtigerweise vom furchtbaren Ende her beurteilt werden müsse. An der Frucht aber erkenne man den Baum, heißt es in der Bibel, und Früchte zeigen sich erst Ende Jahr. »Verarmt und einsam in … gestorben« oder »umnachtet«, was fast etwas Sanftes hat, heißt es oft, womit die letzten zehn Jahre der grausamsten Agonie und Panik ausgeblendet werden. Gelten soll ja das Werk, nicht der Preis, den es gekostet hat, den es Joseph Roth gekostet hat, der im Café Odeon am gleichen Tischchen schrieb, das auch mir das liebste war. Nietzsche, wie er mit irrem Blick im Garten der Villa Silberblick herumschreit … Jim Morrison, dessen Statue in der Totenstadt Père Lachaise noch immer von Fans umringt ist, die ihm Zigaretten zwischen die marmornen Lippen stecken, ihm, der zu Tode erschöpft im Gift zugrunde gegangen war … Man hält sich an ihre Werke. Geniekünstler sehen in guten Zeiten das am liebsten selber so; es dispensiert vom Abwaschen.*

Nur hatten unsere Geniekerle, von denen der eine oder andere Picasso noch persönlich gekannt haben wollte, das Pech, der neuen Zeit hinten ab zu rutschen wie die Mostbirnen in den Mosthäxler auf unserem Hof. Die Banken kauften längst Neon-Plastiken von Künstlern in Krawatte, die an der Vernissage nicht ohne weiteres von den anwesenden CEOs zu unterscheiden waren. In der Kunsthalle posierten vegetarische Androgynkünstler, die von ihren Federboas ausgerissene Federchen an die Decke bliesen, oder Performance-Künstler, die fit genug waren, kopfunter von der Decke hängend, Telefonbücher zu rezitieren. Alkoholisierte Herumschreier waren nicht mehr gefragt. Ein besoffener Künstler, der sich an einer Vernissage im Kunsthaus mit Reißnägeln den Satz: »Kunscht isch umsunscht« auf den nackten Rücken gepinnt hatte, wurde gegen seinen Willen in die Notaufnahme gebracht. Es war vorbei mit dem ehrlichen Handwerk wie mit dem Genietum alten Stils. Kunst durfte jetzt alles und definierte sich über den Preis, nicht länger über ästhetische Kriterien. Sammler ließen nun kaufen, was sie gar nie gesehen hatten, man sprach von Art-Banking. Auch der Kunstmarkt hob ab.

Nein, die Epigonen Picassos mit ihren Tauben und ihrem Vierundzwanzig-Stunden-Gekritzel auf jede Serviette und Kaffeetasse wollte nun wirklich niemand mehr sehen. Das Paris des Montparnasse, in das ich flüchtete – allerdings, um in andere Etablissements als Museen zu gehen –, war für den «Geist« an unserer Fassade bloß noch die Umsteigedestination für New York, wo ein leiser blonder Neurotiker Suppendosen aufeinander stellte und in seinen Interviews in den Nobelgalerien unserer Stadt, die er offenbar mochte, »I don't know« ins Mikrophon hauchte. Er sprach längst von Factory, nicht von Atelier. Montparnasse war in die Museumsshops abgerutscht.

Mehrere Imitatoren dieses Außerirdischen aus New York waren auch schon in unseren Gassen auszumachen. Oder sollte David Bowie gemeint sein? Jedenfalls, die Saufkünstler gingen, die Kokskünstler kamen, dazwischen pafften die Landesrocker aus dem spießigen Bern in unserer WG, kochten die Topless-Tänzerinnen der El Dorado Bar auf unserem zweiten Gasbrenner ihre karibischen Nationalgerichte. In unserer WG waren sie alle vertreten und gelitten, es war ein Kommen und Gehen. Und weil es niemand regulierte, es gar nicht gekonnt hätte, überlebte unser Fließgleichgewicht – wie ein bewegliches Floß in der Brandung – jede andere WG der ersten Stunde über Jahre.

Als dann die Razzia kam, waren zufällig alle auf der Gasse. Der Sack mit dem Gras im Küchenbuffett wollte sich niemandem zuordnen lassen. Danach war Ruhe, man hatte Schlimmeres erwartet. Gift war dann doch nicht das Hauptthema gewesen, war nie *mein* Hauptthema gewesen, es gab auch Balkone, die im Januar noch nicht abgeerntet waren.

Ich hatte, von einer Bauernfamilie kommend, die in meinen Kinderjahren noch von der Tradition früherer Jahrhunderte geprägt war, einen entschieden anderen Hintergrund als meine kiffenden WG-Genossen aus der Stadt. Meine Droge blieb der Rotwein, der Großvater selber kelterte noch in unserer Mostpresse. Hanf wurde in Badersdorf nicht gepafft, sondern zu Seilen verarbeitet und zu der Bettdecke mit der aufgestickten Jahreszahl 1803, die mich als einziges Familienstück durch alle Ortswechsel bis heute begleitete. Hanf, obwohl diese schöne Pflanze in allen Höhenlagen stets prächtig gedieh, hatte nie die Droge des Landes werden können, er gab nicht Kraft wie der Wein; Hanf versöhnt vorschnell, leistet der Resignation lustvollen Vorschub, und das konnte man sich nicht leisten. Man hielt sich an »10 Cent Stumpen« vom Bahnhofskiosk. Nur der Großbauer und der Baumeister rauchten »Laurent Orange«, die teuerste Marke, die zu haben war.

Generationen

Wie auch immer, der Ausbruch des Lebenswillens und des Leichtsinns um das »Globusprovisorium« jenseits der Brücke, das zumindest als Gebäude alles überdauern würde, war die Wendemarke. Fortan war man vor oder nach diesem heißen Samstag achtzehn geworden, man war noch von Baptisten oder aber schon von Anabaptisten getauft worden; für den Unterschied wurde man nicht mehr ersäuft, aber man konnte zumindest Ärger bekommen.

Denn der ältere Bruder war nicht bloß der ältere Bruder, der traditionsgemäß das Familienwappen hochzuhalten hatte; er konnte vor allem einfach nicht vom Virus betroffen worden sein, weil er zur fraglichen Zeit nicht im Herd der Infektion zugange gewesen war, hatte die Lustseuche nicht auflesen können im einschlägigen Etablissement, weil es noch nicht eröffnet war, war die entscheidenden Minuten nicht in den taufenden Wasserfontänen gestanden, die die aufgestochenen Polizeischläuche in den weißblauen Himmel getrieben hatten …

Sie waren gleichsam nicht zur Ader gelassen, unsere älteren Brüder, damit es ausfließen durfte, das Gift der protestantischen Kontrolle, das Gift der Klosterschulen, des Biedersinns der Nachkriegsjahre, des Zunftgeistes, des Lateinertums, der Dies Academicae, der neuen alt gewordenen Kirche nach Zwingli.

Mein Verleger war erst recht nicht von der Generation der Schlauchstecher und Pflastersteinwerfer, was ihn nicht hinderte, die feinsten Veränderungen des Zeitgeistes persönlich aufzuspüren und war es morgens um drei in einer der ersten WG's des Landes und um den Preis eines der Müdigkeit abgetrotzten nächsten Tages mit den Honoratioren der Stadt, wohl wieder eines der vielen Klassiker-Gedenktage wegen. Denn um meinetwillen war er denn doch nicht extra hergereist, da gab es gewichtigere Adressen in der Stadt, und Revolte sowie Nachtstadt hatte er auch in Frankfurt.

Männer seiner Generation, die den Sittenzerfall des Krieges miterlebt hatten, gingen, so schien es mir, sogar selbstverständlicher durch unsere exotischen Räume, als deren eigene »Söhne«, die vorwiegend bei uns auftauchten, um etwas aufzuschnaufen vor einem nächsten Tag im Korsett bürgerlicher Zwänge.

Ältere Frauen als unsere Achtzehn- bis Fünfundzwanzigjährigen hingegen mussten unser klebriges Chaos nicht haben, es sei denn aus Notgründen, tatsächlich eines günstigen Zimmers wegen, wie die Kiosk- und Exfrau des Bildenden Künstlers aus dem Tessin.

Mütter und ältere Schwestern waren kein Thema.

Aber ein Patriarch vom Schlage meines Verlegers konnte so schnell nichts erschrecken. Er hatte, jünger als ich noch, als ich in die Stadt kam, in zerbombten Frontstädten Chaos anderen Formats gesehen, hatte schon gesehen, wovon diese vorlauten verschonten Grünschnäbel in diesen WG's mangels Vorlagen nicht einmal zu träumen wagten. Nein, was er da vorfand in diesem besetzten Haus, das hatte es alles schon gegeben. Im Frühling 45 gab es schließlich nur besetzte Häuser, dagegen war diese WG in Zürich eine Villa zu nennen mit ihrem Kaltwasseranschluss und den Reservegasflaschen, elektrischem Licht, sogar funktionierendem Lift. Und was wussten diese langhaarigen Pimpfe schon von den wilden Nächten in abgedunkelten Frontstädten, wo keiner wusste, ob sie oder er anderntags noch leben würden! Das war ihm anzumerken, meinem Verlegervater mit flatternder Krawatte neben mir im offenen Army-Jeep mit dem weißen Stern des vormaligen Gegners auf der Kühlerhaube, wenn wir durch die nächtliche, in vielerlei Hinsicht verschonte Stadt bretterten – seine konkreten Fragen ließen keinen Zweifel daran. Er hatte – bei weitem, wie gesagt, noch jünger seinerzeit als dieser langhaarige Schweizer Dichter am Steuer – gezwungenermaßen in offenen Kübelwagen gesessen, hatte, vor russischen Panzern fliehend, im Schwarzen Meer um sein Leben schwimmen müssen, hatte im griechischen Morgenlicht alliierte Kampfgeschwader über antiken Landschaften geschaut – und seinem Überleben nicht mehr noch als eine halbe Stunde gegeben. Die Abwesenheit Godots hatte er nicht erst bei seinem Freund Becket zu Paris nachlesen müssen. Was diese Sprayer in dieser seit Napoleon verschonten Stadt an die bürgerlichen Fassaden sprayten, war wohl einmal wieder neu formuliert, aber keineswegs das ganz Neue. Neu war allein die Spraydose, eine technische Erfindung mehr, die automatisch ein neues Kunstfenster eröffnete. Aber schon zu Goethes Zeiten, wusste er wohl, schrieb ein Wanderpoet, waghalsig mit Farbkübel am Seil baumelnd, Sätze an Felswände dem Rhein zu, damit man aufmerkte – also auch das nichts Neues.

Nein, er brauchte es nicht aufzutischen, was er erlebt hatte und wusste. Er war höflich, korrekt beflissen im Umgang, vor allem mit Frauen, auch unseren blutjungen, die er »Damen« nannte; das war mir wohl etwas fremd, aber nicht weiter störend. Waren Väter eben Väter – ich hatte ja meinen Vater gesehen im Bahnhof, und was suchte *er* wohl da – und sie hatten ja ihrerseits schließlich keine Ahnung, dass das, was sie doch endlich wollten von unseren »Damen«, die nicht einmal wussten, was ein Verleger war … dass das, was Männer eben wollen, tatsächlich auch ohne dämliche Umschweife zu haben war.

Unsere »Damen« ließen es gerne geschehen, hatte doch zur Abwechslung einmal einer Manieren …

Geblieben war er jedoch nicht. Noch morgens um vier, als das Gespräch endgültig versandete, zog er – Frauen hin oder her – die Schuhe wieder an und ging die zweihundert Meter an der frischen Luft zu seinem Hotel am Fluss, nachdem ich mich versichert hatte, dass ihn unser lebensgefährlicher Scherenlift tatsächlich in den untersten Stock gebracht hatte.

*

Einmal erzählte er einen Abend lang bei Geschnetzeltem mit Rösti in der sündhaft teuren Kronenhalle von jener Verschleppung als Neunzehnjähriger ins Kriegsgeschehen in den Balkan, von den unglaublichen Zufällen seines Überlebens auf offenem Meer, von seiner Rückkehr durch ein zerstörtes Europa, von den schwierigen Umständen seines nachgeholten Studiums, von seinen Anfängen bei seinem Verlegervater in Frankfurt, der bald verstarb und den er zeitlebens verehrte, ihm seinen eigenen Namen unterordnete, wenn auch das Verlagswerk schon längst das seine war. Dieser Mann wusste offenbar um die Ordnung des Gelingens, die ein anderer »Ordnung der Liebe« nannte – Liebe und Treue noch mehr zu seinen Autoren als zu ihren Produkten, das war offensichtlich.

Schreiben

Nicht auch eine Spur eines Anmahnens, als ich dann kein zweites und drittes Buch nachschob, die angefangenen Manuskripte in der Schublade beließ, die Tagebücher und Hefte mit den Reflexionen darüber, was das Phänomen Stadt sei – vor dem ich weiterhin begeistert und staunend stand – in einem Koffer dahindämmern ließ, ja den Kontakt zu ihm einschlafen ließ und es achtundzwanzig Jahre wurden, bis er schwerkrank auf dem Sterbebett noch einmal von mir hören sollte.

Ich wandte mich den Liedern und der Musik zu, vielmehr dem dadaistischen Rock Cabaret und den nächtlichen Klebezeitungen mit Stadtindianer-Signet. Hier blies für mich der neue Wind. Und vor allem galt es, mit Unterrichten endlich Geld zu verdienen. Von den Produkten meiner kreativen Leidenschaften wäre ja nie zu leben gewesen. Was die Literatur des Frankfurter Ernstes anging, verschloss mir ganz einfach auch der Umstand den Mund, dass ich noch gar nichts wirklich zu schreiben wusste. Wenn eine Jungfrau zu einem ersten Kind kommt, was keine Kunst ist, weiß sie noch lange nichts von der Welt, im Gegenteil. Ein Plakat zur Frankfurter Buchmesse zeigte mein Portrait unten rechts als jüngstes Mitglied neben den fünfzig gewichtigsten Schriftstellern und Philosophen des Verlagshauses, wenn nicht des Jahrhunderts – was sollte *ich* da, womit hatte ich das verdient? Ich hatte doch nur schlafwandelnd im Traum Gedichte geschrieben, und als ich aufwachte, wusste ich nicht, wie man das tat. Und bloß erfinden, weil das berüchtigte leere Blatt Papier drängte, mochte ich nicht. Dafür war mir der Tag zu schade, dafür waren die Verlockungen um meine Schreibmaschine herum zu deftig. Und ich habe es nie bereut, diesen Versuchungen erlegen zu sein.

Wäre noch geblieben, über das Schreiben selber zu schreiben, über Schreibhemmungen und das Verhältnis des Deutschschweizers mit seinem Dialekt zu der Hochsprache, die man in der Schule lernt, als wäre es eine Fremdsprache – oder darüber zu schreiben, ob es eine Schweizerliteratur überhaupt gab.

Es wäre einmal mehr zu schreiben gewesen über den Vorteil der Distanz des Schweizer Schriftstellers zur Schriftsprache und über den Vorteil, Sprache als Material wie jedes andere aufzufassen, das erst zu beschaffen war. Es wäre auch über den Umstand zu schreiben gewesen, warum es – verglichen mit dem Mutter- oder Vaterland der Deutschen Sprache – pro Kopf der Bevölkerung so viel mehr Schweizer Schriftsteller gab als deutsche in Deutschland. Am einfachsten wäre es gewesen, über die Funktion der Kunst in der sozialistischen Gesellschaft oder vielmehr auf dem Weg zu ihr zu schreiben, in einer Zeit, wo Engagement deutlich vor Qualität ging ... Aber alles war schon geschrieben, war alles durchaus zutreffend, aber all diese Seiten waren mir Kinder der Schreibhemmung, letztlich der Hemmung des Schweizers, so vorbehaltlos zu leben, dass darüber zu schreiben dereinst gar keine Frage wäre, vielmehr nur eine Frage der günstigen Umstände. Schreiben übers Schreiben oder bloß hundert Seiten, der Schreibhemmung in zehn Jahren abgerungen, als ob wenig schon gut und alles wäre – das schien mir vornehmlich auf dem Land geboren, im Kleinräumigen, dort, wo die Hemmung schlechthin zuhause war. Städter hatten mir loszulegen, wie Jack Kerouac »On the Road«, wie Charles Bukowski im Suff, oder es zu lassen. Ich wollte nicht davon lesen und schreiben, daheim zu bleiben, auf dem Land zu bleiben, ich wollte nicht davon hören, im

Kleinsträumigen, dem Dorf, die ganze Welt zu entdecken – was zweifellos zu loben war – , aber es war noch zu früh, ich war ja noch gar nicht wirklich fort gewesen. Alles in allem reizte es mich wenig, mich auch noch in dieses, mir dürr erscheinende Bleistiftgebiet zu quälen; Kunst kam doch immerhin von Künden. Schreiben hieß doch immerhin Mitteilen, man musste etwas zu sagen haben, das Mittel selbst, die Sprache, durfte doch nicht die Hauptsache sein. »L'art pour l'art« lag mir schräg in der Zeit und meinen Umständen. Schreiben über das Schreiben – mangels Erfahrung von Welt – durfte nicht wirklich gelten. Oder umgekehrt: Ich verspürte als Leser wenig Lust, bei andern über diese Dinge zu erfahren. Meinen bevorzugten Autoren wollte ich Welt anmerken, Erfahrung, Fluss, Überfluss, Stadt, nicht Hemmung. Ich glaubte zu wissen, warum Schweizer Schriftsteller vornehmlich über das Schreiben schrieben. Es war die gleiche Ursache, die jedem die Luft nahm in diesem Land, die gleiche Ursache unserer wilden linken Rundumschläge. Ich wollte lieber enthemmt anonym sprayen, schreiben, drucken, als an der Schreibmaschine zu verzweifeln. Und es war ja nicht weiter schlimm, auf Literatur zu verzichten, wo doch endlich rundum die bunte Post abging auf allen Gebieten.

Mein Verleger sah mich stets als Dichter mit Klampfe, eine Art westlicher Biermann, wenn auch indirekter, als linker Heine mit Männerchor vielleicht. Das war ihm nicht anzukreiden. So war ich auch tatsächlich durch die Kleintheaterszene des Landes getourt, als er in meinem jungen Leben aufgetaucht war wie ein unerwarteter Komet am Himmel.

Doch auch nicht unvermittelt.

Ohne Mentoren kann nichts werden. Selbst Genies fallen nie vom Himmel, sie wachsen in gewöhnlicher Erde. Man braucht stets Vermittler und Förderer. Auch sie haben einst Förderung erfahren, und es ist nun ihre vornehmste Aufgabe, selber Hand zu bieten. Wer es nicht tut, tut sich nichts Gutes, und wer es tut, hat den innigsten Dank verdient, und man kann diesen Dienst nur abgelten, indem man dereinst die gleiche Rolle einnimmt.

Ein um dreizehn Jahre älterer erfolgreicher Schriftsteller und ETH-Professor, der in meinem Leben in vielerlei Hinsicht noch mehrmals das Zünglein an der Waage spielen sollte, ebnete den Weg. Eine ganze Reihe bald anerkannter Schriftsteller des Landes hatten ihm diesen Dienst zu verdanken. Kaum vorstellbar, dass er selber so viel Förderung bekam, wie er weitergab. Über die Jahre wurden wir beste Freunde – *soweit ein Jüngerer und Schüler naturgemäß jemals ganz und gar der Freund eines Älteren, der wie ein Vater ist, werden kann.*

Allerdings wollte ich mein bisschen Eigenes und Authentisches selber erfunden haben und meinte, in einer deutschen Literaturszene mit meinen Mundartgedichten und Liedern nicht all zu viel verloren zu haben. Sie fanden uns

Alpenländler in Frankfurt putzig und deckten uns aufgrund unseres eingefärbten Hochdeutschs, das sie bereits für Dialekt hielten, mit vorauseilender Sympathie ein; dies konnte einen Schweizer durchaus in Verführung bringen, »dieses abgehackte Singsanggemisch« – wie es einer durchaus nicht unfreundlich bezeichnete –, instinktsicher zu akzentuieren, um an den Fleischtöpfen und in den Katalogen zu bleiben. Heidi in Frankfurt … Sie glaubten, mich sympathisch finden zu müssen, ohne ein einziges meiner Gedichte gelesen zu haben – eine gefährliche Falle. Die gut gemeinte Umarmung meines Verlegers, der Schweizer offenbar besonders mochte, war mir zu unheimlich, das Angebot, mit Gedichtband und Gitarre auf Literaturschiffen zur Buchmesse rheinauf, rheinab zu lesen und zu klampfen zu peinlich, als dass ich hätte einschlagen mögen.

Ich lehnte weitere Förderung umgehend ab mit einem übervollen Teller vom Buffet in der Hand – neben dem gewichtigsten deutschen Literaturkritiker und späterem Fernsehstar sowie der Pressechefin des Verlags. Beide schrieben mein locker Hingesagtes Nein dem Alkohol zu, der durch die Literaturszene jedenfalls jener Zeit kräftig floss. Was wollte der denn überhaupt hier, wenn er doch nicht wollte! Damit hatten sie völlig recht. Aber die exquisite Küche gesehen zu haben, genügte mir, um zu merken, dass ich mir nichts Gutes tat, da mitzutun, ohne mir und ihnen künftigen Schaden zuzufügen. Das war eine Nummer zu groß. Es wäre einem Teufelspakt gleichgekommen, Förderung anzunehmen, mich im Wissen um die Überschätzung meines Könnens in Literaturvereine und Clubs einzuschreiben ...

Dabei merkte ich wohl, dass meine Gedichte, ob hochdeutsch oder in Mundart, andere irgendwie berührten und ergriffen – und eines hatte gar den Weg ins kantonale Schulbuch gefunden –, aber ich wusste nicht, was es wirklich war, das sie ergriff und nun auch die Schüler ergreifen sollte, die ich mit ebendiesem Buch in Deutsch zu unterrichten hatte.

Bezeichnenderweise war ich in keinem Fach unsicherer als in Deutsch. Aufsätze zu korrigieren, konnte ich nur mit einer Flasche Rotwein verantworten, hätte ich doch am liebsten alles gelten lassen, schließlich war jeder Schüler gerade mit seinen sogenannten Fehlern am meisten originell und präsent. Bei allem, was ich mit den Schülern tat und erlebte, begriff ich jedenfalls: Mein Leben war durch die Stadt in kurzer Zeit so reich geworden, dass ich nicht meine Seele zu verkaufen brauchte, um noch etwas mehr dazuzugewinnen.

Wäre ich auf dem Land geblieben, wäre mir wohl Schreiben zu diesem Kosmos geworden.

All diese Jahre waren nicht nur durch Hoffnung geprägt, ich war zufällig selber eine geworden. Doch wie auch immer – es blieb dabei. Es war nicht Mut oder Coolness gewesen, das literarische Angebot des Jahres abzulehnen. Was man Seele nennen kann – *nicht mehr und nicht weniger als die zweifellos vorhandene Instanz in jedem, die stets weiß, wo man altershalber stehen, was man tun und lassen sollte* –, war so deutlich dagegen, dass ich mit meinem Nein nicht eine Sekunde zu zögern brauchte. Danach schlief ich prächtig im Nobelzimmer der obersten Etage meines ersten Luxushotels mit Blick über das nächtliche Frankfurt, nachdem ich noch durch die einschlägigen Lokale getingelt war – endlich allein, endlich an der Luft, endlich auf der Straße, den Kragen hochgestellt im Nieselregen, endlich mit Kneipenvolk um mich, deren Sprache ich sprach, wenn es auch nicht mein Idiom war, und wo niemand erwartete, dass man redete, womöglich noch Gewichtiges.

Und es wäre nicht ausgeschlossen gewesen, *ihn* anzutreffen im Nieselregen in der Frankfurter Innenstadt, brüsk die Taxifahrt nach Hause abbrechend, den Kragen hochgestellt, gleichfalls endlich an der frischen Luft, wo der Geist, wie ich von ihm wusste, nicht minder wehte als am kalten Buffet seiner vielen literarischen Veranstaltungen, die er mit Meisterschaft zu inszenieren wusste.

Riss

Fortan, nach jenem schwülen Samstag im Sommer 68, gab es entweder vom Zeitgeist Getaufte oder nicht Getaufte, gab es noch Eingeschwenkte ins »ancien régime« oder die »Neuen«, gab es Eingeschwenkte in die Offizierslaufbahn oder aber Verweigerer jeglichen Dienstes an der Gesellschaft. Jedenfalls sah es für uns so aus. Fortan gab es entweder von den Rolling Stones in den Bauch Getroffene oder aber im Ledersessel vor dem Radio Bruckner Nachdirigierende. Fortan gab es entweder die Schweizerfahne Hissende oder zumindest Duldende oder aber sie als Fußmatte Verwendende, gab es noch zu Stehpartys mit Small Talk Einladende oder aber auf dem Bettrand zu einer frischen Ladung Red Libanon Verführende. Man wusste mit dem Trambillet einen Filter für einen Joint zu rollen oder nicht, konnte sich blind und selbst die Schlinge einer bürgerlichen Krawatte um den Hals legen oder nicht – vielmehr wollte ich es trotz Rekrutenschule, wo man den offiziellen Knoten abends vor dem Ausgang in drei Sekunden spielend fertiggebracht hatte, gründlich vergessen haben. Vorbei jedenfalls die gemeinsamen Abende vor dem Fernseher, Programme hatten fortan Bekenner und Verhöhner.

Manchmal gibt es ein subtiles Davor und Danach, das alles entscheidet, ob im Privaten oder Öffentlichen. Revolten sind stets gedrängte Jahre, Verdichtung von Zeit. Unruhe – nicht Ruhe – prägt sich ein und setzt Marksteine ins Gedächtnis.

Das Jahr 68 setzte jedenfalls ein subtiles Davor und Danach in die Geschichte der Stadt, es war das Anti-Jahr gegen alle bürgerlichen Schlingen – und ein feiner Riss zog sich alsbald auch durch die Kleiderordnung meiner Genossen, selbst später in höchsten Parlamenten: Die einen trugen Krawatten, die andern mochten die permanente

Erinnerung von Anpassungsdruck nicht mehr am eigenen Hals haben – was allerdings noch nichts heißen wollte über die Effizienz ihrer fortschrittlichen Gesinnung. Sie hätten wohl selber nicht geglaubt, dass sie dereinst als Vertreter der Sozialdemokratischen Fraktion – in die fast alle linken Splittergruppen allmählich einmündeten – zu den im Durchschnitt bestverdienenden Parlamentariern gehören würden …

Der haarscharfe Riss trennte nicht nur Generationen und Kleiderschränke, er trennte auch die eigene Biographie entschieden in zwei Teile. War ich bei der Rekrutenprüfung vor dem entscheidenden Sommer noch mit ganzem Einsatz gerannt und hochgesprungen, als ginge es ums Leben und nicht ums Sterben, so rückte ich, zusammen mit einem jungen Tankstellenwart aus dem Kanton Aargau, ein Jahr später mit schulterlangen Haaren und Peace-Zeichen auf der Stirn zum langen Marsch durch die Institutionen in die Kaserne ein, wo der eigene Bruder als Oberleutnant bereits seine eigene Kompanie führte. Umgehend zum Coiffeur geschickt, ließen wir uns die Haare zu einer Kugel toupieren, wie Angela Davis sie aus natürlichen Gründen trug – und selbstverständlich traten wir zur Gaudi des ganzen Dorfes in den Damen-, statt den Herrensalon ein. Nach zehn Tagen scharfen Arrests wurden wir nach Hause geschickt, um ein halbes Jahr später ein zweites Mal aufgeboten zu werden.

Mein junger Freund aus dem Aargau kannte wohl Angela Davis und die Tricks, Motoren zu frisieren, wusste aber nicht, was politisch mit Rechts und Links gemeint war, obwohl er lieber Arrest riskierte, als sich von »den steifen Hüten«, wie er militärische Vorgesetzte nannte, den Mund verbieten zu lassen. So war die Zeit. Ich hatte im Arrest eine Woche Gelegenheit, ihm politische Feinheiten aus meiner halbdunklen Zelle hinüberzurufen, mit einer Hand die Uniformhose haltend, weil man uns aus möglicher Suizidgefährdung die Gürtel und Schuhbändel abgenommen hatte. Aber uns solcherweise aus dem Verkehr zu ziehen, daran dachten wir zuallerletzt – ganz im Gegenteil, wir fühlten uns lebendiger denn je!

Mein Freund aus dem Kanton Aargau hingegen brachte mir, in meine Zelle hinüberrufend, sämtliche Strophen eines Berner Liedermachers bei, den ich unbedingt kennen lernen müsse und der mich an Georges Brassens erinnerte. Was die in Paris und Bern konnten, musste ich mit etwas Sprach- und Musiktalent doch auch in meinem Kantonsdialekt zustande bringen, dachte ich. Soviel geschickt verknappenden Sprachgebrauch hatte ich mir dann doch immerhin angeeignet. Das Liedermachen, wie man sagte, schlug mich mehr und mehr in seinen Bann, da war ich mir sicherer als auf dem Hochseil der sogenannten ernsten Literatur.

Summer of love

Rückwärts gesehen, hatte es nicht anders kommen können. In San Francisco war der »summer of love« vorangegangen, in meiner Stadt das Rolling-Stones-Konzert mit seinem Dutzend zertrümmerter Stühle. Was sich bereits manifestiert hatte, lag allerorten in der Luft. Und schon bald würde man von Paris die Bilder des Aufruhrs sehen. Aber Paris lag fern. Die Wasser der deutschsprachigen Schweiz flossen in die andere Richtung. In vielerlei Hinsicht. Auch wenn es nur sechs Stunden Zugfahrt bedeutete, nach Paris zu kommen. Der viel zitierte »Röstigraben«, die Kulturscheide und zugleich Wasserscheide zwischen französischer und deutscher Schweiz, war noch tatsächlich ein Graben. Die Schwestern und Freundinnen, zurück vom obligaten »Welschlandjahr« jenseits des Grabens, erzählten wenig Gutes. Man werde ausgenützt »da unten«, hiess es. Man schätze vor allem in Frankreich arbeitsame, naive Schweizermädchen. Wir misstrauten dem welschen Charme in gleichem Maße, wie wir uns von ihm angezogen fühlten. Das französische Chanson feierte seine Hochblüte.

Wie auch immer, die Revolte brach an allen Orten nach je eigener Notwendigkeit aus. Und Frankreich war das ganz Andere. Die Studenten der Sorbonne stießen sich an einem Ancien Régime der aristokratischen Art, das es Frauen zum Beispiel noch immer verbot, eine Arbeit anzunehmen, ohne ihren Ehemann gnädigst um eine Unterschrift gebeten zu haben! Und das wollte das Land der Freiheit sein! Der Ausbruch der Gewalt im Quartier Latin mochte zwar dieselbe dialektische Richtigkeit haben, war aber im Ganzen intellektueller angelegt, sicher jedoch mit größerer Gestik verbunden.

Und Berkeley war noch weiter weg, erst recht Tokio mit seinen samuraiartigen Widerstandsformen gegen Flugplätze und andere Bauvorhaben. Von der Forderung nach Jugendhäusern war rundum wenig zu hören – und wenn, dann aus dem pragmatischen Amsterdam und dem freundlichen Kopenhagen. In Frankreich und Deutschland ging es von Anfang an einmal mehr um größere Modelle, brannte weniger der Bau als der »Überbau«. Und es gab den Marsch der Schwarzen auf Washington – Minderheiten hatten in unseren Augen immer recht –, und es gab den Prager Frühling, wieder aus anderen Gründen. Aber gleichviel – *Auslöser und Schub dahinter haben nicht notwendig miteinander zu tun, dem Überlaufen des Fasses ist es egal, was da am Schluss noch hineingefallen ist.*

Ein laut ausgesprochenes »So nicht!« genügte vorerst und war der größte gemeinsame Nenner, der alle vereinte. Konnte man angesichts des nackten verbrannten Mädchens am Strande Vietnams noch ruhig schlafen, egal wo, und zwar Christen wie Kommunisten? Und angesichts des verblutenden Studenten in Berlin, der Ohnesorg hieß, niedergestreckt von Polizisten, die noch den preußischen, der Pickelhaube nachempfundenen Helm trugen, den die Nazis beim Abholen der Juden getragen hatten, bei der Verhaftung der Geschwister Scholl im Lichthof der Münchner Uni … während der von sozialdemokratischen Würdenträgern hofierte Schah von Persien geruhte, die Berliner Oper zu besuchen, und der stramme ehemalige ss-Offizier Hanns Martin Schleyer wie Hunderte anderer Nazis auch, nahtlos ihre neuen Karrieren fortsetzten, sogar in den Karnevalspräsidien am schönen Rhein?

Mussten sich denn nicht auch in der Schweiz ehemalige Kommunisten und Spanienkämpfer in parlamentarischer Funktion stereotyp ihre rote Vergangenheit vorwerfen lassen, während die völkische Vergangenheit ihrer christlichen Opponenten offenbar kein Thema war?

Und wo hatte die Kirche damals gestanden, Pius xii.? War vor allem die katholische Kirche nicht mit schöner Regelmäßigkeit immer schon mit den jeweils Größten und Mächtigsten im Bunde und fand sofort geeignete Neuinterpretationen des Dogmas gegenüber der gerade herrschenden politischen Ideologie, während sie gegenüber sozialen und demokratischen Anliegen in Jahrhunderten dachte? Mussten simpelste Menschenrechte, die jeder Priester selbstverständlich für sich in Anspruch nimmt, nicht stets von Weltlichen unter Einsatz ihres Lebens *gegen* die Kirche erst erfochten werden? Hatten Kirchen nicht weltweit stets die Rechtssprechung verschärft, Rache statt Ausgleich gewollt? Und bestimmte dieses Rachedenken – nach all den Jahrhunderten der Blindheit – nicht noch immer das Rechtsdenken? Wurde das letzte Todesurteil im Lande in einem katholischen oder protestantischen Kanton vollzogen? Sahen wir nicht stets Bischöfe hinter Generälen und Diktatoren auf Tribünen der Macht stehen, hinter aufgeblasenen Popanzen mit verspiegelten Sonnenbrillen, wie diesem Pinochet, diesem Stroessner, diesem morbiden Franco? Und hatte nicht jener Pius XII. dem Führer Adolf Hitler über die Alpen zugerufen, er wünsche ihm nichts Sehnlicheres als den Sieg!? Hatte der Vatikan nicht alles daran gesetzt, die schlimmsten NS-Verbrecher mit gefälschten Papieren nach Südamerika zu schleusen, nur dass sie weiterhin im Kampf gegen die gottlosen Bolschewisten zur Verfügung standen? Nannte ein deutscher Kardinal die Napalm werfenden amerikanischen Truppen in Vietnam nicht »Soldaten Christi«?

Ich konnte mich in Rage reden. Meine lieben Genossen schienen sich über die Kirchenfrage hingegen nicht sonderlich aufzuregen, das würde im großen Aufwisch ohnehin geregelt werden, die mafiose Vatikanbank ins Volkseigentum zurückfallen. Was hatte dieser Bänkelsänger und Religionslehrer nur stets mit diesen Pfaffen ... War dem politisch überhaupt zu trauen? War er nicht selber ein Pfaffe?

*

Sie hatten recht. Der Pfaffe in mir war nicht zu übersehen, und ich hatte meine Zweifel, dass sich soziale Systeme von heute auf morgen ändern, da auch Menschen sich von heute auf morgen nicht ändern. Pfaffe hin oder her, ich hatte jedenfalls meine Zweifel, ob der Geist, der stets am Anfang wirkt – ob nun im Herrschergewand des kirchlichen Dogmas oder wie auch immer –, sich mit neuen sozialistischen Verhältnissen so ohne weiteres auflösen und einem platten Materialismus Platz machen würde. Oder nicht viel eher umgekehrt, wie die Geschichte bewies: Denn hätte damals einer prophezeit, dass einmal im Kreml wieder Messen gelesen würden, er wäre für verrückt erklärt worden. Der Geist wirkte offenbar nicht nur im Anfang, er wirkte von Anfang an und bis zum Ende.

Man ließ mir die Marotte mit der Religion, es gab schließlich auch die Befreiungstheologen in Südamerika, die sich auf die Seite der Entrechteten stellten, wenn sie auch die Nabelschnur zum Vatikan nie definitiv durchtrennen mochten und auf dem Flugplatz sogleich in die Knie fielen, kam hoher Besuch aus Rom angeflogen. Wem einmal Hierarchie ins Gehirn gehämmert wurde, dem war eben nicht mehr zu trauen.

Aber immerhin – auch an dieser Baustelle werkelte nun einer der Genossen, wenngleich auf einsamer Flur. Man ließ mir das Thema. Mein Kirchenaustritt mit achtzehn genügte ihnen. Die Kirche jedoch würde noch nach Jahrzehnten nicht aus mir ausgetreten sein.

Paris

Erst einmal aber zog es mich »hinaus«, weg von dem, was täglich um mich war, es musste jetzt ein exotisches Pflaster sein, auf dem ich Neues erfahren, dem eigenen Mist entkommen konnte. Der Traum hatte einen Namen: Paris. Die wirklich »große Stadt«.

Paris, das hieß an diesem Morgen für mich: um sieben im Hauptbahnhof einsteigen – in letzter Sekunde mit einem überheißen Becher Kaffee, eingeklemmt zwischen Ärmel und Brust; Gipfel, Billet, eingewechselte Francs, eingeklemmt zwischen den Fingern der rechten Hand – und nach ein wenig Nachschlafen ab Brugg dann zum Mittagessen in die Rue St. Denis, vom Gare de l'Est im Handumdrehen zu erreichen. Paris war: Tapetenwechsel, erstbestes Ausschnaufen.

Die unverbauten Weiten Frankreichs, hinter denen dieses Paris lag, waren schon beim Abfahren des Zuges versprochen. Es ging nicht wie am Gotthard um die Kirche von Wassen endlos im Kreis herum erst hinauf und auf der Südseite, nicht enden wollend, im Kreis herum wieder hinab, als wollte man uns zurückhalten in diesem Land, an diesem katholischen Massiv, *dessen Name schon eine einzige Blockade ist und dessen Dörfer an der Bahnstrecke von Flüelen bis Bellinzona wir in der Schulbank in exakter Rei-*

henfolge auswendig lernen mussten, als hinge unser Heimatrecht davon ab …

Der Zug nach Paris fuhr aus dem Hauptbahnhof hinaus nur immer geradeaus, bald von hellen Jurafelsen gesäumt, die bereits der anderen Seite zuzurechnen waren, dann, nach Basel an Geschwindigkeit zulegend, entschlossen auf das Zentrum dieses, wie es schien, menschenleeren Landes zu. Vom Zugfenster aus war jedenfalls kein Mensch auszumachen – ausgenommen einige Zugestiegene, die sofort miteinander zu parlieren begannen, in einer Geschwindigkeit und Ausdauer, die einem Schweizer nur ein Rätsel sein konnte.

Bestenfalls ein paar Traktoren sah man in der Ferne tuckern, ein paar Renaults und Wellblech-Citroens auf fernen Landstraßen ließen vermuten, dass darin Franzosen saßen. Meistens regnete es.

Dann die ersten Ansagen: Nous arrivons à Mulhouse, nous arrivons à Belfort, Medamesemessieux, quelques minutes d' arrêt à Vesoul, dazu ein Gong, der mit der Schweizerischen Bundesbahn, saß man auch in deren Wagen, in keiner Weise zusammen zu denken war. Unser Rollmaterial, wie es hieß, war gleichsam auch auf Auslandtour. Es stiegen Franzosen selbstverständlich in unsere Wagen mit dem Schweizerkreuz ein und machten frech Reservationen geltend, wollten die Abfallbehälter nicht finden, die doch extra in jedem Abteil angebracht waren, taten, als wären es ihre Wagen, als wüssten sie, was in der Schweiz mit den drei Buchstaben SBB sonst noch alles zusammenhing.

Und wieder Felder, Autofriedhöfe, Barrieren, Bahnhäuschen aus Backsteinen – hinter Holunderbüschen und Hühnerhöfen kaum zu erkennen – wieder stehende Wasser in Stoppelfeldern, ja ganze Seen, was hier nichts auszumachen schien, dann wieder Hecken, soweit das Auge reichte, Pappelreihen bis zum Horizont, ab und zu ein Schlösschen der ärmeren Art, selten ein Dorf und wieder Felder, von einer Größe, die sich Vater nur hätte träumen können, wenn er auch noch von Feldern geträumt hätte, was nicht anzunehmen war.

*

Wie hatte man uns angesichts dieser Öffnungen ins Weite einreden können, die europäischen Mächte aller Zeiten hätten nichts anderes vorgehabt, als sich die fünfzehn brauchbaren Kuhwiesen des schweizerischen Alpenmassivs unter den Nagel zu reißen – und es habe allein am Heldentum der alten Eidgenossen gelegen, dass dies nicht geschah!

*

Die Landschaften hatten Zeit. Landschaften sind stets sichere Werte. Aber ich kam aus einem sicheren Land, ich war auf Unsicherheiten aus. Abenteuer waren in dieser kultivierten Weite nicht zu erwarten. Das Land um Paris herum würde später abzuhaken sein, die sagenhaften Loire-Schlösser, die Bretagne, alles aus Fotobänden schon bekannt – denn wo sollten da Französinnen zu finden sein? Sie waren in genügender Zahl wohl bloß in Paris zu vermuten, und man hörte ja allerhand …

Paris musste das Ventil Frankreichs sein, hier musste notwendigerweise ausbrechen, was sich angestaut hatte, und Frankreich machte einen verschwenderischen Eindruck. Paris aber war vor allem *mein* Ventil. Und mit dem Ruck des Anfahrens war es augenblicklich geschehen, würde ich vorderhand nicht mehr zurück zu zerren sein. Paris hieß: adieu WG, adieu Flugblätter Drucken, adieu ihr strengen Genossen, die ihr handkehrum eure Büros eröffnen werdet auf dem Buckel des ewigen Proletariats, eure Verklemmtheit zu Thesen verdichten werdet, eure Lebensfeindlichkeit zur Tugend machen werdet, wie der unselige Robespierre zu Paris. Adieu ihr alle, adieu Gezerre, adieu »du bist etwas oft weg, wenn wir doch wichtige Sitzungen haben, was suchst du eigentlich in Paris!«

Ja, ich bin etwas oft weg, bin in Paris, *dort, wo man erst einmal streikt und dann nachdenkt, wobei man in England nur streikt und in Deutschland nur nachdenkt und in der Schweiz nicht einmal darüber nachdenkt, geschweige auf dem Land.*

Umso mehr: adieu, ihr lieben Genossen!

Schlagartig brandete, als ich, den olivgrünen Seesack über der Schulter, aus dem Gare de l'Est trat, Lärm auf, nagelten die Dieselmotoren der Taxis, rumpelte die Métro aus Gitterschächten herauf, lockten die Marktschreier hinter den Gemüse- und Fischständen, in deren Auslagen es noch zuckte, Hummer mit ihren Fühlern nach Gewohntem tasteten, dem großen Meer. Umgehend stellte der Schweizer fest, dass er gerade in einem Land angekommen war, das seine Vielfalt vor jedem Haus bereithielt, fragte sich, was noch alles an Exotischem hinter den dunklen Eingängen und Passagen zu finden war.

Die nach Paris abgewanderten Künstler hatten recht: Hier tauchte man ein in einen Spielgrund ungeahnter Möglichkeiten, hier erst konnte man atmen …

Paris hieß abtauchen, hieß inkognito. Keine Frage, dass ich alleine reiste. Überall gibt's Menschen – war *meine* gerne geäußerte These. Die abgerissenen Hotelzimmerchen – nur über steile Treppen zu erreichen – waren meine Klosterzellen, mein Rückzug von der städtischen Überreizung, erst Recht der stets fordernden, nervösen, erotisierenden Großstadt Paris vor dem Fenster, die ich tagelang durchstreifen sollte.

Aber als erstes war die nikotinvergilbte Tüllgardine zur Seite zu schieben, um dann den siebenmal weiß überstrichenen klobigen Fensterrahmen hochzuschieben, der, so wie er war, eben französisch, niemals satt schließen konnte, durch den es somit winters nasskalt zog, dass sich sogar die schweren wollenen, meist dunkelroten Vorhänge bauschten, die etwas Luxus vortäuschen sollten. Von den Zimmern und Hotels dieser Art gab es wohl zehntausende. Auch auf den Ruß auf der cremeweißen Fensterbank war Verlass, auf die geblümten Tapeten, die genieteten grauen Blechdächer gegenüber, den engen Lift ebenfalls, in dem man den Koffer hochstellen musste, um Platz zu haben …

Paris war gewissermaßen die Abwesenheit von »heimelig«. Paris war Abwesenheit von Holz (wenn, waren rohe Holzplatten brutal überstrichen), Paris war Kalk und Regen, bei Sonne gleich grell. Im grauen Winter nicht zu überstehen ohne Bistros, durch die es aber nicht weniger zog als in den Wohnungen und Hotelzimmerchen. Die Pariser schienen es hinzunehmen, zündeten eine Kippe an der andern an, redeten beim Mittagessen schon – nie ohne mehrere Gläser Wein – vom anstehenden Abendessen, vergaßen dadurch die nasse Kälte, den Wind …

Essen hatte in Paris eindeutig den Vorrang vor allem – auch vor Politik. Die Revolution schien hier nicht wie in Deutschland auf der Straße oder auch in der Musik, sondern in der Brasserie stattzufinden. Am Ende der Gelage fassten die Kellner nur einfach die Papiertischdecken an beiden Enden und knüllten sie zu einem Packen zusammen, um gleich ein neues Papier hinzuwerfen. Aufzuessen, was auf den Tisch kam, schien hier niemanden gelehrt worden zu sein. Unglaubliche Mengen Brot neben Zigarettenkippen, unangetasteten Melonenschnitzen und bloß angebissenen Kuchenstücken wanderten in die Zerknüllung. Es war, als wäre Reden, Rauchen, Nippen und Essen ein und dasselbe, es war, als hätten diese Franzosen Fransen am Mund.

Pariser liebten es offenbar auch, auf diese Papiertischtücher zu schreiben und zu zeichnen, allenfalls ein Stück dann abzureißen und es, zusammen mit der unsterblichen Idee, in die Manteltasche zu stecken. Wunderbar: Hier stand einem nichts im Wege, umgehend und allerorten kreativ zu werden. Großartig: Mindestens zweimal täglich warfen einem Kellner Zeichen- und Schreibpapier vor die Nase, damit man seiner Bestimmung folgen konnte!

Und in den Cafés und Brasserien schien es auch eine Berufsgattung zu geben, die in der Heimat, zumindest in unserem deutschsprachigen Teil, nicht anzutreffen war: Den »Causeur«. Diese Tischphilosophen schienen ohne diese Unterlage aus Papier nicht leben zu können, aus wohl vielerlei Gründen. Sie wohnten ja vorwiegend in diesen Lokalen, wie gewisse Bibliothekengänger in meiner Heimatstadt mit der Zahnbürste in Bibliotheken hausten. Lebten diese aber im Schweigen, so zog es die Causeure offensichtlich ins lauteste Gebrabbel, es konnte umtriebig genug gar nicht sein. Sie waren allesamt unverstandene Philosophen und Schriftsteller – immer standen ihr neuer Roman, ihre Trilogie, ihre Essaysammlung kurz vor der Herausgabe, es fehlte nur noch der Verleger, was ja das

Wenigste war. Ihr Film musste nur noch gedreht werden, es saßen ja oft schon alle Darsteller am Tisch …

War nicht auch ihr Sex viel mehr Reden als Tun? Sex rumpelte und stöhnte zwar nicht anders als in unserer Szene durch alle geblümten Tapeten, aber gleichwohl war hier – entgegen des Rufs in der Welt als Metropole der Frivolität – etwas Verschämtes auszumachen. »Sex« war, wie die Kellner hastig aus einem verborgenen Teller hinter der Registrierkasse aßen und dabei ihre Tische stets im Auge behielten … Ging es in diesem Land tatsächlich je über die berühmte Koketterie hinaus? Blieb nicht vielmehr das Meiste beim Versprechen? Es war, als dürfte nichts ohne Geste geschehen. Sogar das Elend, der Clochard, hatte Etikette zu zeigen. Der eine berühmte Schweizer, der später, zeitgleich mit meinen als Sprachaufenthalten getarnten Auszeiten in Paris, das Direktorium der Oper übernahm, musste als Erstes für Duschen sorgen, was in der Stadt einiges zu reden gab. Wozu brauchen Künstler warmes Wasser hinter der Bühne, wenn doch im Entrée das Gold von den Lüstern blättert, was, weiß Gott, dringender zu richten wäre …

Paris als »Stadt der Fassaden« war ja als Klischee sattsam bekannt. Aber diese Stadt tatsächlich so vorzufinden, war erstaunlich, hinken doch Klischees den realen Verhältnissen meist meilenweit hinterher. Als einer vom Land – und als Schweizer war man automatisch einer vom Land, wie für Pariser letzten Endes alles außerhalb ihrer Stadt Land war – konnte man sich nicht genug wundern. Aber deshalb war ich ja hergekommen. Ich lief bis zum Umfallen durch die nächtlichen Straßen, stets hinter der nächsten Abbiegung das Unerhörte erwartend. *Also noch eine Stunde zu Fuß nach bereits fünf Stunden zu Fuß in dieser Stadt, deren kilometerlange Boulevards zum Weitergehen verlocken, durch viel zu breite Straßen, die keine Barrikaden mehr zulassen, über weltberühmte Brücken, dann umgehend einhaltend, allein vor der Nôtre Dame – ich und die Nôtre Dame, an genau diesem Punkt, wo sie alle standen, die Helden der Geschichte aus dem Schulbuch. Genau hier stand Napoléon und stehe nun ich! Ich und die Sorbonne! Ich und das Odéon! Ich und das Panthéon, wo die damaligen, erstmals so bezeichneten Linken um Robespièrre ihre gespenstischen »Vernunftsgottesdienste« abhielten …*

Und nachts! Nachts erst stand ich oft allein auf weiter Flur vor der beleuchteten Geschichte, war mir Geschichte genug, war mir Legende genug, war mir Stadt genug, so wie ich sie wollte, also sah. Morgens um drei stand ich mutterseelenallein auch vor der beleuchteten Kathedrale von Chartres – dem großartigsten, um nicht zu sagen wahnsinnigsten Bauwerk nach der chinesischen Mauer; wo noch wurden so viele Steine über einen Zweifel gesetzt, damit er sich auf ewig nicht mehr rege? Ja, ich war in Chartres ganz allein und gab mich dem Wunder der Kathedrale hin, die wohl extra außerhalb von Paris gebaut worden war, um all die andern großartigen Gebäude der Hauptstadt nicht herabzumindern. Gab es auch nur annähernd etwas Vergleichbares in unserem Land? Wenn die Illusion, gemeint zu sein – und was suchte ich schon anderes, allein an den historischen Plätzen in nächtlichen Städten –, wenn diese Illusion das mir erste und wichtigste war, nach Essen und Trinken, dann war Paris die richtige Stadt für mich.

Essen und Trinken waren reichlich gegeben, Qualität, genau genommen und mit der Heimat verglichen, zu meiner Überraschung jedoch meist fraglich. Man musste viel bezahlen, um Gutes zu bekommen. Ich fing darum sogleich an, selber zu kochen. Denn an guten Produkten, der Hauptsache guten Kochens, fehlte es keineswegs. Warum gingen die besten Köche stets persönlich und als erste frühmorgens zum Markt, obschon sie doch erst nach Mitternacht ins Bett gekommen waren? Was jedoch in Bistros auf den Tisch kam, war gerade gut genug, den Hunger zu stillen. *Nirgendwo essen Angestellte schlechter, dafür in zugigen Glasvitrinen, damit ihnen selbst im Winter nichts entgeht von den Auftritten der andern auf den Boulevards. Nirgendwo ist das im Tagesmenue versprochene »sur un lit de«, auf dem man wohl mehr als drei winzige Crevetten erwartet hätte, bloß ein welkes gelbes Salatblatt, von dem man annehmen muss, es werde, wie die bereits orange Mayonnaise, nach Rückgabe noch mehrmals verwendet. Nirgendwo ist der Tomatenschnitz bleicher als hier. Die Bistros sind der*

Straße zuzurechnen, und in der Hektik der Straße, zumal in Paris, kann man nicht kochen. Vom Schneiden und Abhängen von Fleisch scheinen die französischen Metzger erst recht keine Ahnung zu haben. Sogar unsere Knechte in Badersdorf hätten reklamiert am Tisch und das lederharte Kalbskotelette dem Hund zugeworfen … Paris ist Theater. Und das Essen findet vielmehr auf der Speisekarte statt. Selbst Essen ist Auftritt. Die Kellner mit ihren übervollen Tabletts, die sie atemberaubend über die Köpfe und teuersten Roben ihrer Gäste schwingen, gehören dazu, wie bei uns das ehrliche Schwarzbrot. Ist ihre Baguette mehr als Auftritt, nach der Kruste schon vorbei und Luft?

Dafür watete man hier knietief in der Historie – meinem liebsten Fach. Die Pariser wollten offenbar als Erste gemeint sein unter den Kulturträgern der Welt und hatten zum Beweis einiges zusammengetragen, um nicht zu sagen geklaut. Hier konnte man eine Weile bleiben! Rom war ganz und gar Historie, aber an jeder Ecke Zerstörung, Ernüchterung, Niedergang; die Schreie der Sklaven klebten noch förmlich an den Trümmern. Hier jedoch war die Illusion intakt und angenehm, wenn auch ohne Duschen hinter den Vorhängen. Trümmer waren keine auszumachen. Die Stadt Paris wollte nicht bloß groß sein, sie wollte offensichtlich allzeit die Größte sein.

*

Und Paris ist dem »großen Wasser« zugeneigt, dem richtigen Meer, dem Meer der Hummer und Lachse, Paris ist atlantisch. Die ungeheure Vielfalt der Fische und Krustentiere in den Auslagen ist ein deutliches Zeichen: Das alles kann gar nicht vom Mittelmeer stammen, das ja nur ein See ist, dessen Wildheit sich in Grenzen hält.

Auch der Himmel ist atlantisch in dieser Stadt, der Nieselregen, das grelle Licht, die Wolken, aus der Bretagne her getragen. Paris ist viel mehr die Stadt des Cidres als die des Weins, eine Regenstadt, im Regen erst erträglich, im Nieselregen erst entfaltet sie ihren Duft. Aus den Rinnsteinen drängen Wasserströme herauf und werden beim nächsten an einem Lappen wieder abgeleitet, Wasser von oben und unten und bedrohlich sich unter den Seine-Brücken hindurchzwängend. Wasser ist allgegenwärtig, Wasser auch in der Luft, nicht unter den Boden verdrängt wie in meiner Stadt. Und wie sollte dieser Wasserkopf Verständnis haben für den Süden Frankreichs, der außer Marseille, das eher italienisch ist, keine richtigen Städte hervorzubringen vermocht hat. Zu viele Jahrhunderte schon fließt alles nach Paris, gewissermaßen vier Spuren hin und eine her.

Der Süden brachte wohl Querköpfe hervor und halsstarrige Nester, denen in unseren Bergen vergleichbar; verburgte Innenstädte, fast nur Stadtmauern, gigantische Tore mit ein paar wenigen Hütten dahinter, Treppen und nochmals hinter Mauern: Innenhöfe mit Feigenbäumen, Steingevierte mit verbogenen Olivenstämmen, verpisste Winkel, Fackelhalter, rostige Ketten, Zäune; eher ausgrenzend: mit Kleenex übersäte Niemandsfelder, zerfetzte Plastiksäcke an Stacheldraht, Zigeunerlager, Melonenstände, vor Hitze flirrende Autofriedhöfe, flimmernde Parkfelder vor gigantischen Supermärkten. Und »Do- it«-Hallen, Delphinarien, Gokart-Pisten, Autoreifen und nochmal Autoreifen, Credit Agricole, Peugot, Ziegenkäse, Gewürzsäckchen, Theaterwochen, Musikwochen, Avignon, Perpignan, Pernod oder Riccard, schwarze oder grüne Oliven, Kapern, Zwiebeln oder Eschalotten …

Dabei will man doch nur ins kühle Hotelzimmer mit ihr, die hohen Fensterläden zu, Dunkelheit um drei, Liebe um drei. Schlafen um drei.

Das ist nicht Paris.

Nirgendwo wird schlechter geliebt, bestimmt aber schlechter geschlafen als in Paris. In dieser Stadt kann man nicht schlafen, das wäre gegen die Abmachung. Der Reizpegel würde einbrechen. Kinder hier müssen umgehend Pariser werden, sonst gehen sie ein, sie sind kleine Erwachsene von Anfang an. Im Sandkasten der Parks spielen als Erwachsene verkleidete Kinder Erwachsene, und am Brunnenbecken spielen als Kinder verkleidete Erwachsene Kinder, spielen mit dem Segelschiff, das sie in der Métro, auf den Knien haltend, hergebracht haben – mehrfach gesehen: gestandene ältere Herren im Anzug, ein Segelschiff auf den Knien, auf dem Weg zum Jardin de Luxemburg. Und man stelle sich nur ein Leben als Kellner vor in dieser Stadt, ach, nur einen einen Tag im Le-

ben dieser Aufpeitscher des ganzen Getriebes: ein Rennen für Nylonhemden und Pferdewetten, nicht vorstellbar, dass sie je schlafen, je in der Lage sind, auf einem Stuhl still zu sitzen, es sei denn übers Eck mit wippendem Bein. Würden nur einmal sie einen einzigen Tag streiken, das Land müsste zusammenbrechen!

Niemand überlebt Paris unbeschadet an Leib und Seele.

*

Meine lieben Auslandschweizer, die ich da beiläufig besuchte, konnten mich dann doch nicht restlos überzeugen von der Sache dieser Stadt, davon, dass man auf immer hier leben musste. Aber nach drei Wochen Abwesenheit war ich schon wieder in Paris, was meine Genossen in der Heimat zunehmend verwirrte. Mein Vater aber in Badersdorf verstand sofort, soweit ich noch Kontakt hielt, und die Mutter wunderte sich schon gar nicht mehr. Auf ein Detail mehr meiner Entfremdung von der Familie kam es auch nicht mehr an. Dass all dies am Ende leider schief ausgehen würde mit ihrem Jüngsten, war längst vorgegeben. In Paris würde er noch vollends verkommen, sie war ja einmal selbst dort gewesen. Sie hatte Recht und letztlich doch Unrecht – wie es mit Müttern so ist.

Ich liebte Paris, wie man eine Geliebte hasst, die einem im falschesten Moment des Lebens in die Quere kommt. Die

Stadt vibrierte beständig auf dem ruinösen künstlichen Niveau blinder Verliebtheit, das nur dann kein böses Erwachen nach sich zieht, wenn man sich immer neu verliebt. Und in jedem Café verliebte man sich umgehend in eine Neue. Hätte man von jeder ein Foto bekommen, wären am Abend fünf Schöne zur Auswahl gestanden, von denen man nicht wusste, welche nun anderntags anzurufen war … Paris war nicht die Stadt der Liebe, für die man sie pries, es war die Stadt des sich ständig auf Kosten seiner Nerven Verliebens, sie lief rund um die Uhr auf keiner anderen Frequenz als der der schmerzhaften, nie zu erlösenden Erotik. Paris war ein ununterbrochener Flamenco. Aber wehe, die Eine stand auf vom Tisch gegenüber und entsprach im Ganzen nicht der Erwartung, die Oberkörper und Gesicht geweckt hatten, und wehe, die Nase im Profil ließ zu wünschen übrig – schon fiel alles zusammen.

Immerhin durfte man aufatmen, ein Phantom weniger raubte einem den Schlaf.

Nirgendwo übrigens wird das Altern zur größeren Last als in Städten wie diesem Paris, wo alles hinausgeschoben wird. Nirgendwo muss das Scheitern am Ende umso theatralischer überspielt werden. Ihre berühmten Friedhöfe sind darum dies: Fortsetzung von Stadt, Stein an Stein, Haus an Haus, ein Quartier neben dem andern, durchgehende Inszenierung von Klassengesellschaft mit Métro-Station, der Tod scheint abgeschafft, um ein Haar. Das muss man ihnen las-

sen: Es gibt Gelegenheiten wie in keiner zweiten Stadt, um unvermittelt auf irgendeiner Bühne zu sterben, zu erfüllen scheint der uneingestanden Wunsch jedes Städters: zu gehen wie der Autor des unsterblichen »eingebildeten Kranken«. Voilà, der Direktor hat es geschafft, »im Sattel« zu sterben; und wenn es einer schafft, und erst noch auf der Bühne, dann können es alle schaffen, allons enfants …

Und dann diese Aborte, wie der Name schon sagt: die täglichen Abgänge, das kleine Loslassen, das lustvolle Erschauern! Auf eine anständige Toilette zu gehen, ist jedenfalls das Erste, was Schweizer tun, wenn sie auf Heimatboden zurückkommen, ob sie gerade loslassen müssen oder nicht. Und sie tragen auf der ganzen Reise Klo-Rollen dreilagig in der Tasche, eher noch als Reisecheques – es ist das einzige, was Schweizer im Ausland stehlen …

Wie ertragen diese Pariserinnen zum Beispiel ihre stets überschwemmten Scheißhäuser, kommen als Damen im Fummel und Sonnenbrille von YSL *ans Tischchen zurück, als ob nichts gewesen wäre. Dabei sind sie noch vor Sekunden verrenkt und verspreizt in der Hocke über einem verschissenen Schlund gekauert wie Straßenhunde in der Gosse! Wie erträgt ein Schweizer, dass ihm unter dem Lavabo Wasser in die eben erst gekauften, sündhaft teuren Designerschuhe läuft, weil der Syphon keine Fortsetzung hat? Auf der höchsten Schweizer Alp hat es noch ein kaltes, aber sauberes Brett gegeben, ist im Abort an der Autobahn im aargauischen Würenlos die Luft noch besser als im Jardin des Plantes, ist der Klosomat nicht umsonst eine international beachtete Er-*

findung des Schweizerlandes. Da haben sich meine Landsleute nichts vorzuwerfen. Hier wird auch diesem Geschäft nüchtern und mit Geschick auf Augenhöhe begegnet.

Sogar in unserer WG am Centralplatz, wiewohl die WCs keine Türen hatten, war in Punkto Sauberkeit nichts auszusetzen. *Und die Touristen sollen den Tarif gleich an der Grenze schon kennen lernen! Bei uns gibt es Raststätten mit Lavabos in jedem Toilettenabteil! Denn lässt es da nach, lässt es überall nach! Der Schweizer sammelt auch als Erster den Müll, bevor er sein Badetuch an die Strände der Welt legt, als wären es die seinen. Und in Paris nimmt er Aschenbecher von den Tischen an die Theke, auch wenn da die Franzosen ihre Zigarettenstummel gleich auf den Boden fallen lassen wie die Hühner ihren Kot.*

Dafür ihre Bidets …

Nein, Schweizer kehren heim, früher oder später. Deutschschweizer sogar aus den romanischen eigenen Landesteilen. Denn so hat man als Kind die Mutter nicht reden gehört, so hat es nicht gerochen, mit dieser Sprache ist man nicht eingeschlafen, hat in dieser Sprache nicht die ersten Träume gehabt, so waren die Toiletten nicht …

Verdächtig oft – und immer länger – sind sie darum bald auf Heimaturlaub, die rührigen Auslandschweizer, sitzen wieder einmal am gesunden See, haben ihre Eltern in Altersheime zu bringen, ist ihre Wohnung in Paris für eine Woche im Austausch zu haben, müssen eine Ausstellung vorberei-

ten daheim in Chur oder Olten, knüpfen angeblich länderübergreifende Kontakte, sind plötzlich Städte verbindend, das heißt heimkehrend unterwegs, ist bald ihre Wohnung in Paris zu teilen, dann zu kaufen, dann verkauft.

Rauschen sie auch erst einmal in Massen ab aus dem engen Land – das Ausland ist für Schweizer auf die Dauer nichts.

Reden sie auch dann den Rest ihres Lebens von nichts anderem mehr als von ihren Zeiten jenseits der Grenze – und wie sie ins Bidet statt ins Klo …

Metropolen

Stadt ist definitiv nicht bloß eine Frage der Größe. Es gibt winzige Städte und riesige Dörfer, man täusche sich nicht. Es gibt kleine Großstädte und große Kleinstädte. Los Angeles muss eher ein Dorf sein – einem Ort ohne Zentrum kann schon das Stadtdiplom abgesprochen werden. Durchmesser – und seien es neunzig Kilometer – imponieren dem Stadtsüchtigen in keiner Weise. Er braucht Kalorien, nicht Meter. Los Angeles beginnt wohl erst abends im Kino. Dafür richtig! Hollywood, so wie es die Bilder zeigen, müsste demnach eine Stadt im Dorf sein, auch wenn es keinen Quadratmeter eigene Fläche hätte, es genügt ein auffälliger Schriftzug über einer Glocke von Smog … Auch da würde ich hingehen, um es zu prüfen.

Unsere Stadt war aber eine Stadt zu nennen, da musste ich nirgendwo hin. Viele Touristen nahmen sie gerne als Dorf wahr, spazierten sie bloß vom Bahnhof hinauf zum See, über die Quaibrücke und durch die Altstadt – die noch tatsächlich Dorf heißt – zum Centralplatz und wieder zum Bahnhof zurück. *Besteigen Touristen aber ein Schiff, halten sie den See für den Mittelpunkt einer grünen Stadt, einer Millionenstadt wohl, obwohl die Stadt nicht einmal an vierhunderttausend Einwohner herankommt, aber aufs Feuerwerk im Sommer hin eine Million Besucher anzuziehen vermag. Vom Flugzeug über den Südanflug gesehen, wird vollends klar (und Amerikaner, gewohnt, Agglomeration mit Stadt zu verwechseln, erwarten gar nichts anderes): Das ist eine veritable Stadt, eine Baumstadt, eine See- und Flußstadt, eine Voralpenstadt – von Business-Hochglanzheften mit drei Millionen Einwohnern veranschlagt, niedriger Steuerfuß, garantiert keine Streiks, höchster Sicherheitsstandard, erstklassige Galerien, jeder Einwohner und potentielle Angestellte mindestens dreisprachig. Was will man als Investor mehr! Und erst als Privatier! Kommen nicht höchstqualifizierte Ausländer, um sich hier anzudienen?*

Aber selbst aus der Luft ist keine Metropole auszumachen, obwohl sie eine ist: eine der potentesten der Welt. Im Börsenwesen wird sie mit New York, Tokio und Frankfurt gleichauf genannt. Sie misst sich keineswegs mit anderen Städten des Landes, geschweige mit der offiziellen Hauptstadt, gönnt der doch die aufgeblasenen Botschaften mit ihren völlig überflüssigen Militärattachés und die müden Bundeskommissio-

nen herzlich, gönnt auch der seltsamen Chemiestadt am Rhein mit ihrer poetischen Fasnacht die Patente des Welterfolgs künstlich verteuerter Medikamente und gönnt ebenso der romanischen, etwas kalten Schwesterstadt Genf das offiziell Internationale mit ihren prallen Ölscheichs und Limousinen. Hätten diese Schwesterstädte nicht schon ihr Eigenes, man würde es ihnen gerne geben, zumindest andichten, um nur von ihrem lästigen Neid verschont zu bleiben, hat man doch gerade Staatspräsidenten am Telefon, den Präsidenten der Weltbank, den Präsidenten des größten Spielkartells der Welt, der Fifa am Sonnenberg, wartet im Vorzimmer der Nuntius der Vatikanbank …

Man sieht es der Stadt nicht an, und selbst von oben sieht man nicht, was sie ist. Denn Energie braucht keine Ausdehnung. Finanzmärkte sind unsichtbar, sie haben in einer Agenda Platz. Vernetzung wird bloß gewusst und erst recht verheimlicht. Patent braucht bloß eine Nummer, Standort bloß eine Koordinate, Kalorie bloß eine Ziffer. Die Stadt lässt jeden zweiten Franken im Ausland verdienen – sinken die Beiträge der Banken ans Budget in einem Jahr, ist sogleich Sparen angesagt. Jene Gebäude im Ausland, in denen jeder zweite Franken generiert wird – und stehen sie in Hongkong – wären, genau genommen, dazuzurechnen; zählte man alles dazu, die Ausdehnung Los Angeles könnte wohl einpacken.

Übrigens: Man gewöhnt sich rasch an Zahlen – schneller, als sich der Geruchsinn ans Eigene gewöhnt. In einer Stadt, in der Milliardäre herumlaufen, finden Millionäre leicht einen Grund, ihr Einkommen als ein bescheidenes zu betrachten und einen Millionenbonus angemessen zu finden. Man gewöhnt sich an Milliarden, man gewöhnt sich an Macht, und ein wirklich Mächtiger merkt bald, dass es ihm noch besser ansteht, in Jeans und Turnschuhen zu erscheinen, so dass sich sein Status subtil entdecken lässt.

Touristen merken nichts von diesem Spiel, sie würden jedem Millionär dieser Stadt ihr Feuerzeug schenken.

Und Touristen glauben, die Läden müssten rentieren in dieser Stadt, sonst wären sie nicht hier. Der Einheimische aber weiß, ihr Schaufenster an der Bahnhofstraße genügt, verkauft wird in der Welt. Der Tourist glaubt, die exquisite Galerie mit dem einzigen Bild und der Bildhübschen hinter dem Pult müsse der Verkaufsknüller sein. Gefehlt, hier bezahlt ein Milliardär seiner dritten, sehr viel jüngeren Frau einen Zeitvertreib, damit sie auch etwas hat und zu Vernissagen bittet, auf dass der Smalltalk mühelos ins Bankgeschäft zu wechseln vermag.

Nur wer hier länger lebt, spürt das feine permanente, aus dem Mühlespiel der Bankenlogik rührende Vibrieren, das aus dem Untergrund des Welthandels heraufsteigt, dessen Interessen sich hier vielfach kreuzen. Denn was der Tourist am Fensterchen der Caravelle ebenfalls nicht sehen kann: Die Stadt bedingt und füttert die idyllischen, mit Geranien behängten Kleinstädtchen und Dörfer rundum, ermöglicht

Steueroasen bis an die Bergseen hinauf, finanziert über Steueraufkommen und Finanzausgleiche das halbe Land, was zu dem Spruch verleitet hat: Wenn die Stadt hustet, ist das ganze Land erkältet. Wie soll auch dieser Tourist eine Stadt erkennen, die bloß Verstecken spielt, um ihre Nachbarn, die jüngeren Geschwister, nicht noch mehr zu ärgern. Eine Stadt, die milde umherschaut wie ein unangefochtener großer Bruder, wie eine überlegen wissende Schwester, die eben mit Abstand von zehn Jahren auf Nachzügler schaut und ihnen neidlos das Beste wünscht, auch wenn diese nur motzen.

Wo, an diesem so nahe liegenden Beispiel versucht, beginnt eine Stadt und wo hört sie auf? Ist der Briefkasten Lichtenstein eine Stadt zu nennen mit seinem milliardenschweren Operettenfürsten? Ist sie mehr als eine Briefmarke ohne Brief? Ist Nassau eine Stadt, oder nicht vielmehr ein Park, wo sich dennoch die Haifische in kurzen Hosen tummeln? Oder braucht es mehr als Macht in Einheiten des Geldes?

Großstadt jedenfalls ist, wo man ankommt aus der Welt. Und in meiner Stadt kommt man an aus aller Welt.

War er auch nicht der größte Flughafen der Welt, so bot die Stadt ihm doch alle international wichtigen Qualitätsdiplome. Er passte zur besten Airline, der Swissair, wie der Deckel zum Pott. Als erste Fluggesellschaft bot sie Flugzeuge mit Druckausgleich an, der Service an Bord war legendär, das Geschirr aus Porzellan. Diese Airline hatte nicht vor, Absturz auch nur zu denken. Das unvermittelte Grounding als Resultat einer Folge von Fehlentscheiden, die im Detail einmalig gut gedacht waren, würde wohl nur Kratzer hinterlassen, am Ganzen aber wenig ändern. Aber – auch Giganten irren sich …

*

Geld allein macht es nicht aus, das ist eine Binse. Aber wer meint, Liebe allein genüge zum dauerhaften Glück, irrt ebenfalls. Es ist ja nicht wahr, dass Geld nicht glücklich macht. Es kann zumindest die Voraussetzungen schaffen, damit sich Glücksmomente ereignen, wann, wo und wie. Geld mache nicht glücklich, ist eine gern verbreitete Mär der Reichen. Liebe jedenfalls ist bekanntlich ein Produkt der Freiheit, und Mangel beschneidet Freiheit wie nichts anderes, materielle Not lässt auf Dauer das meiste sterben, und Elend schluckt am Ende alles. Es ist nicht, wie viele finden, nötig. Auch nicht für das Entstehen von Kunst. Elend lähmt nur alles, erstickt Entwicklung schon im Keim. Wenn Geld allein auch eine Stadt nicht ausmacht – und meine letzten Endes nicht ausmacht –, ist Energie der monetären Art doch eine gute Voraussetzung dafür.

Und Glück ließ sich durchaus nachweisen. Vor allem in unserer Generation, die Geld und Macht in einem Maße untergeschoben bekam, wie wohl noch nie eine Generation in der Geschichte – und ohne den Preis dafür bezahlt zu haben.

*

Als Schweizer wird man oft mit den Schweden verwechselt, weil Schweizer – international gesehen – numerisch zu vernachlässigen sind, weil einer der sechs Milliarden Erdenbürger einen Schweizer – auch wenn Schweizer nichts lieber tun als reisen – praktisch noch nie getroffen haben kann, so wenig wie einer mit der Chance eins zu sechs Millionen je im Lotto gewinnt. Alle Schweizer zusammengenommen, entsprechen der Hälfte der Stadtbevölkerung von Karatschi, und wer kennt schon einen aus Karatschi! Man kennt keine Schweizer außerhalb von Europa. Man kennt Schweizer Produkte, aber keinen Schweizer. Und schon beim zweiten Satz sagt der Chinese wieder »Schwede« … Allenfalls kennt er den Flughafen mit seiner gleichnamigen Stadt. Dabei hätte dieser Stecknadelkopf auf der Weltkarte die Potenz, jedem Erdenbürger sofort fünfhundert Dollar in die Hand zu drücken, könnte die Armut auf der Welt von heute auf morgen beenden, wenn sie so zu beenden wäre …

East of Eden

Wir waren mit Volldampf unterwegs in die Zukunft, die noch intakt war. Mit Zweifeln hatten wir es entschieden nicht. Wir waren voller Hoffnung und in einer Stimmung, die schon ein paar Jahre später keinem Jüngeren mehr zu vermitteln war. Ein Datum in der Zukunft wie das Jahr 2000 hätte uns nicht sonderlich erschreckt. Sorgen bereiteten uns allein der säbelrasselnde Kalte Krieg und die Unsicherheit der Atomkraftwerke. Aber die neue Gesellschaft würde damit fertig werden, wir würden damit fertig werden. Wenn am 1. Mai die skandierten Parolen und Gesänge von den glatten Fassaden der Bankgebäude unmittelbar zurückhallten, war immerhin eine Kraft und Wut zu spüren, die durchschlagen würde, auch wenn jedes Jahr weniger Leute da standen, um es wahrzunehmen. Warum wohl rüstete die Polizei laufend auf, wenn wir nicht stark und ernst zu nehmen waren? Warum wohl filmte man uns von den Dachzinnen herab?

Auch nach den ersten Schüssen in Deutschland wurde es noch einmal auf hergebrachte Weise versucht. Man hatte einander noch nicht völlig aufgegeben. Man trug an Demonstrationen noch keine Strumpfmasken wie Bankräuber, der biedere Polizist Aug in Aug gegenüber trug noch Krawatte und einen Papphelm, leichter als ein Strohhut.

Denn sie wissen nicht, was sie tun, hieß der Film im Mittelschulfilmklub, den man nicht genug zeigen konnte. Die über die Klippen fuhren für eine Doris Day im Petticoat, waren noch Opfer des Leichtsinns und aus der Verzweiflung geboren, die jede Generation ergreift, wenn sie die simplen Tatsachen des Lebens zum ersten Mal erfährt. Diese Jungs fuhren ins Leere, ohne tatsächlich zu wissen, was sie taten, oder ließen sich noch von polternden väterlichen Kommissaren zur Raison bringen, während der eigene Vater mit Küchenschürze Mutters »Plätzchen« wendete und hilflos zu beschwichtigen suchte, was längst faustdick in der Luft lag.

Aber das unerbittliche Kaleidoskop hatte sich schnell gedreht, es war schon das nächste Bild. James Dean war, wie anders, mit seinem Porsche im Straßengraben geendet. Andere Burschen, die später dieses gequälte Lächeln der Hypsters zeigten, endeten durch sich selber in Isolationshaft. Man hatte sie kurz davor noch verliebt in St. Germain im Jazzlokal schmusen und lachen gesehen. Gewisse Genossen aus der Stadt verschwanden jetzt plötzlich unabgemeldet in geheimer Mission für unbestimmte Zeit oder für immer. Man munkelte plötzlich, und einige gaben wichtigtuerisch zu erkennen, dass sie wussten, aber nichts sagen durften. Und waren sie plötzlich wieder da, die Helden des Untergrunds, und kamen in die Sauna, wie wenn nichts gewesen wäre, hielten sie sich bedeckt. *Sie* handelten, statt unaufhörlich weiterzureden. Plötzlich schoben sich Geheimnisse zwischen Freundschaften. Selbst ihre Freundinnen wussten angeblich nichts, waren aber elektrisiert, als wären sie selber in Paris oder Frankfurt gewesen, um das Gewisse abzuholen. Kuriere schweigen wohlweislich, benützen Hinterausgänge, fahren erst nach Wien, wenn sie nach Bologna sollen, um den Gewissen zu treffen. Eine McDonalds-Filiale am Stauffacher Platz ging in Flammen auf. Man wusste von vergrabenen Milchkannen im Wald mit heißer Ware aus aufgebrochenen Sprengstoffbaracken. Diese Depots in Steinbrüchen waren bloß mit Anhängeschlössern gesichert, die mit einer simplen Eisenstange aufzubrechen waren. Aber bisher hatte es noch Dinge gegeben, die man einfach nicht tat. Es war von unseren Vorderen »Sozialkapital« angehäuft worden – wie es meine Ökonomen nannten –, das unsere Generation nun in kürzester Zeit verscherzen würde. Auf einen Rechen folgt eine Gabel, sagte mein Großvater, der alte Rechenmacher, stets.

Aber auf eidgenössische Qualität, vielmehr auf Qualitätsprodukte, war weiterhin allerseits Verlass: Die konischen Deckel der Aluminiumkannen der »Alu-Suisse« schlossen gegen Feuchtigkeit wie nichts anderes und waren doch mit einem entschiedenen Ruck sofort zu öffnen. Das berühmte Schweizer Know How blieb somit unter sich. Und den eidgenössischen Milchkannen war es egal, was sie enthielten. Es blieb ein solides helvetisches Räuber-und-Polizisten-Spiel beidseits der umgestürzten Müllcontainer vor dem ehrwürdigen Landesmuseum, dessen Park dahinter zwölf Jahre später als »Needlepark« in die Europäische Drogen- und Mediengeschichte eingehen sollte. Ansonsten galt in unserem Kreis: Gewalt allenfalls nur gegen Sachen. Ein einziger Schweizer – ein unbeherrschtes Tell-Naturell aus dem Kanton Graubünden mit einem unbändigen Hass auf alles Städtische – ging weiter und schoss. Und wie es die Präzision des Schicksals wollte – am Ende auf seine eigenen Leute aus dem Dorf …

Man fand allerdings Waffen ausländischer Art und achtzig Kilogramm Sprengstoff in einer WG im Industriequartier, wie es anderntags im Polizeibericht hieß, weil ein unzuverlässiger Kommunarde im LSD-Rausch meinte, fliegen zu können, und aus dem Fenster sprang. Als die Polizei anrückte, flog das Depot auf. Nach sechs Jahren war auch der Letzte jener Gruppe wieder auf freiem Fuß, und das war's gewesen mit dem bewaffneten Kampf in der Eidgenossenschaft.

Auch die RAF, die ihre Zentrale in zwei konspirative Wohnungen in der Schweiz auslagern wollte, musste umgehend einsehen, dass Terror in diesem Land keine gute Idee war. Schon ihre erste »Geldbeschaffung« in der Volksbank der Stadt scheiterte kläglich am todesmutigen Widerstand von Passanten. Eine Passantin wurde erschossen, mehrere Verfolger zogen sich Schusswunden zu. Die RAF-Leute wussten wohl nicht, dass sich in diesem Lande alle für alles verantwortlich fühlten und dass sie sich hier in einem öffentlichen Raum der ganz andern Art befanden, der nirgendwo in der Welt seinesgleichen hatte. Hier fühlte sich jeder für jeden Abfallkübel persönlich verantwortlich, hier schloss man Türen nicht ab, hier konnte man Blumenbouquets, die anderswo einen Monatslohn kosteten, unbedenklich über Nacht auf dem Trottoir stehen lassen. Vor allem: Man raubt keine Banken aus in einem Bankenland! Schon gar nicht die Volksbank! Dort lagern schließlich die Sparbatzen und unser Gold! – Ironie des Schicksals auch hier: Das Volk hatte sich von seinen Befreiern – erst recht den ausländischen – von allem Anfang an und gleich helvetisch gründlich befreit.

*

Denn es kann nie so arg kommen in einem Land, in dem der Kompromiss schon in der untersten Etage herrscht und das damit nebenbei die Volksmacht erfunden hat. Es kann nie so arg kommen in einem Staat, der seinen Bürgern zutraut, eine Armeewaffe mit Munition im Schrank stehen zu haben. Das Land zählt weltweit die meisten Waffen pro Kopf der Bevölkerung. Mehr noch: Man muss psychische Krankheit absolut plausibel nachweisen können, um eine Schnellfeuerwaffe mit Munition nicht aufgedrängt zu bekommen! Wo gibt und wo gab es das jemals auf diesem Planeten! Machiavelli persönlich hielt darum die schon damals auf die Zähne bewaffnete Eidgenossenschaft für den freiesten Flecken Welt, den er kenne, weil sich eine selbstbewaffnete Republik schwerlich dem Diktat eines einzigen ihrer Bürger unterwerfe, geschweige einem Potentaten von außen. Das Land sei »das revolutionärste der Welt«, fand selbst Lenin, als er 1918 *noch im Lande war, denn keine andere Regierung gäbe ihren Bürgern vertrauensvoll Gewehre und sogar Munition mit nach Hause.* Das gegenseitige Vertrauen in die kostbarsten Landeswerte war seinerzeit noch intakt.

*

In unserer WG mit der gegen außen gepanzerten Tür standen tatsächlich mindestens zehn Sturmgewehre herum. Aber da es das landesübliche Fabrikat war, fand es der Rapport jenes Razzia-Kommandos, das unsere Schränke nach Drogen durchwühlte, denn auch nicht einen einzigen Buchstaben der Erwähnung wert. Und jenen Fahndern, die uns »besucht« hatten, war es nicht einmal einen Seitenblick wert, das hinter Parkas und Mänteln in jedem Kasten stehende Sturmgewehr, stand es doch in ihrem Kasten zu Hause am gleichen Ort, wo sonst. (Hinter dem Gewehr suchte man normalerweise nach frischen Socken oder Unterhemden.) Wahrscheinlich waren es die gleichen Beamten gewesen, die das Waffenlager im Industriequartier entdeckt hatten.

Die Genossen vom Industriequartier hätten auf bewährte inländische Fabrikate setzen sollen, das war ihr unverzeihlicher Fehler. Sie hätten keinen einzigen Tag im Knast verbracht. Denn, was die Ideologie hinter ihnen betraf, so lagen mehrere nicht weniger bewaffnete WG's der Stadt durchaus nicht fern davon. Wäre man auch nicht so weit gegangen wie sie, eine Ulrike Meinhof hätte man bestimmt nicht vor die Tür gewiesen, auch in unserer WG nicht.

Aber ihre Waffen waren ausländische Fabrikate gewesen, deren Machart die Aggression schon anzusehen war, die sie ins Land bringen sollten: Gewehrläufe, kürzer als ein Schuh, mit Magazinen, die in alle Himmelsrichtungen abstanden. Dagegen war unser viel zu schweres Sturmgewehr ein Inbegriff besonnener Bürgerart, wenn auch heiß begehrt in Diktaturen rund um die Welt. Sie wussten, warum: In meiner ganzen Militärzeit hatte ich nicht eine einzige Waffe schweizerischen Fabrikats je versagen gesehen, es sei denn, das Magazin war unsorgfältig aufgefüllt oder eingesetzt worden.

Mein speckiges eidgenössisches Schießbüchlein, das die obligatorischen Zielübungen auflistete, wies mich als sehr guten Schützen aus. Und meine Gewehrnummer weiß ich – obwohl ich mir Zahlen nicht gut merken kann – noch heute: 962298. Als ich schließlich mein vertrautes Gewehr mit der vertrauten Nummer und den vertrauten Kratzern am Abgabetermin in den bereitgehaltenen Container stellte, damit es verschrottet oder verhökert würde, schickte ich ihm – ich gebe es zu – ein inneres Fair Well hinterher.

Es für fünfzig Franken zu erwerben und wieder nach Hause mitzunehmen, was erlaubt war und viele taten, fand ich allerdings der Ehre zu viel. Ich durfte als Kind schon schießen, ich musste es nicht mehr haben.

Wende

Aus Vertrauen ist schnell Misstrauen geworden, Sozialkapital, lernt der Betriebswirtschaftler, muss über Jahrzehnte langsam aufgebaut, kann jedoch in einer Nacht verspielt werden. Ein überdrehter Manager, ein leichtsinniger Beamter, ein Spekulant genügt, um es umgehend zu vernichten. Und das Land hatte wohl das größte Sozialkapital angehäuft aller modernen Länder rundum, wenn nicht der Welt.

Aber das öffentliche Vertrauen begann in den Siebzigern abzubröckeln. Es begann schon allmählich mit den überhöhten Spitzenlöhnen und den Boni, mit einer Wirtschaftskaste, die nur noch sich selber feierte, egal welch fatales Vorbild sie für die Jugend abgeben mochte. Es fing an schick zu werden, zu seinem hemmungslosen Karrieredenken zu stehen. Reichlich naiv, wer immer noch Lehrer war und sich seine Qualifikationen nicht in der Wirtschaft versilbern ließ. Reichlich naiv, wer vorgab, etwas für die Gemeinschaft oder gar »sein Land« tun zu wollen. Reichlich naiv erst recht, wer immer noch »links dachte«. Traf man einen ehemaligen Genossen plötzlich mit Schlips und Kragen im Bankenviertel wieder, meinte sein jovialer Blick: Werde doch auch du endlich erwachsen.

Immerhin meinten wir im Palais Central noch die Welt, meinten jedenfalls, dass wir für alle taten, was wir taten, und nicht, um unser Ego aufzublasen. Auch wenn sich narzisstische Tendenzen abzeichneten, Subjekt und Objekt rieben sich noch aneinander, den Begriff »Selbstverwirklichung« kannte außer den Psychologen noch niemand. Es gab immer noch Freunde, die sich für ein Jahr in ein Kibbuz verpflichteten.

Aber das Blatt war daran, sich zu wenden, obgleich es noch am Ast hing. Auch in der RAF, die für eine bessere Welt zu töten vorgab, machte sich der Personenkult breit. Ihre Anwälte hatten längst Starallüren …

Aber noch wollten wir der Staatsraison und dem hemmungslosen Kapitalismus die Idee der Revolution entgegenhalten. Es kam zu Solidaritätsaktionen mit entlassenen Arbeitern, mit Heimkindern, mit Genossen im Knast, es kam wie immer zu Helden und Verrätern. Aus Unsinn wurde Ernst, so schnell wie Vertrauen verspielt werden kann, in einem einzigen Augenblick. Tragische Biografien nahmen ihren Anfang, hoffnungsvolle Talente wurden jäh gebrochen, Feiglinge witterten umgehend ihre Stunde. Von Jugend und Jugendhäusern sprach bald niemand mehr. Sollte doch aus dem umkämpften Globusprovisorium werden, was wollte – wohl ein weiterer Supermarkt, was sonst –, man würde selber da einkaufen, wenn man Zeit für Wichtigeres damit gewinnen konnte. Der lange Marsch durch die Institutionen erforderte schließlich ein gewisses Maß an Pragmatismus. Und siehe da, auch wir gingen hier bald einkaufen, als, wie vermutet, eine Ladenkette einzog an der prominenten Lage, keine hundert Meter vor unserer Tür, da, wo noch vor zwei Jahren um jeden Millimeter undefiniertes Terrain gekämpft worden war.

Die Schüsse eines aufgehetzten »Bild«-Lesers auf den Wortführer der deutschen Studentenbewegung wendeten dann noch den Rest.

Es ging jetzt definitiv um Größeres und stellte jeden vor sein eigenes Ultimatum. Das Bild des verblutenden Studenten in Berlin war erst das Fanal gewesen. Die sich zu ihm niederbeugende Studentin im Abendkleid mit Ohrgehänge ließ aus der Szene eine Foto-Ikone entstehen, die mit Recht ewig für diese Zeit stehen wird, vergleichbar dem nackten verbrannten Mädchen aus Vietnam und dem Jungen mit seinem stummen Schrei. Das waren wir: Bürgertöchter und -söhne, die sich zu Notleidenden niederbeugten, aber nie dazugehören würden. Und »Wenn Bonn gefallen ist«, schrieb der verwöhnte narzisstische Baader an seine Genossen aus dem Versteck, »lasst uns die Nato übrig«. Wahrscheinlich wollte er *mir* sagen. Dagegen schrieb die Springer-Presse: »Man darf auch nicht die ganze Drecksarbeit der Polizei und ihren Wasserwerfern überlassen.« Die ewigen Positionen waren damit einmal mehr bezogen, der Rest war blinder Ablauf mit Varianten gemäß Zufall und Notwendigkeit. Und irgendwo dazwischen stand man selbst mit seinem Engagement und seinem Ego, das mit jedem Jahr des Älterwerdens dringlicher einflüsterte, man sollte auch langsam an sich selber denken.

Narziss war vorerst definitiv erschrocken. Von nun an würden beide Seiten zu weit gehen, das war jetzt jedem schlagartig klar. Gut gemeinte Vermittlungsversuche der üblichen besorgten Kulturträger scheiterten kläglich. Dem Rasterdenken der extremen Linken entsprach die Rasterfahndung des aufrüstungsfreudigen Staatsschutzes. Hatte ein Genosse, wenig bedacht, auch nur einen Briefumschlag aus verdeckter Destination von A nach B gebracht, fand er sich plötzlich in eine Brandstiftung verwickelt, wurde verhaftet, von Genossen heroisch befreit, wobei geschossen wurde, konnte nun erst Recht nicht mehr zurück und saß am Ende wegen mehrfach versuchten Mordes zwanzig Jahre im Knast. Ein anderer, der auch einen Kassiber überbracht haben mochte, wurde vom Zufall gnädig vernachlässigt, setzte bald sein Studium fort und wurde zum Justizdirektor und obersten Gefängniswärter des Staates. Der Druck der Zwänge teilte WG-Freunde in Angeklagte und Anwälte – die einen wurden nach der Verhandlung zu Tee und Brotschnitten in ihre Zellen zurückgeführt, die andern verließen das Gerichtsgebäude und wurden nach der obligaten Pressekonferenz – die sie oft besser vorbereitet hatten als die Verteidigung ihrer Mandanten – im Kreis angeheiterter Bewunderer in der entsprechenden Szenenbar gefeiert. Kaum drei Jahre vor dem Prozess, dies zeigten Urlaubsfotos, waren sie noch Arm in Arm am Strand von Jesolo gestanden, zwei lachende Buben mit nacktem Oberkörper, die erste Bierflasche in der Hand. Wer war derjenige welcher, der links oder der rechts?

Um eine wirklich ernst zu nehmende Strategie ging es jedenfalls nie, die Stadtguerilla war vorwiegend mit sich selber beschäftigt, ihre Untergetauchten hatten oft mehr Glück als Verstand, die aus den Gefängnissen geschmuggelten Kassiber tönten völlig abgehoben, die gerne und oft zitierten »Massen« standen ohnehin und definitiv auf der falschen Seite. Die Bürger wollten sich die Früchte des Wirtschaftswunders von ein paar wieder aufgetauchten Nazis und ein paar wild gewordenen Bürgersöhnchen und -töchtern nicht vermasseln lassen. Es blieb nur Raum für Verzweiflungstaten.

Wieder andere flohen in Endzeitstimmung aufs Land. Und kauften wir verlassene Höfe in der Toskana, entstanden in den USA ganze Budenstädte, nur möglichst weit von jeder Zivilisation und einem möglichen atomaren Fall Out entfernt. Vorbei mit Easy Rider, das brutale Ende des Films zeigte es schon. Vorbei mit Autostopp in Amerika und bald auch bei uns. Und nach den »Manson-Morden« in Kalifornien wollte sich niemand mehr auf vagabundierende Hippies einlassen.

Nach den Stammheimer Selbstmorden war der Spaß endgültig vorbei – war 68 gestorben. Was auf dieser Schiene dann noch weiterlief, war nurmehr gespenstisch, nicht anders als die letzten Tage in Hitlers Bunker, wo auf Karten Armeen verschoben wurden, die in Wahrheit längst aufgerieben waren. Der Kinderkreuzzug war in die Wüste geraten. Ein Teil würde umkehren, ein Teil auf der Strecke bleiben und die, die durchkamen, gerieten in den Dschungel. Aber mein Vater war weder ein Hansdampf mit Küchenschürze am Plätzchenbacken noch ein Nazi gewesen, die Chancen waren somit intakt, dass ich zwischen den Linien davonkommen würde.

Ho Chi Minh City

Und es kam Vietnam – der erste Fernsehkrieg. Die Pressebilder kamen unmittelbar, sie waren am andern Tag schon im Briefkasten. Das hatte es in diesem Maße noch nie gegeben: Kindergesichter im Dschungel unter viel zu großen Helmen, geduckt in Bambusbüschen, geduckt in Helikoptern, zwischen haushohen Palmen in Reisfeldern, und Fotografen offenbar immer dabei. Das waren offensichtlich nicht die Palmen der San Francisco Bay und nicht das Paradies des naiven Häuptling Tuiavii auf Samoa, das Traumziel der alternativen Tramper. In Fallgruben lauerten gespitzte Bambusrohre, im Tarnnetz auf dem Helm lauerte das Gift. Und machten doch Schwarze nur ein Sechstel der amerikanischen Bevölkerung aus, so schien jeder zweite Soldat ein Schwarzer zu sein.

Der Krieg Weiß gegen Gelb entwickelte sich im Heimatland der Dschungelkids umgehend vom friedlichen Protestmarsch zum bewaffneten Kampf gegen Weiß. Es war ein blinder Automatismus, der allerorten über Positionen entschied. Man konnte von Glück reden, wenn man auf die harmloseren Schlachtfelder verwiesen wurde oder Boden genug unter die Füße bekommen hatte, um nicht irre zu werden.

Der Krieg in Vietnam ging am Ende an sich selber ein, wie andere Kriege auch, die nicht fotografiert wurden. Wie jener in Afghanistan, wo die Russen das Gleiche meinten wiederholen zu müssen. Wenn es auf allen Seiten, bei Freund und Feind und vor allem an der Börse, nichts weiteres mehr zu holen und verdienen gab, drehte der Fokus auf andere Schauplätze ab. Das war nie anders gewesen. Früher dauerte dieses Auswüten nur dreißig oder hundert Jahre länger. *Wenn die Rendite nicht mehr stimmt, ist schon immer Schluss gewesen mit dem Krieg als Fortsetzung mit anderen Mitteln. Pech nur, wer da am neuen Ort gerade wieder hineingerät.* Vietnam war von vornherein nicht zu gewinnen gewesen. Das wussten die maßgebenden Politiker schon insgeheim, als sie noch immer neue Bataillone von Kids in den Dschungel schickten. Und immer wieder stand ein nächster Wahlkampf an. Und paradoxerweise mag unsere Protestbewegung das Vorhaben der US-Regierung, sich mit einem verträglichen Maß an Gesichtsverlust aus der Schlinge zu ziehen, noch unnötig verzögert haben. Ging es denn in den Kriegen dieses Jahrhunderts je um etwas anderes als um Prestige? Stritten sie in Paris nicht wochenlang tatsächlich erst um die Frage, ob der Verhandlungstisch ein rechteckiger, quadratischer oder runder sein sollte, während jeden Tag Hunderte von jungen Amerikanern und Vietnamesen sinnlos umkamen in einem Krieg, der in den Köpfen längst entschieden war? War dieser Zynismus der stets strahlenden Präsidenten und lächelnden asiatischen Chefgenossen noch zu überbieten? Hatte dieser eitle, mit der Macht kokettierende amerikanische Außenminister mit seinem sonoren Bass überhaupt Gefühle? Und wurde er in Deutschland nicht von Sozialdemokraten hofiert, in einem Land, wo man doch wissen musste, was es heißt, wenn Feuer vom Himmel fällt? Ließ sich unser Stadtschriftsteller und Kritiker des Vietnamkrieges nicht an der Seite meines Frankfurter Verlegers höflich beeindruckt von eben diesem Außenminister durch die Räume des Weißen Hauses führen? Konnte man angesichts dieses anhaltenden strahlenden Zynismus nicht verstehen, dass moralische Pfarrerstöchter – und war es ein Zufall, dass viele der bewaffneten Linken Frauen waren? – zur Waffe griffen, deren Handhabung das Einzige war, was sie von Männern beigebracht haben wollten?

Es geht den Politikern um Prestige und um nichts anderes, das kann jedem Konfirmanden schon mühelos auffallen. Und Kunst gegen Gewalt – schon erst recht »Rock gegen Gewalt« mit Leadsängern in Kampfanzügen – ist von Anfang an ein eitles Missverständnis, nicht anders als Benefiz, somit Fressen gegen Hunger.

In der »bleiernen Zeit« – nach Hölderlin, der ja auch an seinen Ansprüchen an eine bessere Welt verzweifelt war – traten solche Eitelkeiten nur krasser noch in Erscheinung. Aber bald schien man sich mit allem abgefunden zu haben. Die Scheußlichkeiten aus aller Welt kamen in solchen Massen in den Briefkasten geflogen, dass man sie verärgert gleich auf den Stapel warf. Auch den Roten Brigaden durfte man Eitelkeit und Wahn unterstellen, aber verständlich erschien ihre Radikalität vielen in jener Zeit der Gleichgültigkeit angesichts der Pressebilder aus aller Welt und der satten Zufriedenheit ehemaliger Nazigrößen, die sich schon wieder anmaßten, zwischen Richtig und Falsch unterscheiden zu dürfen.

Und uns Schülern in unserem Filmclub war auf 16 Millimeter im Prinzip schon klar gewesen: Kann es denn jemals Anti-Kriegsfilme geben? »Im Westen nichts Neues«? Nichts Neues, nach allem, was dann nur zwanzig Jahre danach kam?

Apocalypse now würde bald eine Disco in Ho Chi Minh City heißen. Und in Moskau würde eine Disco einem Gulag nachgestaltet werden …

*

Jede Generation muss offenbar von vorne beginnen, lehrt der Geschichtsunterricht, und es geht dem Weltenerfinder offensichtlich nicht darum, dass wir Fehler vermeiden, sondern an Fehlern wachsen, und gehe dabei das Schulhaus in Brüche, was noch das Wenigste wäre. Und da Ratschläge eben Schläge sind, will sie niemand haben. Lehrer beurteilen von Ende her, sind stets aus naheliegenden Gründen am Erhalt des Lehrgebäudes interessiert – darum hören Schüler richtigerweise nicht zu, auch wenn man sie prügelt. Und diejenigen, die neue Lehrgebäude schaffen, sind die Ausgebüchsten, die Frechen, nicht die Braven, es sind die, die statt zu lernen, eigene Erfahrungen machen, auf neue Ideen kommen.

*

Uns Jungen sollte niemand etwas vormachen. Dort, wo man vor etwas warnte, war stets etwas los. Sogar die Warner hatten das Blitzen in den Augen. Und es war enorm viel los in unserer Zeit des Umbruchs. Wir wollten dazugehören, ja man musste sich direkt dagegen wehren, nicht erfasst zu werden. Wir waren gegen den Krieg in Vietnam, rückten aber in die Schweizerische Armee ein, angeblich um sie von innen auszuhöhlen. Ich wollte nur einfach erleben, was die älteren Brüder am Tisch berichteten, wenn sie in den Urlaub kamen und mein Vater – sonst gar nicht so – die Schweizerfahne hisste. Mich von der Kasernenhierarchie zum Offizier zwingen zu lassen, vereitelte ich aber durch systemzersetzenden Unernst gründlich und von allem Anfang an. Der lange Marsch durch die Institutionen hatte bei mir in den langen Märschen mit dreißig Kilo Munition am Rücken ohnehin schon sein schnelles Ende gefunden. Dazugehören war das eine, und dort Karriere zu machen, das andere. »Tragen – Schlagen«, wie man es die Infanteristen lehrte, war mir als Ideologie dann doch zu dürftige.

Aber den Stempel »untauglich« – noch schlimmer: »dienstuntauglich« – wollte ich doch nicht am Rücken haben. In Badersdorf war Dienst an der Gemeinschaft eine erste Pflicht gewesen, man drückte sich vor nichts. Und wie wollte man allenfalls glaubwürdig auf das böse Schießen verzichten, wenn man dazu offiziell für unfähig erachtet wurde? Oder wohl simpler: Der Sog auf mögliche Erlebnisse mit Kameraden auf Lastwagen und unter Tarnzelten war einfach stärker, war Reisen im eigenen Land. Und als Artillerist, am Lederriemen ziehend, eine Kanone abzufeuern, die sich in einer blauen Pulverwolke ins taufrische Gras bohrte, war tatsächlich und definitiv nicht anders als geil zu finden. Oder nach einem wochenlangen Manöver am Schluss auf einer Hochebene mit allen andern Kompanien zusammenzuströmen, den Helm in der Hand, Zigaretten herum bietend, und zu sehen, wie viele es offenbar gewesen sind, die an dem Manöver teilnahmen in allen Winkeln dieses verwinkelten Landes: hier die Artilleristen, hier immerhin noch vollzählig die Infanteristen, über deren Köpfe wir atemberaubend knapp hinweg geschossen hatten, da die Übermittler, die mit ihren Kabelrollen Tag und Nacht herum flitzten … man glaubte sich plötzlich im Durcheinander am Strand von Omaha Beach im Juni 44, als die Invasion in einer ersten Schlacht ihren sicheren Anfang genommen hatte, General mit Korporal vorübergehend gemein werden durfte und die Order »Helm ab« von Mund zu Mund dem Strand entlanglief, die Lebenden sich umsahen, »die Nackten und die Toten« spurlos aus dem Blickfeld verschwanden, die Ebbe das Blut ins Meer hinaus zog, und damit einmal mehr jene verschwanden, die nie ihre Geschichte erzählen können, was erst das Ende aller Geschichten und Kriege bedeuten würde, das Ende der Geschichte.

Später hatten selbst die Verweigerer dieser lauten Spektakel das Blitzen in den Augen, wenn sie davon erzählten, wie sie damals im Knast oder Zivildienst sogar die Militärdecke mit dem Schweizerkreuz verweigerten und lieber froren, als sich damit zuzudecken ... So oder so, man wollte dabei gewesen sein, an der einen oder anderen Front, man war zumindest *einmal* dabei gewesen, man war *einmal* gemeint gewesen!

Und so lange das so war, dachte ich, solange man so fühlte und entschied, würde sich nichts je ändern, Sozialismus hin oder her. Ja, waren sie in den Ländern des real existierenden Sozialismus nicht geradezu vernarrt in jeglichen Militarismus? War da etwa der preußische Stechschritt abgeschafft worden, der aus jedem Menschen sogleich eine Maschine machte?

Und Straßburg hieß wieder Strasbourg ... hieß wieder Straßburg ... hieß wieder Strasbourg. Und St. Petersburg hieß Leningrad und würde bald wieder St. Petersburg heißen. Und Ho Chi Minh City hieß Saigon und würde wieder Saigon heißen.

Man hätte die Schilder gleich belassen können.

Fließgleichgewicht

Es wechseln die Dynastien, die Währungen, die Eichmeister – die Sprache der Straße überlebt sie alle. Stadt überlebt jede Macht mit ihren wechselnden Fähnchen, die vom Stadtvolk gegebenen Namen und erst recht Übernamen von Plätzen und Straßen überleben jeden Wechsel. Der »Adolf Hitler Platz« heißt nach ein paar Jahren wieder »Saumarkt«, wie ihn das Volk schon immer genannt hatte. Geschichtsschreibung ändert Namen, Politik ändert Namen im Namen der Staatsraison – Städter aber bleiben Städter ihrer Stadt, und damit bleibt Stadt resistenter als alles. Stadt ist in der Tendenz freiheitlich und liberal, weil Stadt Markt heißt und aus Marktflecken hervorging und der Markt stets zu Verbindungen zwingt, über ideologische Grenzen hinweg. Markt geht vor, der Markt vergibt die Namen von Straßen und Plätzen, was alles sagt, auch über Sprache. Wenn eine Delegation eines feindlichen Landes mit Trara angekündigt wird, damit wieder Friede sei, sind längst im Stillen Handelsdelegationen vorausgegangen, haben sich Kaufleute mit Dolmetschern seit Jahren schon getroffen und Visitenkarten ausgetauscht, haben den Knigge des andern Landes studiert und passende Geschenke mitgebracht. Wenn die Politiker kommen, ist es längst schon gelaufen. Markt geht vor Krieg, und Kriege sind vorbei, wenn es mit dem Markt vorbei ist, das ist anders nie beobachtet worden, trotz aller Hysterie, zu der Menschen fähig sind.

Nichts Äußerliches wies nach ein paar Jahren noch darauf hin, dass einmal 68 gewesen war. Einzig ein paar Wortschöpfungen wie »WG« und »Demo« blieben im Wortschatz hängen. Die Stadt sog alles ein, was der lange Marsch durch die Institutionen ans Ziel getragen hatte, und verwarf, was nicht lebens- und straßentauglich war. Die Parolen an den Hauswänden verschwanden eine nach der andern, die besetzten Häuser wurden abgerissen oder von den Besetzern schließlich gemietet oder gekauft. Bald hingen auch da Blumenkästen wie links und rechts der Straße, wiesen Blechschilder im Treppenhaus auf Verbote hin. Ein Genosse, der das Haus seines Vaters geerbt hatte, holte die Polizei, weil ein Mieter – gut gemeint – Graffitti an der Hausmauer übermalt hatte. Damit war auch das erledigt.

*

Hitzköpfe, in Regierungen gekommen, kühlen merklich ab, wenn sie mit der Komplexität des Verwaltens konfrontiert werden. Stadt mildert alles Extreme mit der Zeit, das Elixier Stadt ist stärker als alles, auch als jedes Gift der Macht. Stadt ist naturgemäß ein Fließgleichgewicht, ein Chaos, der Masse verdankt, und Chaos ist der ärgste Feind der Macht. Niemand soll Slums schönreden, aber es hat seine Richtigkeit, dass sich die Polizei nirgendwo in solch ein unberechenbares Gewusel hinein traut, geschweige der neue Präsidentschaftskandidat. Er weiß insgeheim, hier wohnt die Wahrheit, hier würde man ihm sowieso nicht glauben, glaubt er doch selber nicht, was er ins Mikrophon schreit.

»Dorf« hingegen ist aus dem Fenster der Wirtschaft »zum Bären« heraus regierbar, der Gemeindepräsident ist noch Bauunternehmer oder Großbauer nebenbei. Diktatoren haben alle »auf dem Dorf« angefangen, misstrauten der Masse ihr Leben lang, je älter je mehr. Es sind keine Städter, die in den Palästen und Reichskanzleien Kriege aushecken, es sind die im Geiste in der Provinz Zurückgebliebenen, die Unglück in die Städte tragen. Die Mafiabosse sind geistig in Sizilien zurückgeblieben, auch wenn sie in Chicago leben. Allenfalls dass sich ihre Söhne von Stadt anstecken lassen. Ihre Töchter wollten immer schon Stadt. »Seien sie ein friedfertiger König«, riet selbst der Sonnenkönig, Städter aller Städter, seinem Sohn und vorgesehenen Nachfolger, den er allerdings überlebte. Kriege müssen allenfalls sein, um das Gesicht zu wahren, aber im Innersten will Stadt nicht Krieg. Stadt will sich am Eigenen freuen, Stadt will Bälle, Luxus, Theater, Kino. Und sind Kriege vorbei, ob gewonnen oder verloren, soll sofort wieder getanzt werden auf dem Vulkan, sollen goldene Jahre kommen, soll wieder Swing sein, Karneval, sitzt selbst der Kanzler im Cabaret, das ihn auf die Schippe

nimmt. Und vergisst sich der Höchste in Champagnerlaune, ist er ertappt worden hinter dem Vorhang, mit ihr, der Jungen, der Zweifelhaften … vergisst er sich im Dschungel der Stadt, wird ihm verziehen. Sucht, Potenz, Verführung wird verziehen in der Stadt. Askese hingegen verzeiht der Städter nicht. Kasernen mag er nicht. Garnisonsstädte sind sonderbare Gebilde, sie fallen augenblicklich in sich zusammen, ziehen die Kompanien zum Manöver ins Feld. Die Bordelle können schließen, die Kaffeehäuser entlassen Personal, vorbei die Musik. Denn für Askese und Reglement ist niemand hergekommen aus der Pampa. Der Städter will Fest, nicht Kriege, will allenfalls die Feste der Kriege. Mit den schönen Paraden wäre er schon zufrieden, schade um die feschen Buben, die zerschossen werden sollen. Nur ist der Städter leider zu leichtsinnig, um Provinzhirne zu identifizieren, die den Stechschritt wieder einführen wollen. Und plötzlich kann es dann zu spät sein.

Leo Trotzki Bitterli

Ich fing an, Lieder zu schreiben in meiner Mansarde, nur ein paar Kilometer von meinem Dorf und doch schon meilenweit entfernt. Sie wollten vorerst nicht viel mehr, als sich abheben von der Älplergemütlichkeit der üblichen Mundartlieder und der Pfadfindermentalität der Chansonniers der frühen Sechzigerjahre, die sich nach Paris orientierten, wo man selbstverliebt Metaphysisches zelebrierte und Schnauzbärte besang. Ich mochte aber auch nicht zu den linken Köpfen gehören, denen es genügte, vor ihren jeweiligen Vereinsgenossen im Volkshaus bloß Parteiprogramme herunter zu singen, und die ihre mit Aufklebern eingedeckten Gitarren behandelten, als wären es Fahrräder, die man überall anlehnt. Musik, die Verse sollten mir der Zweck sein, nicht Mittel zum Zweck – direktes politisches Engagement sollte sich in Aktionen und an der Urne ausdrücken. Es hätte nun angestanden, mit meinem feinen Verlagsdiplom aus Frankfurt und einer Anerkennung aus Darmstadt in den Schriftstellerverband einzutreten. Aber ich fand, dass ich kein Schriftsteller war und gab mich auch nicht als solchen zu erkennen. Sänger war mir lieber. Meine Lieder sollten poetisch und ums Eck herum politisch sein und sich an der frischen Luft zwischen den Fronten von alleine durchbringen. Dementsprechend ging es nur langsam voran mit der Liederproduktion.

Zwischen den Liedern schrieb und las ich meine Gedichte, die demselben Credo verpflichtet waren: Herz vor Kopf. Mein eigenes Herz war mir allerdings ein Rätsel und entschieden trauriger in jener ungeheizten Mansarde, als ich unten in der WG, wo die wilde Anarchie herrschte, zeigen mochte. Die Lieder und Gedichte hingegen durften es ausdrücken, sie waren sich selber bewusster, als ich es war, der ich, eher von der Welle des Zeitgeistes getragen, als eine Art Medium schrieb, wie ein Kind Dinge sagt aus heiterem Himmel, das die Erwachsenen erstaunt, die es aber selber nicht begreift.

Das alles war an meinem Anfang. Die Stadt lag noch weitgehend vor mir, die Turbulenzen der Liebe erst recht – obschon sie in diesem ersten Jahr und Gott sei Dank eine Tochter hervorgebracht hatten, ein Kind der gesunden wilden Liebe, ein Umstand, der mich gleich zu Beginn und in aller Anarchie rundum auf Bodenhaftung verpflichtete. Nur die Universität mit ihren Kunstwelten würde mein junges Leben noch etwas in eine privilegierte Länge ziehen, von der meine alten Freunde auf dem Dorf, die längst redliche Brotberufe ausübten, nicht einmal zu träumen wagten.

Darauf folgte der Einstieg ins Schul- und Sozialwesen der Stadt, ich gründete einen Jugendtreff, domptierte abends und an freien Nachmittagen eine Bande jugendlicher Stadtstreicher in den Räumen, in denen ich auch wohnte, unterrichtete tags, stieg abends auf Bühnen und hütete an »unserem gemeinsamen Dienstag« die Tochter, holte sie an »meinen Tagen« vom klebrigen, aber »befreiten« Kindergarten der Stadt ab und begleitete sie später durch die Steinerschule zusammen mit ihrer Mutter, die sie aufzog und es sehr bald vorzog, sich an der Peripherie meiner Projektlust und Sprachlosigkeit in Beziehungsdingen in eigener Regie niederzulassen und ein eigenes Leben zu leben. »Ich wusste damals noch nicht, dass Frauen alles ahnen, was in uns vorgeht, aber trotzdem auf Worte warten«, las ich zu dieser Zeit bei Joseph Roth, »meinem Liebsten« …

Und niemand fand etwas daran, dass die wild entstandenen Kinder der Revolte Vornamen trugen, die den Helden und Märtyrern des bewaffneten Widerstandes abgekupfert waren. Auch das nichts Neues. Es kamen Namen wie Beno, Andreas, Gudrun, Ulrike; ein Kind hieß tatsächlich sogar Leo Trotzki Bitterli …

Aber uns sollte es recht sein, dass der Protest gegen Vietnam – ob aufgrund der freien Presse oder nicht – immer weitere Kreise zog: Die Schauspielerin aus Hollywood posierte mit dem Vietcong am Flugabwehrgeschütz, den Helm des Feindes frech auf dem frisch frisierten Haar. Das musste denn doch auf die Titelseite unseres Studentenblattes, in dem ich meine ersten Gedichte und meinen Notizheften entnommenen Beobachtungen der ersten Jahre in der Stadt und des Reisens veröffentlichte. Es waren, wie schon gesagt, oft altkluge und von Erfahrung vielfach noch nicht eingeholte Notate neben vom Zeitgeist diktierte Texte, die jede neue Generation mit recht für sich reklamieren darf und die Schreiber der vorigen auf die hinteren Ränge verweist. Zugegeben auch: Insgeheime Aufzeichnungen, bodenständige, die in den Verdacht der Rechtslastigkeit hätten geraten können, behielt ich der Veröffentlichung vor. Wie hätten mich meine Genossen da verstehen können?

Besagte Schauspielerin heiratete später den mächtigsten Medienzar der Welt und warf sich dann vor die unterdrückten Indianer in Pose. Später wurde die schnell empörte Ewigjugendliche die Vorturnerin der Fitnessbewegung und verkaufte Millionen Aerobic-Kassetten. Alles war möglich, alle wurden von allem überrascht, und alles hatte im Aufbruch den Charme des ersten Mals. Protestlieder entstanden über Nacht. Unsterbliche Songs wurden zwischen Mänteln in der Garderobe oder auf Kühlerhauben wartender Taxis gekritzelt und gleich in Studios aufgenommen. Das erste Open-Air in Woodstock setzte Maßstäbe und hinterließ ein erstes Schlachtfeld an Konsummüll nie gesehenen Ausmasses. Nackte tanzten und liebten sich darin im Schlamm. So etwas hatte es noch nie gegeben! Eine Zeit lief aus dem Ruder. Der Moment schien günstig, es gleich gründlich herumzuwerfen. Wir Ökonomiestudenten und Soziologen im ersten Semester hielten uns zweifelsfrei für die Richtigen, den neuen Kurs festzulegen. Ho Chi Minh und der schöne Che hingen nun in jedem WG-Zimmer. Und Mao, noch nicht im Ruf eines Schlächters, gab die Vorlage für die kragenlosen Arbeiterjacken, die bald an jedem Haken hingen …

Den richtigen Weg wies die Frankfurter Schule. Unsere Studentendelegationen bereisten Kuba und Nicaragua. Jeder Intellektuelle, der sich für prominent hielt, ließ sich mit dem lockeren Lider Maximo Fidel Castro ablichten. Wer Zigarren rauchte und Salsa scheppern ließ vor seinen endlosen Reden, konnte wohl nicht den Asketen nachgeraten, die normalerweise die Welt in Brand stecken. Die freudlosen Kommunisten aus den Ostländern, die ihn finanzierten und ihrem eigenen Volk Südfrüchte vorenthielten – weiß Gott, warum nicht einmal dies zu lösen war –, würde er auch noch anstecken. Südamerika sowieso.

Es war alles nur noch eine Frage einiger Jahre, eine Frage der Zeit, die für uns tickte, ohne Zweifel. Radiobastler unter unseren Genossen schickten Piratensender nach Nicaragua und überließen uns ihre Prototypen für den Kampf an der kreativen Heimatfront. Mit Geräten, nicht größer als eine Zigarrenschachtel, konnte die ganze Stadt beschallt werden mit Liedern, die wir am Küchentisch aufnahmen, und Nachrichten, die unsere wilden Kinder nach eigenem Gutdünken verlasen. Die Frequenzen waren noch unvergeben, die peilenden Fahnder dilettantisch: Wenn sie peilen wollten, konnten wir senden, weil sie nicht gleichzeitig stören konnten, wenn sie aber stören wollten, konnten sie nicht peilen, weil dann das verbotene Signal im Rauschen verschwand. Und wenn sie doch den einen oder anderen Sender konfiszierten, wollte es ein Vorkriegs-Gesetz, dass der Apparat »noch warm« zu sein hatte, sollte er als Corpus Delicti gelten dürfen …

*

Achtundsechziger, wie man den Stempel bald nennen würde, bestanden allerdings durchaus nicht nur aus uns, den paar tausend Demonstranten mit extralangen Haaren in exotischen Wohngemeinschaften. Es war dahinter eine ganze Generation unterwegs, zumeist nur innerlich, junge Männer und Frauen, die sich in provinziellen Verhältnissen nicht allzu weit aus dem Fenster neigen durften, aber umgehend nicht wiederzuerkennen waren, kamen sie von einem längeren Aufenthalt aus städtischen Verhältnissen zurück, wenn sie überhaupt zurückkamen aufs Land. Und wenn auch die große Revolution nicht ausbrach übers Jahr, so gerieten überlebte Werte doch gewaltig ins Rutschen. Mit Mief und Biederkeit der Nachkriegsjahre war endgültig und nachhaltig Schluss. Mit der Lüge, vor allem dem Verschweigen in Deutschland, war es endlich vorbei. In der Verlogenheit der Väter-Generation, ihrer satten Gemütlichkeit am Nierentisch, während die Welt doch brannte, und in der Weise, wie die in jedem Land anders lastende Vergangenheit überzuckert wurde, ist wohl die entscheidende Triebfeder des Umbruchs, genannt 68, zu sehen.

Vier Jahrzehnte später würde ein gewichtiger Zeitzeuge und Philosoph in die Kamera sagen, er halte 1968 von den Auswirkungen her auf allen Gebieten für das gewichtigste Jahr nach 1789 …

Aber es muss auch gesagt werden: Es wurde uns, jedenfalls hierzulande, leicht gemacht, uns aufzumachen. Wir wurden nicht vor Ultimaten gestellt auf Leben und Tod, wie die Geschwister Scholl oder die Leute um den Sänger Victor Jara in Chile oder die Kids im Musical »Hair«, die den Einberufungsbefehl nach Vietnam in der Tasche hatten.

Erst wenn man zurückschaut, erkennt man den Weg um die Ecken herum, die niemand ahnen konnte und die mit der Zeit manchem Barrikadenstürmer zum Verhängnis wurden. Einige scheiterten am Höhenflug, der bald in ihrem Leben der Einzige gewesen sein sollte. Einige überschätzten ihre Kräfte und konnten es sich nicht verzeihen, bald im kleinbürgerlichen Milieu gelandet zu sein, das sie einmal verhöhnt hatten; es hatte sich nur umgehend neu ausgestattet. Jäh schlug Hoffnung in Verzweiflung um, wie nicht das erste Mal in der Geschichte. Einige zerbrachen daran, einige warfen ihre bisher lauthals geforderte Verantwortung für die Welt auf Jesus und lächelten nur noch wissend, andere machten sich auf den langen Marsch, wieder andere zogen sich zurück in theoretische Wolkenkuckucksheime, einige verpuppten sich in ihren alten Fahnen, ohne je auszuschlüpfen, und einige wenige spien bald auf diese Zeit, als wären sie nicht ihre lautesten Verkünder gewesen.

Etliche verfielen auch dem König Alkohol oder landeten in der Psychiatrischen, wo ich aus anderen Gründen als politischen Gelegenheit bekam, über Vergangenes nachzudenken. Jene Genossen, die im Großbürgertum landeten, verfielen dem Zigarren-Kult der gemütlichen Art, das Einzige, was von Castro übrig blieb, außer dass er Andersdenkende nach wie vor locker erschießen ließ, wie vormals der schöne Che, als dieser Chef des Gefängnisses La Cabana war und manchmal sogar selber Hand anlegte – wohl eine Zigarre im Mund –, wenn andere zögerten, Hunderte von falsch Denkenden zu exekutieren …

Dass sich die Zahl der Gefangenen auf dieser angeblich so lockeren Insel mit der Etablierung des Sozialismus alsbald mehr als verzehnfachte und aus vierzehn Gefängnissen zweihundert wurden, dafür konnte Musik nichts. Ihre Instrumentalisierung half aber mit Sicherheit, die wahren Zustände südlicher Diktaturen zu vernebeln. Gefangene Vögel singen am Schönsten. Karibische und afrikanische Musik brach sich bald Bahn auf allen Sendern und in allen Discos. Der Reggae kam auf mit seinem Rasta-Kult, der ausgerechnet Haile Selassie zum Heiligen stilisierte, einen Monarchen, dem seine Hunde und Leoparden stets näher standen als die ausgemergelten Kinder seiner Untertanen. Vielleicht wusste ich auch nur zu viel aus den Seminaren der Uni, als dass ich hätte unbelastet mittun können wie meine Freunde aus der WG, die auf jede Absicherung ihrer Zukunft pfiffen und glaubten, sich zeitlebens und stets irgendwie durchschlagen zu können, was sich später meist als verhängnisvoller Fehler erwies.

Musik

Ich hatte von einer Tramptour durch Spanien eine Flamenco-Gitarre nach Hause gebracht. Flamenco stand außerhalb aller Konventionen und Ideologien der Stadt und des Landes. Flamenco war einfach Leidenschaft und wie nichts anderes geeignet, in den Kneipen der Altstadt Frauen zu beeindrucken. Man stand jedenfalls von Anfang an nicht unter Langweilerverdacht – Flamenco in Latzhosen war undenkbar. Und es kamen die Flüchtlinge aus Südamerika mit ihren fürchterlichen Panflöten und dem süßlichen Gezirpe ihrer Harfen. Der alte argentinische Meistersänger Atahualpa Yupanqui brachte den schweren langsamen Samba mit ins Exil nach Paris und von da auf die Bühne des Volkshauses unserer Stadt. Damals genügte es in jenen Ländern, von Campesinos oder den Mineros zu singen, um verfolgt und gefoltert zu werden. Selbst der Flamenco-Sänger Juanito Valderrama – ein charmanter Leichtfuß, der nebenbei auch einmal von den Nöten des Volkes und der Emigranten singen wollte und dazu noch unverfänglich seinen Strohhut schwang wie Maurice Chevalier – konnte in Franco-Spanien keinen Platz haben.

Ach, wie wenig waren wir von derlei Repressionen betroffen, die wir teure Gitarren aus Barcelona mitbrachten, wo Kleists zerbrochener Krug als subversiv galt und sich die besten Gitarristen nicht annähernd ähnliche Instrumente leisten konnten, wie ich bald feststellte mit meinem roten

Schweizerpass, der damals noch alle Türen öffnete, und erst Recht den Schweizerfranken, die Ikone aller Währungen? Wir mussten nicht an der prallen spanischen Sonne für eine Handvoll Oliven und Zwiebeln die dürre Erde harken, die erst noch einem Franchisten gehörte. Wie sollten wir den Flamenco verstehen, sein nicht enden wollendes Lamento, sein sehnsüchtiges Verlangen! Unsere biederen Bundesräte ließen immerhin keine Studenten erschießen. Es kam einzig eine Fiche vom Polizeidepartement. Es kam heraus, dass jede und jeder bespitzelt worden war, der einmal die herrschende Ordnung oder das in alle Haushalte verschickte rote Zivilverteidigungsbüchlein in Frage zu stellen gewagt hatte oder, noch schlimmer, das an jeden Wehrmann abgegebene grüne Dienstbüchlein, das der Präsident des traditionellen Schriftstellerverbandes redigiert hatte.

Welcher Geheimdienst aber schickte je seinen Observierten die Unterlagen zu! Mir war es eine Ehre, zu den Bespitzelten gehört zu haben. Ich fühlte mich in bester Gesellschaft. Jeder meiner Genossen trug seine Fiche eine Woche lang wie eine Trophäe in der Westentasche von Bar zu Bar, um sie herumzuzeigen. Dumm nur, wer keine vorzuweisen hatte – er war entweder der Spitzel gewesen oder unseren Gegnern als harmloses Weichei aufgefallen. Aber was für ein bürokratischer Aufwand war da betrieben worden, jeden siebten Bürger zu bespitzeln – auf Steuerkosten schließlich auch dieser Neunhunderttausend, die bespitzelt worden waren!

Keiner der Verdächtigen war jedoch erschossen worden, nicht einmal entlassen, von der Uni geschmissen schon gar nicht, wo die attackierten gebeutelten Professoren uns Linke insgeheim dafür liebten, sie als einzige wenigstens gelesen und zu verstehen versucht zu haben. Bei ihren braven Assistenten und ihren dozierenden Kollegen konnten sie sich nie sicher sein, es standen schließlich Pfründe auf dem Spiel, der Kollege war plötzlich zum Rektor gewählt worden und hatte Einfluss auf Beförderungen …

Gefährdet waren nicht einmal die aufmüpfigen Lehrlinge. Jener langhaarige Freund in der Bank, der vom Schalterdienst in die hinteren Räume versetzt wurde und sommers obendrein nach Belieben auch barfuß zur Arbeit erschien, konnte seine Lehre ungefährdet beenden. Der Patron der Bank hatte seine milde Hand über ihn gehalten. Gefährdet waren hingegen die Mittelschüler, die sich zu früh und zu heftig der Freiheit verpflichtet fühlten und Hausordnungen der strikteren Art missachteten. Zwei Schüler wurden von einem Gymnasium, das Freudenberg heißt, relegiert, weil sie armeekritische Karikaturen ans Schwarze Brett geheftet hatten. Der Erziehungsdirektor und stramme Offizier verstand keinen Spaß. Küssen auf dem Schulhof genügte unter katholischen Umständen schon, um relegiert zu werden – an Mittelschulen immerhin, die Gottfried Keller als Pflichtstoff auf der Liste hatten, der sich zeitlebens über die Folgen seiner Relegierung von der Schule am Großmünster beklagt hatte …

Keiner aber, der Guantanamera brüllte in der linken Malatestabar, wusste, was er sang, und dass es ursprünglich ein Lied der Revolution war, nicht einmal wir, die es vorspielten zuweilen auf Wunsch zur späten Stunde, wussten um die genaue Bedeutung jeder Strophe. In der El Dorado Bar, wo unsere Hausgenossinnen, die karibischen Toplesstänzerinnen, auftraten, kannte jedoch jeder die Texte. *In der Musik darf die Welt eine verkehrte sein, sie ist es ja.* Und niemanden kümmerten beim Tanzen am 1. Mai die abstrusen Ideale eines Bob Marley, der Weißen gegenüber nicht weniger rassistisch eingestellt war als etwa die sturen Weißen gegenüber Schwarzen in Südafrika, mit denen unsere Nationalfirmen und der eine oder andere Parlamentarier – trotz internationalem Embargos – beste Geschäfte abwickelten. Musik ist Musik, sie braucht keine Geschichte, dachte ich. Mir fehlte das letzte Pathos bei diesen schönen Liedern, die so ausnehmend gut ankamen. Ich konnte ja nicht behaupten, gewisse politische und geschichtliche Hintergründe nicht zu kennen. *Wenn der Blues beginnt, kann der Student nach Hause gehen.* Und ich war dann doch eher Student als Lastwagenfahrer, wie Elvis anfänglich einer gewesen war. Und Chuck Berry, der Urvater des Rock und ewige Sklave der Musikindustrie, dessen Johnny B. Goode neben Beethovens Neunter und Mozarts Zauberflöte mit der Voyager-Sonde ins ewige All geschossen wurde und als einzige Botschaft aus der Zeit der Menschenwesen noch übrig bleibt, wenn die liebe Sonne unsere Erde längst kompostiert haben wird – er hatte seinen guten Grund, seine Gitarre absichtlich zu verstimmen: Er tingelte noch lange in drittklassigen Schuppen für ein Butterbrot, gemessen an seinem Beitrag an seine vielen Epigonen, die allesamt zwei- bis dreistellige Millionäre geworden waren und auf der Bühne löchrige Jeans trugen, die Einblicke auf dürre Greisenbeine freigaben. Auch Elvis durfte gelten, auch wenn er die Musik der Schwarzen übernahm, oder war es vielmehr Bill Haley mit seinem »Rock around the Clock«, als alles überhaupt anfing? Elvis war ein schwarzer Weißer in der alle Farben vereinnahmenden bigotten Provinz. Das konnte ich nachvollziehen. Seine Botschaft war La Bamba, mehr nicht. Aber auch nicht weniger. Sein Hüftschwung brachte das Establishment – nicht anders als später der Minirock – bei weitem mehr ins Wackeln als alle linken gescheiten Flugblätter zusammengenommen. In den Fünfzigern hatte man sogar einen Charlie Chaplin vor den Senatsauschuss zitiert, so ängstlich auf Bürgerlichkeit getrimmt war unser Vorbild, dieses lockere Amerika des Swing in Elvis' Jugendzeit. Aber der absolut unpolitische Elvis putzte alles weg mit einer einzigen Bewegung. Rock and Roll schlug ein als die reine Lebensfreude, eine Atombombe in der Prüderie der Nachkriegsjahre. Elvis konnten wir verstehen, ich schrie mich heiser am Mikrophon in dunstigen Festzelten und Turnhallen, als ich noch in der Provinz verhaftet war.

Als die Stones und Beatles kamen, war es aber schnell vorbei mit dem »King« of Rock and Roll. Im linken Studentenmilieu hatte Elvis schon gar nichts mehr zu suchen.

Kein Zimmer jetzt ohne die rote Platte mit den italienischen Revolutionsliedern, kein Zimmer ohne die Schmuddelkinderplatte des zynischen deutschen Vorsingers Degenhardt, kein Frauenzimmer der angeblich unbefreiten Art ohne den schwermütigen Leonard Cohen, den insgeheim zu erlösen sich Heerscharen schmachtender Verehrerinnen zumuten wollten. Kein Gemeinschaftsraum ohne Keith Jarett mit seinem sphärisch klaren Köln-Konzert und ohne den insistierenden Dollar Brand. Beatles oder Rolling Stones: Das war eher eine Temperamentssache oder verwies auf die soziale Herkunft, nicht anders als bei den beiden Fußballklubs der Stadt.

Bei den Schweizer Liedermachern, zu denen ich mich mittlerweile zählen durfte, konnte man verschiedener Ansicht sein, wenn man überhaupt die Wahl hatte. Jedes Jahr erschien der Mitschnitt eines Liedermacher-Open Airs, auf der fast restlos alle mit einem Lied vertreten waren, mochte es tönen, wie es wollte. Die linken Veranstalter diverser Feste und Jubiläen boten dazu ein Chili con Carne an, das sie nicht einmal selber kochten, dazu einen Solidaritäts-Wein aus einer deutsch-schweizerischen Kooperative im roten Umbrien, den man am anderen Morgen mit violetten Lippen zutiefst bereute, was dazu führte, dass wir nach dem dritten Reinfall unseren eigenen Wein unter den Tisch stellten, wenn wir an linken Festen auftraten. Und da gab es eben die fast immer gleiche »Liedermacherparade« vor dem lockeren zweiten Teil der Veranstaltung mit den jeweiligen südamerikanischen Emigranten mit ihren Panflöten und saitenbespannten Gürteltieren, die auf dem Artenschutzindex längst als geschützt galten.

Ich hasste die Bezeichnung »Liedermacher«, sie schien mir typisch schweizerisch zu sein: nur nicht übertreiben, nur nicht Sänger sein wollen nördlich des Gotthards, man machte ja nur Lieder, die man halt auch noch sang, mehr schlecht als recht oder vielmehr absichtlich schlecht. Das Unwort Liedermacher war nun einmal unabdingbar unterwegs, sogar im Ausland, es passte schließlich zu Filmemacher und Radiomacher.

Aber diese Feste standen, was ihre Abwesenheit von Charme und die Neonbeleuchtung anging, den Metzgerbällen auf dem Dorf – wo ich als Pubertierender unbefangen aufgetreten war – in nichts nach, was mich zunehmend anödete. In der Provinz ging trotz allem wenigstens die Post ab, und wie! War diese linke Öde somit die Kreativität, die man den selbstbestimmten Arbeitern der Zukunft zumuten wollte? Dann gute Nacht! Es wurde also Zeit, die Szene erneut aufzumischen!

»Niederdorf Rock Ensemble« hieß das Projekt aus stampfendem Rock und dadaistischen Kabarett-Einlagen, die vor allem die jeweils gastgebenden Linken und Alternativen auf die Schippe nehmen und geeignet sein sollten, die gequälte Liedermacherei wegzupusten. Ich zerteilte »on stage« – wie Magier Jungfrauen zersägen – Marx' und Lenins gesammelte Werke mit der Badersdorfer Motorsäge, die ich den Städtern immer wieder gerne vorführte, um dann die Werke nach den mechanisch zu erwartenden Protesten im Saal auf wunderbare Weise unbeschädigt wieder hervorzuzaubern. Man vernichtet keine Bücher – in Ordnung –, aber gab es denn noch eine These dieser linken Altväter, die die Wirklichkeit nicht widerlegt hatte? Und hatten sie nicht sogar Millionen Todesopfer provoziert mit ihren weltfremden Theorien? Eine Wahlkabine, in welche die Zuschauer gerade ihre Zettel zu einem jeweils naheliegenden und ernsthaften Thema eingeworfen hatten, entpuppte sich beim Umdrehen als Abort, in dem sich unser Saxophonist gerade damit den Hintern wischte. Das Schweigen im Saal war eisig, Pfiffe wären geradezu erwünscht gewesen, man verließ kopfschüttelnd den Saal.

Aber die Kulissen sollten wackeln, tatsächlich wackeln, nicht literarisch, die Kleider sollten fallen, tatsächlich fallen, nicht symbolisch, es konnte primitiv genug gar nicht hergehen, jedes *object trouvé* war uns recht, um im letzten Moment schamlos verwendet zu werden. Wir kauften Theaterblut in der Fünfliterflasche.

Damit machten wir uns verständlicherweise nicht überall beliebt. Unser Fan-Klub bestand bald nur noch aus Schadenfreudigen, für die wir es den anderen wieder einmal gezeigt hatten. So wurde es Zeit, allmählich auch damit aufzuhören.

Als dann das Fernsehen den neuen Braten roch, war der Moment gekommen, einen entschiedenen Punkt zu setzen, bevor es andere taten. Wir waren definitiv in die Jahre gekommen. Unsere Kinder lernten bereits selber Gitarre spielen, und es war dann doch nicht vorgesehen, ihnen den eigenen Wind aus den Segeln zu nehmen.

Auch die Frauenbewegung war schnell in die Jahre gekommen. Ihre Hohepriesterinnen hatten mit Humor und »Tutti Frutti« nie viel anfangen können. Und wehe, eine der Jüngerinnen war plötzlich schwach geworden und zu einem männlichen Wesen zurückgekehrt! Erbarmungslosere Ausschlüsse habe ich nirgendwo gesehen, und absurderen Lebenskonzepten bin ich nicht wieder begegnet. In gewissen lesbischen Wohngemeinschaften und erst recht in abgeschotteten lesbischen Kommunen auf dem Land durfte nicht einmal ein männliches Tier über die Schwelle treten. Ob sie die zwiegeschlechtlichen Schnecken im Garten duldeten, ist mir nicht bekannt, man wird sie wohl so oder so entzweigeschnitten haben. Alle als männlich geltenden Endsilben wurden überdies aus Namen getilgt und durch weibliche ersetzt: aus Heidi wurde allen heiligen Ernstes Heidu. In solchem Irrsinn waren nur die Wiedertäufer der Stadt – aufs äußerste erstaunt, was da tatsächlich in der neu auf Deutsch übersetzten Bibel stand – entschieden noch einen Zacken weiter gegangen, waren lallend auf dem Boden herumgekrochen, weil da stand, dass nur in das nahe Himmelreich komme, wer wie die Kinder sei ... Aber das war im sechzehnten Jahrhundert gewesen und Endzeiterwartung in der ständigen Lebensbedrohung durch Seuchen und Kriege allgegenwärtig; man stand mit einem Bein ständig im Grab, das Jenseits war gleich nebenan.

Natürlich war die Reformation eine vergleichsweise heftigere Eruption gewesen mit jedenfalls einschneidenden materiellen Folgen. Die Stadt war durch die Übernahme klerikalen Vermögens und Klostergrundes schlagartig reich geworden – durch uns jedoch wurde niemand reicher, im Gegenteil. Eine letzte Äbtissin hatte den Stadtvätern seinerzeit brav die nötigen Klosterschlüssel überreicht. Die einträgliche Schuld- und Sühnemaschine früherer Jahrhunderte erwies sich als Goldregen für das etablierte Stadtpatriziat, die offizielle Lesart der protestantischen Ideologie hatte zeitgleich ihr Startup-Kapital erhalten, was wollte man mehr. Somit konnte der abgehobene Idealismus der Täufer restlos von der Bildfläche verschwinden, obwohl er trotz all seiner Naivität beständig an die ersten, durchaus berechtigten volksnahen Anliegen der protestantischen Sache erinnerte. *Unsere* sektiererischen Ableger hingegen blieben seltene Ausnahmen und gingen bald an sich selber ein, und wirtschaftlich änderte sich schon gar nichts in Stadt und Land: Die Börse blieb unbeeindruckt durch die Krawalle, das Wirtschaftswunder der Nachkriegsjahre durfte sich ungehemmt fortsetzen …

Als dann der gesunde Menschenverstand auch im Reich des reinen Frauseins wieder Oberhand gewann und »die Lauen« aus den Revieren des »richtigen Glaubens« zurück ins gewöhnliche Leben sog, wo man allenfalls Hausstand und Kinder haben will, sahen sich die verbliebenen handverlesenen Verkünderinnen genötigt, sich nun selber auszuhalten. Der Weg zur Esoterik war leicht gegangen, zumal die Achtzigerjahre geradezu nach Erzengeln verlangten. Die Priesterinnen aus Lesbos schwenkten nahtlos zu religiösen oder psychologischen Sekten über. Umgehend, nach einem erstbesten Kurs, waren einige plötzlich ausgewiesene Expertinnen der astrologischen Beratung geworden. Machtbedürfnis findet geschlechtsneutral immer ihre schnelle geschmeidige Wendung. Man war jetzt Therapeut/in. Aber die »bösen« Kinder tanzten auch da bald anderswo. Bald verschwanden die Kristalle wieder von den Bettvorlagen, die Traumfänger – vielmehr Staubfänger – von der Decke, die Engel flogen mit dem Futon in die Umzugsmulde. Plötzlich musste man nicht mehr, von einem ausgestreckten Zeigefinger bedroht, als erstes sein Sternzeichen nennen, kaum hatte man an der Tür geklingelt. Ja man durfte bald sogar die Schuhe wieder anbehalten wie vormals in den ersten WG's, als mein Verleger der einzige gewesen war, der sie an der Schwelle ausgezogen hatte.

Frauen schienen die natürlichen Metamorphosen auf Dauer nahtloser zu geraten. Krasse Peinlichkeiten des Festhaltens an alten Konzepten zeigten sich vorwiegend auf unserer Männerseite. Frauen schienen dann doch nicht auf jede Bühne klettern zu müssen, um die Erosion ihrer Ideale lauthals zu dementieren, wie wir Männer es noch lange versuchten. Und wie sollte man die vormals so aufmüpfigen Schwulen begreifen, die nur noch heiraten wollten, möglichst kirchlich? Oder die später dann vom Lovemobile herunter ihren fünfzigjährigen Hintern als letzten verbliebenen Protest schwenkten.

So oder so – kein Achtundsechziger wurde geprüft von einer Not oder einer extremen Gewissensentscheidung, die sonst rechtzeitig Weizen von der Spreu trennt. Wenn es einem nicht selber zu dumm wurde, durfte über Jahre alles Legende bleiben. Viele würden nach Jahrzehnten immer noch behaupten: Hätte die Jugend nachfolgender Generationen nur beständig den Mut zum Aufbruch gezeigt, den *wir* damals zeigten, die »goldene Zeit« hätte eine goldene für alle werden müssen. Für alle Zeiten. Aber eben …

Andererseits hätte keiner daran gedacht, dass einmal eine Generation folgen würde, die die Auswahl von Klingeltönen fürs Telefon mehr beschäftigen würde als das Verschwinden des Regenwaldes, eine Generation, die die sofortige Entlassung einer korrekt Steuern bezahlenden Kassiererin wegen Unterschlagung – vielmehr Vergessens – von drei Franken mit gleichem politischem Desinteresse hinnehmen würde wie die Unterschlagung von Millionen und Milliarden seitens gewiefter Spekulanten mit posthum Rechnung an eben diese Steuerzahler … War es denn die Psychologisierung von allem und jedem im Windschatten der Siebzigerjahre, die der simplen Empörung die Spitze brach? Die Verständnis für alles und jedes mit sich brachte?

Wir hatten uns Ende der Sechzigerjahre politisches Bewusstsein schnell angeeignet und die Fehler erst einmal dem System und seinen Vertretern angelastet. Es war aber nicht Mut, es war Übermut gewesen, der uns beflügelt hatte und jedes Verständnis überflüssig erschienen ließ. Und die meisten meiner Freunde würden durchaus nicht tragische Figuren werden, würden mit oder ohne Dia-Abende das Lachen nicht verlieren.

Bewegungen, welche Jahreszahlen man ihnen auch anhängt, haben sich zu überleben, sollen sie leben. Unsere Bewegung war erst spielerisch leicht und laut gewesen und wurde, wie es ist, strikt und hart mit den Jahren. Man sprach bald nicht einmal mehr mit jenen, die die andere Hosenmode trugen als man selbst. Jede Gruppierung war sich selber sicher. In gewissen Zirkeln genügte ein falsches Wort zur falschen Zeit in der falschen Runde und konnte den sofortigen Ausschluss aus der Gemeinschaft bedeuten – in alten Zeiten schlimmer als ein Todesurteil, weil es auf Dauer zum gleichen führte und erst noch die ganze Sippe mit sich riss. Wäre es so weiter gegangen und hätten gewisse Wortführer tatsächlich das gesellschaftliche Sagen an sich gerissen – es hätte zu Zuständen kommen müssen, wie sie zur Zeit des jakobinischen Terrors herrschten oder im Zarenreich Stalins, wo keiner wusste, ob nicht im nächsten Moment zwei Herren eintraten, um einen festzunehmen und einzusperren. Aber so weit konnte es nicht kommen, in keinem Land Europas, die Voraussetzungen dazu waren nicht gegeben. Zum Glück, konnte man nur nachträglich sagen, als sich die ganze Wahrheit über die sinnlosen Opfer auf dem Weg zum hehren sozialistischen Endsieg in anderen Ländern allmählich abzeichnete. Die Rhetorik unserer strammsten Genossen hatte jedoch unmissverständlich in diese Richtung gezielt. Auf dem Gipfel der bleiernen Zeit hatte mir einmal ein guter Freund auf einem Waldspaziergang unter Stottern gestanden, dass er manchmal klassische Musik hören würde! Bürgerliche Musik … Ich weiß nicht mehr, ob ich ihm versprach, es niemandem zu sagen …

Verständnis für anders Denkende, für andere Musik Hörende war gewiss nicht unsere Stärke gewesen. Es waren die Jahre des »Anti«. Wir waren Antistruwwelpeters, sozusagen Protagonisten eines Buchs, das bezeichnenderweise in Berlin erschien und in jedem antiautoritären Kindergarten – allerdings von Kindern mit sicherem Instinkt links liegen gelassen – zu finden war. *Wie auch immer, der Geist weht, wo er will, von pro zu anti und von da zu synthi. Er lässt sich nicht einfangen in Flaschen. Das ist ein Märchen – immer wieder blutig, wie die Geschichte zeigt, und wie alle Märchen blutig sind.* Darum wollten Kinder den echten Struwwelpeter haben. Und darum ist auch 68 blutig geworden, dort und dann, wo man den Geist in Flaschen zu stecken versuchte.

Und da der Geist weht, wie er will, entweicht, wohin er will, gewinnt stets Stadt über jedes Argument. Denn Stadt ist ein

Kochtopf, keine Flasche. Und wo sich der Geist auch immer herumtreibt, er bleibt dauerhaft in der Stadt, vielmehr im »Städtischen« und – mag es oft auch ganz anders aussehen – im Dienste des Besseren. Keiner Macht ist es bisher gelungen, das irrwitzige Bombay zu zähmen oder das chaotische Neapel unter die Knute zu bekommen, seine Bürger sind der Stadt verpflichtet, allenfalls der Mafia, aber ein Mehr an Ideologie muss ihr nicht kommen. Nicht einmal die »Kirchen« haben es geschafft, die Neapolitaner unter dem Deckel zu halten. Ein Ohr auf die Gasse hinaus genügt: Man flucht zu den Heiligen, mehr als man sie anbetet. Und verdankt sich die Demokratie in Indien der Vernunft ihrer Milliarden Einwohner mit ihren tausendsechshundert Sprachen oder nicht vielmehr dem nie unter den Deckel einer Diktatur zu bekommenden Chaos?

Und niemand würde dem Chaos der Stadt Saigon beikommen, für dessen Befreiung wir demonstriert haben. Es war nie unfrei gewesen. Gesiegt haben schließlich, was vordem schon da war: die Unberechenbarkeit, die Straße, der Markt, die Schönheit, die Lust. Unsere gut gemeinten Solidaritätsmärsche dienten vielmehr unseren eigenen Ritualen, als dass sie die fernen Vietnamesen meinten. Meines Wissens war keiner von uns überhaupt je da gewesen.

Es wird Zeit, Stadt ernst zu nehmen, statt sie zu verunglimpfen und nur als notwendiges Übel darzustellen, als Moloch, dem man sich am liebsten bei der erstbesten Gelegenheit entzieht, schrieb ich, begeisterter Ankömmling, in meiner Mansarde ins Heft. *Ferienwerbung: »Reif für die Insel«, »Bloß weg in die Karibik!«, wie es Werber über ganze Häuserfronten spannen, sollte man bekämpfen. Es ist Volksverhetzung, denn es ist genug bewiesen: Auf dem Land, auf der Insel, lauert dein wahres Ich, die Quelle aller Ängste, und dem will wohl im Ernst niemand begegnen. »Die Insel« ist nachweisbar auch mit deinen sieben liebsten Büchern nicht zu bestehen, erst recht nicht mit deinem liebsten Andern. Die Insel, die Landschaft, ist das Ende jeden Spaßes, dort lauert die Wahrheit. Nur Stadt bietet Ablenkung genug.*

*

Vorerst aber ließ mich mein protestantischer Gerechtigkeitssinn durchs Megaphon Sätze rufen, die mich unmittelbar selber erschreckten, noch bevor sie von den stählernen Bankenfassaden zurückhallten. War das wirklich meine Überzeugung?! Aber die Bilder aus der vom Kapitalismus geschundenen Welt waren doch zu schrecklich, um sprachlos zu machen. Man *musste* handeln, Christ mit Sozialist, oder wer immer unter dem Banner des größten gemeinsamen Nenners einfach zumindest vors Haus treten und nicht schweigen wollte. Wie kann man in einer ungerechten Welt leben, man muss doch Stellung beziehen – hier stehe ich und kann nicht anders! Was ja nicht hieß, damit jeden Unsinn der Linken, um den man wohl auch wusste, abzusegnen. Die Christen, die hinter uns mitliefen, hatten wohl auch ihre Vorbehalte gegenüber ihrer Kirche. Unsere Banken hatten die Finger drin, daran bestand kein Zweifel, man musste nicht Ökonomie studiert haben, um das zu verstehen. *Manchmal muss man sich wohl unter eine Fahne stellen, auch wenn es einen schaudert. Manchmal muss man sich in die Gebete von Genossen und Fundamentalisten einschließen lassen, deren feurigem Blick man grundsätzlich misstraut; man muss ja ihre Fahnen nicht gleich mit nach Hause nehmen und ins Schlafzimmer stellen,* wie es einige Betonköpfe der Linken tatsächlich taten; ja, sie drückten, wenn sie umzogen, ihren Kindern die Fahne in die Hand, obschon die Kleinen doch lieber einen Ballon bekommen hätten.

Ich hatte zumindest nie eine Fahne im Schirmständer stehen, und meine Tochter durfte für ihre eigene Zukunft demonstrieren. Es blieb dann auch bei diesem einen Mal, dass ich vor einem Demonstrationszug in Anführerpose durch die Innenstadt marschierte. Davon gibt es freilich kein Dia. Menschenmassen überreizten mich und machten mich müde, somit stimmte da etwas nicht. Und Marschieren war erst recht nicht mein Ding, für welche Sache auch immer. Marschieren war im Militär nicht ohne sarkastischen Kommentar und ohne das Seifenblasenfläschchen in der Beintasche zu bestehen, das mir beinahe noch einmal scharfen Arrest eingebrockt hätte, nachdem ich wegen Verweigerung des Singens im Marschtritt sechs Wochen Küchendienst gefasst hatte, was ich im Nachhinein keineswegs bereute. Fortan konnte ich Zwiebeln schneiden, schneller als das Licht, und Tische jeder Länge bekochen, ohne in Zeitnot zu geraten. Das Abschießen von Haubitzen und Kanonen – was, zugegeben, aufregender war – konnte ich für nichts weiteres mehr gebrauchen.

Das ironische Schlendern im hinteren Teil der Umzüge war mir lieber. Auf dem Lichtbild, gäbe es das Dia, wäre zu sehen, wie ich den knielangen Lammfellmantel trage, den die Rolling Stones einführten, als sie durch unsere Bahnhofstraße flanierten, und der mit ihnen anderntags wie von selbst in allen Boutiquen angekommen war. Meine Haare waren mittlerweile schulterlang. Nicht nur die Haare, alles hatte zu fransen, vor allem die Jeans, die bald nur noch aus Fransen bestanden; man ließ sie lieber ungewaschen, als sie der Wäsche für Muttern beizulegen und sich der Gefahr auszusetzen, sie sauber abgeschnitten zurückzubekommen.

Jahrzehnte später würde man es »Gang Bang« nennen, aber am Abend in der Studentenkneipe, die Transparente im Schirmständer, das Megaphon unter dem Tisch, kamen wir – es gab ja die Pille, und Aids war noch unbekannt – zum Haupttraktandum aller politischen Spektakel: Wer geht mit wem nach Hause, um die Revolution im Bett fortzusetzen, was keineswegs komisch zu verstehen war. Denn »wer zweimal mit der gleichen pennt, gehört schon zum Establishment« – und das wollten wir auf keinen Fall. Nur die wenigen Stalinisten verhielten sich katholischer als die Mönche der vorreformatorischen Zeit, die ja das Zölibat nicht sonderlich schätzten, und trotteten mit ihrem Ärger und Rechthaben allein nach Hause. Aber mit dem großen Sieg des Kommunismus, dachten sie, würden die Dummheiten dieser verwöhnten Studentleins bereinigt werden, waren sie doch bloß naive Wasserträger der großen Sache – Sentimentalität und tierische Bedürfnisse hatten keinen Platz in der einzig richtigen Strategie, ihrer Strategie.

*

Dein wahres Gesicht zeigt sich erst in der Bewährung, im Leidensdruck, in der Krise, vorher gilt nichts – gleichfalls zeigt sich das wahre Gesicht einer Stadt erst im Druck, und diese rund fünfzehn Jahre der Tumulte und des Umbruchs brachten Stress für die konservative Stadt und waren gleichzeitig für mich und meine Generation wunderbar leichte und auch prägende Jahre gewesen. Aber die Stadt war im Lauf ihrer Geschichte schon oft bei weitem tüchtiger durchgeschüttelt worden: *Sie brannte mehrmals, sie kannte die Pest, die Judenpogrome, die Niederlagen ihrer Offiziere und Söldner vor Mailand und vor den Katholiken im Zentrum des Landes mit Aderlassen der staatstragenden Schichten sondergleichen. Sie kannte die Herausforderungen durch die Wiedertäufer, sie kannte die panische Angst vor der katholischen Revanche des Dreißigjährigen Krieges, was nach dem Massaker von Magdeburg zu Befestigungsanstrengungen geführt hatte, die, gemessen an der Größe der Stadt und ihrer kümmerlichen Gebäude, ungeheuerlich waren. Es kamen die Auswirkungen der Französischen Revolution, es kamen die Hungersnöte, die Nöte der Weber in feuchten Manufakturen an den Fabrikbächen des Umlandes, es kam der Frühkapitalismus mit seiner gnadenlosen Ausbeutung schon kleiner Kinder und der Frauen, die abends überdies noch ihre Männer vor dem Fabriktor abfangen mussten, damit sie den Tageslohn nicht gleich in der Schnapskneipe vertranken. Verzweifelte Heimwerker und Arbeiter legten Feuer in den Fabriken, das Dialektwort meines Heimatbezirks »Putsch« ging sogar in den Weltwortschatz ein. Und immer herrschte der Alkohol, die Tuberkulose, der Tripper, die Syphilis, die Rachitis, der Glaube, der Dünkel …*

Vielleicht waren wir sogenannten Achtundsechziger auch nur die erste wirklich und in Maßen verwöhnte Generation der Weltgeschichte gewesen, die bloß noch mehr wollte: über die fraglose materielle Versorgung hinaus auch noch grenzenlose Freiheit und Selbstverwirklichung, dazu Peace, damit der Konsumfriede nicht gestört werde. »We want the world, and we want it now!«, sangen die »Doors«. Warum hätten wir, die Umstände besehend, auch nicht hoffen sollen, dass dies möglich war?

Aber durch alles hindurch, blickt man zurück, blieb Stadt – sie verlor durch alle Regimes, durch Dekadenz und Hochblüte hindurch nie ihre Anziehungskraft, blieb Motor jeden Neuanfangs, blieb ein kollektives Gedächtnis sondergleichen, eine Transformatorin, Dialektikerin, eine Ausbeuterin, Vernichterin, Schöpferin, Beglückerin.

Wir ritzten nur auch noch für ein paar Jahre unsere Namen in diesen Tisch.

Telefonfürsorge

Früher war die eigene Nichtigkeit offensichtlich gewesen, niemand musste den von Eiszeiten und Heuschrecken Bedrängten erst einreden, sie seien bloß Asche zu Asche, der Alltag war eine einzige Kränkung. Aber die elementaren Ängste sind nur nach innen gewandert, damit wir weiter rennen und nicht aufhören damit, uns auszudehnen, nicht aufhören, weitere Räume zu schaffen, die uns schrecken, nicht aufhören mit dem einzig erkennbaren Job, den alle tun, die Mauerassel und der Städteplaner: Wachsen, sich Ausbreiten, jeden Tag mehr, jede Generation länger. Sechzigjährige versuchen es jetzt am Everest, und wer heute unter siebzig stirbt, stirbt zu früh. Um sterben zu dürfen, muss man geradezu kämpfen.

Die Offensichtlichkeit jener Urkränkung ist unter dem Namen Stadt erfolgreich verdrängt und verbaut und damit unsichtbar geworden. Der Fisch nimmt bekanntlich Wasser nicht wahr. Nun wurmt es aber innen, was die Psychologen freut. Die ganze Welt ist auf dem Weg zu einer einzigen Stadt mit etwas Grünzeug dazwischen. Wie die Fische an Land gekrochen sind, kommen wir in die Stadt angekrochen. Aber wir haben noch nicht die passenden Organe entwickelt, um uns mit ganzer Fröhlichkeit tummeln zu können. Und es lockt uns zurück ins milde Wasser, in die salzige Ursuppe, den warmen Schleim, wäre da nicht dieser sture Kopf – aber einige tun es und gehen in einem geeigneten Moment zurück in den ewigen Uterus …

Dass man ums Sterben geradezu kämpfen muss, hat es noch nicht gegeben. Wer heute abgehen will, ist ein Verräter an der gemeinsamen Illusion. Es braucht jetzt jeden! Es fehlte noch, dass Städter den Bettel einfach hinwerfen, den Gesellschaftsvertrag aufkündigen und von heute auf morgen abhauen – was ohnehin schon um sich gegriffen hat. Mittels Netzen werden darum die Realisten davon abgehalten, von Brücken und Türmen zu springen. Es muss um Himmels willen weiter geglaubt oder wenigstens gehofft werden. Die Treträder müssen laufen, die Riemen ineinander greifen, es braucht Ausgebildete an den Schaltstellen, die die Droge Stress professionell zu generieren verstehen, sonst kollabiert das Gebilde Stadt, droht Abstieg aus der ersten Liga. Noch schöner, wenn man da einfach nach Belieben vom Rattenrad abspringen wollte. Es muss durchgehalten werden, dafür sind auch Neunzigjährige als Beispiele gut genug, solange sie noch richtig ticken. Rüstig noch mit hundert! Aber fällt ihnen die Demenz ins Gehirn, dann weg mit Schaden, ab ins Asyl!

In Krisen wende sich der Städter an die Telefonfürsorge, bevor er an sich selber greift, womöglich noch andere Städter mit sich zieht in den verfrühten Exitus. Ein paar Clochards im Straßengraben sollen vorführen, dass es sich nicht lohnt, abzuhauen in die innere Emigration. Eine verträgliche Quote von Sozialhilfeempfängern soll finanziert werden, damit Städtern vor Augen geführt werde, was sie aufs Spiel setzen, hören sie zu rennen auf. Dafür werden professionelle Helfer bezahlt, die die Quote halten. Dass sie »hilflose Helfer« sind, muss ihnen niemand erst einreden, sie erfahren es täglich selbst.

Nur Zyniker sollen finden, die enorm hohe Suizidrate im Lande sei die beste je gehörte Nachricht und verweise auf die höchste Selbstbestimmungsquote der Welt – nota bene: in der längsten bekannten Tradition von Volksherrschaft, in einer vor tausend Jahren schon großadelsfreien Zone, in einem Land, in dem jeder Zweite nicht die Namen der sieben Bundesräte lückenlos zusammenbringt, die ihn angeblich regieren, geschweige weiß, wer gerade der höchste des Landes ist für eine Periode, ja nicht einmal weiß, ob es gerade eine Frau ist oder ein Mann – das erste, was einem Tier doch auffällt am andern …

Um damit zu sagen: in einem Land, wo jeder solcherweise selber entscheidet, ist somit die Tendenz zum Verschwinden gegeben. Weiß das die Welt, oder weiß sie bloß Uhren, Käse und Banken? Weiß die Welt, dass in dieser Kuh- und Käserepublik Basisentscheide getroffen werden in einer Souveränität, die nur noch von Ungarn und Finnland übertroffen werden? Den beiden Ländern, die die Freitodstatistiken erfolgreich anführen, Gott allein weiß, wie die so viel Freiheit ertragen …

Würdigt die Welt diesen Protest gegen die Willkür der blinden Natur? Oder peinigt sie dieses Ländchen des läppischen Bankgeheimnisses wegen, das freilich keineswegs einmalig ist in der Welt der Finanzen? Und braucht es weitere Belege, um festzustellen, dass Macht in einem solchen Land offenbar tatsächlich an der Basis, also im Volk gehalten wird, wo sonst, also bei den Frauen, wo sonst? Braucht es Weiteres, um zu begreifen, dass das Experiment Demokratie hier allmählich als ein geglücktes zu betrachten ist, welchen Umständen man es auch zusprechen will? Würden sonst die Mächtigsten der Welt ihr Geld hierher karren wollen, wenn sie nicht selber dieser Meinung wären, und zwar geschätzte zweitausend Milliarden Franken zu den einheimischen zweitausend Milliarden dazu, was insgesamt, rechne: vier Millionen bedeutet, dass es selbst Bankern am Paradeplatz schwindelt, eine Konzentration potentieller Energie, die auf diesem Planeten bisher noch nicht gesehen wurde. Genau genommen liegt hier ein Drittel aller im Ausland grenzüberschreitend angelegter Vermögen auf einem Haufen, wenn man denn Zahlen auf diesem Gebiet überhaupt trauen darf und nicht lieber noch aufrundet! Hier in dieser Stadt wird ein Drittel des fluktuierenden Vermögens der Welt verwaltet, und das soll keine Metropole sein?!

Würde denn in diesem Land jeder zweite Parlamentarier im Ratssaal richtigerweise bloß Zeitung lesen, wenn die Macht, diese Dimensionen besehen, nicht hinter ganz anderen Türen parlierte und andererseits und gleichzeitig, im Volk, sogar in Hühnerhöfen verankert wäre, dass man die Namen der Regierenden nicht einmal zu wissen braucht? Was diesem Land einerseits Parteien beschert, die unbeschränkt Mittel zur Verfügung haben, um Abstimmungen zu beeinflussen und, sagen wir es doch: die Interessen des Kapitals durchzusetzen, Abstimmungen, die dann jedoch in letzter Instanz vom sogenannten Volk mit sicherem Instinkt gleichwohl abgeschmettert werden? Wo Einwohner die angeblich Regierenden nicht kennen, weil sie von gewählten Parlamentariern gewählt werden, die auch kaum einer kennt und von ihrer Wahl im Tram oder beim Einkaufen erfahren, können diese angeblichen Machthaber nicht wirklich mächtig sein: wohl das eigenartigste Machtgefüge auf diesem Planeten, das keinem Hai die Chance lässt, zu stark zu werden, ein Land der Mitte, ein Land des Mittelstands, somit ein glückliches Land.

So lange es diese Unberechenbarkeit gibt, kann es trotz allem nicht allzu schlecht stehen! So lange ein von der Partei des Geldes portiertes Milliardenbauvorhaben der Stadt, eine U-Bahn, abgelehnt wird, wie letztes Wochenende, weil sich die Mehrheit ihrer Bürger entgegen allen Vorhersagen im letzten Moment umbesinnt und sich hinter dem Spruch versammelt: »Menschen gehören nicht unter den Boden«, so lange kann nicht alles verloren gelten.

Unser Land, unsere Stadt – ein tatsächlich geglücktes politisches Experiment? Man war in linken Kreisen explizit anderer Meinung. Aber das weiße Kreuz im roten Feld würde am Ende doch siegen, unsere Enkel würden die Fahne nicht als Fußmatte verwenden, das Weiß würde sich nicht durch Rot verdrängen lassen. Im Gegenteil, Trendsetter würden das Kreuz auf jedem erdenklichen Kleidungsstück tragen, sogar Ausländer im Ausland, auf Tasche und Shirt; in Berlin würde eine fast hysterische Swissness ausbrechen. Sogar die Militärwolldecke mit dem Kreuz würde nachgefragt werden wie heiße Semmeln. Sie würde im kommunistischen China neu gefertigt werden. Dass dieses stets kratzende Stück einmal in die Mode eingehen und die rote Fahne aus der Mode kommen würde, hätten wir nicht einmal zu träumen gewagt…

Wie auch immer, welche Regierung auch immer, ob Mann oder Frau am Drücker und wo auch immer – wir haben Städte. Ob wir Städte hassen oder lieben, Tatsache ist: Außer Gottesnarren will jeder dahin, kehrt jeder dahin zurück, der Revolutionär wie der Reaktionär, man denkt insgeheim an nichts anderes mehr im Exil. Obwohl wir wissen: Keine Mauer aus Stein wird uns je mehr schützen bei einer Katastrophe, eher noch fallen wir unter sie, kein Zivilschutzbunker kann mehr abhalten, eher noch kommen wir nicht wieder hinaus – richtig ist: Nirgendwo ist man sicherer als in der Stadt, gerade weil nichts schützt. Stadt jedoch garantiert Wiederauferstehung innert Jahresfrist, nicht innert Jahr-

zehnten, wenn nicht Jahrhunderten – wie auf dem Land. Es sei denn, man verkröche sich unter die Erde, verabschiedete sich vom menschlichen Leben und vegetierte in Höhlen …

Verdienst

Ob man die Chinesische Mauer wirklich vom Mond aus sehen kann, ist umstritten, Tatsache ist: Satellitensysteme orten bald auf Zentimeter, vor und hinter physischen Mauern gibt es nicht mehr. Es gibt keine Fluchtpunkte mehr, der Planet Erde ist definitiv ein einziger Fluchtpunkt geworden, eine einzige Stadt.

Also gibt es nur noch Städter?

Dass Städter sein – und was dafür steht – auch mit Verdienst zu tun hat, schon immer mit Verdienst zu tun gehabt hatte, ist längst vergessen. Wir könnten nicht über die Straße gehen, ohne augenblicklich ausgeraubt zu werden, wenn es nicht so wäre.

Denn noch zu Goethes Zeiten wurden vierzig Passanten pro Monat erstochen, allein in seinem römischen Quartier, das er tagsüber so hübsch aquarellierte – man rechne die Ziffer aufs Jahr und das ganze damalige Rom! Noch ein paar Jahrzehnte früher hatte kein Städter ohne bewaffnete Eskorte von einer Stadt zur andern reisen können, ohne zwangsläufig entführt zu werden. Es haben Städter inzwi-

schen einiges gewagt, so dass es anders wurde. Trotz der lächerlichen Zahl an Delikten, die jährlich entweder zu- oder abnimmt. Das muss den Ewiggestrigen ab und zu klargemacht werden, den polternden Populisten vom Land mit Kuhglocken am Rednerpult. Wir stammen, bitte sehr, vom hysterischen Geschlecht der Affen ab, vergesst das nicht, und man muss erstaunt sein, wie wenig passiert in Städten, auf die Einwohnerzahlen gerechnet. Nirgendwo ist man heute sicherer, und es ist das Verdienst des Wagemuts der Städter, dass es so ist.

Wir können uns Zahlen nicht vorstellen, darum lassen wir uns von den Medien ins Bockshorn jagen, die vom Miesmachen leben. Das Gute überwiegt in der Stadt, auch wenn sich daraus keine Nachrichten schmieden lassen!

Was die Versorgung mit Kalorien, die Alphabetisierung und die medizinische Versorgung angeht – somit erst einmal das Wichtigste –, vermeldete kürzlich die UNO, gehe es der Weltbevölkerung immer besser. Diese Nachricht war den Redaktionen der Tageszeitungen durchschnittlich fünf Zeilen wert! Wir haben ein schiefes Bild, und immer wieder lassen wir uns vormachen, dass Stadt nicht die beste aller bekannten Welten sei!

Genügt es aber nicht schon, festzustellen, dass in Städten mehr verdient wird als auf dem Land, die Gagen und Boni erst recht steigen von der Provinz zur City hin? Genügt es nicht schon festzustellen, dass in Quartieren des Zentrums mehr verdient wird als in Außenquartieren?

Am oberen Ende der Straße sogar mehr als am unteren, am Morgenberg mehr als im Abendbühl, im obersten Stock des Towers mehr als im untersten? Oder sind Chefetagen etwa im Parterre? Genügt es nicht schon, festzustellen, dass alles seinen Preis hat, was die Ökonomen schon lange sagen, und dass man das Wort Verdienen einmal beim Wort nehmen darf?

Aber man täusche sich nicht. Nach wie vor gibt es Stadt und Land, die Grenzverläufe sind nur unsichtbar geworden, Mauern haben sich bloß zu Ziffern verdichtet, die nicht weniger gründlich ausschließen, kennt man nicht die richtigen, hat man den Code vergessen. Nicht anders als bei den Griechen und Römern sind Kennwörter zu nennen, und nach wie vor geht es um Zugang. An den Wasserstellen aller Zeiten ging und geht es um nichts anderes: Wer darf zuerst trinken, welcher Bauer darf wie lange Wasser vom Kanal in seine Felder fließen lassen?

Die Ausdehnung hat den Erdball überzogen mit ihren McDonald's und Pizzerien, aber nicht anders als immer schon: Man hat die Spielchips, oder man hat sie nicht. Und Western Union verschiebt sie in Sekunden; man kann jetzt getrost auf dem Land bleiben, von jeder Telefonzelle aus ist das gute (und auch bessere) Geschäft zu machen. Geographie hat abgedankt. Stadt und Land sind in die innere Emigration gegangen – in ihre Domänen einzudringen, ihre Inseln aufzuspüren, in ihre Zirkel zu kommen, ist das Abenteuer aber nach wie vor: Wie komme ich hin, wie komme ich hinein, wie komme ich an die erste Stelle der Liste? Robin Hood sprang über physische Mauern, die heutigen Helden dringen als Reporter in die Informationszentralen des Weißen Hauses ein und machen sich unsterblich.

Wie gehabt also: Stadt oder Land, Zugang oder nicht. Denn Einwanderer ohne Zugang leben in der Stadt in ihren Gettos, als wären sie auf dem Land, mästen Schweine in Badewannen, halten Kaninchen im Küchenbuffet, tauschen, der neuen Sprache unkundig, Zwiebeln gegen Tomaten. Stadt ist letzten Endes nicht auf einen Standort angewiesen. Aber ohne Zugang, ohne die Möglichkeit des Zugangs war und ist nirgendwo Stadt.

Stadt heißt Zugang, und Zugang heißt in der Regel Verdienst. Jeder Hirtenknabe weiß: Die frechen Ziegen versuchen, mit allen Mitteln in die Einzäunung zu gelangen, auch wenn darin exakt das gleiche Gras wächst wie außerhalb. Jeder von Viechern verfolgte und erpresste Bauer weiß: Vorher fressen sie den Blumenstrauß im Hausflur, als dass sie die Kräuterwiese beehren, die man ihnen bereithält. Wenn zehnmal das Bessere nur durch Anstrengung und Risiko, also Verdienst, zu erreichen war, dann muss es das elfte Mal auch so sein. So denken Ziegen. Und was Ziegen begreifen, sollte Menschen auch klar werden: Alles ist eine Frage des Verdienstes, und fällt dir etwas unverdient durch Zufall zu, musst du es dir hinterher verdienen, sonst schwächt dich das Geschenk des Himmels.

Stadt ist die Übereinkunft, dass sich das Überwinden der Hindernisse zur Mitte hin, zur City, lohne. Stadt ist die Vorgabe, dass die süßesten Früchte stets am weitesten außen hängen – sie wachsen im obersten Stock des Empire State Buildings.

Denn nicht nur die Boni wachsen zweifellos zur Mitte der Städte hin, auch das Risiko. Downtown Manhattan ist als klassisches Absturzpflaster geradezu legendär. An Schwarzen Freitagen stürzen sie sich, eingehängt in Gruppen, von den Fenstersimsen, wie die von ihren Weibern geplagten Bäuerchen aus dem Appenzell von ihren Brücken. Aber du musst es wagen, dich hinauszulehnen, du musst dir die süßen Früchtchen verdienen – und der eine wagt's, der andere nicht.

Stadt ist Risiko. In die Stadt ziehen, braucht Mut. Auf dem Land braucht es bloß Kraft, meist unverdient den Genen verdankt. Freiwillig aufs Land ziehen, heißt aber auch, bereits erwachsen zu sein, man würde es anders nicht aushalten. Wer aus der Stadt aufs Land zieht ohne Not, hat das Spiel gewonnen.

In die Stadt ziehen – das heißt oft nur: »Gambling is for loosers«, wie es ein Filmcowboy formulierte, als ihn die Zocker des Saloons zum Spiel herausforderten. Denn jeder zweite Firmengründer überschätzt sich und scheitert gleich, und nur einer von zehn hat schließlich Erfolg. Aber richtig: hinein ins Spiel, um Kopf und Kragen! Stadt ist

Spielen. Wie Kinder tanzen sie ohne Umsicht am Karneval, tanzen sie zur Parade und am Christopher Street Day, Fünfzigjährige im Bikini, ein Träger, ein Faden bloß noch trennt die Erwachsene vom Kind, den Vater vom Sohn. Stadt ist ein Spiel, das letztlich mit jedem neuen Tag nur verloren werden kann, auch wenn du gewinnst. Am Ende, das ist eine Binse, gewinnt das Alter, der Tod, die Bakterie.

*

Städter sind verlorene Kinder. Erwachsen Werden ist in der Stadt die ultimative Leistung, weil dich niemand dazu zwingt, im Gegenteil; ein »gutes Sterben« ist die ultimative Frucht des guten Verdienstes, der Lohn der Hingabe, die Hinterlassenschaft des Feuers, das die Zigarre in weiße Asche verwandelt und auf eine leise Erschütterung am Ende lautlos abfällt ohne Schmerz und Drama. Aber Garantien gibt es nicht, weder in der Stadt noch auf dem Land. Der Zufall spielt der Notwendigkeit zuweilen übel mit, ist Hoffnung und Schreck zu gleichen Teilen. Beides aber, Zufall und Notwendigkeit, sind in der Stadt leichter zu ertragen als auf dem Land, man wird nicht gleich von Wildbächen weggespült, von Blitzen erschlagen, von Jägern irrtümlich erlegt, und die Notwendigkeit lässt dir Zeit, wird dir nicht von Patriarchen aufgezwungen, von der Sippenbindung eingefordert.

Stadt ist die mildere Variante; die Felsen auf dem Weg brechen dir nicht gleich den Rücken.

Moloch

Man bezahlt – statistisch belegt – das Abenteuer Stadt mit drei kostbaren Lebensjahren, Raucher mit sieben Jahren obendrein. Einmal die Stadt durchqueren, entspreche schon dem Inhalieren von sechs Zigaretten, sagen die Ärzte. Die Luft ist massiv schlechter als auf dem Land, das Wasser miserabel, man darf nicht daran denken: siebenmal durch andere Städter gegangen, geklärter Urin, genau genommen. Und wo man geht und steht, ist schon einer, schwitzt schon einer, riecht es nach Hunderten, ist man von Gesprächsfetzen umzingelt, muss man mit anhören, was einer noch einkaufen will, wo einer noch auf einen andern warten soll, als wären nicht schon genug Andere um dich herum.

Nachts wälzt man sich, statt dass man schläft, beben die Wände, vibriert die Decke, weil sie kopulieren wie die Karnickel, die Hitze abfackeln, um nicht verrückt zu werden, die Reize abschütteln, die von jeder geeigneten Werbefläche herab piesacken. Selbst an Ferienrouten, an Maisfeldern entlang, eben da, wo Städter fahren von Stadt zu Stadt, stimmen dich Halbnackte ein auf den Groove der permanenten Überreizung. Auf Nebensitzen im Tram spreizen sich Halbnackte im Mini, räkeln sich geschminkte Minderjährige, wuchern Tattoos aus Slips. In dampfigen U-Bahn-Schächten, in engen Transportröhren wird man von Brüsten an Stangen gedrückt, von Hintern geklemmt, von Lockstoffen sediert. Und wer diese Haltestangen nur anfasst, damit es einen nicht umreißt in den Kurven, der hat der ganzen Welt die Hand gegeben, die Bakterien aller Zeiten und Kontinente zu sich eingeladen, ist zeitlebens infiziert; »Gesundheit« heißt fortan nurmehr: Mein Immunsystem ist im Moment noch stärker …

Stadt ist ein einziges Vorspiel, ein dauernder Flamenco. Und was man isst, kann man nur glauben oder erraten. Großmutter selig würde die Hälfte unserer Lebensmittel mit Spielzeugen verwechseln. Während Kindern artgerechtes Leben schlichtweg verboten ist, fressen Hunde und Katzen Kalbsleber, zweimal teurer als für den Menschen, dreimal liebevoller verpackt. Von den Gestellen der Supermärkte blicken dich über Laufmeter glückliche Hunde und Katzen an, während ausgepowerte abwesende Städter wie ferngesteuert irgendwelchen Food aus den Gestellen reißen. Vierfach glaubt man sich mit Schlüsseln einschließen zu müssen, bevor man sich in die Polstergruppe fallen lassen kann, um am Fernseher zu verfolgen, wie andere tatsächlich ermordet werden, tatsächlich morden, tatsächlich leben, es tatsächlich tun in den gleichen Möbeln und Häusern. Dabei sitzen, statistisch belegt, fünfzig Prozent der Mörder und Vergewaltiger schon auf deinem Sofa, ist es der eigene Mann, der eigene Sohn …

Nichts spräche, nüchtern betrachtet, für die Stadt, hat je für sie gesprochen, da haben die Landleute recht. Mit der ersten Ansammlung von Häusern über Dorfgröße hinaus, mit der ersten Gasse fing es schon an, schlechter zu werden: Es kamen die Cholera, die Rachitis und viele andere Krankheiten, es vermehrten sich Ratten und Mäuse, feierten Feste. Der Pest-

floh sprang schneller als das Gerücht über die armbreite Gasse, der Tod tanzte auf jedem geeigneten Domplatz, die Syphilis höhlte Hirne, der Tripper brannte aus, die Tuberkulose ließ spucken und verschwinden, ein Kind nach dem andern …

Städte kann man nur fliehen; oft wurden sie fluchtartig verlassen. Adelige flohen sie immer, und jeder Vermögende tut es noch heute, hat er dem Moloch genug entrissen; er baut sich in Sichtweite auf luftigem Plateau seine Residenz mit dem unvergleichlichen Blick auf das mörderische Inferno, genannt Stadt, nachts Lichtermeer, das Sumpfglühen der Irrenden, der ruhelosen Seelen, mit Blick auf den spiegelnden Hafen … legendär ist der Blick vom Mulholland Drive auf Los Angeles.

Alles spräche gegen die Schreckliche, die Stadt, wäre der Schrecken des Menschen vor sich selbst nicht noch größer, viel größer …

Rausch

Jede Vernunft spricht gegen Stadt. Aber was umtreibt, ist nicht die Vernunft. Das Elixier des Lebens, »l'eau de vie«, wie die Franzosen sagen, ist nur gegen sie zu haben.

Auf dem Land hilft nur der Branntwein, und zwar der hochprozentige, gegen die Verlockung der Flucht zu den ande-

ren – zu den Städtern in den glimmenden Haufen hinter dem Hügel. Nur das Lebenswasser, aus der Pflanze gepresst, kann auf dem Land die Sehnsucht nach Leben stillen. Sogar der letzte Landmensch würde abhauen, würden nicht die Produkte der Gärung dagegen helfen, die umgehend auslöschen, die Hirne ausbrennen wie das Feuer die Stoppelfelder im Herbst. Ohne »Neunzigprozentigen« hätte es kein Soldat Kaiser Josephs ausgehalten in den tristen Kasernen der Garnisonsstädtchen an der Grenze vor den Weiten Russlands, wie es Joseph Roth beschrieb: keine veritable Stadt weit und breit, bloß Schlamm und ein paar Bordelle … Wundert es, dass die Prozente der Schnäpse steigen, je weiter man aufs Land fährt? Großvaters Selbstgebrannter hatte sechzig Prozente, Badersdorf lag neben der Stadt.

Der einzige Trost in den stickigen Wohntrakten der Landhäuser, dreimal kleiner als der Stall, aber nicht minder von Fliegen besummt, ist der kühle Keller, die Erde, das Fass, die Gärung. Im Sommer ein Ort der Stille unter dem lauten Haus, ein Ort der Erholung von dem Gebrüll der Tiere, dem Rasseln der Ketten, dem Dröhnen der Gebläse. Wenn es nicht Richtung Stadt soll, dann eben zurück in die Kavernen der Mutter Erde, wo man hergekommen ist. Zukunft abgesagt. Denn ohne Trost der Gärung bleibt da draußen keiner am Leben, übersteht das nicht, das tägliche Eindunkeln, die Schwere des Stillstands. Abstinenz ist der Scheintod auf dem Land, die triste Ausrede des Onkels, des Ochsen, des Maulesels. Abstinenz auf dem Land ist nur mit dem Leben zu bezahlen.

Ohne fünf Fässer Sauren, jedes größer als unser Hühnerhaus, war das Jahr nicht zu bestehen auf dem Dorf, waren die Nächte neben der mit Gärgas gevöllten Kuh oder auf dem gefährlich gärenden Heustock nicht zu durchwachen. Und hätte unser Dorfschmied bloß Wasser getrunken statt Bier, er hätte nicht durchgehalten, ihm wäre am Mittag der Hammer aus der Hand gefallen.

Zu Zeiten war der ganze Hof eine einzige Gärung gewesen. Nachts noch, im Schein der Laterne, dampfte der Miststock, säuerten die Kartoffeln im Silo, gluckste der Trester im Fass, warf Blasen aus dem Keller herauf ins Haus. Ein Atemzug aus der Tiefe des Kellers war mächtiger als ein Faustschlag mitten ins Gesicht, machte dem Kind die Kraft augenblicklich begreifbar, die bleiben ließ auf dem Land, bei der Alten, beim Alten, der, weiß Gott, anders roch!

Was gesoffen wird auf den Höfen in einer Woche, trinken die Geschäftsleute und alle Studenten zusammen, linke wie rechte, nicht in einem Jahr! Die Transformation im Fass ersetzt dem Land, was der Transformator Stadt ausmacht: Gärung, dank gleichbleibender Temperatur, gleichbleibendem Lärm, gleichbleibender Reizung. Die Droge Alkohol, die »Grüne Fee«, gibt dem Landmenschen die Kraft, im Grünen auszuharren, in der »Grünen Hölle«. Darum kiffen sie rund um die Welt in der Hängematte, selbst die Wilden, selbst auf den lieblichsten Inseln, wo man sich wundern darf, was da noch fehlen soll. Der billigste Bahnhofsstumpen unserer Region, den unsere Alten selbst auf dem Totenbett nicht aus den Lippen geben, ist ein Produkt der Gärung. Selbst das saure

Kraut auf dem Teller neben dem schon schwarzen Schenkel des abgehängten Wildhuhns ist ein Produkt des Faulens, der Transformation. Niemand kann widerlegen, dass der Gourmet im Innersten immer ein Aasfresser ist.

Ich habe dicke Onkels gesehen, denen nur noch das Fressen blieb. Niemand soll mir damit kommen, dass nicht wir Menschen es gewesen sind, die den Schakalen einst den madigen, von Fliegen im Mittagslicht blauschillernden Balg entrissen, ausgeschabt, abgeleckt haben vor Gier. Der Landmensch lässt gären, der Städter jedoch ist in die Gärung gezogen, ist gleichsam ins Gärfass geschlüpft, wie ich es auswaschen musste im Herbst, ich, der Jüngste, der noch durchs Loch passte, mir notgedrungen den ersten Rausch holte, den ersten scharfen Hirnkick aus den zerfressenen faserigen Fasstuben und ihn seither nicht mehr missen mag, den Rausch, diesen Realisten, meinen liebsten Begleiter und Einflüsterer – schließlich die Stadt nicht mehr missen kann, den permanenten Rausch, Stadt, selber eine Droge, was ich noch von keinem Dorf je hörte: es sei ein berauschendes Dorf …

Sage dann noch einer, diese Welt sei ohne Rausch zu bestehen. Wenn selbst Elefanten sich Räusche anfressen, als müssten sie vergessen, selbst Vögel vergorene Früchte aufpicken um einen Kick. Haben wir Bauernkinder nicht Hühner mit Vorlaufschnaps betrunken gemacht, um sie torkeln zu sehen? Im Rausch nur erträgt man die Welt, wie sie ist: gleichfalls ein Rausch eben, der permanente Fall, Schweben im All ohne Halteleine, ausgeliefert dem Ausdehnen, der Einflüste-

rung der schwarzen Materie, von Psychologen das Unbewusste genannt, von Gläubigen Gott. Nur im Rausch erträgt man die Realität des freien Falls. Und nur im Fall ist der Betrachter auf Augenhöhe mit dem Ganzen, kann er Gültiges aussagen, auch wenn es in der Alltagssprache anderntags banal in Erscheinung tritt, der Zensor im Großhirn wieder schnipselt und es auch künstlerisch nicht zu verwerten ist. Er ist auf Augenhöhe mit dem Rauschen durchs All, was dreht vor seinen Augen, saust tatsächlich. Er ist der Realist, auch wenn er angeblich verwirrt in Erscheinung tritt, für Zeitgenossen, die nicht anders können, als in den Schranken des nüchternen Alltagsbewusstseins befangen sein zu müssen, um irgendwie über die Runden zu kommen. Rausch ist Ausdehnung, und das Universum dehnt sich aus. Daher die Macht der Sucht, die Macht der Wahrheit: Alles ist Ausdehnung, alles ist Rausch. Und hat sich einer ein Leben lang von Räuschen ferngehalten, sein letzter Zustand und sein erster in der vom Körper befreiten Welt wird ein Rausch sein, tausendmal bezeugt. Gehen die Räusche auch an die Nieren, geht der der Körper auch kaputt, ist sozusagen als Preis zu betrachten, als Gärmasse – und eine Leiche ist schnell so weit, – die Rauschreise führt ins Licht, auf Erden nur durch Wolken verdunkelt, von fester Materie. Gärgase sind entflammbar, Askese löscht das Feuer.

Wer den letzten Rausch schon geschmeckt hat, aber zurückgeholt wurde durch die Kunst der Ärzteschaft, will wieder zurück ins Licht, in den Rausch, es sei nicht zu beschreiben, hört man, und zu vergleichen mit je Erlebtem. Und könnten Neugeborene bezeugen, sie würden wohl Gleiches berichten. Neugeborene sehen nicht gerade glücklich aus bei ihrer Ankunft auf unserem Planeten. Als wollten sie zurück – als wollten wir nicht alle zurück …

*

Nicht nötig, dass das ein achtjähriger Bauernbub begreift. Es genügt, dass er sich ansteckt an diesem Elixier, am Gärfass im Keller, dass er jeden Tag vor der Schule schnell da einsaugen will, um es auszuhalten: die Bildung, »Ordnung und Reinlichkeit«, »Betragen«. Da einsaugen mag die Wahrheitsdroge, um später jeden begreifen zu können, der ihr verfiel in Stadt und Land, kam er auch unreinlich daher. Wie die Landstreicher vormals, die Großvater stets mit Würde behandelte und ihnen das hauseigene Wahrheitselixier Trester sechzig Prozent im Mostglas persönlich aushändigte, mein erster lieber böser Meister.

Was sonst sollte Vater damit gemeint haben, wenn er zu allem stets nur: »Lass rauschen« sagte und mich damit vor Mutters Angst ins Schutz nahm, wie Vatermänner es sollen, eine Bildung oder Unbildung, für die ich ihm dankbar bin, wusste er schmunzelnd wohl um mein Geheimnis im Keller, in der Tiefe des Hauses.

Rochen vorindustrielle Städte denn nach anderem als nach Rauch und Gärgasen aus der Gosse, und ist das Parfum einer jeden modernen Stadt nicht, genau genommen, verbrannter Alkohol, so dass man die Abgase drosseln muss, weil wir sonst umfallen würden, zurückfallen in den ultimativen Rausch?

Stadt jedenfalls war mir der allgemeine Rausch, Wein der spezielle, und das sollte fünfzig Jahre nach dem Eintritt ins Rauschfass Stadt nicht anders sein.

Kochen

Die besten Fressbeizen freilich liegen seit jeher auf dem Land. Da, wo gefressen wird, damit es dich nicht frisst.

Aber in der Stadt – oder gar auf Rädern, wie wir im Militär auf holpernden Lastwagen kochten – kann in der besten Pfanne nie Gutes werden. Davon habe ich noch keinen Gastrokritiker reden hören: Die Stadt koche selbst, darum sei der Schnellimbiss das Gemäße und daher das Gesunde, weil die Tempi stimmten, im Schnellen könne man nicht langsam sein, und Kochen brauche Langsamkeit, brauche Ruhe.

Und torkelt der Gourmet da nach fünf Stunden und elf Gängen aus dem »Fresstempel« der City prall auf die Gasse hinaus, läuft er, in seiner Gut-Laune verlangsamt, gleich dem erstbesten Trickser in die Hände, drückt ihm wohlwollend Noten in die Hand, während des Tricksers zweite Hand ihm in der andern Tasche tastet, sein Handgelenk erleichtert, so dass er am nächsten Morgen ausgeraubt in einer Absteige erwacht, die Blonde verschwunden. Das kann dir an einer Steh-Theke nicht passieren. Städter, die im Stehen essen, haben begriffen. Man hat es später richtigerweise »Fast Food« genannt. *Der Stadt fehlt alles, was der Zunge gerecht werden kann, man setzt sich schon mit Benzin auf der Zunge zu Tisch. Stadt tickt einfach zu schnell …*

In einer Stadt kann man nicht kochen, geschweige ruhig essen, schon gar nicht in einem Fernsehstudio, auch wenn sie jetzt anfangen, aus dem Kochen eine Show zu machen – kochen schwarz-weiß! Und noch singen dazu, wie dieser Vico Torriani mit seiner Caterina Valente am Samstagabend. Ein Studio ist schon selbst der Dampfkochtopf, der bekanntlich alles zerschmettert. Unter den Studiolampen allein könnte man schon kochen, und was sie vorzeigen, diese Fernsehköche, haben sie wohlweislich schon vorgekocht, um Zeit zu sparen, um noch ihr neues Kochbuch in die Kamera zu halten, voller Rezepte, die man mangels Zeit nie nachkochen wird. So wächst die Reihe der Kochbücher auf dem Bord, während man auch heute wieder was Schnelles vom Chinesen oder Italiener an der Ecke an die Tür kommen lässt. Die Städter glauben sogar allen Ernstes, man könne die Küche anderer Kontinente verpflanzen, dabei übersteht nicht einmal ein Käse die Reise über einen Pass.

Und auf dem Land haben sie Unterricht nicht nötig. Das Überleben da draußen lehrt sie schon gären, brennen und kochen. Und einen besseren Unterricht als aus der Not geboren, stets mit dem Kochmesser am Hals, kann es nicht geben. Denn wo man weiß, was eine Rübe an Schweiß kostet, wird man nichts vergeuden. Die besten Köche der Welt kommen stets auf das Einfachste zurück. Auf dem Land kocht man selbstverständlich und notgedrungen »nach der Saison«, was Spitzenköche in der Stadt in ihren Kochbüchern wortreich wieder empfehlen. Nein, wenigstens essen will man gut auf dem Land. Stadt ist stets ein Umweg, und eines Tages landet man wieder da, wo es angefangen hat: auf dem Land. Um Land, um die Erde, die Heimaterde kommt keiner herum, und was da wächst und was man da isst und wie man es kocht, das ist die beste Küche der Welt.

Darum kann »Kantine« niemals Gutes hervorbringen, gibt sich ein Koch da auch jede Mühe über einer Halle mit stampfenden Maschinen, mit Rohöl-Dampf in der Lüftung, in einem hektischen Spital zum Beispiel. Kochen ist geerntete Zeit, und Zeit hat man nicht in der Stadt.

Gleichfalls kann in Supermärkten niemals Gutes liegen, wirklich Gutes. Die Hast macht zunichte, was die Langsamkeit an Gutem hervorgebracht hat. Vor allem der Wein braucht bekanntlich Ruhe, mag ungern reisen, nicht umsonst lagert man ihn jahrelang im Erdkeller, und zwar in der Horizontalen. Als müsste man ihn erst einmal wieder der Erde zurückgeben, der man den Frevel angetan hat, das göttliche Feuer des Rausches zu entreißen. Der Wein mag keine

Vertikale, keine Berge, schon gar keine Tunnels, die die Seele abstreifen, seit es sie gibt: weil gereist auf Kosten von Sklaven, die im Tunnel ihr Leben ließen, wo an den Portalen der Teufel sitzt und mit der heiligen Barbara in Schach gehalten werden muss. Wein braucht Heimat, man wandert nicht aus, auch der Wein nicht. Weine aus Australien, Kalifornien, gar Chile, wie das nun anfängt, haben wohl die bare Kraft der Sonne, aber keinen Charakter, mögen als Medizin gelten, mehr aber nicht.

Charakter bildet sich durch Bleiben heraus. Großvaters selbstgekelterter Wein, der schon außerhalb des Dorfes ungenießbar gewesen war, war aber der beste Wein zu Zeiten, im Bach gekühlt am Mittag unter dem Baum auf dem Feld. Erst durch »Verschneiden«, wie man sagt, durch Beimischen von Aromen aus der Ferne kann ein Wein auch in die Ferne reisen. Er ist jetzt Kosmopolit geworden, ein Mischling, der überall leben kann, ein Bordeaux, den man auch in Badersdorf trinken kann. Die Welt ist hier angekommen. Aber man trinke einmal einen Bordeaux in Bordeaux!

Und nicht umsonst können Fressbeizen nicht abgelegen genug liegen, mit Absicht von keinem Wegweiser angewiesen, nicht einmal von Geheimdienstchefs zu orten, liegen unscheinbar in der Pampa wie das Gehöft des Mafioso.

Mein Verleger führte mich einmal zu einem Landgehöft, das nicht einmal der israelische Mossad, geschweige ein

FBI-Agent, als Fressbeiz erkannt hätte. Selbstredend, dass sie nicht angeschrieben war. Von außen war nicht viel mehr als ein nicht einmal prächtiger Bauernhof auszumachen, mit einer Gaststube, wo die Meistersleute vormals in der »Guten Stube« aßen, wenn sonntags Besuch kam. Und nicht ein Zeichen verriet an diesem Mann, dass für einen Verleger Zeit etwas Kostbares sein könnte, und er ließ auch keinen Zweifel daran, dass Rausch-Entscheide, aus dem Bauch heraus in Sekundenschnelle gefasst, die besseren sind. Er aß – und vor allem trank – wie ein Drescher auf diesem Hof, einem Hof, der immer noch betrieben wurde, hätten wir doch fast ein Huhn platt gemacht, als wir auf dem Feldweg angefahren kamen, dem Taxifahrer beteuernd, dass da vorne tatsächlich unser »Restaurant« sei.

Aber sie werden von Bentleys mit aufgeblendeten Scheinwerfern auf Feldwegen angepeilt, diese Fresshöfe, der Chauffeur mit veralteten Landkarten auf den Knien. Der moribunde Staatspräsident, alle anderen Geschäfte vernachlässigend, inkognito im Fond, lässt sich hinholpern für halbverfaulte, vergorene Wachteln vom Meister der Pfanne hinter der Kiesgrube, den er nachmittags umgehend telefonisch hatte durchstellen lassen, seinen hitzigen Premier hinhaltend … Die Wachteln, so der Meister, seien nun faul genug, gekocht in der eigenen Gärhitze, aber nur noch einen Abend, diesen Abend zu genießen … geschlossen werde um zwölf: Weinlese!

Das Kaiserpaar von Japan hat man kürzlich wohlweislich aus Genf hinaus zum Speisen aufs Land in den Rebkeller im Fels gefahren, wo der Wein nur um die Ecke getragen werden muss. Später dann, mit Blick auf den See: das leichte Dessert unter den schweren Platanen, Beeren aus dem hinteren Garten, durch nichts Weiteres beeinträchtigt, nicht einmal Zucker – allenfalls auf Wunsch etwas Rahm vom Nachbarn »ennet dem Garten«.

Die Küche selbst, das Lokal, der zeitlose Ort, ist die wichtigste Pfanne, weiß der Meister vom Land. Denn stimmt das Wichtigste, kann einer selbst auf Blechdeckeln kochen. Einfacheres Küchengerät und weniger Messer habe ich jedenfalls nirgendwo gesehen als bei jenem Philosophen der Transformation in dem kleinen Nest über dem Genfersee, der uns Rekruten im Ausgang mit derselben Hingabe bekochte wie besagten Staatsgast und um seine Tische Hunde duldete gleichwohl wie den Kaiser von Japan, jedoch keine Kreditkarten, weil auf »bares« Kochen, wie er sagte, auch bar bezahlte werden sollte (ein Botschaftssekretär aus Genf musste ihm anderntags das Geld in einem Couvert vorbeibringen …).

Vom Land kommt das Fressen, ist das Fressen, auf dem Land muss man fressen, um nicht gefressen zu werden. Um nicht gefressen zu werden von der Tristesse, die der reiche Städter, vom Feldweg über die Kantonsstraße zur Autobahnauffahrt fahrend, aufatmend hinter sich lässt, nachdem er die Singvögel geschlürft, sich das saure Kraut auf der Zunge hat zergehen lassen, die fauligsüße Trockenbeerauslese (drei Kisten) noch hat zuladen lassen, seine drei Schritte auf dem Kiesweg getan, dreimal tief eingeatmet, um dann in den Fond zu fallen, um sich eine Zigarette anzuzünden, bevor sein Chauffeur ungefragt die Stadt wieder ansteuert, sie auf der Rückfahrt blindlings findet, auch ohne Karte, muss er jetzt doch nur den breiter werdenden Wegen und Straßen folgen.

Der Kaiser von Japan hatte sich bei meinem liebsten eigenwilligen Koch und Hundenarr tatsächlich über eine Fliege beschweren lassen, die es sich nicht nehmen ließ – wohl nach dem gärenden Hundenapf –, auch noch den sauren Braten der Kaiserlichen Majestät anzusteuern. Den Fluch des kochenden Meisters, zum Entsetzen des Schweizer Wirts aus der Küche gerufen, einem Themenbereich entstammend, der der Fliege gefallen hätte, will ich hier nicht wiedergeben. Er wird auch bestimmt nicht übersetzt worden sein …

Theater

Und in die Stadt floh schon immer die Liebe, das Freche, die Anmaßung, die lesbische Tochter, der schwule Sohn, der verfolgte Revoluzzer, der Künstler, abgehauen mit der höheren Tochter.

Unsere Stadt war europaweit als Schwulenstadt bekannt. Die Dadaisten und Künstler der Zwanzigerjahre dachten nicht daran, sich zu verstecken, im Gegenteil. Ein Hauch von Berlin und München sollte auch hierzulande wehen, alles, was recht war. Die Kriege und Diktaturen trieben bekanntlich Künstler und Denker in Scharen her, die sich in der größten der Landesstädte ein Aufatmen erhofften, bevor sie weitersehen würden. Und wie viel Schlimmeres hatte man gesehen als zwei Männer, zwei Frauen, die sich küssten im Dekor. Dazu kam, dass der Nationalsozialismus – wohl gerade wegen seiner homoerotischen Tendenz – die Schwulen verfolgen musste, um von sich selber abzulenken, was die Schwulenszene der nahen Schweizerstadt – eine Stunden bloß von der deutschen Grenze – noch attraktiver machte.

Obwohl man noch lange nicht von gelegentlichen Razzien absehen wollte, wurde homosexueller Kontakt noch vor dem Krieg von Strafe befreit, was erstaunt, war doch Zusammenleben im Konkubinat noch verboten bis über die Kriegsjahre hinaus. Lagen zwei Unverheiratete im gleichen Bett, konnte es passieren, dass die Polizei, vom Hausmeister gerufen, die Wohnung inspizierte und prüfte, ob das Bett noch warm war … War es nicht mehr warm, war das Corpus Delicti per Gesetz unbrauchbar …

Konnte Obrigkeit noch absurder in Erscheinung treten?

Die Theater jedenfalls blühten, Brecht inszenierte notgedrungen selbst in der Felsenstadt Chur – die er dann allerdings fluchtartig verließ –, in den Theatern fanden Transvestitenbälle statt, die sogar der ledige Stadtpräsident besuchte. Man munkelte …

Die Kunst, die Debatte, will immer schon in die Stadt. Und da Geld zwar nicht notwendigerweise glücklich macht, aber frei, was nicht wenig ist, entstand in der Bankenstadt ein künstlerisches Treibhaus, das man ihr auf den ersten Blick nicht zugestanden hätte. Vielleicht wollte die protestantische Nüchternheit dialektisch einmal mehr das Gegenteil, und so lange Ausgelassenheit in Sälen und Vereinsblättern stattfand, durfte die Straße sauber bleiben.

Jahre danach aber würde die Stadt zu einem einzigen permanenten Event ausgewachsen sein, zu einer Partystadt, gleichauf genannt mit Barcelona und Berlin. Kamen früher noch Einzelne, auf einen zugesteckten Tipp hin die erste Disco tatsächlich durch eine Falltüre herab betretend, so würden sie bald vom Land und sogar vom Ausland in Extrazügen und Bussen her gekarrt werden, um die Straßenparaden nicht zu verpassen, campierten in öffentlichen Anlagen und auf Grünstreifen, von mobilen Toilettenkabinen umzingelt. *Ob Schamlosigkeit ein Indiz für Befreiung ist, muss bezweifelt werden. Überreizung hat dem Reiz noch nie einen Gefallen getan.* Aber so war es dann gekommen. Und hatte zeitgemäß sein eigenes Recht.

Stadt ist ein permanentes Theater, ein Dauer-Anlass, und durch alle Zeiten bleibt die Arena das Urmodell des Theaters und letztlich der Stadt: ein Platz mit Fassaden und Menschen darum, eine Ansammlung mit einem Hauptplatz, einer City, schließlich ein einziger Punkt, der alles ankert, da, wo am Stadtfest das Podium steht, am Frühlingsfest das Feuer lodert, zu Weihnachten der größte Lichterbaum errichtet wird, der Nationalzirkus gastiert mit der Manege – genau in der Mitte der Altar, das Opfer, die Hinrichtung (wie es bezeichnenderweise heißt), der Übergang, der Zauber, das Exotische, der Quantensprung, die Verwandlung.

Und trennt man die Mitte durch eine Mauer, wird die Mauer fallen, nicht die Mitte.

Aber ob Zwingli trotz aller Freizügigkeit nicht trotzdem noch herrscht, kommt mir manchmal des Nachts auf dem Heimweg (am sogenannten Helmhaus vorbei), wenn gewischt, entleert, gefunkt und an Geleisen geschweißt wird, dass die Sterne fliegen und des Reformators strenges Antlitz unter seinem Kriegshelm so lebendig flackert, als ob er nicht schon vor einem halben Jahrtausend auf dem Schlachtfeld von Kappel gevierteilt und verbrannt worden wäre. Sind all die schnellen Veränderungen tatsächlich viel mehr als bloß ein Schädelbrummen, viel mehr als das pausenlose Hirnplappern, wie es jeder kennt? Es plappert, es erinnert, also bin ich? Also bin ich ein Städter?

Dass wir kein Hirn haben, sondern es sind, ist eine Binse, sonst könnte man daran denken, es zu transplantieren, wie man schon Herzen transplantiert in Kapstadt, dem vom Herzschlag abendländischer Kultur entferntesten Ort. Wir sind Gehirn mit einem Körper dran. Und Hirn ist dieses pausenlose Radio, eine pausenlose Lokalreportage: Da geht man mit seinem inneren Monolog durch die Stadt des Jazz, der Stadt der Psychologie, der Schwulen, der Künstlerbälle, der Emigranten, hört seine Schritte hallen in den nächtlichen Gassen, hat vor jedem Geschäftskonzept drei Vorgängerkonzepte gekannt: den Bäcker vor dem Seidengeschäft, den Schuster vor dem Coiffeur, den Schreiner vor dem Comicladen und jetzt schon wieder Edelschreiner, wo gestern noch der Edelkürschner war, und endlos folgt Gastrokonzept auf Gastrokonzept, ruhelos Küche auf Küche, Dekor auf Dekor, chinesisch auf italienisch, koreanisch auf griechisch, Bar auf Bar, und in immer kürzeren Intervallen Mulden davor, die das Design des Vorjahrs – herausgerissen – in Brocken vorzeigen: fünfziger, sechziger, siebziger, bald achtziger Jahre – es sage einer, es sei kein Rausch, Stadt sei keine Droge; es sage einer, Stadt gründe nicht auf Boulevard, und ein Boulevard allein schon genüge für Stadt, ja eine Gasse bereits mit einem Erker, aus dem man erkannt werden könne, einer bezeugen könne, dass man sei; es sage einer, für Stadt genüge nicht bereits ein Boulevardblatt. Ein Ort ohne »Who is Who« jedenfalls kann keine Stadt sein und habe sie eine Million Einwohner. Ein Ort ohne Glamour hat keine Chance vor dem Gerücht.

Alles Theater! Stadt ist stets das jüngste Gerücht, der letzte Schrei, der geheime Tipp, dass alle über alle reden, geradezu Pflicht. Das Telefon fiel den Städtern von Göttern in den Schoß, die Zeitungen werden einem in die Hand genötigt, liegen schon auf dem Tramsitz: eine Morgenzeitung, eine Mittagszeitung, eine Abendzeitung, Hauptsache, die Ichmaschinen haben ihr Futter, Hauptsache, das Existenzgefühl bleibt gesteigert.

Mindestens einer muss zuschauen. Sogar eine Katze genügt dem Städter, ein Hündchen, ein Vögelchen.

Oder nenne man es: sein Publikum finden.

Darum sticht Ruhm alles aus. Beachtet zu werden ist die beste Droge. Dafür sind wir bereit, alle andern Drogen und Mittel zu opfern, Geld zuerst. Denn Ruhm kann einer augenblicklich in Geld verwandeln. Und Ruhm hat ein offenes Ende, geht sogar in Ewigkeit über. Geld jedoch ist leider bezifferbar, und es braucht eine Menge, bis einer damit berühmt werden kann, zumal in einer Stadt, in der fünftausend Milliarden Franken lagern und sich jeder zwanzigste Einwohner Millionär nennen dürfte, wenn er es täte. Aber für einmal eine Viertelstunde berühmt gewesen zu sein, dafür opfern wir bekanntlich alles, selbst die Millionen, selbst die Stadt, ja unter Umständen selbst den Körper …

Nur mindestens einer muss bestätigen, dass ich lebe, dass ich gelebt habe. Mindestens ein Fenster zur Straße hin muss beleuchtet sein, damit mich einer bezeugen könnte, würde ich umgebracht, weggeputzt in der nächtlichen Straße von einem Namenlosen, wie es vorkommen kann in der Stadt. Darum muss Licht sein in Städten, rund um die Uhr, damit man mich wahrnehmen kann. Darum machen Laternen einen Slum umgehend zu einem Stadtteil, und schon fahren Taxis hinein, getraut sich ein Arzt in die Hütten. Darum lockt das ferne Licht der Stadt die Landmenschen wie nichts anderes.

Und findet er sich nicht, mindestens dieser Eine, der mich bezeugt, behelfe ich mich mit mir selber, spreche ich in mir selber, die eine Hirnhälfte zur anderen, bezeugt die eine Hälfte die andere, schwatzt der eine am Telefon mit dem anderen, einer ist immer gerade frei, zumindest eine Hand, sogar ein Hamster im Käfig ist Ersatz genug. Und fehlt er allzu lange, der Andere, geht er als Schemen bald neben mir, als Alter Ego, bekommt die Ehre einer Krankheit, spricht lauthals auf der Straße oder schwebt an der Decke, kommt als Engel oder Jesus wieder herunter. Je weniger es werden, die dich bestätigen mögen in deinem einsamen Wahn, je mehr andere verfolgen dich – bald die CIA *und der Mossad zusammen, denn selbst im Schutz der Psychiatrischen haben die Großmächte ihre Agenten, die dein Essen vergiften wollen, nirgendwo mehr. Dabei finden die richtigen Agenten trotz Kopfgeld in zweistelliger Millionenhöhe nicht einmal ihre erklärten Intimfeinde in ihren Verstecken, Erdlöchern und Höhlen – bezeichnenderweise auf dem Land.*

Denn vom Nachbarn in der Stadt in Ruhe gelassen zu werden, heißt nicht, unortbar zu sein. Er kann jederzeit deine Steuererklärung anfordern innerhalb dreier Tage, es gibt eine Akte, die Telefonauskunft vermeldet dich getreu. Kennt dich auch niemand, du bist bekannt.

In der Stadt redet man sich leichter ein, man habe ein Publikum. Und wer tatsächlich eins hat, kann sich damit locker aufs Land zurückziehen, ab und zu den wichtigsten Interviewer empfangen … Die vielen Städter auf dem Land verwischen das Bild. In der Stadt hingegen gibt es nach Mitternacht keine Landmenschen mehr.

Wer sich den Gelee Royale geschnappt hat, den nur die Stadt absondern kann – viel eher noch die City – ist vorderhand frei geworden. Von der City geht es nur wieder auf dem Land weiter, wo sonst. Wenn der Vorrat an »Stadt« dann jedoch ausgeht im stillen Luxus Ressort im Grünen oder in der edlen Residenz am fremden See, an der stillen Parkavenue, wenn die Schecks ausgehen, wenn die Freunde abblättern wie alte Farbe und das Vergessen sich über einen senkt, dann folgt der Entzug der Entzüge. Vergessene Stars, »Die letzten Tage der Marlene«, »Die letzten Tage der Callas«, sind die traurigste Vorstellung der Welt, mit hundert Jahren Einsamkeit auf dem Land nicht aufzuwiegen. Denn die Unterhaltung der Götter hat keine Karte »Edler Rückzug« vorgesehen, und wer das Spiel abändert in seinem eigenmächtigen Wahn, bekommt es mit der Rache der Höchsten zu tun. Isolation ist die schlimmste der Strafen. Die Droge Stadt – nun gut, sie ist nicht mehr aus dem Verkehr zu ziehen – sollen die Menschen offenbar in Gottes Namen haben, aber »Splendid Isolation« geht einen Zacken zu weit, das ist unser Privileg, die Teppichetage von uns Göttern, den Vertretern des einen Großen. Etwas müssen wir auch haben, werden wir doch »gestalkt« von diesen elenden Gläubigen, rund um die Uhr, von Gläubigen, die nicht einsehen wollen, dass sie in der Hölle sind.

*

In der großen Zahl findet jeder alles von Menschen Denkbare, jederzeit. Stadt heißt: Das Aberwitzigste ist möglich. Einer, zutiefst in der Provinz, würde eines Tages per Internet in die Globalcity hinaus fragen, ob nicht jemand Lust habe, aufgefressen zu werden. Es würden sich drei Kandidaten meldeten. Einen würde er tatsächlich töten und in der Pfanne braten. Der Fall würde Legende werden …

Stadt ist, was denkbar ist.

Land ist, was möglich ist.

Wo bereits ein Bahnhof ist, ist alles denkbar. Darum zieht es die Einsamen zum Bahnhof. Und darum geht der vom Land in die Stadt und landet gleich wieder beim Bahnhof.

Kommen sie vom Land aus dem Hauptbahnhof gelaufen, ziehen sie ihre Runde durchs Vergnügungsviertel und landen umgehend wieder da, spätestens nach drei Stunden.

Denn einen See gibt's auch in Pfäffikon, und die renovierten Altstadthäuser mit ihren Riegelbalkengibt's erst recht auch in Ottikon, dafür war man bestimmt nicht hergekommen.

Und eine überflüssige Beweisführung mehr: Kein Landmensch füttert jemals Enten am Quai.

Darum wachsen sich Bahnhöfe – von Flugplätzen gar nicht zu reden – mittlerweile zu Städten in und an Städten aus, sogar mit Kirche und Arztpraxen, und darum ist mein Vater aus Badersdorf instinktsicher stets an solchen Orten zugange gewesen: kein exotisches Gericht, das nicht zu ordern wäre, keine Zeitschrift, die nicht aufläge, keine Sprache, die nicht vertreten wäre, kein Geschäft, das da nicht rentieren könnte, keine Währung, die nicht zu tauschen und innert Sekunden zu verschieben wäre. Mehr als sich auf eine Bank im Bahnhof zu setzen, braucht einer nicht für sein Fünkchen Hoffnung: Gleich kommt sie vorbei, die Unvergleichliche, gleich fragt er nach Feuer, der Einzige, meine Flamme, mein Zukünftiger, gleich kommt er daher mit offenen Armen, mein Erlöser …

Gleich beachtet mich einer.

Epilog

Ist einer ein Voyeur, der umgeht im Niemandsland, ohne da zu leben? Der vom Dorf kam in die Stadt, um sich da von anarchistischen WG's in Sozialbrachen zum begehrten Sonnenberg aufzumachen?

Wir Achtundsechziger hatten befürchtet, was sich bereits an den Stadträndern abzeichnete: die totale Vermarktung, das Vorrecht des Produkts. Keiner musste uns mit Werbung kommen, die es noch ankurbelte. Der moralischste unter uns Liedermachern, der nur mit Velo – seinen mit Welterlösungsklebern bedeckten Gitarrenkoffer im Anhänger nachziehend – zu Auftritten fuhr, als käme der Landarzt noch mit der Kutsche zu seinen Patienten, aber wenig später umgehend zum Werbetexter konvertierte … er wurde umgehend gemieden wie ein Aussätziger. So oder so, wir hatten trotz Frankfurter Schule die Geschmeidigkeit des Kapitalismus bei weitem unterschätzt. Es stellte sich tatsächlich heraus, dass er den Abnehmern seiner Produkte nicht gab, was sie haben wollten, er brachte es so weit, dass sie haben wollten, was er ihnen gab. Marx hatte sich nur einmal mehr gründlich geirrt.

Aber darum wollte es hier nicht gehen. Das alles weiß ohnehin schon jedes Kind. Das Fach »Umwelt« der Grundstufe lehrt es schon. Sicher ist, das Kind will in die Verlockung – und die Verlockung heißt Stadt. Und »Stadt« hat bisher noch alles überlebt und wird kraft ewiger Gesetze alles überleben. Und die Agglomeration wird sich als globaler Lebensraum bewusst werden, das ist die gute Nachricht, das ist die Zukunft, ob wir wollen oder nicht. Wer wollte Gravitation umstoßen!

Heute ist die Stadt an jedem Ort angekommen.

Wohin geht das Kind?

Kein Vater braucht es noch in die Stadt zu fahren.

Dass das ein Verlust sei, weigere ich mich tapfer zu glauben.

Inhalt

Großen Dank an Rainer Weiss, Anya Schutzbach, Martin Bruch, Maren Weindel, Sarah Jarschel und Angie Timplan vom frechen Verlag weissbooks.w und an all die Freunde, die geholfen haben, den Städter zu erziehen!

Literatur aus der Schweiz
bei weissbooks.w

Erika Burkart, *Das späte Erkennen der Zeichen*

Erika Burkart, Ernst Halter, *Nachtschicht/Schattenzone*

Jacqueline Moser, *Lose Tage*

Adrian Naef, *Die Städter*

Gisela Rudolf, *Das Leben der Elter ist das Buch, in dem die Kinder lesen*

Thomas Schenk, *Im Schneeregen*

Pia Solèr, *Die Weite fühlen.* Aufzeichnungen einer Hirtin

Daniel Zahno, *Die Geliebte des Gelatiere*

Daniel Zahno, *Rot wie die Nacht*

Daniel Zahno, *Alle lieben Alexia*

Ich bin an wenigen Orten daheim. Die Zürcher Kronenhalle in Geschichten

Adrian Naef
Die Städter

Konzept Design
Gottschalk+Ash Int'l

Umschlaggestaltung
Julia Borgwardt, borgwardt design
unter Verwendung von Motiven von
Rahel Greuter

Foto Adrian Naef
© Rahel Greuter

Druck und Bindung
CPI – Clausen & Bosse, Leck
Printed in Germany
Erste Auflage 2011
ISBN: 978-3-86337-006-0

weissbooks.com

Dieses Buch wurde auf FSC®-zertifiziertem Papier gedruckt. FSC® (Forest Stewardship Council) ist eine nichtstaatliche, gemeinnützige Organisation, die sich für eine ökologische und sozialverantwortliche Nutzung der Wälder unserer Erde einsetzt.

FSC www.fsc.org MIX Papier aus verantwortungsvollen Quellen FSC® C083411